梁式桥梁结构动力特性分析测试与损伤识别

谭国金　王龙林　王华　吴春利　著

吉林大学出版社
·长　春·

图书在版编目(CIP)数据

梁式桥梁结构动力特性分析测试与损伤识别 / 谭国金等著. —长春：吉林大学出版社，2023.10

ISBN 978-7-5768-2428-5

Ⅰ.①梁… Ⅱ.①谭… Ⅲ.①梁桥-桥梁结构-动力特性-分析方法-测试技术②梁桥-桥梁结构-损伤(力学)-识别 Ⅳ.①U448.21

中国国家版本馆 CIP 数据核字(2023)第 211968 号

书　　名：梁式桥梁结构动力特性分析测试与损伤识别
LIANGSHI QIAOLIANG JIEGOU DONGLI TEXING FENXI CESHI YU SUNSHANG SHIBIE

作　　者：谭国金　王龙林　王华　吴春利
策划编辑：黄国彬
责任编辑：陈　曦
责任校对：甄志忠
装帧设计：姜　文
出版发行：吉林大学出版社
社　　址：长春市人民大街 4059 号
邮政编码：130021
发行电话：0431-89580028/29/21
网　　址：http://www.jlup.com.cn
电子邮箱：jldxcbs@sina.com
印　　刷：天津鑫恒彩印刷有限公司
开　　本：787mm×1092mm　1/16
印　　张：16
字　　数：250 千字
版　　次：2024 年 3 月　第 1 版
印　　次：2024 年 3 月　第 1 次
书　　号：ISBN 978-7-5768-2428-5
定　　价：78.00 元

前 言

动力特性能够反映桥梁结构在外界激励下的动态性能，是桥梁设计、检测以及健康监测中的重要参数。解决桥梁动力特性分析与测试两方面存在的难题，是实现桥梁动力特性工程应用的技术前提。目前，有限元方法被普遍用于桥梁动力特性的分析，但该方法存在“一桥一模型”及分析效率低下等缺点。与此同时，为提升实测动力特性的准确性，在桥梁动力特性测试中动态激励的施加以及试验数据的分析仍存在一些亟待解决的难题。例如，借助何种激励可以获得具有高信噪比的动力时程响应数据，采用怎样的实验模态分析技术能够准确、稳定地识别出桥梁动力特性以及如何剔除外界因素（车辆、温度等）对动力特性的影响等。此外，基于动力特性的桥梁结构损伤识别方法众多，对其进行梳理并且提出一些实用的损伤识别技术也是十分有意义的。

本书依托国家重点研发计划课题和国家自然科学基金面上项目，结合编写团队的多年前期积累与工程实践经验，以理论解析为基础，以梁式桥梁结构为研究对象，围绕桥梁动力特性分析与测试及其在损伤识别中的应用展开论述，针对工程实际需求和核心问题创造性地提出了多种新方法与新技术。本书在理论推导的基础上，提供了大量的数值算例，以增进读者对理论方法的理解深度与阅读兴趣。本书共分为三大部分：第一部分主要论述桥梁动力特性的理论分析方法，包括第1章和第2章，其中第1章主要介绍了梁式桥梁结构的动力特性快速分析方法，特别对变截面梁展开了详细论述，第2章主要介绍了预应力作用下梁式桥梁结构的动力特性分析方法；第二部分主要论述动力特性的测试方法，包括第 3 章、第 4 章和第 5 章，其中第 3 章主要介绍了桥梁动态激励方法，尤其确定跳车高度的理论方法特点显著，第 4 章主要介绍了动力特性的识别技术，又细分为位移模态和应变模态两部分，第 5 章主要介绍了车辆和温度对动力特性的影响及其剔除方法；第三部分主要论述动力特性在梁式桥梁结构损伤识别中的应用，包括第 6 章、第 7 章和第 8 章，其中第 6 章针对桥梁结构常见病害(结构性裂缝）提出了一种实用损伤识别方法，第 7 章介绍了基于灵敏度矩阵的桥梁损伤识别方法，第 8 章主要介绍了基于应变模态和微分进化算法的桥梁损伤识别方法。

本书在编写过程中得到了魏志刚博士、孔庆雯博士、李贺博士等多位学者的帮助，在此谨向所有为本书编写付出努力和提出宝贵意见的同仁们表示诚挚的感谢。由于作者水平有限，书中难免会有错误和疏漏之处，恳请读者不吝赐教。

谭国金

2023 年 7 月于吉林大学南岭校园

目 录

第 1 章　梁式结构动力特性分析方法

1.1　单跨梁式结构自由振动分析

1.1.1　自由振动方程的建立

对于具有无限多自由度的梁式结构，振动方程的建立常采用达朗贝尔(D'Alembert)原理和哈密顿(Hamilton)原理。在此，利用哈密顿原理建立欧拉-伯努利梁的振动方程。

在图 1.1 所示的欧拉-伯努利梁中，$p(x, t)$ 为作用在梁上的竖向外荷载，$q(x, t)$ 为作用在梁上的轴向外荷载，$N(x)$ 为轴向力；M_0 和 M_l 为端部弯矩，Q_0 和 Q_l 为端部剪力，N_0 和 N_l 为端部轴向力；l 为梁长。采用 $m(x)$ 表示单位长度的质量，$I(x)$ 表示截面抗弯惯性矩，$A(x)$ 表示横截面面积，E 表示材料弹性模量。

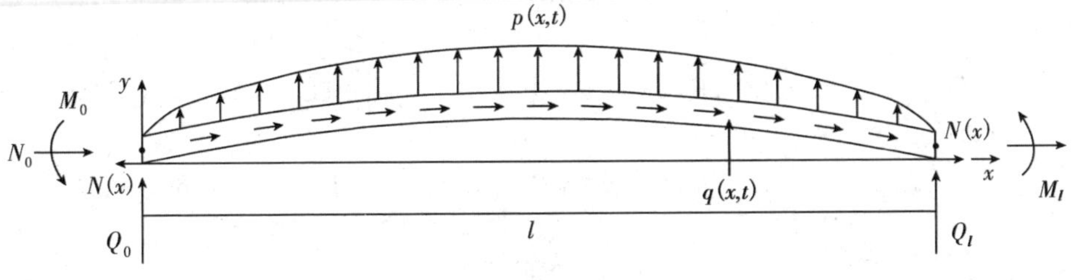

图 1.1　单跨欧拉-伯努利梁

令 $y(x, t)$ 为梁振动过程中产生的竖向位移，$u(x, t)$ 为梁振动过程中

产生的轴向位移。梁振动过程中的动能为

$$T=\frac{1}{2}\int_{0}^{l}m(x)\dot{y}^{2}\mathrm{d}x+\frac{1}{2}\int_{0}^{l}m(x)\dot{u}^{2}\mathrm{d}x \tag{1.1}$$

动能的变分为

$$\begin{aligned}\delta\int_{t_1}^{t_2}T\mathrm{d}t&=\delta\int_{t_1}^{t_2}\frac{1}{2}\int_{0}^{l}m(x)\dot{y}^{2}\mathrm{d}x\mathrm{d}t+\delta\int_{t_1}^{t_2}\frac{1}{2}\int_{0}^{l}m(x)\dot{u}^{2}\mathrm{d}x\mathrm{d}t\\&=\int_{0}^{l}m(x)\dot{y}\delta y\,|_{t_1}^{t_2}\mathrm{d}x-\int_{t_1}^{t_2}\int_{0}^{l}m(x)\ddot{y}\delta y\mathrm{d}x\mathrm{d}t+\int_{0}^{l}m(x)\dot{u}\delta y\,|_{t_1}^{t_2}\mathrm{d}x\\&\quad-\int_{t_1}^{t_2}\int_{0}^{l}m(x)\ddot{u}\delta y\mathrm{d}x\mathrm{d}t\end{aligned} \tag{1.2}$$

公式(1.1) 和(1.2) 中，“·”和“··”分别表示对时间 t 的一次偏导数和二次偏导数。

梁的振动位移在 t_1 和 t_2 时刻是给定的，因此有 $\dot{y}\delta y\,|_{t_1}^{t_2}=0$，进一步可得

$$\int_{0}^{l}m(x)\dot{y}\delta y\,|_{t_1}^{t_2}\mathrm{d}x=0,\ \int_{0}^{l}m(x)\dot{u}\delta y\,|_{t_1}^{t_2}\mathrm{d}x \tag{1.3}$$

于是，动能的变分可写成

$$\delta\int_{t_1}^{t_2}T\mathrm{d}t=-\int_{t_1}^{t_2}\int_{0}^{l}m(x)\ddot{y}\delta y\mathrm{d}x\mathrm{d}t-\int_{t_1}^{t_2}\int_{0}^{l}m(x)\ddot{u}\delta u\mathrm{d}x\mathrm{d}t \tag{1.4}$$

梁的位能有两部分组成：一部分为由弯曲振动引起的位能 U_1，另一部分为由轴向运动引起的位能 U_2。其中：

$$U_1=\frac{1}{2}\int_{0}^{l}EI(x)(y'')^{2}\mathrm{d}x \tag{1.5}$$

位能 U_1 的变分为

$$\begin{aligned}\delta\int_{t_1}^{t_2}U_1\mathrm{d}t&=\delta\int_{t_1}^{t_2}\int_{0}^{l}EI(x)y''\delta y''\mathrm{d}x\mathrm{d}t\\&=\int_{t_1}^{t_2}[EI(x)y''\delta y']\,|_{0}^{l}\mathrm{d}t-\int_{t_1}^{t_2}\int_{0}^{l}[EI(x)y'']'\delta y'\mathrm{d}x\mathrm{d}t\\&=\int_{t_1}^{t_2}[EI(x)y''\delta y']\,|_{0}^{l}\mathrm{d}t-\int_{t_1}^{t_2}\{[EI(x)y'']'\delta y\}\,|_{0}^{l}\mathrm{d}t\\&\quad+\int_{t_1}^{t_2}\int_{0}^{l}[EI(x)y'']''\delta y\mathrm{d}x\mathrm{d}t\end{aligned} \tag{1.6}$$

$$U_2=\frac{1}{2}\int_{0}^{l}EA(x)(u')^{2}\mathrm{d}x \tag{1.7}$$

位能 U_2 的变分为

$$\delta\int_{t_1}^{t_2}U_2\mathrm{d}t=\int_{t_1}^{t_2}\int_0^l EA(x)u'\delta u'\mathrm{d}x\mathrm{d}t$$
$$=\int_{t_1}^{t_2}[EA(x)u'\delta u]\big|_0^l\mathrm{d}t-\int_{t_1}^{t_2}\int_0^l[EA(x)u']'\delta u\mathrm{d}x\mathrm{d}t \tag{1.8}$$

公式(1.5)～(1.8)中，“ ′”和“ ″”分别表示对梁长坐标 x 的一次偏导数和二次偏导数。

轴向内力 $N(x)$ 所做的功为

$$W_N=-\frac{1}{2}\int_0^l N(x)(y')^2\mathrm{d}x+\int_0^l N(x)u'\mathrm{d}x \tag{1.9}$$

公式(1.9)的右端第一项为轴向内力引起的附加弯矩所做的功，第二项为轴向内力在轴向位移上所做的功。

W_N 的变分为

$$\delta\int_{t_1}^{t_2}W_N\mathrm{d}t=\delta\int_{t_1}^{t_2}\left(-\frac{1}{2}\right)\int_0^l N(x)(y')^2\mathrm{d}x\mathrm{d}t+\delta\int_{t_1}^{t_2}\int_0^l N(x)u'\mathrm{d}x\mathrm{d}t$$
$$=-\int_{t_1}^{t_2}[N(x)y'\delta y]\big|_0^l\mathrm{d}t+\int_{t_1}^{t_2}\int_0^l[N(x)y']'\delta y\mathrm{d}x\mathrm{d}t$$
$$+\int_{t_1}^{t_2}[N(x)\delta u]\big|_0^l\mathrm{d}t-\int_{t_1}^{t_2}\int_0^l[N(x)]'\delta u\mathrm{d}x\mathrm{d}t \tag{1.10}$$

竖向外力 $p(x,t)$ 所做的虚功为

$$\int_{t_1}^{t_2}\delta W_p\mathrm{d}t=\int_{t_1}^{t_2}\int_0^l p(x,t)\delta y\mathrm{d}x\mathrm{d}t \tag{1.11}$$

轴向外力 $q(x,t)$ 所做的虚功为

$$\int_{t_1}^{t_2}\delta W_q\mathrm{d}t=\int_{t_1}^{t_2}\int_0^l q(x,t)\delta u\mathrm{d}x\mathrm{d}t \tag{1.12}$$

梁端弯矩 M_0 和 M_l，剪力 Q_0 和 Q_l，轴力 N_0 和 N_l 在对应的梁段虚位移上所做的虚功为

$$\int_{t_1}^{t_2}\delta W_e\mathrm{d}t=\int_{t_1}^{t_2}(M_0\delta y_0'+M_l\delta y_1'+Q_0\delta y_0$$
$$+Q_l\delta y_1+N_0\delta u_0+N_l\delta u_1)\mathrm{d}t \tag{1.13}$$

根据哈密顿原理，有

$$\delta\int_{t_1}^{t_2}(T-U_1-U_2)\mathrm{d}t+\delta\int_{t_1}^{t_2}W_N\mathrm{d}t+\int_{t_1}^{t_2}\delta W_p\mathrm{d}t$$
$$+\int_{t_1}^{t_2}\delta W_q\mathrm{d}t+\int_{t_1}^{t_2}\delta W_e\mathrm{d}t=0 \tag{1.14}$$

把公式(1.4)、(1.6)、(1.8) 和公式(1.10) ～ (1.13) 代入公式(1.14) 中，可得

$$-\int_{t_1}^{t_2}\int_0^l\{m(x)\ddot{y}+[EI(x)y'']''-[N(x)y']'-p(x,t)\}\delta y\mathrm{d}x\mathrm{d}t$$
$$-\int_{t_1}^{t_2}\int_0^l\{m(x)\ddot{u}-[EA(x)u']'+[N(x)]'-q(x,t)\}\delta u\mathrm{d}x\mathrm{d}t$$
$$+\int_{t_1}^{t_2}\{[EI(x)y'']|_0+M_0\}\delta y_0'\mathrm{d}t-\int_{t_1}^{t_2}\{[EI(x)y'']|_l-M_l\}\delta y_l'\mathrm{d}t$$
$$-\int_{t_1}^{t_2}\{[EI(x)y'']'|_0-[N(x)y']|_0-Q_0\}\delta y_0\mathrm{d}t$$
$$+\int_{t_1}^{t_2}\{[EI(x)y'']'|_l-[N(x)y']|_l+Q_l\}\delta y_l\mathrm{d}t$$
$$+\int_{t_1}^{t_2}\{[EA(x)u']|_0-N(x)|_0+N_0\}\delta u_0\mathrm{d}t$$
$$-\int_{t_1}^{t_2}\{[EA(x)u']|_l-N(x)|_0-N_l\}\delta u_0\mathrm{d}t=0 \tag{1.15}$$

对于位移边界条件，$\delta y_0'$，$\delta y_1'$，δy_0，δy_1，δu_0 和 δu_1 均为 0，而对于力的边界条件则是任意的，要使公式(1.15) 成立，则必须满足以下各式：

$$\int_0^l\{m(x)\ddot{y}+[EI(x)y'']''-[N(x)y']'-p(x,t)\}\delta y\mathrm{d}x=0 \tag{1.16}$$

$$\int_0^l\{m(x)\ddot{u}-[EA(x)u']'+[N(x)]'-q(x,t)\}\delta u\mathrm{d}x=0 \tag{1.17}$$

$$[EI(x)y'']|_0+M_0=0 \tag{1.18a}$$
$$[EI(x)y'']|_l-M_l=0 \tag{1.18b}$$
$$[EI(x)y'']'|_0-[N(x)y']|_0-Q_0=0 \tag{1.18c}$$
$$[EI(x)y'']'|_l-[N(x)y']|_l+Q_l=0 \tag{1.18d}$$
$$[EA(x)u']|_0-N(x)|_0+N_0=0 \tag{1.18e}$$
$$[EA(x)u']|_l-N(x)|_0-N_l=0 \tag{1.18f}$$

公式(1.18) 表示了梁端部力的平衡条件。由于变分 δy 和 δu 在域内是任

意的，由公式(1.16)和(1.17)可得

$$m(x)\ddot{y}+[EI(x)y'']''-[N(x)y']'=p(x,t) \tag{1.19}$$

$$m(x)\ddot{u}-[EA(x)u']'=q(x,t)-[N(x)]' \tag{1.20}$$

公式(1.19)和(1.20)为含有轴向内力$N(x)$，在竖向外力$p(x,t)$和轴向外力$q(x,t)$作用下单跨梁的振动方程。根据振动方程，单跨梁的自由振动方程可表示为

$$m(x)\ddot{y}+[EI(x)y'']''-[N(x)y']'=0 \tag{1.21}$$

$$m(x)\ddot{u}-[EA(x)u']'=0 \tag{1.22}$$

如果轴向内力不存在或不考虑轴向内力的影响，则公式(1.21)可简化成

$$m(x)\frac{\partial^2 y(x,t)}{\partial t^2}+\frac{\partial^2}{\partial x^2}\left[EI(x)\frac{\partial^2 y(x,t)}{\partial x^2}\right]=0 \tag{1.23}$$

公式(1.23)为无轴向内力影响情况下的弯曲自由振动方程，公式(1.22)为轴向自由振动方程。由于在公式推导过程中，并未在截面特性$I(x)$和$A(x)$中引入任何假定，因此，公式(1.21)、(1.22)和(1.23)对变截面梁和等截面梁均是适用的。

1.1.2　等截面梁弯曲自由振动分析

根据公式(1.23)，等截面单跨梁的自由振动方程可表示为

$$EI\frac{\partial y^4(x,t)}{\partial x^4}+m\ddot{y}(x,t)=0 \tag{1.24}$$

假定梁体在平衡位置附近做简谐运动，则有

$$y(x,t)=\phi(x)\mathrm{e}^{\mathrm{j}\omega t} \tag{1.25}$$

公式(1.25)中，j为虚数单位，$\mathrm{j}=\sqrt{-1}$；ω为角频率，也称为圆频率，$\omega=2\pi f$，f为自振频率；$\phi(x)$为振型函数。

把公式(1.25)代入公式(1.24)中，可得

$$EI\frac{\mathrm{d}^4\phi(x)}{\mathrm{d}x^4}-\omega^2 m\phi(x)=0 \tag{1.26}$$

令$\alpha^4=\dfrac{\omega^2 m}{EI}$，则公式(1.26)可表示为

$$\frac{\mathrm{d}^4\phi(x)}{\mathrm{d}x^4}-\alpha^4\phi(x)=0 \tag{1.27}$$

令

$$\phi(x)=B\mathrm{e}^{rx} \tag{1.28}$$

把公式(1.28) 代入公式(1.27) 中，可得

$$(r^4-\alpha^4)B\mathrm{e}^{rx}=0 \tag{1.29}$$

由公式(1.29) 可求得 r 的 4 个根，分别为 $r_{1,2}=\pm\alpha$，$r_{3,4}=\pm\mathrm{j}\alpha$。

把 r 的 4 个根代入公式(1.28) 中，可得

$$\phi(x)=B_1\mathrm{e}^{\alpha x}+B_2\mathrm{e}^{-\alpha x}+B_3\mathrm{e}^{\mathrm{j}\alpha x}+B_4\mathrm{e}^{-\mathrm{j}\alpha x} \tag{1.30}$$

公式(1.30) 中，$B_i(i=1, 2, 3, 4)$ 为待定系数。依据欧拉公式，公式(1.30) 可变换成

$$\phi(x)=A_1\sin\alpha x+A_2\cos\alpha x+A_3\sinh\alpha x+A_4\cosh\alpha x \tag{1.31}$$

公式(1.31) 中，$A_i(i=1, 2, 3, 4)$ 同样为待定系数。值得注意的是，在振型函数的推导过程中并未考虑边界条件(或约束条件)，这是导致振型函数中含有待定系数的原因。如果给定边界条件，便能确定振型函数中的待定系数，从而可进一步求得振型函数。在此，以等截面悬臂梁为例说明振型函数的确定过程。

对于如图 1.2 所示的等截面悬臂梁，其边界条件为

$$\phi(0)=0,\ \phi'(0)=0 \tag{1.32a}$$

$$M(L)=EI\phi''(L)=0,\ V(L)=EI\phi'''(L)=0 \tag{1.32b}$$

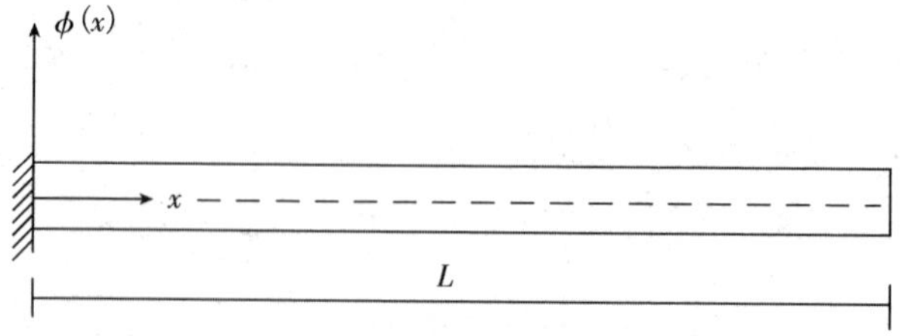

(a) 等截面悬臂梁

图 1.2　等截面悬臂梁与前 3 阶动力特性

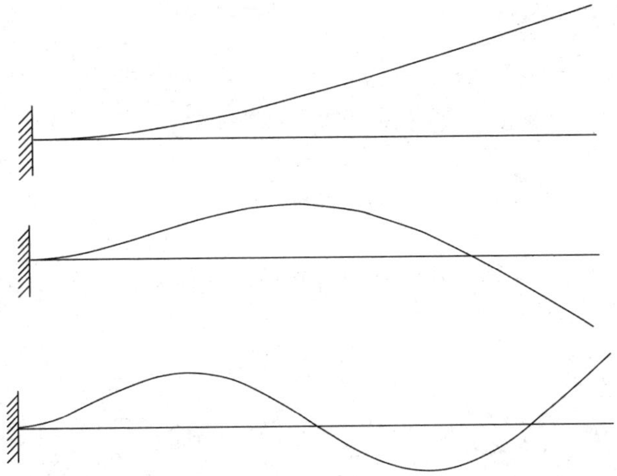

$$\omega_1 = 1.875^2\sqrt{\frac{EI}{mL^4}}$$

$$\omega_2 = 4.694^2\sqrt{\frac{EI}{mL^4}}$$

$$\omega_3 = 7.855^2\sqrt{\frac{EI}{mL^4}}$$

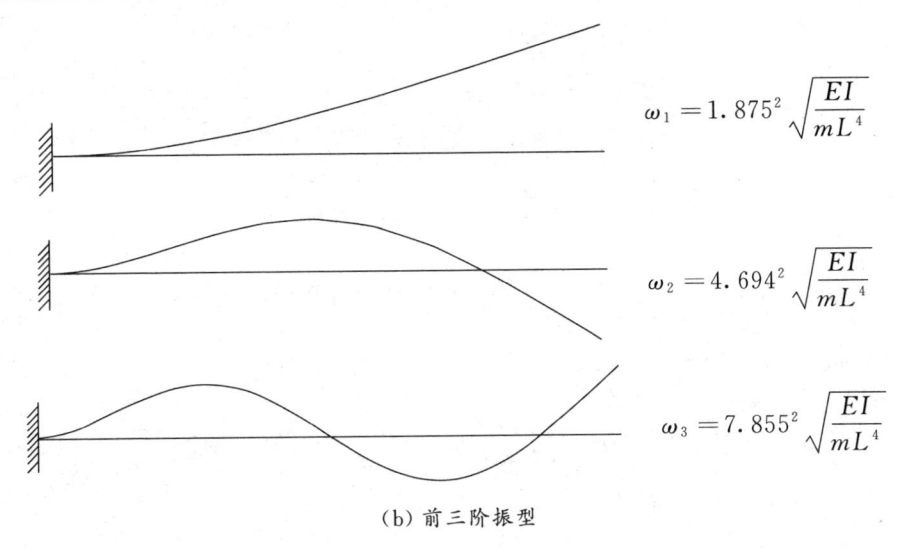

(b) 前三阶振型

图 1.2　等截面悬臂梁与前 3 阶动力特性(续)

把公式(1.31)代入公式(1.32)中，可得

$$\begin{cases} A_2 + A_4 = 0 \\ \alpha(A_1 + A_3) = 0 \\ \alpha^2(-A_1\sin\alpha L - A_2\cos\alpha L + A_3\sinh\alpha L + A_4\cosh\alpha L) = 0 \\ \alpha^3(-A_1\cos\alpha L + A_2\sin\alpha L + A_3\cosh\alpha L + A_4\sinh\alpha L) = 0 \end{cases} \tag{1.33}$$

从公式(1.33)的前两式可以得到

$$A_1 = -A_3,\ A_2 = -A_4 \tag{1.34}$$

把公式(1.34)代入公式(1.33)的后两式，可得

$$\begin{bmatrix} -\sin\alpha L - \sinh\alpha L & -\cos\alpha L - \cosh\alpha L \\ -\cos\alpha L - \cosh\alpha L & \sin\alpha L - \sinh\alpha L \end{bmatrix} \begin{Bmatrix} A_1 \\ A_2 \end{Bmatrix} = 0 \tag{1.35}$$

公式(1.35)中的系数 A_1 和 A_2 有非零解的条件是系数矩阵的行列式等于零，即有

$$-\sin^2\alpha L + \sinh^2\alpha L - \cos^2\alpha L - \cosh^2\alpha L - 2\cos\alpha L\cosh\alpha L = 0 \tag{1.36}$$

根据三角函数和双曲函数的特性，可得$\sin^2\alpha L + \cos^2\alpha L = 1$ 和$\cosh^2\alpha L - \sinh^2\alpha L = 1$，依据这两个关系式，对公式(1.36)进行化简可得

$$\cos\alpha L = -1/\cosh\alpha L \tag{1.37}$$

对公式(1.37)进行求解，可得

$$\begin{cases}(\alpha L)_1 = 1.875 \\ (\alpha L)_2 = 4.694 \\ (\alpha L)_3 = 7.855 \\ (\alpha L)_n \doteq \dfrac{\pi}{2}(2n-1),\ n=4,\ 5,\ 6,\ \cdots\end{cases} \tag{1.38}$$

把求得的$(\alpha L)_n$代入到$\alpha^4 = \dfrac{\omega^2 m}{EI}$中，便可计算出等截面悬臂梁的自振角频率$\omega_n$：

$$\omega_n = (\alpha L)_n^2 \sqrt{\frac{EI}{mL^4}},\ n=1,\ 2,\ 3,\ \cdots \tag{1.39}$$

由公式(1.35)，可得

$$A_2 = -\frac{\sin \alpha L + \sinh \alpha L}{\cos \alpha L + \cosh \alpha L}A_1 \text{ 或 } A_2 = -\frac{\cos \alpha L + \cosh \alpha L}{\sin \alpha L - \sinh \alpha L}A_1 \tag{1.40}$$

把公式(1.34)和(1.40)代入到公式(1.31)中，可得等截面悬臂梁的振型函数：

$$\phi(x) = A_1\left[\sin \alpha x - \sinh \alpha x + \frac{\sin \alpha L + \sinh \alpha L}{\cos \alpha L + \cosh \alpha L}(\cosh \alpha x - \cos \alpha x)\right] \tag{1.41}$$

对于铰接-铰接梁(简支梁)和一端固结、一端铰接梁的自振频率和振型函数表达式读者可参考相关文献[1,2]，进行自行推导。在此，只列出结果，对推导过程不再赘述。

简支梁的自振角频率和振型函数如下：

$$\omega_n = \left(\frac{n\pi}{L}\right)^2 \sqrt{\frac{EI}{m}},\ n=1,\ 2,\ 3,\ \cdots \tag{1.42}$$

$$\phi_n(x) = A_1 \sin \frac{n\pi x}{L},\ n=1,\ 2,\ 3,\ \cdots \tag{1.43}$$

一端固结、一端铰接梁的自振角频率和振型函数为

$$\begin{cases}\omega_1 = 1.562\left(\dfrac{\pi}{L}\right)^2\sqrt{\dfrac{EI}{m}}, \\ \omega_2 = 5.063\left(\dfrac{\pi}{L}\right)^2\sqrt{\dfrac{EI}{m}}, \\ \omega_3 = 10.562\left(\dfrac{\pi}{L}\right)^2\sqrt{\dfrac{EI}{m}}\end{cases} \tag{1.44}$$

$$\phi(x) = A_1\left[\sin\alpha x - \sinh\alpha x + \frac{\sinh\alpha L + \sin\alpha L}{\cos\alpha L - \cosh\alpha L}(\cos\alpha x - \cosh\alpha x)\right] \tag{1.45}$$

对于图 1.3(a) 所示的两个梁式构件组成的框架结构，如果不考虑各构件的轴向振动，可以把整体结构拆解成两个梁式结构，进而求取整体结构的自振频率和振型。

依据公式(1.31)，竖向梁式构件的振型函数可表示为

$$\phi_1(x_1) = A_1\sin\alpha_1 x_1 + A_2\cos\alpha_1 x_1 + A_3\sinh\alpha_1 x_1 + A_4\cosh\alpha_1 x_1,\ 0 \leqslant x_1 \leqslant L_1 \tag{1.46}$$

水平梁式构件的振型函数可表示为

$$\phi_2(x_2) = B_1\sin\alpha_2 x_2 + B_2\cos\alpha_2 x_2 + B_3\sinh\alpha_2 x_2 + B_4\cosh\alpha_2 x_2,\ 0 \leqslant x_2 \leqslant L_2 \tag{1.47}$$

公式(1.46)和(1.47)中，A_i 和 B_i($i=1, 2, 3, 4$)分别为竖向梁式构件和水平梁式构件的振型函数的待定系数；$\alpha_1^4 = \dfrac{\omega^2 m_1}{EI_1}$，$\alpha_2^4 = \dfrac{\omega^2 m_2}{EI_2}$，$\alpha_1$ 和 α_2 表达式中的角频率相同，即为框架结构的角频率。

竖向梁式构件的边界条件为

$$\phi_1(0) = 0,\ \phi_1'(0) = 0 \tag{1.48a}$$

水平梁式构件的边界条件为

$$\phi_2(0) = 0,\quad \phi_2(L_2) = 0,\quad \phi_2''(L_2) = 0 \tag{1.48b}$$

依据两个梁式构件连接处的振型斜率连续和弯矩平衡条件，可得

$$\phi_1'(L_1) = \phi_2'(0),\quad EI_1\phi_1''(L_1) = EI_2\phi_2''(0) \tag{1.48c}$$

依据竖向梁式构件顶端的剪力与水平梁式构件水平方向的惯性力之间的平衡条件，可得

$$EI_1\phi_1'''(L_1)=m_2L_2\omega^2\phi_1''(L_1) \tag{1.48d}$$

把公式(1.46)和(1.47)代入公式(1.48)中，可以得到8个有关待定系数A_i和B_i的方程，把这8个方程组成方程组。基于方程组，便可以求解得到振动角频率ω与待定系数A_i和B_i，把待定系数A_i和B_i代入公式(1.46)和(1.47)中便可得到框架结构的振型，在两个构件所有参数都相等的情况下框架结构的前3阶振型如图1.39(b)所示。

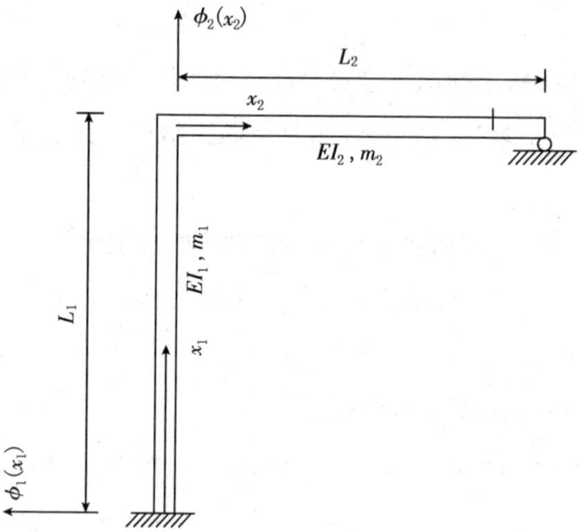

(a) 框架结构

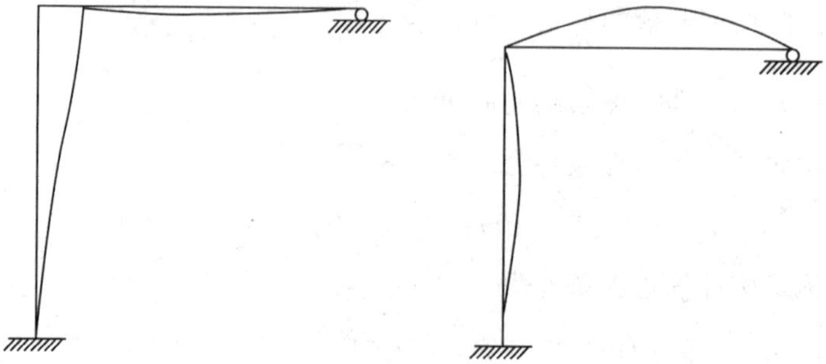

(b) 前3阶振型

图1.3　梁式构件组成的框架结构与振型

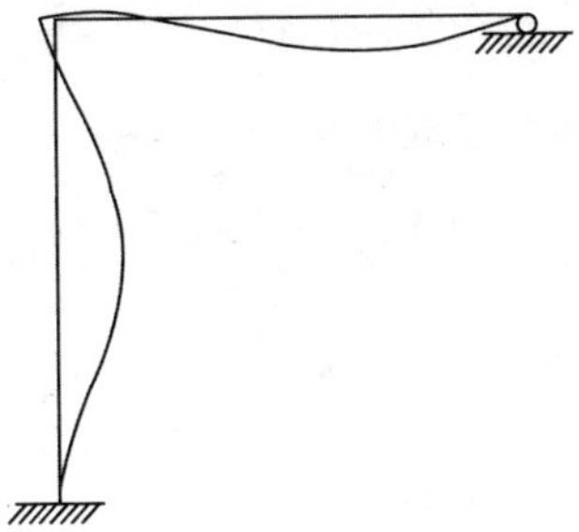

(b) 前 3 阶振型(续)

图 1.3　梁式构件组成的框架结构与振型(续)

1.1.3　等截面梁轴向自由振动

根据公式(1.22)，等截面梁自由振动方程可表示为

$$m\frac{\partial^2 u(x,t)}{\partial t^2}-EA\frac{\partial^2 u(x,t)}{\partial x^2}=0 \tag{1.49}$$

令

$$u(x,t)=U(x)Y(t) \tag{1.50}$$

把公式(1.50)代入公式(1.49)中，并做变量分离，可得

$$\frac{U''(x)}{U(x)}=\frac{m}{EA}\frac{\ddot{Y}(t)}{Y(t)}=-a^2 \tag{1.51}$$

由公式(1.51)可得两个独立的偏微分方程：

$$\ddot{Y}(t)+\omega^2 Y(t)=0 \tag{1.52}$$

$$U''(x)+a^2U(x)=0 \tag{1.53}$$

式中，

$$\omega^2=a^2\frac{EA}{m} \tag{1.54}$$

从公式(1.53)中可以求解到等截面梁轴向自由振动振型函数：

$$U(x)=C_1\sin ax+C_2\cos ax \tag{1.55}$$

式中，C_1 和 C_2 为待定系数，需要根据边界条件确定。

对于如图 1.4(a) 所示的悬臂杆件，轴向自由振动的边界条件为

$$U(0)=0 \tag{1.56a}$$

$$N(L)=EAU'(L)=0 \tag{1.56b}$$

把公式(1.55)代入公式(1.56a)中，可得

$$C_1\sin 0+C_2\cos 0=0 \tag{1.57}$$

由公式(1.57)可以得到 $C_2=0$，把公式(1.55)代入公式(1.56b)中，可得

$$EAC_1 a\cos aL=0 \tag{1.58}$$

要满足 C_1 有非零解，下式必须成立：

$$\cos aL=0 \tag{1.59}$$

由公式(1.59)可得

$$a_n L=\frac{\pi}{2}(2n-1) \tag{1.60}$$

因此，悬臂杆件的轴向振型函数为

$$U_n(x)=C_1\sin\left[\frac{\pi}{2}(2n-1)\frac{x}{L}\right] \tag{1.61}$$

把公式(1.60)代入公式(1.54)中，可以得到悬臂杆件的振动角频率：

$$\omega_n=\frac{\pi}{2}(2n-1)\sqrt{\frac{EA}{mL^2}} \tag{1.62}$$

悬臂杆件的前三阶轴向振动角频率和振型如图1.4(b)所示。

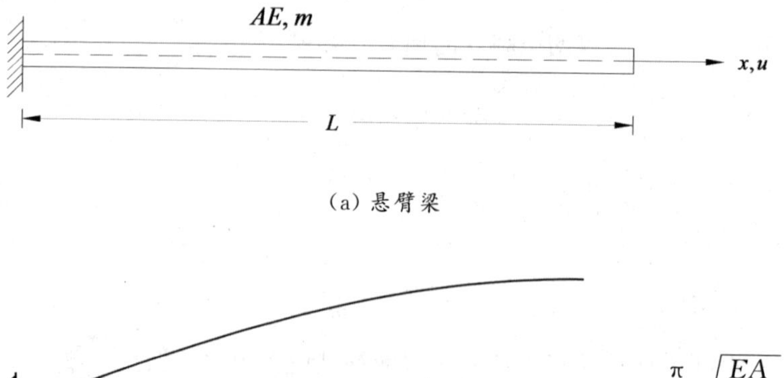

(a) 悬臂梁

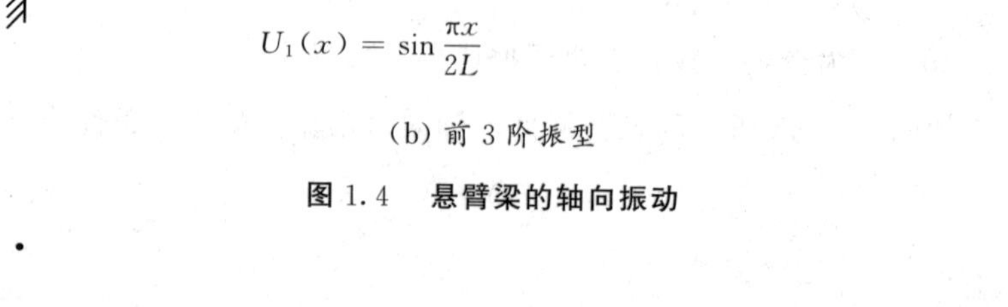

(b) 前3阶振型

图1.4 悬臂梁的轴向振动

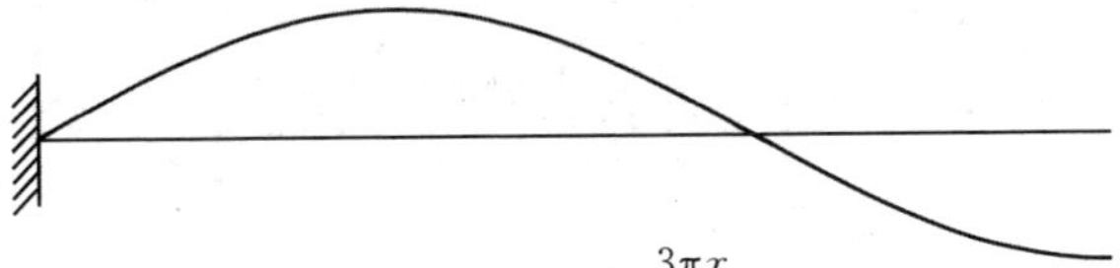

$w_2 = \frac{3\pi}{2}\sqrt{\frac{EA}{mL^2}}$

$U_2(x) = \sin\frac{3\pi x}{2L}$

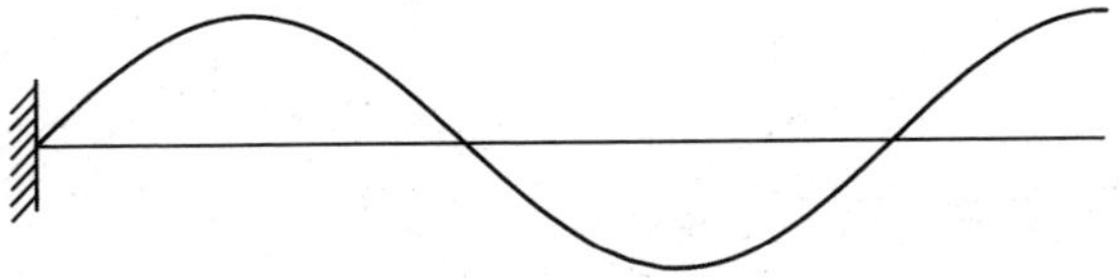

$w_3 = \frac{5\pi}{2}\sqrt{\frac{EA}{mL^2}}$

$U_3(x) = \sin\frac{5\pi x}{2L}$

(b) 前 3 阶振型(续)

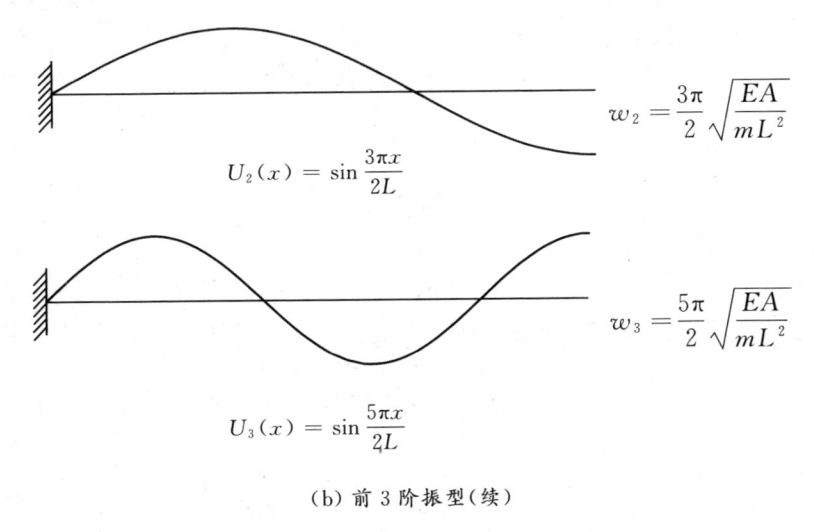

图 1.4　悬臂梁的轴向振动(续)

1.2　几类特殊变截面梁自由振动分析

1.2.1　特殊变截面梁弯曲自由振动分析

本书 1.1.2 节中得到的是等截面梁弯曲振动振型函数的解析解，在这种情况下，利用边界条件便可以方便、快捷地求解到频率和振型。变截面梁弯曲振动的自由振动方程见公式(1.23)，属于变系数偏微分方程，鉴于该类偏微分方程求解的复杂性，能够得到振型函数解析解的变截面梁的类型是十分有限的。在此，针对几类特殊变截面梁，简要给出其振型函数的解析解。

截面抗弯惯性矩和单位长度质量分别服从 $I(x)=\alpha_1(1+\beta x)^{r+4}$ 和 $m(x)=\alpha_2(1+\beta x)^r$ 分布的变截面梁是土木工程领域常见的结构形式，例如梁高按 $h(x)=h_0(1+\beta x)^2$ 变化的梁式结构。把 $I(x)=\alpha_1(1+\beta x)^{r+4}$ 和 $m(x)=\alpha_2(1+\beta x)^r$ 以及公式(1.25) 代入变截面梁的弯曲自由振动方程[公式(1.23)]中，可得

$$0=E\alpha_1(1+\beta x)^4\frac{\mathrm{d}\phi^4(x)}{\mathrm{d}x^4}+2E\alpha_1\beta(r+4)(1+\beta x)^3\frac{\mathrm{d}\phi^3(x)}{\mathrm{d}x^3}$$

$$+E\alpha_1\beta^2(r+4)(r+3)(1+\beta x)^2\frac{\mathrm{d}\phi^2(x)}{\mathrm{d}x^2}-\omega^2\alpha_2\phi(x) \tag{1.63}$$

令

$$\begin{cases} z=\ln(1+\beta x) \\ \mathrm{D}=\dfrac{\mathrm{d}}{\mathrm{d}z} \end{cases} \tag{1.64}$$

对公式(1.64)进行计算和简化，可得

$$0=\Big\{\mathrm{D}^4+[2(r+4)-6]\mathrm{D}^3+[(r+4)(r+3)-6(r+4)+11]\mathrm{D}^2$$

$$+[4(r+4)-(r+4)(r+3)-6]\mathrm{D}-\frac{\omega^2\alpha_2}{E\alpha_1\beta^4}\}\phi(z)\Big\} \tag{1.65}$$

公式(1.65)的特征方程有4个根，分别为d_1，d_2，d_3和d_4，这4个根的取值存在两种情况，依据这4个根的取值情况可确定变截面梁的振型函数，具体推导过程参见文献[3]。

(1) 当4个根的取值为实数根时，振型函数可表示为

$$\phi(x)=A_1(1+\beta x)^{d_1}+A_2(1+\beta x)^{d_2}+A_3(1+\beta x)^{d_3}$$
$$+A_4(1+\beta x)^{d_4} \tag{1.66a}$$

(2) 当d_1和d_2为实数根，d_3和d_4为共轭虚根时，振型可表示为

$$\phi(x)=A_1(1+\beta x)d_1+A_2(1+\beta x)d_2+A_3(1+\beta x)s_1\cos s_2\ln(1+\beta x)$$
$$+A_4(1+\beta x)s_1\sin s_2\ln(1+\beta x) \tag{1.66b}$$

式中，

$$d_3=s_1+s_2\mathrm{j},\ d_4=s_1-s_2\mathrm{j},\ \mathrm{j}=\sqrt{-1} \tag{1.67}$$

公式(1.66)为$I(x)=\alpha_1(1+\beta x)^{r+4}$和$m(x)=\alpha_2(1+\beta x)^r$变截面梁振型函数的解析表达式。

文献[4]中给出了几类特殊变截面梁振型函数的解析表达式，具体情况如下：

(1) 变截面梁的截面抗弯惯性矩和单位长度质量服从$I(x)=I_0(1-\beta x)^{r+2}$和$m(x)=m_0(1-\beta x)^r$分布，变截面梁振型函数表达式为

$$\phi(x)=g^{-r}\left[A_1\mathrm{J}_r(g)+A_2\mathrm{Y}_r(g)+A_3\mathrm{I}_r(g)+A_4\mathrm{K}_r(g)\right],\quad r\text{ 为整数} \tag{1.68a}$$

或

$$\phi(x)=g^{-r}\left[A_1\mathrm{J}_r(g)+A_2\mathrm{J}_{-r}(g)+A_3\mathrm{I}_r(g)+A_4\mathrm{I}_{-r}(g)\right],\quad r\text{ 为非整数} \tag{1.68b}$$

公式(1.68)中，J_r，Y_r，I_r 和 K_r 分别为第一、二、三、四类贝塞尔函数(Bessel functions)，$g=\dfrac{2\Omega}{\beta\sqrt{1-\beta x}}$，$\Omega^2=\omega\sqrt{\dfrac{m_0}{EI_0}}$。

(2) 变截面梁的截面抗弯惯性矩和单位长度质量服从 $I(x)=I_0\mathrm{e}^{-bx}$ 和 $m(x)=m_0\mathrm{e}^{-bx}$ 分布，变截面梁振型函数表达式为

$$\phi(x)=A_1\mathrm{e}^{c_1x}+A_2\mathrm{e}^{c_2x}+A_3\mathrm{e}^{c_3x}+A_4\mathrm{e}^{c_4x} \tag{1.69}$$

式中，

$$c_{1,2,3,4}=\frac{b}{2}\pm\sqrt{\frac{b^2}{2}\pm\Omega^2} \tag{1.70}$$

1.2.2　特殊变截面梁轴向自由振动分析

同样，对于变截面梁轴向振动的振型函数的解析解也是难以得到的。在此，仅针对几类特殊变截面梁，简要给出其振型函数的解析解。

依据公式(1.22)，变截面梁轴向自由振动方程可写成

$$\rho A(x)\frac{\partial^2u(x,t)}{\partial t^2}-\frac{\partial}{\partial x}\left[EA(x)\frac{\partial u(x,t)}{\partial x}\right]=0 \tag{1.71}$$

式中，ρ 为变截面梁的材料密度。

文献[5]给出了两类变截面梁轴向振动的振型函数解析表达式，具体推导过程可参见相关文献。

(1) 变截面梁的横截面面积服从 $A(x)=(ax+b)^n$ 分布，变截面梁的振型函数表达式为

$$U(x)=A^{\alpha}(x)\{C_1\mathrm{J}_v[\lambda A^{\beta}(x)]+C_2\mathrm{Y}_v[\lambda A^{\beta}(x)]\},\quad v\text{ 为整数} \tag{1.72a}$$

或

$$U(x)=A^{\alpha}(x)\{C_1\mathrm{J}_v[\lambda A^{\beta}(x)]+C_2\mathrm{J}_{-v}[\lambda A^{\beta}(x)]\},\quad v\text{ 为非整数} \tag{1.72b}$$

式中，

$$\alpha = \frac{1}{2}\left(\frac{1}{n} - 1\right), \qquad \lambda = \frac{\omega}{a}\sqrt{\frac{\rho}{E}} \tag{1.73a}$$

$$\beta = \frac{1}{n}, \qquad v = \frac{1-n}{2} \tag{1.73b}$$

C_1 和 C_2 为待定系数，J_v 和 Y_v 分别为第一类和第二类贝塞尔函数。

(2) 变截面梁的横截面面积服从 $A(x) = A_0 \sin^2(ax + b)$ 分布，变截面梁的振型函数表达式为

$$U(x) = \frac{1}{\sin(ax + b)}(C_1 \sin kx + C_2 \cos kx) \tag{1.74}$$

式中，$k = \frac{\rho\omega^2}{E} + a^2$。

1.3 基于多项式逼近的任意变截面梁弯曲自由振动分析

对于任意变截面形式的变截面梁，可以采用多项式来近似其截面抗弯惯性矩和单位长度质量沿梁长的分布。为了不失一般性，令梁式结构的抗弯惯性矩 $I(x)$ 和单位长度质量 $m(x)$ 分别为

$$I(x) = b_1 x^n + b_2 x^{n-1} + \cdots + b_n x + b_{n+1} \tag{1.75a}$$

$$m(x) = c_1 x^m + c_2 x^{m-1} + \cdots + c_m x + c_{m+1} \tag{1.75b}$$

公式(1.75)中，b_1，b_2，…，b_{n+1}；c_1，c_2，…，c_{m+1} 为多项式系数，由结构的几何尺寸和材料密度等参数决定。

假定变截面梁在平衡位置附近做简谐振动，该类变截面梁的位移同样可以采用公式(1.25)表示。把公式(1.25)和(1.75)代入变截面梁的弯曲自由振动方程(公式(1.23))中，可得

$$E(b_1 x^n + b_2 x^{n-1} + \cdots + b_{n-1} x + b_{n+1}) \frac{\mathrm{d}^4 \phi(x)}{\mathrm{d}x^4}$$

$$+ 2E[n b_1 x^{n-1} + (n-1) b_2 x^{n-2} + \cdots + b_n] \frac{\mathrm{d}^3 \phi(x)}{\mathrm{d}x^3}$$

$$+E[n(n-1)b_1x^{n-1}+(n-1)(n-2)b_2x^{n-3}+\cdots+2b_{n-1}]\frac{\mathrm{d}^2\phi(x)}{\mathrm{d}x^2}$$
$$-\omega^2[c_1x^m+c_2x^{m-1}+\cdots+c_{m-1}x+c_{m+1}]\phi(x)=0 \tag{1.76}$$

采用广义幂级数方法[6] 来求解方程(1.76)，令

$$\begin{cases}\phi(x)=\sum_{i=0}^{\infty}a_{i+1}x^{k+i}\\ \dfrac{\mathrm{d}\phi(x)}{\mathrm{d}x}=\sum_{i=0}^{\infty}(k+i)a_{i+1}x^{k+i-1}\\ \dfrac{\mathrm{d}^2\phi(x)}{\mathrm{d}x^2}=\sum_{i=0}^{\infty}(k+i)(k+i-1)a_{i+1}x^{k+i-2}\\ \dfrac{\mathrm{d}^3\phi(x)}{\mathrm{d}x^3}=\sum_{i=0}^{\infty}(k+i)(k+i-1)(k+i-2)a_{i+1}x^{k+i-3}\\ \dfrac{\mathrm{d}^4\phi(x)}{\mathrm{d}x^4}=\sum_{i=0}^{\infty}(k+i)(k+i-1)(k+i-2)(k+i-3)a_{i+1}x^{k+i-4}\end{cases} \tag{1.77}$$

把公式(1.77) 代入式(1.76) 中，可得

$$E(b_1x^n+b_2x^{n-1}+\cdots+b_{n-1}x+b_{n+1})\sum_{i=0}^{\infty}(k+i)(k+i-1)(k+i-2)$$
$$\times(k+i-3)a_{i+1}x^{k+i-4}+2E(nb_1x^{n-1}+(n-1)b_2x^{n-2}+\cdots+b_n)\sum_{i=0}^{\infty}(k+i)$$
$$\times(k+i-1)(k+i-2)a_{i+1}x^{k+i-3}+E[n(n-1)b_1x^{n-1}$$
$$+(n-1)(n-2)b_2x^{n-3}+\cdots+2b_{n-1}]\sum_{i=0}^{\infty}(k+i)(k+i-1)a_{i+1}x^{k+i-2}$$
$$-\omega^2[c_1x^m+c_2x^{m-1}+\cdots+c_{m-1}x+c_{m+1}]\sum_{i=0}^{\infty}a_{i+1}x^{k+i}=0 \tag{1.78}$$

依据公式(1.78)，可得到该类变截面梁的振型函数表达式，详细推导过程可参见相关文献[7]。

$$\phi(x)=A_1f_1(x,0)+A_2f_2(x,1)$$
$$+A_3f_3(x,2)+A_4f_4(x,3) \tag{1.79}$$

式中，

$$f_{k+1}(x,k)=\sum_{i=0}^{\infty}a_{i+1}(k)x^{k+i},\ k=0,1,2,3 \tag{1.80}$$

$$a_{i+5}=-\frac{b_n(k+i+2)}{b_{n+1}(k+i+4)}a_{i+4}-\frac{b_{n-1}(k+i+2)(k+i+1)}{b_{n+1}(k+i+4)(k+i+3)}a_{i+3}-\cdots$$

$$-\frac{b_2(k+i+6-n)(k+i+5-n)}{b_{n+1}(k+i+4)(k+i+3)}a_{i+7-n}-\frac{b_1(k+i+5-n)(k+i+4-n)}{b_{n+1}(k+i+4)(k+i+3)}a_{i+6-n}$$

$$+\frac{\omega^2 c_m}{Eb_{n+1}(k+i+4)(k+i+3)(k+i+2)(k+i+1)}a_{i+1}$$

$$+\frac{\omega^2 c_{m-1}}{Eb_{n+1}(k+i+4)(k+i+3)(k+i+2)(k+i+1)}a_i+\cdots$$

$$+\frac{\omega^2 c_2}{Eb_{n+1}(k+i+4)(k+i+3)(k+i+2)(k+i+1)}a_{i+3-m}$$

$$+\frac{\omega^2 c_1}{Eb_{n+1}(k+i+4)(k+i+3)(k+i+2)(k+i+1)}a_{i+2-m} \tag{1.81}$$

$$a_4=-\frac{(b_n^3+2b_{n+1}b_nb_{n-1}+b_{n+1}^2b_{n-2})}{b_{n+1}^3(k+3)(k+2)(k+1)}\times\frac{(k+1)k(k-1)}{b_{n+1}^3(k+3)(k+2)(k+1)} \tag{1.82a}$$

$$a_3=-\frac{(b_n^2+b_{n+1}b_{n-1})k(k-1)}{b_{n+1}^2(k+2)(k+1)} \tag{1.82b}$$

$$a_2=-\frac{b_n(k-1)}{b_{n+1}(k+1)} \tag{1.82c}$$

$$a_1=1 \tag{1.82d}$$

1.4 多跨连续梁式结构自由振动分析

1.4.1 自由振动方程建立与求解

本节以图 1.5 所示的多跨连续梁式结构为例，来阐述其自由振动方程的建立过程以及动力特性的求解方法。图 1.5 所示为 n 跨连续梁桥，共有 $n+1$ 个支撑；采用位于结构上方的 1，2，…，i，$i+1$，…，n 表示桥跨编号，采用位于结构下方的 (1)，(2)，…，(i)，($i+1$)，($i+2$)，…，(n)，

$(n+1)$ 表示支撑编号；采用 l_1，…，l_i，l_{i+1}，…，l_n 表示每跨梁长，$I_1(x)$，…，$I_i(x)$，$I_{i+1}(x)$，…，$I_n(x)$ 表示每跨抗弯惯性矩，$m_1(x)$，…，$m_i(x)$，$m_{i+1}(x)$，…，$m_n(x)$ 表示每跨单位长度质量。

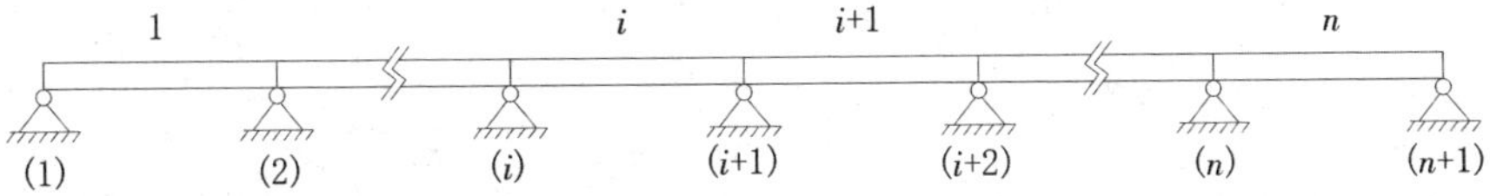

图 1.5　n 跨连续梁桥

对本书 1.1.2 节中的等截面梁、1.2.1 节中的几类特殊变截面梁以及 1.3 节中的任意变截面梁的振型函数进行分析可知，这几类梁的振型函数可以统一表示成

$$\phi(x)=\sum_{i=1}^{4}A_iS_i(x) \tag{1.83}$$

式中，$A_i(i=1,\ 2,\ 3,\ 4)$ 为振型函数的待定系数。

如果第 i 跨梁为等截面梁，或 1.2.1 节中几类特殊变截面梁的一种，或方便用多项式表示的任意变截面梁(见本书 1.3 节)，并且整跨截面的抗弯惯性矩和单位长度质量服从同一变化函数，则第 i 跨梁的振型函数可表示为

$$\phi_i(x)=\sum_{j=1}^{4}A_j^iS_j(x_i),\ 0\leqslant x_i\leqslant l_i \tag{1.84}$$

如果第 $i+1$ 跨梁截面的抗弯惯性矩和单位长度质量在整跨内也服从同一变化函数(但并不要求与第 i 跨梁相同)，则第 $i+1$ 跨梁的振型函数可表示为

$$\phi_{i+1}(x)=\sum_{j=1}^{4}A_j^{i+1}S_j(x_{i+1}),\ 0\leqslant x_{i+1}\leqslant l_{i+1} \tag{1.85}$$

公式(1.84)和(1.85)中，A_j^i 和 $A_j^{i+1}(j=1,\ 2,\ 3,\ 4)$ 分别为第 i 跨梁和第 $i+1$ 跨梁的振型函数待定系数，x_i 和 x_{i+1} 分别为第 i 跨梁和第 $i+1$ 跨梁的局部坐标。

依据中支点 $(i+1)$ 处的位移等于零，可得

$$\phi_i(l_i)=A_1^iS_1(l_i)+A_2^iS_2(l_2)+A_3^iS_3(l_3)+A_4^iS_4(l_i)=0 \tag{1.86a}$$

$$\phi_{i+1}(0)=A_1^{i+1}S_1(0)+A_2^{i+1}S_2(0)+A_3^{i+1}S_3(0)+A_4^{i+1}S_4(0)=0 \tag{1.86b}$$

依据支点 $(i+1)$ 处的弯矩平衡条件，可得

$$\begin{aligned}&EI_i(l_i)\,[A_1^iS_1''(l_i)+A_2^iS_2''(l_2)+A_3^iS_3''(l_3)+A_4^iS_4''(l_i)]\\&=EI_{i+1}(0)\,[A_1^{i+1}S_1''(0)+A_2^{i+1}S_2''(0)+A_3^{i+1}S_3''(0)+A_4^{i+1}S_4''(0)]\end{aligned} \tag{1.86c}$$

依据支点$(i+1)$处的转角连续条件，可得

$$A_1^i S_1'(l_i)+A_2^i S_2'(l_2)+A_3^i S_3'(l_3)+A_4^i S_4'(l_i)$$
$$=A_1^{i+1} S_1'(0)+A_2^{i+1} S_2'(0)+A_3^{i+1} S_3'(0)+A_4^{i+1} S_4'(0) \tag{1.86d}$$

公式(1.86)中，$I_i(l_i)$和$I_{i+1}(0)$分别为单跨局部坐标系中第i跨$x=l_i$和第$i+1$跨$x=0$处的截面抗弯惯性矩。

假设每跨梁在整个梁跨内服从同一种变化，则每跨梁的振型函数可以采用公式(1.84)表示，即每个梁跨内有4个待定系数。i跨连续梁共有$4i$个待定系数。每个中支点能够列出4个待定系数方程[公式(1.86)]，$i-1$个中支点可列出$4(i-1)$个方程，每个边支点利用位移和弯矩等于零的条件可列出2个待定系数方程，两个边支点[支点(1)和支点$(n+1)$]可列出4个待定系数方程。所有支点可列出$4i$个待定系数方程，采用矩阵的形式可表示为

$$\boldsymbol{CU}=0 \tag{1.87}$$

式中，$\boldsymbol{C}$是含有自振频率的系数矩阵，$\boldsymbol{U}$是待定系数组成的向量，$\boldsymbol{U}=[A_1\quad B_1\quad C_1\quad D_1\quad \cdots\quad A_i\quad B_i\quad C_i\quad D_i\quad \cdots\quad A_n\quad B_n\quad C_n\quad D_n]^{\mathrm{T}}$。

使$\boldsymbol{U}$有非零解的条件为

$$|\boldsymbol{C}|=0 \tag{1.88}$$

通过公式(1.88)，可以求解到连续梁式结构的自振频率，把求解到的自振频率代入公式(1.87)中便可求解到待定系数向量$\boldsymbol{U}$，把待定系数代入振型函数表达式[公式(1.84)和(1.85)]中，便可得到连续梁式结构的振型。然而，当矩阵$\boldsymbol{C}$的维数较高时，从公式(1.88)中并不能直接计算出自振频率，需要借助数值计算方法来进行求解。在此，利用半区间-迭代方法从公式(1.88)中求解自振频率，其具体过程为：

(1) 给定第i阶角频率的初始值ω_{ai}。

(2) 把ω_{ai}代入系数矩阵$\boldsymbol{C}$中，并计算其行列式的值$D_{ai}=|\boldsymbol{C}(\omega_{ai})|$。

(3) 令$\omega_{bi}=\omega_{ai}+\Delta\omega$，$\Delta\omega$为频率增量(读者可自行给定一个合适的值)。把$\omega_{bi}$代入系数矩阵$\boldsymbol{C}$中，并计算其行列式的值$D_{bi}=|\boldsymbol{C}(\omega_{bi})|$。

(4) 计算$d_i=D_{ai}\times D_{bi}$。

(5) 如果$d_i<0$，则认定第i阶角频率的区间为$[\omega_{ai},\omega_{bi}]$；如果$d_i>0$，令$\omega_{ai}=\omega_{bi}$，重复步骤(1)～(5)，直至确定第$i$阶角频率的区

间 $[\omega_{ai}, \omega_{bi}]$。

(6) 令 $\omega_{ci} = (\omega_{ai} + \omega_{bi})/2$，计算 D_{ai} 和 D_{ci}，$D_{ci} = |\boldsymbol{C}(\omega_{ci})|$。

(7) 计算 $\mathrm{dd}_i = D_{ai} \times D_{ci}$。

(8) 如果 $\mathrm{dd}_i > 0$，则 $\omega_{ai} = \omega_{ci}$；如果 $\mathrm{dd}_i < 0$，令 $\omega_{bi} = \omega_{ci}$，得到一个新的角频率区间 $[\omega_{ai}, \omega_{bi}]$，重复步骤(6) ～ (8)，直至系数矩阵 $\boldsymbol{C}$ 行列式的值为零，便可得到第 i 阶角频率。

1.4.2　基于传递矩阵的自由振动分析

在本书 1.4.1 节中，假定横截面在单跨梁内的变化形式一致，即单位长度质量在整跨内服从一种函数分布，抗弯刚度在整跨内服从一种函数分布。对于梁式桥梁结构，在单跨梁中经常会存在多种变截面形式，例如在跨中区域为等截面形式，在中支点截面同样也为等截面形式(但腹板、底板和顶板厚度与跨中截面区域不同)，跨中区域截面向中支点截面变化的过渡段为变截面形式。对于单跨梁存在多种变截面形式的梁式结构，传递矩阵是一种较为实用和简便的自由振动分析方法。

为了不失一般性，假设图 1.5 所示的 n 跨连续梁桥的第 i 跨中有 m 种变截面形式。依据变截面形式的不同，把第 i 跨梁划分成 m 个梁段，如图 1.6 所示。在图 1.6 中，梁段编号为 b_1，b_2，…，b_j，b_{j+1}，…，b_m，每个梁段服从一种变截面形式，l_1，l_2，…，l_j，l_{j+1}，…，l_m 分别为梁段长度。

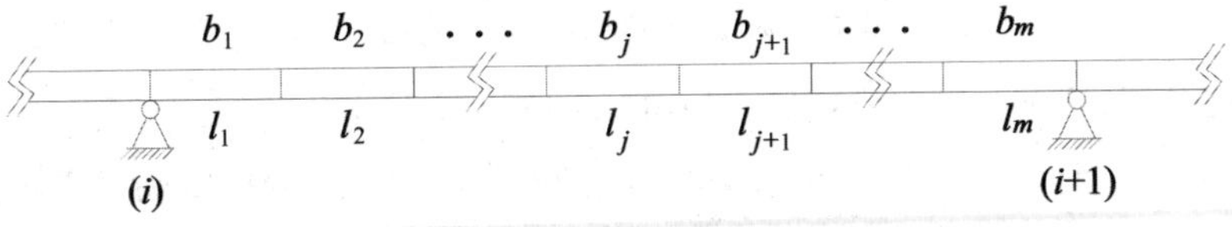

图 1.6　第 i 跨梁变截面形式

把图 1.6 中的梁段 b_j 等间距的划分成 s 个子梁段，如图 1.7 所示。图 1.7 中，b_j^1，b_j^2，…，b_j^p，b_j^{p+1}，…，b_j^s 为子梁段编号，每个子梁段的长度为 $l_{msj} = l_j/s$。

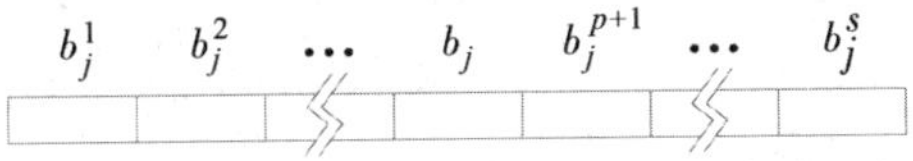

图 1.7　第 i 跨第 j 个梁段划分示意图

如果子梁段的长度足够小，可以把子梁段近似为等截面梁。子梁段 b_j^p 的截面惯性矩 $\bar{I}_j^p$ 和单位长度质量 $\bar{m}_j^p$ 可等效为

$$\begin{cases}\bar{I}_j^p = \dfrac{1}{l_{msj}}\displaystyle\int_0^{l_{msj}} I_j^p(x)\,\mathrm{d}x \ ,\ 0 \leqslant x \leqslant l_{msj} \\ \bar{m}_j^p = \dfrac{1}{l_{msj}}\displaystyle\int_0^{l_{msj}} m_j^p(x)\,\mathrm{d}x \ ,\ 0 \leqslant x \leqslant l_{msj}\end{cases} \tag{1.89}$$

式中，$I_j^p(x)$ 和 $m_j^p(x)$ 为 b_j^p 在子梁段局部坐标系中的截面惯性矩和单位长度质量。

依据本书 1.1.2 节中等截面梁弯曲自由振动的振型函数表达式[公式(1.31)]，子梁段 b_j^p 在局部坐标系 $0 \leqslant x \leqslant l_{msj}$ 中的振型函数可表示为

$$\phi_j^p(x) = A_j^p \sin\alpha_j^p x + B_j^p \cos\alpha_j^p x + C_j^p \sinh\alpha_j^p x + D_j^p \cosh\alpha_j^p x \tag{1.90}$$

式中，$(\alpha_j^p)^4 = (\omega^2 \bar{m}_j^p)/(E\bar{I}_j^p)$，$\omega$ 为整个结构的自振角频率；A_j^p，B_j^p，C_j^p 和 D_j^p 为子梁段 b_j^p 振型函数的待定系数。

由子梁段 b_j^p 的右端与子梁段 b_j^{p+1} 的左端位移、转角连续和弯矩、剪力平衡的条件，可得

$$\begin{cases}\phi_j^{p+1}(0) = \phi_j^p(l_{msj}) \\ \phi'^{p+1}_j(0) = \phi'^p_j(l_{msj}) \\ E\bar{I}_j^{p+1}\phi''^{p+1}_j(0) = E\bar{I}_j^p \phi_j^p(l_{msj}) \\ E\bar{I}_j^{p+1}\phi'''^{p+1}_j(0) = E\bar{I}_j^p \phi'''^p_j(l_{msj})\end{cases} \tag{1.91}$$

把公式(1.90)代入公式(1.91)中，可得

$$B_j^{p+1} + D_j^{p+1} = A_j^p \sin\alpha_j^p l_{msj} + B_j^p \cos\alpha_j^p l_{msj} + C_j^p \sinh\alpha_j^p l_{msj} + D_j^p \cosh\alpha_j^p l_{msj} \tag{1.92a}$$

$$\alpha_j^{p+1}(A_j^{p+1} + C_j^{p+1}) = \alpha_j^p(A_j^p \cos\alpha_j^p l_{msj} - B_j^p \sin\alpha_j^p l_{msj} + C_j^p \cosh\alpha_j^p l_{msj} + D_j^p \sinh\alpha_j^p l_{msj}) \tag{1.92b}$$

$$(\alpha_j^{p+1})^2 EI_j^{p+1}(-B_j^{p+1} + D_j^{p+1}) = (\alpha_j^p)^2 EI_j^p(-A_j^p \sin\alpha_j^p l_{msj} - B_j^p \cos\alpha_j^p l_{msj} + C_j^p \sinh\alpha_j^p l_{msj} + D_j^p \cosh\alpha_j^p l_{msj}) \tag{1.92c}$$

$$(\alpha_j^{p+1})^3 EI_j^{p+1}(-A_j^{p+1} + C_j^{p+1}) = (\alpha_j^p)^3 EI_j^p(-A_j^p \cos\alpha_j^p l_{msj} + B_j^p \sin\alpha_j^p l_{msj}$$

$$+C_j^p \cosh\alpha_j^p l_{msj} + D_j^p \sinh\alpha_j^p l_{msj})$$

(1.92d)

把公式(1.92) 写成矩阵的形式，则有

$$\boldsymbol{C}_j^{p+1}\boldsymbol{U}_j^{p+1} = \boldsymbol{C}_j^p \boldsymbol{U}_j^p \tag{1.93}$$

式中，

$$\boldsymbol{C}_j^{p+1} = \begin{bmatrix} 0 & 1 & 0 & 1 \\ a_j^{p+1} & 0 & a_j^{p+1} & 0 \\ 0 & -EI_j^{p+1}(a_j^{p+1})^2 & 0 & EI_j^{p+1}(a_j^{p+1})^2 \\ -EI_j^{p+1}(a_j^{p+1})^3 & 0 & EI_j^{p+1}(a_j^{p+1})^3 & 0 \end{bmatrix} \tag{1.94}$$

$$\boldsymbol{C}_j^p = \begin{bmatrix} s_1 & s_2 & s_3 & s_4 \\ a_j^p s_2 & -a_j^p s_1 & a_j^p s_4 & a_j^p s_3 \\ -EI_j^p(a_j^p)^2 s_1 & -EI_j^p(a_j^p)^2 s_2 & EI_j^p(a_j^p)^2 s_3 & EI_j^p(a_j^p)^2 s_4 \\ -EI_j^p(a_j^p)^3 s_2 & EI_j^p(a_j^p)^3 s_1 & EI_j^p(a_j^p)^3 s_4 & EI_j^p(a_j^p)^3 s_3 \end{bmatrix} \tag{1.95}$$

其中，$s_1 = \sin\alpha_j^p l_{msj}$，$s_2 = \cos\alpha_j^p l_{msj}$，$s_3 = \sinh\alpha_j^p l_{msj}$，$s_4 = \cosh\alpha_j^p l_{msj}$；$\boldsymbol{U}_j^{p+1} = [A_j^{p+1} \quad B_j^{p+1} \quad C_j^{p+1} \quad D_j^{p+1}]^{\mathrm{T}}$，$\boldsymbol{U}_j^p = [A_j^p \quad B_j^p \quad C_j^p \quad D_j^p]^{\mathrm{T}}$。

由公式(1.93) 可得

$$\boldsymbol{U}_j^{p+1} = T_p^{p+1}\boldsymbol{U}_j^p = [\boldsymbol{C}_j^{p+1}]^{-1}\boldsymbol{C}_j^p \boldsymbol{U}_j^p \tag{1.96}$$

式中，$\boldsymbol{T}_p^{p+1} = [\boldsymbol{C}_j^{p+1}]^{-1}\boldsymbol{C}_j^p$，为待定系数传递矩阵，表示子梁段 b_j^p 和子梁段 b_j^{p+1} 振型函数待定系数之间的传递关系。

基于公式(1.96) 表示的待定系数传递关系，可以得到第 j 个梁段中最后一个子梁段(第 s 个子梁段) 和第一个子梁段待定系数之间的传递关系：

$$\boldsymbol{U}_j^s = \boldsymbol{T}_j \boldsymbol{U}_j^1 \tag{1.97}$$

式中，$\boldsymbol{T}_j = \boldsymbol{T}_{s-1}^s \cdots \boldsymbol{T}_p^{p+1} \cdots \boldsymbol{T}_1^2$。

把第 $j+1$ 个梁段划分成 q 个子梁段，采用矩阵传递方法，同样可以得到第 $j+1$ 个梁段中最后一个子梁段(第 q 个子梁段) 和第一个子梁段待定系数之间的传递关系：

$$\boldsymbol{U}_{j+1}^{q}=\boldsymbol{T}_{j+1}\boldsymbol{U}_{j+1}^{1} \tag{1.98}$$

类似于公式(1.96)，可以得到第 j 个梁段中最后一个子梁段和第 $j+1$ 个梁段中第一个子梁段待定系数之间的传递关系：

$$\boldsymbol{U}_{j+1}^{1}=\boldsymbol{T}_{j+1}^{j}\boldsymbol{U}_{j}^{s} \tag{1.99}$$

综合公式(1.97) ～ (1.99)，可得

$$\boldsymbol{U}_{j+1}^{q}=\boldsymbol{T}_{j+1}\boldsymbol{T}_{j+1}^{j}\boldsymbol{T}_{j}\boldsymbol{U}_{j}^{1} \tag{1.100}$$

公式(1.100) 表示了振型函数跨梁段传递关系，即第 $j+1$ 个梁段中最后一个子梁段与第 j 个梁段中第一个子梁段待定系数之间的传递关系。

综合公式(1.97)、(1.98) 和(1.100)，可以得到整个第 i 跨内的待定系数传递关系，采用该传递关系可以得到整跨内任意两个子梁段待定系数之间的传递关系，即整跨内可以采用 4 个待定系数来表征其振型函数的待定系数。在得到每跨梁式结构振型函数待定系数的传递关系后，便可以采用本书 1.4.1 节中的方法求解连续梁式结构的自振频率和振型。

以上方法的基本思想是把变截面梁段划分成若干子梁段，把子梁段等效成等截面梁，进而构建每个梁段以及梁段与梁段之间的待定系数传递关系。如果图 1.6 所示的第 j 个梁段和第 $j+1$ 个梁段服从本书 1.2.1 中的变截面形式，或可采用多项式较为方便地逼近截面刚度分布和单位长度质量分布(本书 1.3 节)，基于公式(1.83)，第 j 个梁段和第 $j+1$ 个梁段的振型函数可分别表示为

$$\phi_j(x)=A_jS_j^1(x)+B_jS_j^2(x)+C_jS_j^3(x)+D_jS_j^4(x) \tag{1.101a}$$

$$\begin{aligned}\phi_{j+1}(x)=&A_{j+1}S_{j+1}^1(x)+B_{j+1}S_{j+1}^2(x)\\&+C_{j+1}S_{j+1}^3(x)+D_{j+1}S_{j+1}^4(x)\end{aligned} \tag{1.101b}$$

式中，$\phi_j(x)$ 和 $\phi_{j+1}(x)$ 分别为局部坐标系中第 j 个梁段和第 $j+1$ 个梁段的振型函数；A_j，B_j，C_j 和 D_j 为振型函数 $\phi_j(x)$ 的待定系数，A_{j+1}，B_{j+1}，C_{j+1} 和 D_{j+1} 为振型函数 $\phi_{j+1}(x)$ 的待定系数；$S_j^i(x)$ $(i=1, 2, 3, 4)$ 为振型函数 $\phi_j(x)$ 的基函数，$S_{j+1}^i(x)$ $(i=1, 2, 3, 4)$ 为振型函数 $\phi_{j+1}(x)$ 的基函数。

依据第 j 个梁段右端和第 $j+1$ 个梁段左端位移、转角连续和弯矩、剪力平衡条件可得

$$A_{j+1}S_{j+1}^1(0)+B_{j+1}S_{j+1}^2(0)+C_{j+1}S_{j+1}^3(0)+D_{j+1}S_{j+1}^4(0)$$

$$=A_jS_j^1(l_j)+B_jS_j^2(l_j)+C_jS_j^3(l_j)+D_jS_j^4(l_j) \tag{1.102a}$$

$$A_{j+1}S'^1_{j+1}(0)+B_{j+1}S'^2_{j+1}(0)+C_{j+1}S'^3_{j+1}(0)+D_{j+1}S'^4_{j+1}(0)$$
$$=A_jS'^1_j(l_j)+B_jS'^2_j(l_j)+C_jS'^3_j(l_j)+D_jS'^4_j(l_j) \tag{1.102b}$$

$$EI_{j+1}(0)\,(A_{j+1}S''^1_{j+1}(0)+B_{j+1}S''^2_{j+1}(0)+C_{j+1}S''^3_{j+1}(0)+D_{j+1}S''^4_{j+1}(0))$$
$$=EI_j(l_j)\,(A_jS''^1_j(l_j)+B_jS''^2_j(l_j)+C_jS''^3_j(l_j)+D_jS''^4_j(l_j)) \tag{1.102c}$$

$$EI_{j+1}(0)\,(A_{j+1}S'''^1_{j+1}(0)+B_{j+1}S'''^2_{j+1}(0)+C_{j+1}S'''^3_{j+1}(0)+D_{j+1}S'''^4_{j+1}(0))$$
$$+EI'_{j+1}(0)\,(A_{j+1}S''^1_{j+1}(0)+B_{j+1}S''^2_{j+1}(0)+C_{j+1}S''^3_{j+1}(0)+D_{j+1}S''^4_{j+1}(0))$$
$$=EI_j(l_j)\,(A_jS'''^1_j(l_j)+B_jS'''^2_j(l_j)+C_jS'''^3_j(l_j)+D_jS'''^4_j(l_j))$$
$$+EI'_j(l_j)\,(A_jS''^1_j(l_j)+B_jS''^2_j(l_j)+C_jS''^3_j(l_j)+D_jS''^4_j(l_j)) \tag{1.102d}$$

把公式(1.102)写成矩阵的形式，则有

$$\boldsymbol{C}_{j+1}\boldsymbol{U}_{j+1}=\boldsymbol{C}_j\boldsymbol{U}_j \tag{1.103}$$

公式(1.103)中，

$$C_{j+1}=$$
$$\begin{bmatrix} S^1_{j+1}(0) & S^2_{j+1}(0) & S^3_{j+1}(0) & S^4_{j+1}(0) \\ S'^1_{j+1}(0) & S'^2_{j+1}(0) & S'^3_{j+1}(0) & S'^4_{j+1}(0) \\ KS''^1_{j+1}(0) & KS''^2_{j+1}(0) & KS''^3_{j+1}(0) & KS''^4_{j+1}(0) \\ KS'''^1_{j+1}(0)+K'S''^1_{j+1}(0) & KS'''^2_{j+1}(0)+K'S''^2_{j+1}(0) & KS'''^3_{j+1}(0)+K'S''^3_{j+1}(0) & KS'''^4_{j+1}(0)+K'S''^4_{j+1}(0) \end{bmatrix}$$

$$C_j=\begin{bmatrix} S^1_j(l_j) & S^2_j(l_j) & S^3_j(l_j) & S^4_j(l_j) \\ S'^1_j(l_j) & S'^2_j(l_j) & S'^3_j(l_j) & S'^4_j(l_j) \\ KS''^1_j(l_j) & KS''^2_j(l_j) & KS''^3_j(l_j) & KS''^4_j(l_j) \\ \bar{K}S'''^1_j(l_j)+\bar{K}'S''^1_j(l_j) & \bar{K}S'''^2_j(l_j)+\bar{K}'S''^2_j(l_j) & \bar{K}S'''^3_j(l_j)+\bar{K}'S''^3_j(l_j) & \bar{K}S'''^4_j(l_j)+\bar{K}'S''^4_j(l_j) \end{bmatrix}$$

$\boldsymbol{U}_{j+1}=[A_{j+1}\quad B_{j+1}\quad C_{j+1}\quad D_{j+1}]^{\mathrm{T}}$，$\boldsymbol{U}_j=[A_j\quad B_j\quad C_j\quad D_j]^{\mathrm{T}}$。

式中，$K=EI_{j+1}(0)$，$\bar{K}=EI_j(l_j)$。

由公式(1.103)可得

$$\boldsymbol{U}_{j+1}=\boldsymbol{T}^j_{j+1}\boldsymbol{U}_j=\boldsymbol{C}^{-1}_{j+1}\boldsymbol{C}_j\boldsymbol{U}_j \tag{1.104}$$

公式(1.104)表示了第 j 个梁段振型函数待定系数与第 $j+1$ 个梁段振型函数待定系数之间的传递关系，$\boldsymbol{T}^j_{j+1}$ 为传递矩阵。

依据公式(1.104)，可以得到如图 1.6 所示的整个第 i 跨梁中振型函数待

定系数之间的传递关系：

$$\boldsymbol{U}_m = \boldsymbol{T}_m^{m-1} \cdots \boldsymbol{T}_{j+1}^{j} \cdots \boldsymbol{T}_2^{1} \boldsymbol{U}_1 \tag{1.105}$$

由公式(1.105)可知，可以采用4个待定系数来表示整个第 i 梁中振型函数的待定系数，基于这个表征关系，便可以采用本书1.4.1节中的方法求解连续梁式结构的自振频率和振型。

1.4.3 数值算例

为了验证本书方法的正确性，把本书1.4节中形成的多跨连续梁式结构自由振动分析方法应用到了吉林省境内某特大桥的动力特性分析中。该桥为65m+5×100m+65m的7孔一联预应力混凝土连续箱形梁桥，主梁采用C50混凝土。横断面为两幅分离的单箱单室断面，单幅箱梁宽12.7m。大桥概貌如图1.8所示，主要几何尺寸见图1.9。

图1.8 桥梁概貌

课题组对该桥进行了动力荷载试验，动力荷载试验现场如图1.10所示。采用环境激励对桥梁进行激振，利用江苏东华测试技术股份有限公司生产的DH5920型振动采集仪和DH610型加速度传感器采集了桥梁关键截面处的加速度响应信号，典型加速度响应见图1.11。

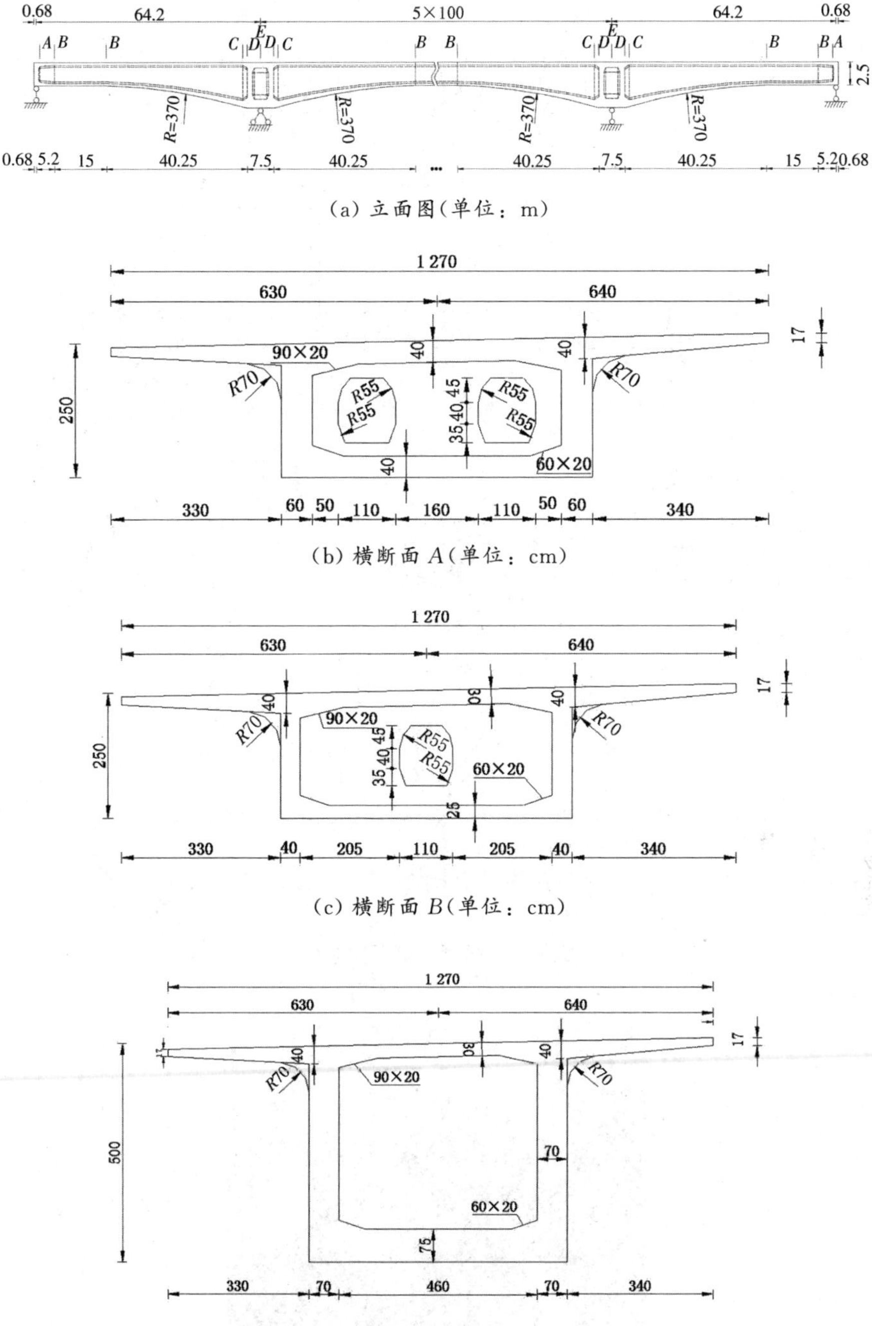

(a) 立面图(单位：m)

(b) 横断面 A(单位：cm)

(c) 横断面 B(单位：cm)

(d) 横断面 C(单位：cm)

图 1.9　桥梁几何尺寸

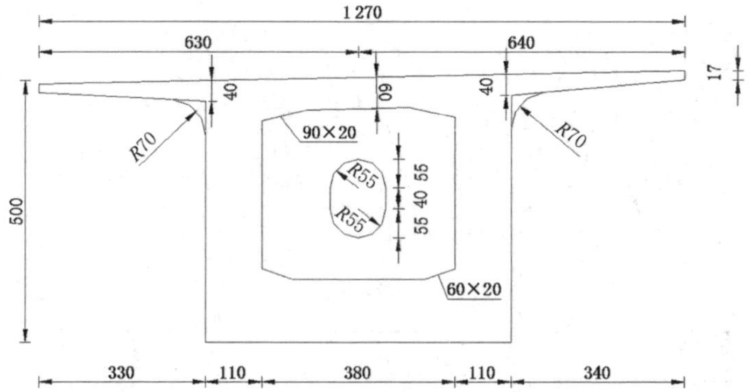

(e) 横断面 D(单位：cm)

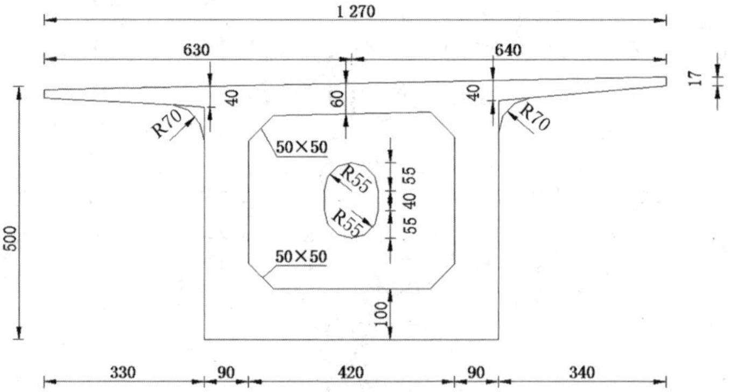

(f) 横断面 E(单位：cm)

图 1.9　桥梁几何尺寸(续)

图 1.10　动力荷载试验现场

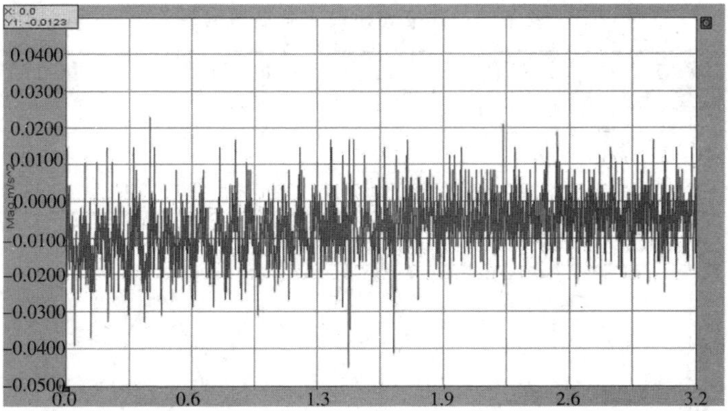

(a) 第 1 跨跨中加速度时程曲线

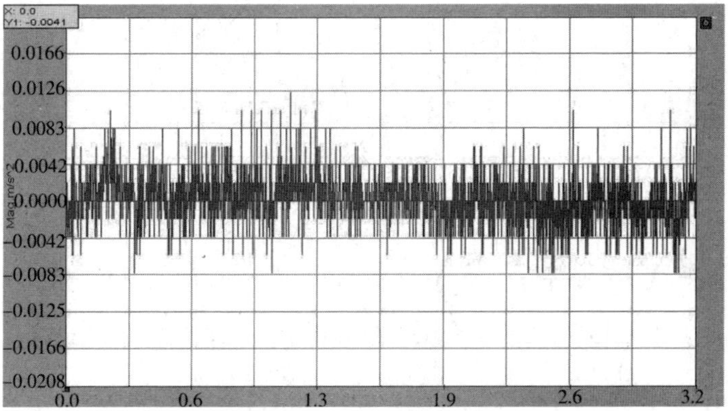

(b) 第 3 跨跨中加速度时程曲线

图 1.11　典型加速度时程响应

采用多项式逼近每跨梁的单位长度质量分布和抗弯惯性矩分布，采用本书 1.3 节中的方法得到每跨梁的振型函数表达式，进而采用本书 1.4 节中的方法求解连续梁桥的自振频率和振型。采用随机子空间方法从加速度时程响应中识别出连续梁桥的前 3 阶自振频率和振型，频率结果列于表 1.1 中，振型结果见图 1.12。

表 1.1　连续梁桥前 3 阶自振频率

频率阶次	计算值 /Hz	实测值 /Hz	相对误差 /%
1	0.590	0.597	1.11
2	0.764	0.782	2.40
3	0.995	1.030	3.53

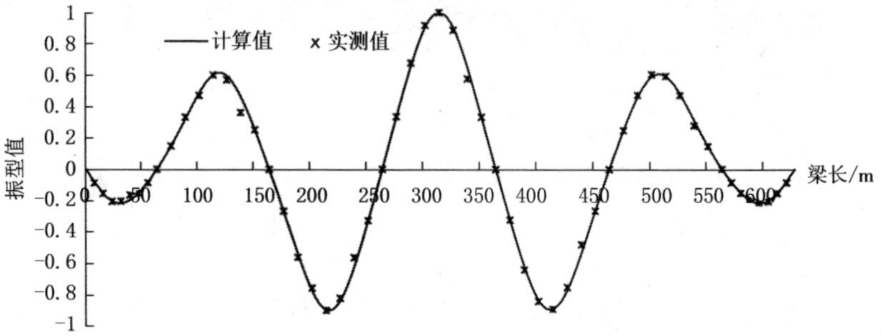

(a)1 阶振型

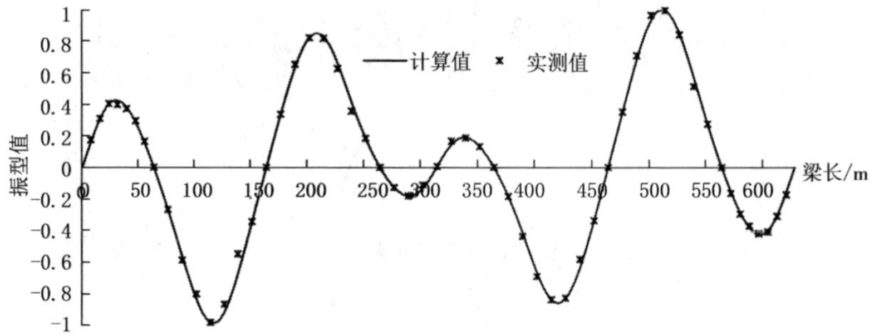

(b)2 阶振型

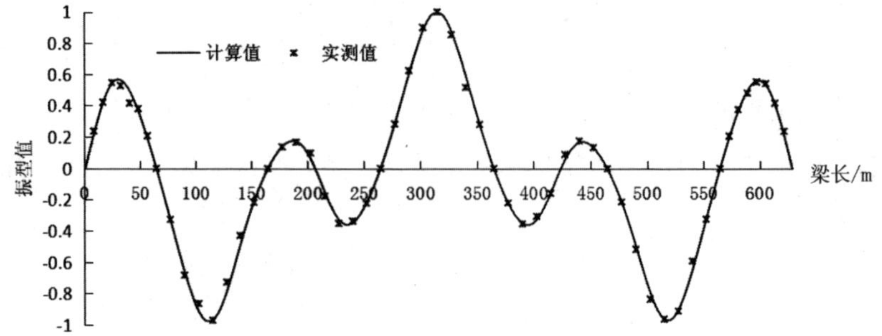

(c)3 阶振型

图 1.12　连续梁桥前 3 阶振型

连续梁桥算例结果表明：前 3 阶频率的计算值与实测值之间的误差最大为 3.53%，前 3 阶振型计算值与实测值吻合度较高，这再次说明了本书方法的正确性和可靠性。

参考文献

[1] 宋一凡．公路桥梁动力学[M]．北京：人民交通出版社，2000.

[2] Clough R W， Penzien J. Dynamics of structures[M]. New Delhi： Satish Kumar Jain for CBS Publishers and Distributors Pvt. Ltd，2015.

[3] Tan G J， Wang W S， Jiao Y B. Flexural free vibrations of multistep nonuniform beams[J]. Mathematical Problems in Engineering， 2016： 7314280.

[4]Li Q S. Flexural free vibration of cantilevered structures of variable stiffness and mass[J]. Structural Engineering and Mechanics， 1999， 8(3)： 243-256.

[5] Kumar B M， Sujith R I. Exact solutions for the longitudinal vibration of non-uniform rods[J]. Journal of Sound and Vibration， 1997， 207(5)： 721-729.

[6] King A C， Billingham J， Otto S R. Differential equations： linear， nonlinear， ordinary， partial[M]. Cambridge， New York， USA， 2003.

[7] Tan G J， Liu Y， Gong Y F， et al. Free vibration of the cracked non-uniform beam with cross section varying as polynomial functions[J]. KSCE Journal of Civil Engineering， 2018， 22(11)： 4530-4546.

第 2 章　预应力作用下梁式结构动力特性分析

2.1　轴向力作用下梁式结构动力特性分析

由本书 1.1 节可知，在轴向拉力作用下，梁式结构的振动方程可表示为

$$m(x)\ddot{y}+[EI(x)y'']''-[N(x)y']'=p(x,t) \tag{2.1}$$

如图 2.1 所示的等截面梁式结构，如果受到轴向压力作用，且轴向压力 N 在振动过程中保持不变，则其自由振动方程可表示为

$$m\frac{\partial^2 y(x,t)}{\partial t^2}+EI\frac{\partial^4 y(x,t)}{\partial x^4}+N\frac{\partial^2 y(x,t)}{\partial x^2}=0 \tag{2.2}$$

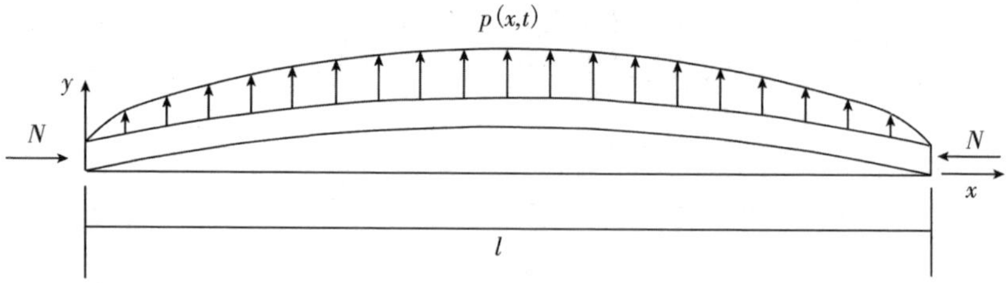

图 2.1　轴向压力作用下的等截面简支梁

把公式(1.25) 代入公式(2.2) 中，可得

$$EI\frac{d^4\phi(x)}{dx^4}+N\frac{d^2\phi(x)}{dx^2}-\omega^2 m\phi(x)=0 \tag{2.3}$$

令

$$\alpha^4=\frac{\omega^2 m}{EI},\ \beta^2=\frac{N}{EI} \tag{2.4}$$

则公式(2.3)可写成

$$\frac{\mathrm{d}^4\phi(x)}{\mathrm{d}x^4}+\beta^2\frac{\mathrm{d}^2\phi(x)}{\mathrm{d}x^2}-\alpha^4\phi(x)=0 \tag{2.5}$$

假定 $\phi(x)=B\mathrm{e}^{rx}$，公式(2.5)的特征方程为

$$r^4+\beta^2 r^2-\alpha^4=0 \tag{2.6}$$

上式的 4 个根为

$$r_{1,2}=\pm\mathrm{j}\delta,\ r_{3,4}=\pm\varepsilon \tag{2.7}$$

公式(2.7)中，

$$\delta=\sqrt{\sqrt{\alpha^4+\frac{\beta^4}{4}}+\frac{\beta^2}{2}},\ \varepsilon=\sqrt{\sqrt{\alpha^4+\frac{\beta^4}{4}}-\frac{\beta^2}{2}} \tag{2.8}$$

依据公式(2.5)特征方程的 4 个根，振型函数 $\phi(x)$ 可表示为

$$\phi(x)=B_1\mathrm{e}^{\mathrm{j}\delta x}+B_2\mathrm{e}^{-\mathrm{j}\delta x}+B_3\mathrm{e}^{\varepsilon x}+B_4\mathrm{e}^{-\varepsilon x} \tag{2.9}$$

公式(2.9)中，$B_i\,(i=1,2,3,4)$ 为待定系数。依据欧拉公式，公式(2.9)可变换成

$$\phi(x)=A_1\sin\delta x+A_2\cos\delta x+A_3\sinh\varepsilon x+A_4\cosh\varepsilon x \tag{2.10}$$

公式(2.10)中，$A_i\,(i=1,2,3,4)$ 同样为待定系数。

把公式(2.10)代入简支梁的边界条件中，可求得轴向压力作用下简支梁的角频率 ω_n。具体过程在此不再赘述，读者可参考相关文献[1-2]。

$$\omega_n=\left(\frac{n\pi}{l}\right)^2\sqrt{\frac{EI}{m}}\sqrt{1-\frac{N}{n^2\frac{EI\pi^2}{l^2}}}=\omega_{0n}\sqrt{1-\frac{N}{n^2\frac{EI\pi^2}{l^2}}} \tag{2.11}$$

式中，$\omega_{0n}=\left(\frac{n\pi}{l}\right)^2\sqrt{\frac{EI}{m}}$ 为无轴向力作用时简支梁的第 n 阶角频率。由公式(2.11)可知，轴向压力的存在会导致简支梁的自振频率降低，并且自振频率会随着轴向力的增大而减小。

2.2 不同布筋形式下简支梁自由振动分析

2.2.1 轴心直线布筋简支梁自由振动分析

对于预应力混凝土简支梁的竖向振动，混凝土梁体与预应力筋是共同参与振动的，两者的变形具有协调关系。由此，预应力混凝土梁的振动可看作是混凝土梁与预应力筋的耦合振动。对于轴心直线布筋的预应力混凝土梁，在振动过程中，忽略混凝土梁与预应力筋在轴向的耦合作用，仅考虑混凝土梁与预应力筋的竖向耦合作用。因此，可以把轴心直线布筋的预应力混凝土梁分解成如图 2.2 所示的混凝土梁和预应力筋两个振动子系统，其中 $\Delta f(x, t)$ 为两个振动系统的竖向相互作用力。

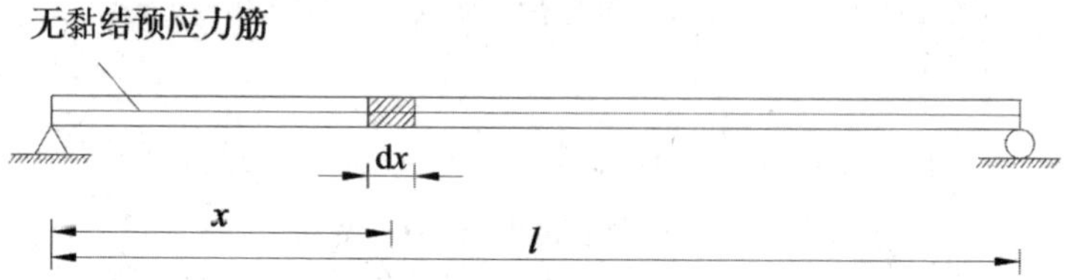

(a) 轴心直线布筋混凝土简支梁

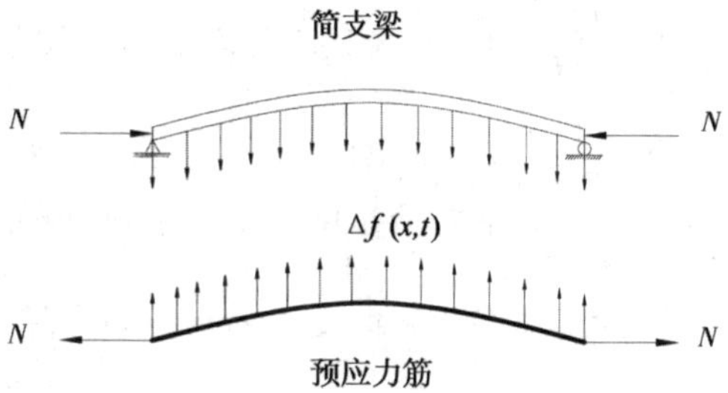

(b) 竖向耦合作用简支梁

图 2.2　预应力混凝土简支梁体系分解

取距梁左端为 x 的微元段 $\mathrm{d}x$ 进行受力分析，受力模式如图 2.3 所示。

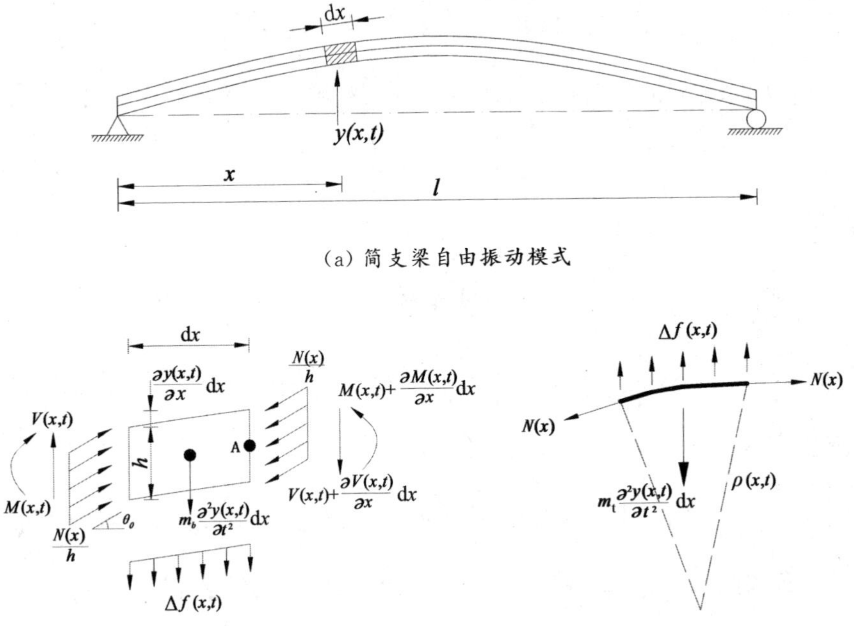

(a) 简支梁自由振动模式

(b) 混凝土梁微元段受力模式　　(c) 预应力筋微元段受力模式

图 2.3　轴心直线布筋预应力混凝土简支梁微元段受力模式

在预应力混凝土简支梁振动的过程中，预应力筋中的应力必然会增加，假定预应力筋中的应力增量只与时间 t 有关，即在简支梁不同截面的增量是相同的。在简支梁振动过程中，预应力筋中的应力可表示为 $N(t)=N_0+\Delta N(t)$，N_0 为施加的初始预应力，$\Delta N(t)$ 为简支梁振动过程中产生的预应力增量。

由预应力筋的竖向力平衡方程 $\sum f_{ty}=0$、梁体竖向力平衡方程 $\sum f_{by}=0$ 和梁体对 A 点的力矩平衡方程 $\sum M_A=0$，可得到如下三个动力平衡关系式：

$$m_t\frac{\partial^2 y(x,t)}{\partial t^2}\mathrm{d}x+2N(t)\sin\left(\frac{\mathrm{d}x}{2\rho(x,t)}\right)-\Delta f(x,t)\mathrm{d}x=0 \tag{2.12}$$

$$\frac{\partial V(x,t)}{\partial x}\mathrm{d}x+m_b\frac{\partial^2 y(x,t)}{\partial t^2}\mathrm{d}x+\Delta f(x,t)\mathrm{d}x=0 \tag{2.13}$$

$$V(x,t)\mathrm{d}x-N(t)\frac{\partial y(x,t)}{\partial x}\mathrm{d}x-\frac{\partial M(x,t)}{\partial x}\mathrm{d}x$$

$$-\left(\Delta f(x,t)\mathrm{d}x+m_b\frac{\partial^2 y(x,t)}{\partial t^2}\mathrm{d}x\right)\cdot\frac{\mathrm{d}x}{2}=0 \tag{2.14}$$

式中，m_b 为混凝土梁的单位长度质量，m_t 为预应力筋的单位长度质量；$\frac{1}{\rho(x,t)}=-\frac{\partial^2 y(x,t)}{\partial x^2}$，为 $\rho(x)=-\frac{\partial^2 y(x,t)}{\partial x^2}$ 梁体振动中的弯曲曲率。

注意到$\frac{\mathrm{d}x}{2\rho(x,t)}$为一微小量，可认为

$$\sin\left(\frac{\mathrm{d}x}{2\rho(x)}\right)=\frac{\mathrm{d}x}{2\rho(x)}=-\frac{\partial^2 y(x,t)}{2\partial x^2}\mathrm{d}x \tag{2.15}$$

把公式(2.15)代入公式(2.12)中，可得

$$m_t\frac{\partial^2 y(x,t)}{\partial t^2}\mathrm{d}x-N(t)\frac{\partial^2 y(x,t)}{\partial x^2}\mathrm{d}x-\Delta f(x,t)\mathrm{d}x=0 \tag{2.16}$$

综合公式(2.16)、(2.13)、(2.14)，可得到如下微分方程组

$$\begin{cases}m_t\dfrac{\partial^2 y(x,t)}{\partial t^2}\mathrm{d}x-N(t)\dfrac{\partial^2 y(x,t)}{\partial x^2}-\Delta f(x,t)\mathrm{d}x=0\\[2ex]\dfrac{\partial V(x,t)}{\partial x}\mathrm{d}x+m_b\dfrac{\partial^2 y(x,t)}{\partial t^2}\mathrm{d}x+\Delta f(x,t)\mathrm{d}x=0\\[2ex]V(x,t)\mathrm{d}x-N(t)\dfrac{\partial y(x,t)}{\partial x}\mathrm{d}x-\dfrac{\partial M(x,t)}{\partial x}\mathrm{d}x\\[2ex]-\left(\Delta f(x,t)\mathrm{d}x+m_b\dfrac{\partial^2 y(x,t)}{\partial t^2}\mathrm{d}x\right)\cdot\dfrac{\mathrm{d}x}{2}=0\end{cases} \tag{2.17}$$

由公式(2.17)中的第一式可以得到预应力筋与混凝土梁的竖向耦合作用力：

$$\Delta f(x,t)\mathrm{d}x=m_t\frac{\partial^2 y(x,t)}{\partial t^2}\mathrm{d}x-N(x)\frac{\partial y(x,t)}{\partial x}\mathrm{d}x \tag{2.18}$$

将公式(2.18)代入公式(2.17)的后两式中，可得

$$\frac{\partial V(x,t)}{\partial x}\mathrm{d}x+(m_b+m_t)\frac{\partial^2 y(x,t)}{\partial t^2}\mathrm{d}x$$

$$-N(x)\frac{\partial y(x,t)}{\partial x}\mathrm{d}x=0 \tag{2.19}$$

$$V(x,t)\mathrm{d}x-N(x)\frac{\partial y(x,t)}{\partial x}\mathrm{d}x-\frac{\partial M(x,t)}{\partial x}\mathrm{d}x$$

$$-\left((m_b+m_t)\frac{\partial^2 y(x,t)}{\partial t^2}dx-N(x)\frac{\partial y(x,t)}{\partial x}dx\right)\cdot\frac{dx}{2}=0 \tag{2.20}$$

略去 dx 的二阶小量，则公式(2.20)可表示为

$$V(x,t)=N(t)\frac{\partial y(x,t)}{\partial x}+\frac{\partial M(x,t)}{\partial x} \tag{2.21}$$

把公式(2.21)代入公式(2.19)中，可得

$$(m_b+m_t)\frac{\partial^2 y(x,t)}{\partial t^2}+\frac{\partial^2 M(x,t)}{\partial x^2}=0 \tag{2.22}$$

依据弯矩和曲率之间的关系式，可得

$$M=E_bI_b\frac{\partial^2 y(x,t)}{\partial x^2} \tag{2.23}$$

式中，E_b 和 I_b 分别为混凝土梁体的弹性模量和截面抗弯惯性矩。

把公式(2.23)代入公式(2.22)中，可得

$$(m_b+m_t)\frac{\partial^2 y(x,t)}{\partial t^2}+E_bI_b\frac{\partial^4 y(x,t)}{\partial x^4}=0 \tag{2.24}$$

公式(2.24)为轴心直线布筋预应力混凝土简支梁的自由振动方程，由该公式可求得其自振频率：

$$\omega_n=\left(\frac{n\pi}{l}\right)^2\sqrt{\frac{E_bI_b}{m_b+m_t}} \tag{2.25}$$

由公式(2.25)可知，轴心直线布筋预应力混凝土简支梁的自振频率与预应力值无关。在梁体中未布置预应力筋时，简支梁的振动频率 $\omega_{0n}=(n\pi/l)^2\sqrt{E_bI_b/m_b}$，由于 m_t 远小于 m_b，所以梁体中未布置预应力筋时的自振频率可近似为轴心直线布筋预应力混凝土简支梁的自振频率[公式(2.25)]。

2.2.2　偏心直线布筋简支梁自由振动分析

对于预应力筋偏心布置的预应力混凝土梁，同样假定混凝土梁与预应力筋在轴向没有耦合作用，仅在竖向存在耦合作用力。同样把简支梁分解为混凝土梁和预应力筋两个振动子系统，偏心直线布筋简支梁微元段受力模式如图2.4所示，其中 e 为预应力筋偏心距。

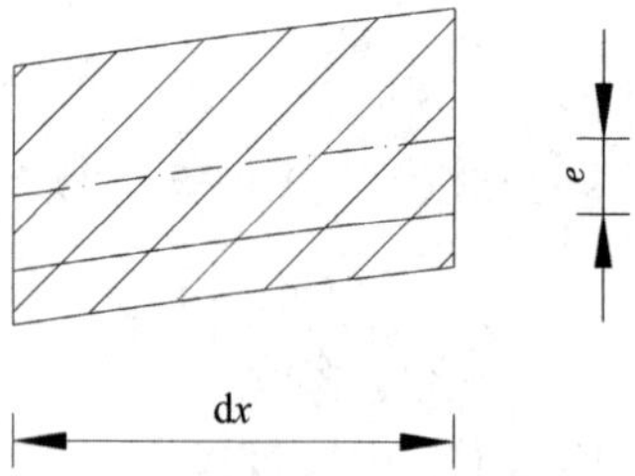

(a) 偏心直线布筋简支梁微元段

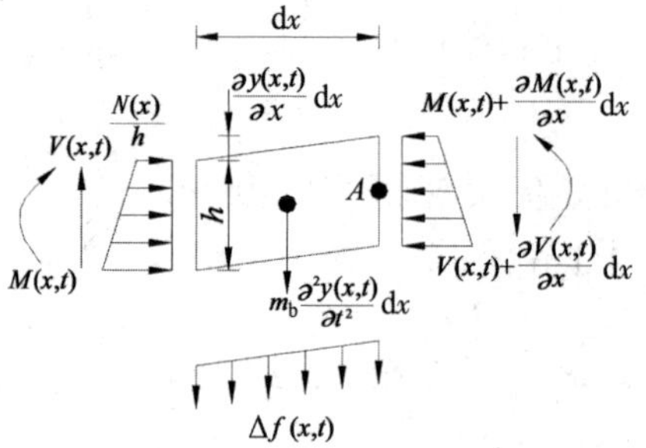

(b) 混凝土梁微元段受力模式

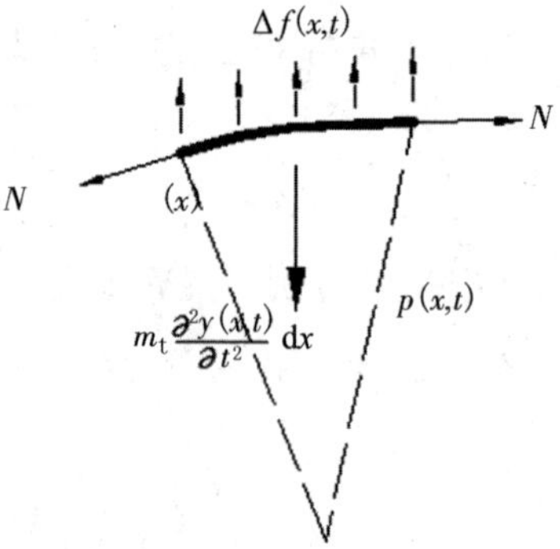

(c) 预应力筋微元段受力模式

图 2.4　偏心直线布筋预应力混凝土简支梁微元段受力模式

类似于轴心直线布筋预应力混凝土简支梁，依据预应力筋的竖向力平衡方程 $\sum f_{ty}=0$、梁体竖向力平衡方程 $\sum f_{by}=0$ 和梁体对 A 点的力矩平衡方程 $\sum M_A=0$，可得到如下三个动力平衡关系式：

$$m_t \frac{\partial^2 y(x,t)}{\partial t^2}\mathrm{d}x + N(x)\frac{\mathrm{d}x}{\rho(x,t)} - \Delta f(x,t)\mathrm{d}x = 0 \tag{2.26}$$

$$\frac{\partial V(x,t)}{\partial x}\mathrm{d}x + m_b \frac{\partial^2 y(x,t)}{\partial t^2}\mathrm{d}x + \Delta f(x,t)\mathrm{d}x = 0 \tag{2.27}$$

$$V(x,t)\mathrm{d}x - N(x)\frac{\partial y(x,t)}{\partial x}\mathrm{d}x - \frac{\partial M(x,t)}{\partial x}\mathrm{d}x - \left(\Delta f(x,t)\mathrm{d}x + m_b \frac{\partial^2 y(x,t)}{\partial t^2}\mathrm{d}x\right)\cdot\frac{\mathrm{d}x}{2} = 0 \tag{2.28}$$

当预应力筋偏心布置时，预应力会导致简支梁产生一个附加弯矩，而使

梁体产生初始挠度。因此，简支梁上各点的振动位移可以表示为

$$y(x,t)=y_0(x)+y_\Delta(x,t) \tag{2.29}$$

式中，$y_0(x)$ 为偏心预应力所引起的梁体初始挠度。令 N_0 为初始预应力，依据简支梁挠度计算方法，可得

$$y_0(x)=-\frac{N_0 e}{2EI_b}(xl-x^2) \tag{2.30}$$

由公式(2.30)可知，梁体初始挠度 $y_0(x)$ 与时间无关。

$y_\Delta(x,t)$ 为梁体振动引起的挠度增量，对公式(2.29)进行微分，可得

$$\begin{cases}\dfrac{\partial^2 y(x,t)}{\partial t^2}=\dfrac{\partial^2 y_\Delta(x,t)}{\partial t^2}\\[2ex]\dfrac{\partial^2 y(x,t)}{\partial x^2}=\dfrac{N_0 e}{EI_b}+\dfrac{\partial^2 y_\Delta(x,t)}{\partial x^2}=-\dfrac{1}{\rho(x,t)}\\[2ex]\dfrac{\partial y(x,t)}{\partial x}=\dfrac{N_0 e}{2EI_b}(2x-l)+\dfrac{\partial y_\Delta(x,t)}{\partial x}\end{cases} \tag{2.31}$$

把公式(2.31)代入公式(2.26)、(2.27)和(2.28)中，并忽略公式(2.28)中 $\mathrm{d}x$ 的二阶小量，可得

$$\begin{cases}m_t\dfrac{\partial^2 y_\Delta(x,t)}{\partial t^2}\mathrm{d}x-N\dfrac{\partial^2 y(x,t)}{\partial x^2}\mathrm{d}x-\Delta f(x,t)\mathrm{d}x=0\\[2ex]\dfrac{\partial V(x,t)}{\partial x}\mathrm{d}x+m_b\dfrac{\partial^2 y_\Delta(x,t)}{\partial t^2}\mathrm{d}x+\Delta f(x,t)\mathrm{d}x=0\\[2ex]V(x,t)\mathrm{d}x-N\dfrac{\partial y(x,t)}{\partial x}\mathrm{d}x-\dfrac{\partial M(x,t)}{\partial x}\mathrm{d}x=0\end{cases} \tag{2.32}$$

将公式(2.32)中的前两式进行相加，可得

$$\frac{\partial V(x,t)}{\partial x}+(m_b+m_t)\frac{\partial^2 y_\Delta(x,t)}{\partial t^2}-N\frac{\partial^2 y(x,t)}{\partial x^2}=0 \tag{2.33}$$

由公式(2.32)中的第三式可得

$$\frac{\partial V(x,t)}{\partial x}=\frac{\partial N}{\partial x}\frac{\partial y(x,t)}{\partial x}+N\frac{\partial^2 y(x,t)}{\partial x^2}+\frac{\partial^2 M(x,t)}{\partial x^2} \tag{2.34}$$

梁体的弯矩 $M(x,t)$ 可采用下式表示：

$$M(x,t)=EI_b\frac{\partial^2 y(x,t)}{\partial x^2}+\Delta Ne \tag{2.35}$$

式中，ΔN 为振动过程中产生的预应力增量。将公式(2.31) 中的第二式代入公式(2.35) 中，可得

$$M(x, t)=N_0 e+EI_b \frac{\partial^2 y_\Delta(x, t)}{\partial x^2}+\Delta N e \tag{2.36}$$

将公式(2.36) 代入公式(2.34) 中，可得

$$\frac{\partial V(x, t)}{\partial x}=\frac{\partial N}{\partial x} \frac{\partial y(x, t)}{\partial x}+N \frac{\partial^2 y(x, t)}{\partial x^2}+EI_b \frac{\partial^4 y_\Delta(x, t)}{\partial x^4}+e \frac{\partial^2 \Delta N}{\partial x^2} \tag{2.37}$$

将公式(2.37) 代入公式(2.33) 中，可得

$$EI_b \frac{\partial^4 y_\Delta(x, t)}{\partial x^4}+(m_b+m_t) \frac{\partial^2 y_\Delta(x, t)}{\partial t^2}+\frac{\partial N}{\partial x} \frac{\partial y(x, t)}{\partial x}+e \frac{\partial^2 \Delta N}{\partial x^2}=0 \tag{2.38}$$

注意到，$N=\Delta N+N_0$，在直线布筋情况下 N_0 与 x 无关，所以公式(2.38) 可写成

$$EI_b \frac{\partial^4 y_\Delta(x, t)}{\partial x^4}+(m_b+m_t) \frac{\partial^2 y_\Delta(x, t)}{\partial t^2}+\frac{\partial \Delta N}{\partial x} \frac{\partial y(x, t)}{\partial x}+e \frac{\partial^2 \Delta N}{\partial x^2}=0 \tag{2.39}$$

将公式(2.31) 中的第三式代入上式中，可得

$$EI_b \frac{\partial^4 y_\Delta(x, t)}{\partial x^4}+(m_b+m_t) \frac{\partial^2 y_\Delta(x, t)}{\partial t^2}+\frac{\partial \Delta N}{\partial x}\left[\frac{N_0 e}{2EI_b}(2x-l)+\frac{\partial y_\Delta(x, t)}{\partial x}\right]+e \frac{\partial^2 \Delta N}{\partial x^2}=0 \tag{2.40}$$

对公式(2.40) 进行分析可知，只要确定了预应力增量 ΔN，便可以确定偏心直线布筋预应力混凝土梁式结构的自由振动方程。

假定预应力混凝土梁在振动过程中服从平截面假定，通过如图 2.5 所示的几何关系，可以推导出挠度变化 $y_\Delta(x, t)$ 而引起的偏心 e 处的应变增量

$$\Delta\varepsilon(x, t)=\frac{-e}{\Delta\rho(x, t)}=e \frac{\partial^2 y_\Delta(x, t)}{\partial x^2} \tag{2.41}$$

由公式(2.41) 得到的偏心 e 处的应变增量，可以计算出预应力增量

$$\Delta N = E_t A_t \Delta\varepsilon(x, t) = E_t A_t e \frac{\partial^2 y_\Delta(x, t)}{\partial x^2} \tag{2.42}$$

式中，E_t 和 A_t 分别为预应力筋的弹性模量和横截面面积。

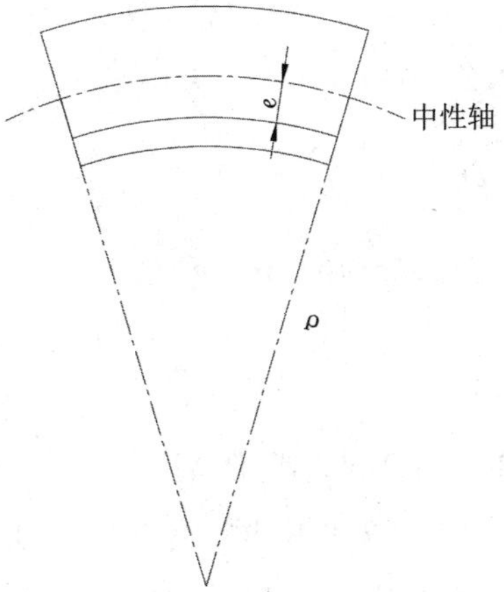

图 2.5　微元段变形示意图

将公式(2.42) 代入公式(2.40) 中，可得

$$(EI_b + E_t A_t e^2)\frac{\partial^4 y_\Delta(x, t)}{\partial x^4} + (m_b + m_t)\frac{\partial^2 y_\Delta(x, t)}{\partial t^2} + \frac{E_t A_t N_0 e^2}{2EI}(2x - l)\frac{\partial^3 y_\Delta(x, t)}{\partial x^3} + E_t A_t e \frac{\partial^3 y_\Delta(x, t)}{\partial x^3}\frac{\partial y_\Delta(x, t)}{\partial x} = 0 \tag{2.43}$$

文献[2] 给出了公式(2.43) 的求解方法，偏心直线布筋预应力简支梁的 1 阶频率为

$$\omega = \sqrt{\omega_0^2 + \frac{\pi^4 E_t A_t e^2}{(m_b + m_t) l^4} + \frac{\pi^2 E_t A_t N_0 e^2}{2(m_b + m_t) l^2 EI}} \tag{2.44}$$

式中，$\omega_0 = \frac{\pi^2}{l^2}\sqrt{\frac{EI}{m}}$。由公式(2.44) 可知，预应力的存在使得简支梁的频率增大。

在公式(2.42) 中认为每个截面的预应力增量 ΔN 不同，推导出的偏心直

线布筋预应力混凝土梁式结构的自由振动方程为公式(2.43)。如果预应力增量沿梁长的变化效应不明显，可以认为每个截面的预应力增量是一致的，这种情况下预应力增量 ΔN 与 x 无关，可采用下式计算得到：

$$\Delta N(t)=\frac{E_{\mathrm{t}}A_{\mathrm{t}}}{l}\int_{0}^{l}\Delta\varepsilon(x,t)\,\mathrm{d}x \tag{2.45}$$

将公式(2.41)代入公式(2.45)中，可得

$$\Delta N(t)=\frac{E_{\mathrm{t}}A_{\mathrm{t}}e}{l}\int_{0}^{l}\frac{\partial^{2}y_{\Delta}(x,t)}{\partial x^{2}}\mathrm{d}x \tag{2.46}$$

将公式(2.46)代入公式(2.40)中，可得

$$EI_{\mathrm{b}}\frac{\partial^{4}y_{\Delta}(x,t)}{\partial x^{4}}+(m_{\mathrm{b}}+m_{\mathrm{t}})\frac{\partial^{2}y_{\Delta}(x,t)}{\partial t^{2}}=0 \tag{2.47}$$

由公式(2.47)可知，当预应力增量 ΔN 与 x 无关时，偏心直线布筋预应力混凝土梁式结构的自由振动方程中并未包含预应力参数项(预应力值或偏心距)，所以可以认为预应力对偏心直线布筋预应力混凝土梁式结构的动力特性并无影响。

2.2.3 曲线布筋简支梁自由振动分析

对于如图2.6所示的曲线布筋预应力简支梁，取梁左端形心位置处为坐标原点，预应力筋在梁端的偏心距为 e，假设曲线预应力筋的线型函数为 z_{c}。对预应力筋进行张拉后，梁体将产生反拱，用 $y(x)$ 表示梁的反拱曲线，则张拉完成后预应力筋的线型函数变为 $z_{\mathrm{c}}-y(x)$。

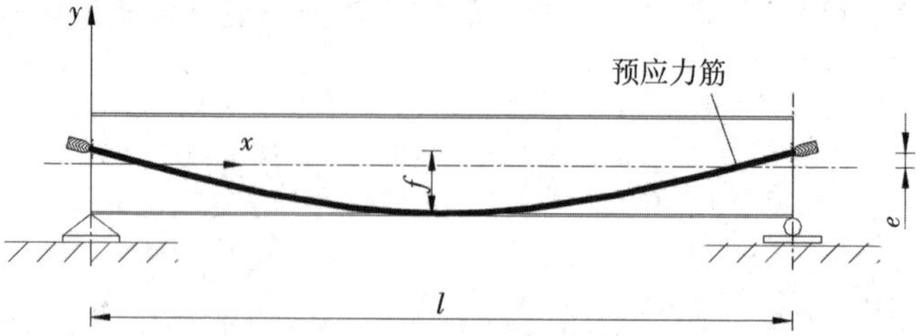

图2.6　曲线布筋预应力简支梁

采用与本书2.2.1节和2.2.2节相同的思路，将预应力简支梁分解成混凝

土梁体和预应力筋两个耦合振动子体系，如图 2.7 所示。

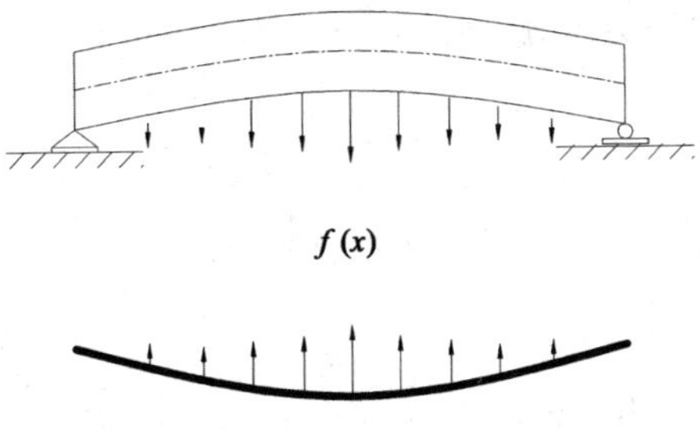

图 2.7　曲线布筋预应力简支梁振动分解

在静力情况下，取距梁左端为 x 位置处的梁体和预应力筋微元段进行受力分析，微元段受力模式如图 2.8 所示，其中 $g(x)$ 为静力情况下梁体和预应力筋的相互作用力。

(a) 梁体微元段　　　　　(b) 预应力筋微元段

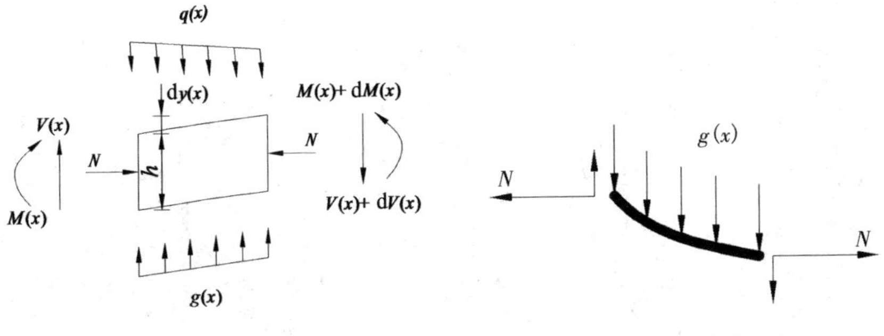

图 2.8　静力作用下微元段受力模式

由预应力筋的竖向力平衡方程 $\sum f_{ty}=0$、梁体竖向力平衡方程 $\sum f_{by}=0$ 和梁体的力矩平衡方程 $\sum M=0$，可得到如下三个静力平衡关系式：

$$N\frac{d^2[z_c-y(x)]}{dx^2}dx+g(x)dx=0 \tag{2.48}$$

$$dV(x)-g(x)dx=-q \tag{2.49}$$

$$dM+Ndy(x)-V(x)dx=0 \tag{2.50}$$

引入 $M=EI\dfrac{\mathrm{d}^2y(x)}{\mathrm{d}x^2}$，综合公式(2.48)～(2.50)，可以得到曲线配筋情况下预应力梁的静力平衡微分方程为

$$EI\frac{\mathrm{d}^4y(x)}{\mathrm{d}x^4}+N\frac{\mathrm{d}^2z_c}{\mathrm{d}x^2}=0 \tag{2.51}$$

令预应力梁在振动过程中产生的位移增量为 $w(x, t)$，则预应力梁的竖向位移可表示为

$$W_b(x, t)=y(x)+w(x, t) \tag{2.52}$$

预应力筋的竖向位移可表示为

$$W_t(x, t)=z_c-y(x)-w(x, t) \tag{2.53}$$

在预应力梁的振动过程中，令梁与预应力筋的耦合作用力为 $g_1(x, t)$，预应力增量为 ΔN，则微元段的振动受力模式如图 2.9 所示。

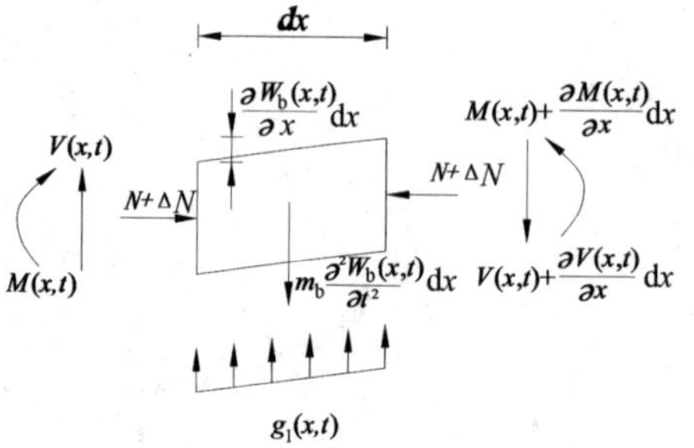

(a) 梁体微元段

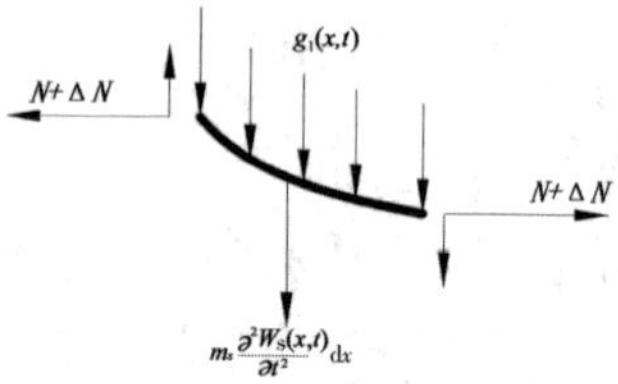

(b) 预应力筋微元段

图 2.9　微元段振动受力模式

同样由预应力筋的竖向力平衡方程 $\sum f_y=0$、梁体竖向力平衡方程 $\sum f_y=0$ 和梁体的力矩平衡方程 $\sum M=0$，可得到如下三个动力平衡关系式：

$$m_s\frac{\partial^2w(x, t)}{\partial t^2}\mathrm{d}x+(N+\Delta N)\frac{\partial^2(y_c-y(x)-w(x, t))}{\partial x^2}\mathrm{d}x + g_1(x, t)\mathrm{d}x=0 \tag{2.54}$$

$$\frac{\partial V(x,t)}{\partial x}dx+m_b\frac{\partial^2[y(x)+w(x,t)]}{\partial t^2}dx-g_1(x,t)dx=0 \quad (2.55)$$

$$\frac{\partial M(x,t)}{\partial x}dx+(N+\Delta N)$$

$$\frac{\partial(y(x)+w(x,t))}{\partial x}dx-V(x,t)dx=0 \quad (2.56)$$

综合以上三式，并引入$M=EI\dfrac{\partial^2W_b(x,t)}{\partial x^2}$及公式(2.51)，得到曲线布筋预应力梁的动力平衡方程：

$$\bar{m}\frac{\partial^2 w(x,t)}{\partial t^2}+EI\frac{\partial^4 w(x,t)}{\partial x^4}+\Delta N\frac{d^2 z_c}{\partial x^2}=0 \quad (2.57)$$

在给定梁的边界条件和预应力筋的线型函数后，便可以从公式(2.57)中求解出预应力梁的动力特性。对于简支梁，当预应力筋的线型函数服从$z_c=\dfrac{4f}{l^2}x(l-x)-e$分布情况时，则可得预应力简支梁的第1阶角频率为

$$\omega=\sqrt{\frac{\pi^4}{l^4}\frac{EI}{m}+\frac{32f}{\pi l^2}\frac{\beta}{m}} \quad (2.58)$$

式中，$\beta=\dfrac{E_sA_s}{L}\left[\dfrac{16f}{\pi l}-\dfrac{2l^3}{2EI\pi^3}\left(-q+\dfrac{8Nf}{l^2}\right)+\dfrac{2Nel}{EI\pi}\right]$。

由公式(2.58)可知，预应力作用会导致梁的自振频率增加，但公式(2.58)中根号下的第二项与第一项相比数值较小，所以预应力作用导致梁自振频率增加效应并不明显。

2.3　关于预应力对桥梁动力特性影响的讨论

预应力对桥梁动力特性的影响机理十分复杂，并且预应力值大小、预应力筋布置形式、预应力筋与桥梁的联结形式等众多因素都可能会对桥梁的动力特性产生影响。国内外学者在预应力桥梁动力特性的理论研究和试验分析等方面做了大量工作，提出了多种分析理论，也积累了大量研究数据。但是关于预应力是如何影响桥梁动力特性的，各方面的观点还存在较大分歧，并

未形成统一认识。

一种代表性的观点认为预应力是作用于梁两端的外力，由本书2.1节可以得到预应力简支梁的自振频率公式：

$$\omega_n^2=\left(\frac{n\pi}{L}\right)^4\frac{EI}{m}-\left(\frac{n\pi}{L}\right)^2\frac{N}{m} \tag{2.59}$$

式中，L 为简支梁梁长；N 为预应力数值；m 为简支梁的单位长度质量；E 为简支梁的弹性模量；I 为简支梁截面抗弯惯性矩。由公式(2.59)可知，随着预应力的增大简支梁的自振频率逐渐减小。对于产生这种现象的原因，Jain 和 Goel 等学者归结于预应力导致的“压缩软化”效应，即在轴向压力会导致梁的弯曲刚度变小。本书作者认为，公式(2.59)主要是把预应力当作了简支梁的外力，才会导致得出随着预应力的增大而自振频率减小的结论。

Dall'Asta 和 Dezi 提出采用 Kirchhoff 动力模型来描述预应力作用下梁的弯曲行为[3]，并且给出了预应力简支梁自振频率计算公式：

$$\omega_n^2=\frac{n^4\pi^4}{mL^4}\left[\left(E_b-\frac{N}{A_b}\right)I_b+\left(E_c-\frac{N}{A_c}\right)I_c\right] \tag{2.60}$$

式中，E_b，I_b 为混凝土的弹性模量和惯性矩；E_c，I_c 为预应力筋的弹性模量和惯性矩。由于含有预应力 N 值的项相对于弹性模量 E_b，E_c 小得多，因此，近似认为预应力对简支梁频率的影响可以忽略。

Hamed 和 Frostig 利用汉密尔顿原理，推导了不同布置形式的无黏结和有黏结预应力混凝土梁自振频率的计算公式[4]。得出的研究结论表明：无论预应力筋与混凝土有无黏结，自振频率只与预应力筋的布置形式有关，而与预应力的大小是无关的。

针对体外预应力简支梁，Miyamoto 和同济大学的熊学玉把预应力简化成作用于梁上的附加轴力和弯矩，推导出体外预应力简支梁的自振频率计算公式：

$$\omega_n=\sqrt{\frac{EI}{m}}\left(\frac{n\pi}{L}\right)^2\xi \tag{2.61}$$

式中，ξ 为预应力作用影响系数，对于直线配筋、单折线型配筋和双折线型配筋情况下的 ξ 计算公式可参见文献[5-6]。若预加力的轴向分量占统治地位，则 $0<\xi<1$，说明体外预应力导致自振频率减小；若体外索离梁中心位置较远，初始偏心和体外索的偏转角影响程度较大，则 $\xi>1$，说明体外预应力引起梁的自振频率增大。该观点同样把预应力当作了外力，只不过考虑了附加弯矩的作用。

国内外学者通过室内实验普遍得到了随着预应力值的增大梁的自振频率增大的结论，并且发现了用理论计算难以解析的现象。Saiidi 等人对一系列预应力损失的情况进行试验，测试前两阶固有频率，试验结果表明：第一阶自振频率随着预应力值的增加而增大，轴心作用的预应力值由 0kN 变化到 130kN，混凝土梁的基频增大了 32%[7]；第二阶自振频率对预应力值的变化反应规律性不强。华中科技大学的张耀庭教授针对轴心布置预应力筋的无黏结预应力混凝土梁进行了动力特性测试，结果表明：轴心作用的预应力值由 0kN 变化到 88kN，混凝土梁的基频增大 9.7%[8]；5 根全预应力梁的动力试验也得到了类似的结论，即全预应力梁的固有频率随着预应力的增加而增加；测试了有黏结和无黏结预应力作用下的简支预应力混凝土梁的自振频率，认为预应力对混凝土梁的自振频率有较大的影响[9-11]。针对实验现象，学者们提出了预应力使混凝土梁频率增大的一种解释：混凝土梁由于收缩、梁自重以及随构件一起移动的动力等因素作用而引起混凝土内部开裂，预应力的作用使这些裂缝闭合，导致梁的中性轴移动，挠曲刚度增大，从而引起梁的自振频率增大。

由于采用理论分析难以解析实验现象，学者们通过实验数据来修正梁的抗弯刚度，基于修正后的抗弯刚度和无预应力作用下的自振频率计算公式对预应力梁自振频率进行计算，以达到对实验现象宏观解析的目的。代表性的有 Saiidi 提出的截面抗弯刚度修正公式[7]：

$$(EI)_a=\left(1+\frac{1.75N}{f_c}\right)E_cI_c \tag{2.62}$$

式中，$(EI)_a$ 为修正后的抗弯刚度，f_c 为美国规范中的混凝土抗压强度设计值。

Kim 将预应力混凝土梁的刚度增加归结于受拉预应力筋刚度的增加，即梁的总刚度等于混凝土的抗弯刚度 E_cI_c 和预应力筋等效刚度 E_sI_s 之和[12]。

把预应力筋视作张紧弦，弦长为简支梁长度 L，并且令预应力筋的自振频率与梁的自振频率相等，可得 $E_sI_s=\left(\frac{L}{n\pi}\right)^2N$。因此，梁的抗弯刚度可修正为

$$(EI)_a=E_cI_c+\left(\frac{L}{n\pi}\right)^2N \tag{2.63}$$

张耀庭教授认为预应力梁总的抗弯刚度可视为混凝土梁的抗弯刚度 E_cI_c 与轴力引起的梁刚度的增加值之和，并提出预应力混凝土梁的修正公式[13]：

$$(EI)_a=E_cI_c+\frac{NL^2}{n^2\pi^2} \tag{2.64}$$

参考文献

[1] 宋一凡．公路桥梁动力学[M]. 北京：人民交通出版社，2000.

[2] 王龙林．简支梁自振频率的预应力效应分析[D]. 长春：吉林大学，2013.

[3] Dall Asta A，Dezi L. Discussion about prestress force effect on vibration frequency of concrete bridges[J]. Journal of Structural Engineering，1996，122(4)：458.

[4] Hamed E，Frostig Y. Natural frequencies of bonded and unbonded prestressed beams-prestress force effects[J]. Journal of Sound and Vibration，2006，295：28-39.

[5] Miyamoto A，Tei K，Nakamura H，et al. Behavior of prestressed beam strengthened with external tendons[J]. Journal of Structural Engineering，2000，126(9)：1033-1044.

[6] 熊学玉，王寿生．体外预应力梁振动特性的分析与研究[J]. 地震工程与工程振动，2005，25(2)：55-61.

[7] Saiidi M，Douglas B，Feng S. Prestress force effecton vibration frequency of concrete bridges[J]. Journal of Structural Engineering，1994，120(7)：2233-2241.

[8] 张耀庭，汪霞利，李瑞鸽．全预应力梁振动频率的理论分析与试验研究[J]. 工程力学，2007，24(8)：116-120.

[9] 张耀庭，张长跑．体外预应力简支混凝土梁基频的理论与实验研究[J]. 华中科技大学学报(城市科学版)，2005，22(1)：13-15，22.

[10] 熊辉霞，司马玉洲，张耀庭．基于损伤理论的预应力混凝土简支梁弹性模量分析[J]. 工程力学，2010，27(A2)：217-220，254.

[11] 徐飞鸿，周凯，熊辉霞. 直线形体外预应力混凝土简支梁自振频率分析[J]. 南阳理工学院学报，2009，1(3)：51-53.

[12] Kim J T，Ryu Y S，Cho H M，et al. Damage identification in beam-type structures：frequency-based method vs mode-shape-based method[J]. Engineering Structures，2003，25(1)：57-67.

[13] 张耀庭，汪霞利，李瑞鸽. 全预应力梁振动频率的理论分析与试验研究[J]. 工程力学，2007，24(8)：116-120.

第 3 章　桥梁动态激励方法

3.1　桥梁动态激励方法概述

桥梁动力特性测试的基本步骤为：采用外界能量输入来激振桥梁，使桥梁产生一定的振动；采用振动测试仪器采集和记录桥梁的动力时程响应；利用实验模态分析技术，从采集到的动力时程响应中分析出桥梁的动力特性。由桥梁动力特性测试的基本步骤可以看出，桥梁的动态激励是桥梁动力特性测试的前提。

从能否采集到输入的角度，桥梁动力测试中的激励方法可分为能够获取激励力和不能获取激励力两大类，通常把能够获取激励力的激励方法称为测力激励，不能获取激励力的激励方法称为不测力激励。

3.1.1　测力激励方法

从查阅的国内外文献来看，常用的测力激励方法有以下几类。

1. 突然卸载激励

突然卸载激励的通常做法为：采用缆索等专门的连接装置给桥梁施加一个静力荷载，使桥梁结构的特定位置产生一个初始位移，通过自动脱钩装置或剪断缆索等方法，突然卸去荷载，使桥梁产生自由振动。由于此类激励方法能够控制和获取预先给桥梁施加的静力荷载和桥梁产生的位移，所以认为该类激励方法为测力激励。

2. 振动器强迫激励

振动器强迫激励的通常做法为：把激振器固定于桥面上，利用振动器的不平衡偏心转动，产生能量来激振桥梁。在激振的过程中，可以采集到激励力的大小及激励力的频率。

3. 力锤脉冲激励

利用力锤敲击桥梁，给桥梁施加一个脉冲激励，使桥梁产生自由振动，此方法能够同时记录力锤给桥梁施加的激励力和桥梁动力时程响应。利用力锤脉冲激励来激振桥梁通常的做法有：① 在所有动力测点布置拾振器，在一点敲击桥梁；② 在一点布置拾振器，在桥梁所有的动力测点进行敲击；③ 在多点布置拾振器，多点敲击桥梁。

3.1.2　不测力激励方法

由于能够获取激励力的激励方法需要特殊的激振设备，因此，在桥梁动态激励中通常采用不测力激励方法。不测力激励通常可分为自振法、强迫振动法和脉动法三大类。

1. 自振法

自振法又可分为突然加载法和突然卸载法两种。自振法的特点是使桥梁产生有阻尼的自由衰减振动，记录到的动力响应为桥梁的自由衰减振动曲线。

突然加载法实际上是给桥梁施加一个冲击作用力，由于冲击作用力的时间短促，因此，施加于桥梁结构的类似于一个冲击脉冲。根据振动理论可知，冲击脉冲一般包含了所有频率的能量，它的频谱是连续的。在突然加载法的作用下，激振出的桥梁动力响应为包含桥梁结构的多阶模态。

突然卸载法类同于测力激振方法中的突然卸载方法。最大的区别为，不测力激励中的突然卸载方法没有获得预先给桥梁结构施加的静力荷载或位移等信息，而测力激励中的突然卸载方法则获得了这些初始信息。

桥梁野外测试时，常用“跳车试验”来实现对桥梁突然施加荷载，在试验过程中并不要求掌握车辆施加给桥梁的激振力信息。我国规范规定的跳车试验中，车辆后轮从一定高度落下，然后停止。即这一过程对桥梁结构施加了一个冲击荷载，在冲击荷载的激励下，车－桥系统开始自由衰减振动。由自由衰减振动响应，便可分析出桥梁结构的动力特性(固有频率、阻尼比以及振型等)。跳车试验过程中，跳车高度越大，对桥梁的激振作用越明显，获取的桥梁动力响应信噪比越高；但选取的高度过大，将会导致桥梁结构的损伤，因此极限跳车高度的确定是跳车试验成败的关键。文献[1]规定跳车高度为8～10cm，文献[2]规定采用接近于标准荷载的单个车辆进行跳车激励，高度为15cm，但规定的高度值均未给出确定的理论依据。

2. 强迫振动法

强迫振动法又称为共振法，主要是利用激振设备，对结构施加激励力，使结构产生强迫振动，改变结构激励力的频率使结构产生共振现象，并借助于共振现象来确定结构的动力特性。

在对实际桥梁进行强迫激振时，常采用跑车试验来对桥梁施加强迫激励。跑车试验的过程为：使试验车辆以不同的行驶速度通过桥梁，使桥梁产生不同程度的强迫振动。

在跑车激励下，采集到的桥梁动力响应包括两类信息：当车辆行驶于桥梁上时，采集到的为车桥耦合振动的动力响应，即车辆不停地对桥梁施加强迫激励；当车辆驶出桥梁后，采集到的为桥梁的自由衰减振动，根据这两类响应便可分析出桥梁的动力特性和冲击系数等桥梁动态参数。

车辆对桥梁的冲击效应大小是影响跑车激励效果的关键因素。由于车辆对桥梁的冲击效应受车辆参数、桥面不平整度、行车速度以及车辆作用位置等的影响，因此，综合考虑这些影响因素，分析这些因素对桥梁冲击效应的影响规律，是确定合理跑车方案的前提。

3. 脉动法

对于大跨度悬吊结构，如悬索桥、斜拉桥等桥跨结构，可利用外界各种因素引起的微小且不规则的振动来确定结构的动力特性。这种微振动通常称为“脉动”，它是由附近的车辆、机器等振动或附近地壳的微小破裂和远处的地震传来的脉动所产生的。

脉动法无须任何激振设备，此激振方法对大跨度柔性桥梁结构能够起到很好的激振效果，但由于脉动法对结构输入的能量小，对于中小跨径桥梁的激振往往达不到预想激振效果。

综合分析自振法、强迫振动法和脉动法三种桥梁激励的基本原理和特点，可以认为：自振法、强迫振动法对桥梁输入的激振能量大小可以进行人为的干预，比较容易达到激振效果；而脉动法对桥梁结构输入的激振能量并不能人为干预，对于中小跨径的桥梁往往达不到预期激振效果。因此，本章主要讨论自振法的跳车激励和强迫振动法中的跑车激励。

3.2　跳车激励方法

3.2.1　跳车激励理论模型的建立

依据跳车激励过程中的受力体系转换，把跳车激励划分成两个不同的受力阶段。受力阶段Ⅰ如图 3.1(a) 所示，此阶段中汽车在没有水平速度的情况下，汽车后轮从跳车装置上突然下落，但并未与桥梁接触。受力阶段Ⅱ如图 3.1(b) 所示，此阶段的开始时刻为汽车后轮与桥梁接触的瞬间，此阶段本质上为汽车与桥梁耦合振动系统的自由衰减振动。由跳车激励的受力特点可知，跳车激励相当于利用汽车后轮下落过程中产生的动量对桥梁施加冲击脉冲作用。

图 3.1 中的车辆为二分之一车模型[3]，m_b 为车体质量，m_{t1} 和 m_{t2} 为车辆前后轮的质量；I_b 为车体的俯仰转动惯量，k_{a1} 和 k_{a2} 为车辆前后轮的刚度系数，k_{t1} 和 k_{t2} 为车辆前后轮处的悬架刚度系数；c_{a1} 和 c_{a2} 为车辆前后轮的阻尼系数，c_{t1} 和 c_{t2} 为车辆前后轮处的悬架阻尼系数；y_b 和 θ 分别为车体的竖向位移和转角，y_{t1} 和 y_{t2} 分别为前后轮的竖向位移；a 为前后轮之间的轴距，c 为后轮距坐标原点的距离，h 为跳车装置的高度；l 为简支梁长度，m 为简支梁单位长度质量，EI 为简支梁的抗弯刚度；φ 为单片梁在全桥中的荷载横向分布系数。

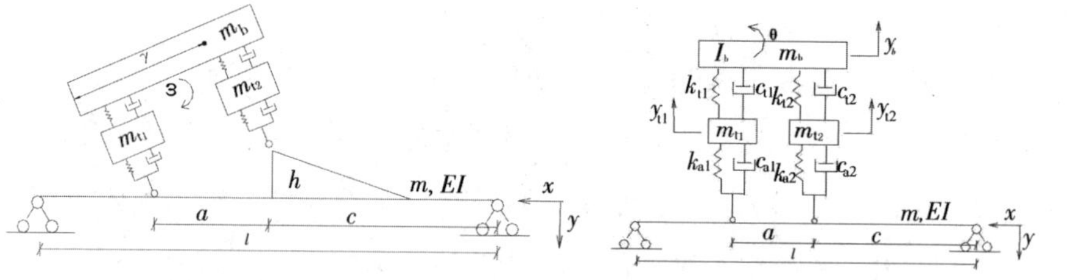

(a) 下落过程中的车 - 桥模型　　(b) 后轮与桥梁接触后的车 - 桥模型

图 3.1　跳车过程中的车 - 桥耦合模型

1. 车辆系统对桥梁的作用力

对图 3.1(b) 所示的车 - 桥耦合振动体系进行受力分析可知，当车辆后轮与桥面接触后，可把车辆对桥梁的作用力分解成静力和动力两部分。分别令 $P_1(t)$ 和 $P_3(t)$ 为前轮对桥梁的动荷载和静荷载，$P_2(t)$ 和 $P_4(t)$ 为后轮对桥梁的动荷载和静荷载。则有

$$P_1(t)=\varphi\left(m_{t1}\ddot{y}_{t1}+\frac{m_b}{2}\ddot{y}_b-\frac{I_b}{a}\ddot{\theta}\right) \tag{3.1a}$$

$$P_2(t)=\varphi\left(m_{t2}\ddot{y}_{t2}+\frac{m_b}{2}\ddot{y}_b+\frac{I_b}{a}\ddot{\theta}\right) \tag{3.1b}$$

$$P_3(t)=\varphi\left(m_{t1}g+\frac{m_b}{2}g\right) \tag{3.1c}$$

$$P_4(t)=\varphi\left(m_{t2}g+\frac{m_b}{2}g\right) \tag{3.1d}$$

2. 桥梁系统的运动方程

在图 3.1(b) 中的直角坐标系下，当车辆对桥梁施加激励后，基于欧拉 - 伯努利梁假设，应用达朗贝尔原理，建立桥梁结构的运动方程如下

$$\begin{aligned} &m\ddot{y}(x,t)+c\dot{y}(x,t)+EI\frac{\partial^4 y(x,t)}{\partial x^4}\\ &=P_1(t)\delta_1(x-(c+a))+P_2(t)\delta_2(x-c) \end{aligned} \tag{3.2}$$

式中，$\delta_1(x-(c+a))=\begin{cases}1, & x=c+a\\ 0, & \text{其他}\end{cases}$，$\delta_2(x-c)=\begin{cases}1, & x=c\\ 0, & \text{其他}\end{cases}$。

桥梁的位移时程为由 $P_3(t)$ 和 $P_4(t)$ 引起的静力位移 $y_j(x)$ 和由 $P_1(t)$

和 $P_2(t)$ 引起的动位移 $y(x, t)$ 之和，利用分离变量的方法，由 $P_1(t)$ 和 $P_2(t)$ 引起的动位移 $y(x, t)$ 可表示为

$$y(x, t) \approx \sum_{i=1}^{\infty} \phi_i(x) q_i(t) \tag{3.3}$$

式中，$\phi_i(x)=\sin\left(\frac{i\pi x}{l}\right)$ 为简支梁桥的振型函数，$q_i(t)$ 为相应的振型系数。

综合公式(3.3) 和公式(3.2)，利用桥梁振型的正交性，可得

$$\begin{aligned}&\int_0^l m\phi_n^2(x)\ddot{q}_n(t)\mathrm{d}x + \int_0^l 2\beta m\phi_n^2(x)\dot{q}_n(t)\mathrm{d}x + \omega_n^2\int_0^l m\phi_n^2(x)q_n(t)\mathrm{d}x\\ &= \int_0^l \phi_n(x)\left[P_1(t)\delta_1(x-(c+a)) + P_2(t)\delta_2(x-c)\right]\mathrm{d}x\end{aligned} \tag{3.4}$$

式中，$\beta = c/2m$；ω_n 为桥梁的第 n 阶固有角频率。令 $s_n = \int_0^l m\phi_n^2(x)\mathrm{d}x$，对公式(3.4) 的右端进行积分处理，可得

$$\begin{aligned}&s_n\ddot{q}_n(t) + 2\beta s_n\dot{q}_n(t) + \omega_n^2 s_n q_n(t)\\ &= \phi_n(c+a)P_1(t) + \phi_n(c)P_2(t)\end{aligned} \tag{3.5}$$

3. 车辆运动方程

依据达朗贝尔原理，车轮质量 m_{t1} 和 m_{t2} 的运动方程可表示为

$$\begin{aligned}&m_{t1}\ddot{y}_{t1} + c_{a1}(\dot{y}_{t1}+\dot{y}_1) + k_{a1}(y_{t1}+y_1) + c_{t1}\left(\dot{y}_{t1} - \dot{y}_b + \frac{a}{2}\dot{\theta}\right)\\ &\quad + k_{t1}\left(y_{t1} - y_b + \frac{a}{2}\theta\right) = 0\end{aligned} \tag{3.6a}$$

$$\begin{aligned}&m_{t2}\ddot{y}_{t2} + c_{a2}(\dot{y}_{t2}+\dot{y}_2) + k_{a2}(y_{t2}+y_2) + c_{t2}\left(\dot{y}_{t2} - \dot{y}_b - \frac{a}{2}\dot{\theta}\right)\\ &\quad + k_{t2}\left(y_{t2} - y_b - \frac{a}{2}\theta\right) = 0\end{aligned} \tag{3.6b}$$

同样，可得车体运动方程

$$\begin{aligned}&m_b\ddot{y}_b + c_{t1}\left(\dot{y}_b - \dot{y}_{t1} - \frac{a}{2}\dot{\theta}\right) + k_{t1}\left(y_b - y_{t1} - \frac{a}{2}\theta\right)\\ &\quad + c_{t2}\left(\dot{y}_b - \dot{y}_{t2} + \frac{a}{2}\dot{\theta}\right) + k_{t2}\left(y_b - y_{t2} + \frac{a}{2}\theta\right) = 0\end{aligned} \tag{3.7a}$$

$$I_b\ddot{\theta} - \frac{a}{2}\left[c_{t1}\left(\dot{y}_b - \dot{y}_{t1} - \frac{a}{2}\dot{\theta}\right) + k_{t1}\left(y_b - y_{t1} - \frac{a}{2}\theta\right)\right]$$

$$+\frac{a}{2}\left[c_{t2}\left(\dot{y}_{b}-\dot{y}_{t2}+\frac{a}{2}\dot{\theta}\right)+k_{t2}\left(y_{b}-y_{t2}+\frac{a}{2}\theta\right)\right]=0 \tag{3.7b}$$

式中，y_{t1} 和 y_{t2} 分别表示桥梁在车辆前后轮处的动位移。

4. 车 - 桥耦合计算模型

综合公式(3.2) 和公式(3.5) ～ (3.7)，把车辆后轮与桥面接触后的车 - 桥耦合振动表示为耦合系统的广义运动方程：

$$\boldsymbol{M}\ddot{\boldsymbol{u}}+\boldsymbol{C}\dot{\boldsymbol{u}}+\boldsymbol{K}\boldsymbol{u}=0 \tag{3.8}$$

公式(3.8) 为车辆后轮与桥面接触后的车 - 桥耦合理论计算模型，对 (3.8) 式求解便可以得出 $\boldsymbol{u}$，通过 $\boldsymbol{u}$ 即可得出全桥各点的动力位移时程曲线 $y(x, t)$。

公式(3.8) 中，

$$\boldsymbol{K}=\begin{bmatrix}
k_{a1}+k_{t1} & 0 & -k_{t1} & k_{t1}\frac{a}{2} & \varphi_1(c+a)k_{a1} & \cdots & \varphi_n(c+a)k_{a1}\\
0 & k_{a2}+k_{t2} & -k_{t2} & -k_{t2}\frac{a}{2} & \varphi_1(c+a)k_{a2} & \cdots & \varphi_n(c+a)k_{a2}\\
-k_{t1} & -k_{t2} & k_{t1}+k_{t2} & -k_{t1}\frac{a}{2}+k_{t2}\frac{a}{2} & 0 & \cdots & \cdots\\
k_{t1}\frac{a}{2} & -k_{t2}\frac{a}{2} & -k_{t1}\frac{a}{2}+k_{t2}\frac{a}{2} & k_{t1}\frac{a^2}{4}+k_{t2}\frac{a^2}{4} & 0 & \cdots & \cdots\\
0 & 0 & 0 & 0 & \omega_1^2 s_1 & \cdots & 0\\
\vdots & \vdots & \vdots & \vdots & \vdots & \ddots & 0\\
0 & 0 & 0 & 0 & 0 & 0 & \omega_n^2 s_n
\end{bmatrix}$$

$$\boldsymbol{M}=\begin{bmatrix}
m_{t1} & 0 & 0 & 0 & 0 & \cdots & 0\\
0 & m_{t2} & 0 & 0 & 0 & \cdots & 0\\
0 & 0 & m_b & 0 & 0 & \cdots & 0\\
0 & 0 & 0 & I_b & 0 & \cdots & 0\\
-\varphi\phi_1(c+a)m_{t1} & -\varphi\phi_1(c)m_{t2} & -\varphi\left(\phi_1(c+a)\frac{m_b}{2}+\phi_1(c)\frac{m_b}{2}\right) & \varphi\left(\phi_1(c+a)\frac{I_b}{a}-\phi_1(c)\frac{I_b}{a}\right) & s_1 & \cdots & 0\\
\vdots & \vdots & \vdots & \vdots & \vdots & \ddots & 0\\
-\varphi\phi_n(c+a)m_{t1} & -\varphi\phi_n(c)m_{t2} & -\varphi\left(\phi_n(c+a)\frac{m_b}{2}+\phi_n(c)\frac{m_b}{2}\right) & \varphi\left(\phi_n(c+a)\frac{I_b}{a}-\phi_n(c)\frac{I_b}{a}\right) & 0 & 0 & s_n
\end{bmatrix}$$

$$
\boldsymbol{C}=\begin{bmatrix}
c_{a1}+c_{t1} & 0 & -c_{t1} & c_{t1}\dfrac{a}{2} & \phi_1(c+a)c_{a1} & \cdots & \phi_n(c+a)c_{a1}\\
0 & c_{a2}+c_{t2} & -c_{t2} & -c_{t2}\dfrac{a}{2} & \phi_1(c+a)c_{a2} & \cdots & \phi_n(c+a)c_{a2}\\
-c_{t1} & -c_{t2} & c_{t1}+c_{t2} & -c_{t1}\dfrac{a}{2}+c_{t2}\dfrac{a}{2} & 0 & \cdots & \cdots\\
c_{t1}\dfrac{a}{2} & -c_{t2}\dfrac{a}{2} & -c_{t1}\dfrac{a}{2}+c_{t2}\dfrac{a}{2} & c_{t1}\dfrac{a^2}{4}+c_{t2}\dfrac{a^2}{4} & 0 & \cdots & \cdots\\
0 & 0 & 0 & 0 & 2\beta s_1 & \cdots & 0\\
\vdots & \vdots & \vdots & \vdots & \vdots & \ddots & 0\\
0 & 0 & 0 & 0 & 0 & 0 & 2\beta s_n
\end{bmatrix}
$$

$\boldsymbol{u}=[y_{t1}\quad y_{t2}\quad y_b\quad \theta\quad q_1(t)\quad \cdots\quad q_n(t)]^{T}$。

3.2.2　理论模型的求解及极限跳车高度确定方法

1. 跳车过程中车辆获得的动量

在图 3.1(a) 中，ω 为后轮将要着地瞬间车体转动的角速度，h 为跳车装置的高度。依据车辆在跳车装置最高点势能与落地瞬间的动能守恒，可得

$$\frac{1}{2}(I_b+m_{t2}a^2)\omega^2=\frac{m_b gh}{2}+m_{t2}gh \tag{3.9}$$

令 γ 为 m_b 和 m_t 组成质点系的质量中心距前轮的距离，则有

$$m_b\frac{a}{2}+m_{t2}a=(m_b+m_{t2})\gamma \tag{3.10}$$

车辆与桥梁接触前，车辆产生的总动量 p_0 为

$$p_0=(m_b+m_{t2})\gamma\omega=(m_b a/2+m_{t2}a)\sqrt{\frac{2(m_b gh/2+m_{t2}gh)}{(I_b+m_{t2}a^2)}} \tag{3.11}$$

2. 理论计算模型求解初始条件的确定

在车辆与桥梁接触瞬间，$\boldsymbol{u}$ 中车辆 4 个自由度只具有初速度。设车辆后轮与桥梁接触瞬间对桥梁的冲击力为 P_{int}，在后轮着地的时刻(t 为 0 时刻)，桥梁的振动方程可写为

$$
\begin{aligned}
&s_n\ddot{q}_n(t)+2\beta s_n\dot{q}_n(t)+\omega_n^2 s_n q_n(t)\\
&=\int_0^l \phi_n(x)P_{int}\delta(t-0)\delta(x-c)\mathrm{d}x
\end{aligned} \tag{3.12}
$$

将公式(3.12) 两边分别对时间 t 进行积分，并取极限，可得

$$\lim_{\varepsilon \to 0}\left\{ [s_n\dot{q}_n(t)+2\beta s_n q_n(t)]\Big|_{-\frac{\varepsilon}{2}}^{\frac{\varepsilon}{2}}+\omega_n^2 s_n\int_{-\frac{\varepsilon}{2}}^{\frac{\varepsilon}{2}} q_n(t)\mathrm{d}t\right\}=\phi_n(c)p_1 \tag{3.13}$$

式中，$P_{\text{int}}\delta(t-0)=\begin{cases}P_{\text{int}}, & t=0\\ 0, & 其他\end{cases}$，$p_1=\lim\limits_{\varepsilon\to 0}\int_{-\frac{\varepsilon}{2}}^{\frac{\varepsilon}{2}} P_{\text{int}}\delta(t-0)\mathrm{d}t$，为车辆与桥梁接触瞬间桥梁获得的动量。求解(3.13)式的极限，可得

$$\dot{q}_n(0)=\frac{\phi_n(c)p_1}{s_n} \tag{3.14}$$

由动量守恒定理可得

$$p_1=\varphi[p_0+m_{\text{t1}}\dot{y}_{\text{t1}}+m_{\text{b}}\dot{y}_{\text{b}}+m_{\text{t2}}\dot{y}_{\text{t2}}+I_{\text{b}}\dot{\theta}] \tag{3.15}$$

联合公式(3.6)(3.7)(3.11)(3.14)(3.15)，便可求出公式(3.8)中$\boldsymbol{u}$中的所有自由度的初速度。由于在车辆与桥梁接触瞬间，$\boldsymbol{u}$中车辆4个自由度只具有初速度，因此确定了$\boldsymbol{u}$中所有自由度的初速度，即为确定了求解理论计算模型所需的一切初始条件。

3. 极限跳车高度的确定

确定公式(3.8)中$\boldsymbol{u}$中的所有自由度的初始条件后，利用四阶经典龙格-库塔方法，便可求出每个时刻的$\boldsymbol{u}$值，利用模态叠加方法[公式(3.3)]便可求得桥梁的动力位移时间曲线$y(x,t)$。

在跳车高度为h情况下，某一时刻梁各个截面弯矩值$M(h,t_i,x)$可表示为

$$M(h,t_i,x)=EI\frac{\mathrm{d}^2(y(t_i,x)+y_j(x))}{\mathrm{d}x^2} \tag{3.16}$$

设桥梁各个截面的设计弯矩为$M_{\text{s}}(x)$，若存在

$$M_{\max}(h,t_i,x)=M_{\text{s}}(x) \tag{3.17}$$

则认为h为极限跳车高度。

综上所述，极限跳车高度的确定过程为：首先假设一个跳车高度，确定在跳车过程中车辆和桥梁耦合振动的初始条件；基于初始条件利用公式(3.8)求解桥梁各个截面的动力位移时程响应；依据动力位移时程响应和静力位移，计算同一时刻桥梁各点位移，进而利用公式(3.16)计算桥梁各个时刻各截面的弯矩，利用公式(3.17)判定此跳车高度是否为极限跳车高度，若否，则增加跳车高度h值，重复以上计算步骤，直至找到极限跳车高度。

3.2.3　跳车激励数值算例

选取的桥梁为等截面钢筋混凝土简支 T 梁桥，横向共由 5 片主梁组成，桥梁总体布置和横向跳车位置如图 3.2 所示。钢筋混凝土桥梁长 20.5m，计算跨径为 20m，主梁高 1.3m，翼缘宽 1.5m，腹板厚 0.18m，单片主梁的横截面形式如图 3.3 所示。

车辆和桥梁计算参数列于表 3.1 中。

表 3.1　车辆和桥梁计算参数

车辆参数		桥梁参数	
m_{t1}，m_{t2}/kg	4 330	l/m	20
m_b/kg	3.85×10^4	a/m	8.4
$I_b/(\mathrm{kg\cdot m^2})$	2.446×10^5	c/m	10
k_{a1}，$k_{a2}/(\mathrm{N\cdot m^{-1}})$	4.28×10^5	混凝土 $\rho/(\mathrm{kg\cdot m^{-3}})$	2 500
k_{t1}，$k_{t2}/(\mathrm{N\cdot m^{-1}})$	2.535×10^5	E/Pa	2.85×10^{10}
c_{a1}，$c_{a2}/(\mathrm{kg\cdot s^{-1}})$	0.98×10^4	φ	0.48
c_{t1}，$c_{t2}/(\mathrm{kg\cdot s^{-1}})$	1.96×10^4	β	10%

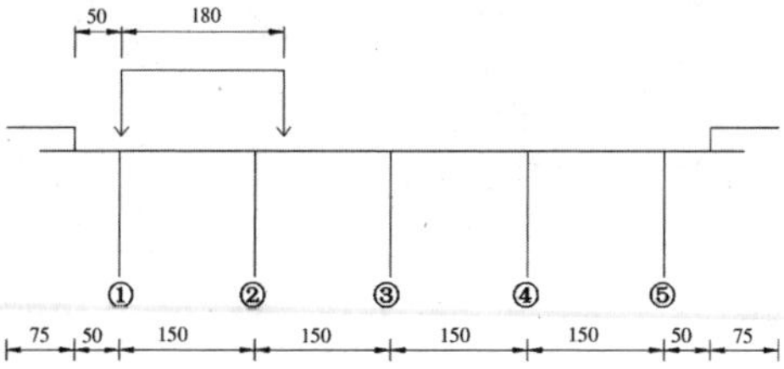

图 3.2　横向跳车位置(cm)

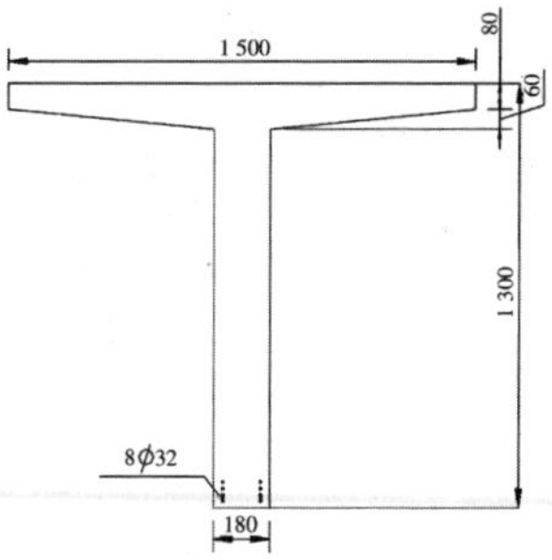

图 3.3　简支梁横截面图(mm)

分别计算了跳车高度为0、5 cm、10 cm、15 cm、20 cm、25cm时1号梁跨中最大弯矩，计算结果如图 3.4 所示。计算结果表明，选用的跳车高度为25cm时，1号梁跨中产生的最大弯矩达到了设计弯矩值1 930.8kN·m，即可认为在给定的车辆及跳车位置的情况下，此简支梁桥的极限跳车高度为25cm。此时，桥梁跨中位置位移时程响应见图 3.5，跨中位移最大时刻桥梁各点最大位移见图 3.6，跨中出现最大弯矩时刻桥梁各点弯矩见图 3.7。

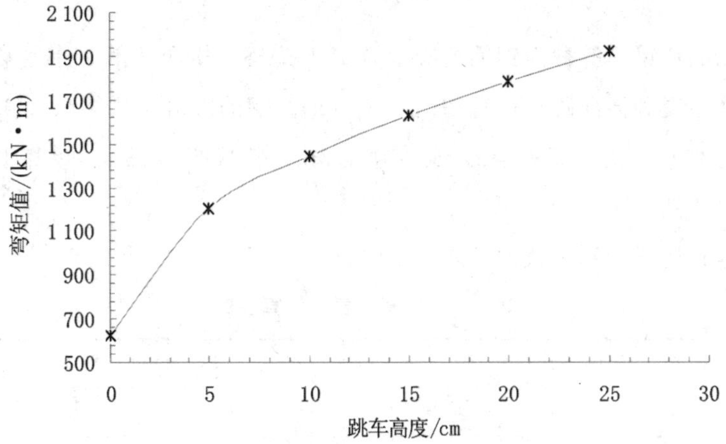

图 3.4　跳车高度与 1 号梁跨中弯矩关系曲线

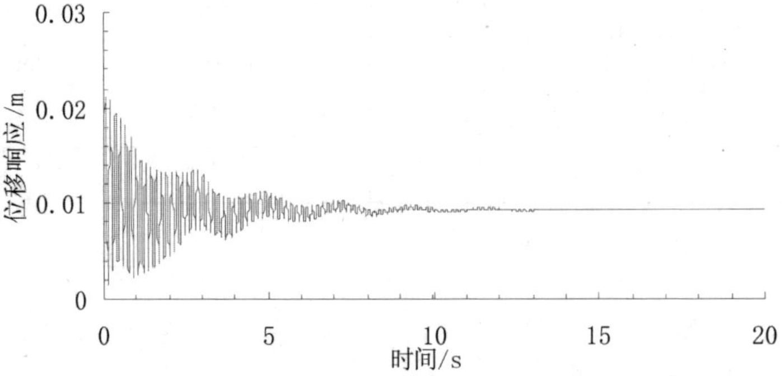

图 3.5　1 号跨中位置位移时程响应

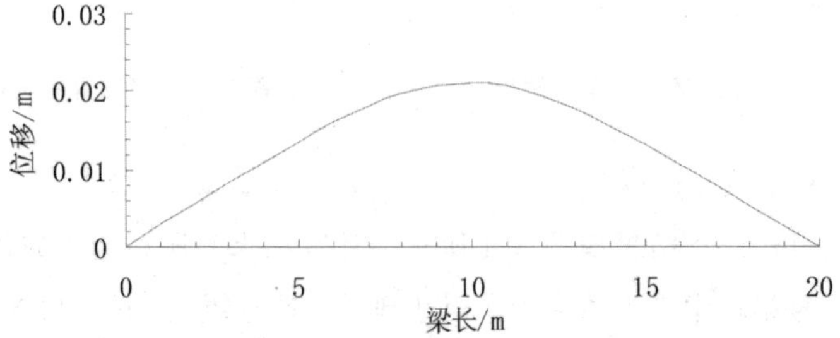

图 3.6　跨中位移最大时刻 1 号梁各点最大位移

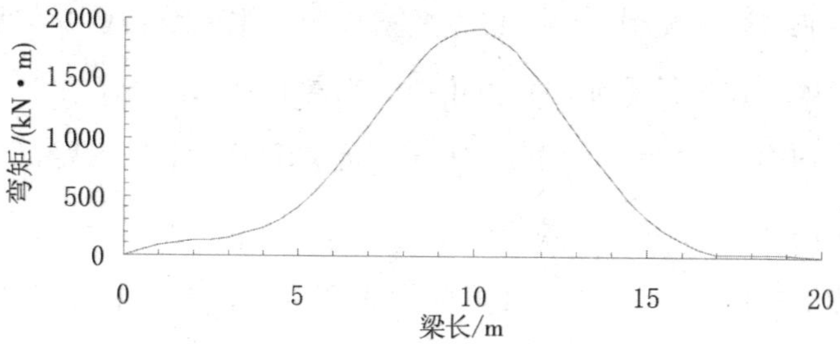

图 3.7　跨中出现最大弯矩时刻 1 号梁各点弯矩

3.3　跑车激励中的冲击效应分析

利用跑车激励采集到的动力响应，可以分析桥梁的频率、振型及阻尼比三大动力参数。冲击系数是反映桥梁动力特性的一个重要参数，利用车辆行驶于桥梁上时采集到的动力响应，同样可以分析出桥梁的冲击系数。利用跑车激励下采集到的动力响应分析出的桥梁频率、振型及阻尼比三大动力参数的精度与车辆对桥梁的激振效果有着密切的联系。车辆对桥梁的激振效果，同样可以用车辆对桥梁的冲击效应来间接地反映。由于车辆对桥梁的冲击效应受车辆参数、桥面不平整度、行车速度以及车辆作用位置等的影响。因此，综合考虑这些影响因素，分析这些因素对桥梁冲击效应的影响规律，是确定合理跑车方案的前提。

本节基于模态综合分析方法，建立了三维空间车 - 桥耦合振动模型。基于车 - 桥耦合振动模型，计算了不同的车辆参数、桥面不平整度、行车速度以及车辆作用位置时的桥梁动力响应。基于位移增大系数的概念，分析了车辆参数、桥面不平整度、行车速度和车辆作用位置对冲击效应的影响规律。

3.3.1　桥梁计算模型及运动平衡方程

1. 桥梁有限元模型建立

采用空间梁单元模拟主梁和横梁，采用板单元模拟桥面板，建立简支梁桥的二维平面有限元模型。由于桥梁模型属于二维平面结构，作用的荷载为竖向汽车荷载，在选择单元的自由度时，对梁单元采用了 3 个自由度，分别为挠度 w，扭转角 θ_x 和转角 θ_y。对板单元采用了 3 个自由度，分别为挠度 w，绕 x 轴的转角 θ_x 和绕 y 轴的转角 θ_y。挠度的正方向和 z 轴一致，转角则以按右手螺旋法则标出的矢量沿坐标轴正向为正。单元的节点自由度如图 3.8 所示。

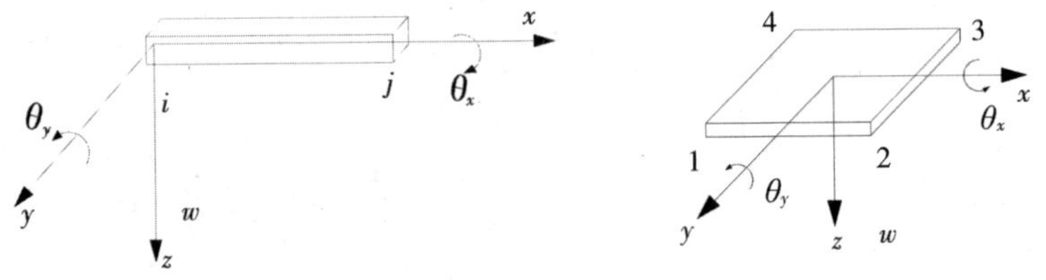

(a) 梁单元　　(b) 板单元

图 3.8　桥梁单元节点自由度

所采用的梁单元为两结点欧拉 - 伯努利空间梁单元，单元的结点自由度为

$$\boldsymbol{\delta}_i=\{w_i \quad \theta_{xi} \quad \theta_{yi}\}^{\mathrm{T}}, \quad \boldsymbol{\delta}_j=\{w_j \quad \theta_{xj} \quad \theta_{yj}\}^{\mathrm{T}} \tag{3.18}$$

采用 2 结点 Hermite 单元，梁单元内挠度函数 $w(\xi)$ 和扭转角 $\theta_x(\xi)$ 的插值关系可表示为

$$w(\xi)=N_1(\xi)w_1+N_2(\xi)\theta_{y1}+N_3(\xi)w_2+N_4(\xi)\theta_{y2} \tag{3.19}$$

$$\theta_x(\xi)=N_5(\xi)\theta_{x1}+N_6(\xi)\theta_{x2} \tag{3.20}$$

式中，$N_1(\xi)=1-3\xi^2+2\xi^3$；$N_2(\xi)=(\xi-2\xi^2+\xi^3)l$；$N_3(\xi)=3\xi^2-2\xi^3$；$N_4(\xi)=(-\xi^2+\xi^3)l$；$N_5(\xi)=1-\xi$；$N_6(\xi)=\xi$；$\xi=\dfrac{x-x_1}{l}$ $(0\leqslant\xi\leqslant1)$。

则梁单元的形函数矩阵为

$$\boldsymbol{N}=\begin{bmatrix} N_1 & 0 & N_2 & N_3 & 0 & N_4 \\ 0 & N_5 & 0 & 0 & N_6 & 0 \end{bmatrix}=\begin{bmatrix} N_u \\ N_{\theta_x} \end{bmatrix} \tag{3.21}$$

根据形函数，可以得到局部坐标系下的单元刚度矩阵和单元质量矩阵。局部坐标系下梁单元刚度矩阵为

$$
\boldsymbol{K}^{e}=\begin{bmatrix}
\frac{12EI_y}{l^3} & 0 & \frac{6EI_y}{l^2} & -\frac{12EI_y}{l^3} & 0 & \frac{6EI_y}{l^2} \\
 & \frac{GJ}{l} & 0 & 0 & -\frac{GJ}{l} & 0 \\
 & & \frac{4EI_y}{l} & -\frac{6EI_y}{l^2} & 0 & \frac{2EI_y}{l} \\
 & & & \frac{12EI_y}{l^3} & 0 & -\frac{6EI_y}{l^2} \\
 & \text{对称} & & & \frac{GJ}{l} & 0 \\
 & & & & & \frac{4EI_y}{l}
\end{bmatrix} \tag{3.22}
$$

局部坐标系下梁单元一致质量矩阵为

$$
\boldsymbol{M}^{e}=\frac{\rho Al}{420}\begin{bmatrix}
156 & 0 & 22l & 54 & 0 & -13l \\
 & \frac{140J}{A} & 0 & 0 & \frac{70J}{A} & 0 \\
 & & 4l^2 & 13l & 0 & -3l^2 \\
 & & & 156 & 0 & -22l \\
 & \text{对称} & & & \frac{140J}{A} & 0 \\
 & & & & & 4l^2
\end{bmatrix} \tag{3.23}
$$

所采用的板单元为四结点矩形薄板单元，单元的结点自由度为

$$
\boldsymbol{\delta}_i=\{w_i\ \theta_{xi}\ \theta_{yi}\}^{\mathrm{T}} \quad (i=1,\ 2,\ 3,\ 4) \tag{3.24}
$$

忽略横向剪切变形影响，板单元内挠度函数 w 插值关系可表示为

$$
w=\sum_{i=1}^{4}(N_i w_i+N_{xi}\theta_{xi}+N_{yi}\theta_{yi})=\sum_{i=1}^{4}N_i\delta_i=N\delta^e \tag{3.25}
$$

式中，

$$
\left.\begin{aligned}
N_i&=(1+\xi_i\xi)(1+\eta_i\eta)(2+\xi_i\xi+\eta_i\eta-\xi^2-\eta^2)/8\\
N_{xi}&=-b\eta_i(1+\xi_i\xi)(1+\eta_i\eta)(1-\eta^2)/8\\
N_{yi}&=a\xi_i(1+\xi_i\xi)(1+\eta_i\eta)(1-\xi^2)/8
\end{aligned}\right\}(i=1,\ 2,\ 3,\ 4)
$$

$$
\xi=(x-x_{\mathrm{c}})/a,\quad \eta=(y-y_{\mathrm{c}})/b
$$

$$\boldsymbol{N}_i = [N_i \quad N_{xi} \quad N_{yi}]$$

板单元的形函数矩阵为

$$\boldsymbol{N} = [N_1 \quad N_2 \quad N_3 \quad N_4] \tag{3.26}$$

根据板单元的形函数，同样可以得到局部坐标系下的板单元的刚度矩阵和质量矩阵。

根据局部坐标系下的单元刚度矩阵、单元质量矩阵可以得到整体坐标系下的总体刚度矩阵、总体质量矩阵。

$$\boldsymbol{K}_{\mathrm{b}} = \sum_{a=1}^{Ne} \boldsymbol{L}_{\mathrm{a}}^{\mathrm{T}} \boldsymbol{T}_{\mathrm{a}}^{\mathrm{T}} \boldsymbol{K}_{\mathrm{a}}^{e} \boldsymbol{T}_{\mathrm{a}} \boldsymbol{L}_{\mathrm{a}} \tag{3.27}$$

$$\boldsymbol{M}_{\mathrm{b}} = \sum_{a=1}^{Ne} \boldsymbol{L}_{\mathrm{a}}^{\mathrm{T}} \boldsymbol{T}_{\mathrm{a}}^{\mathrm{T}} \boldsymbol{M}_{\mathrm{a}}^{e} \boldsymbol{T}_{\mathrm{a}} \boldsymbol{L}_{\mathrm{a}} \tag{3.28}$$

式中，$\boldsymbol{K}_{\mathrm{b}}$ 和$\boldsymbol{M}_{\mathrm{b}}$ 为桥梁结构总体刚度矩阵、总体质量矩阵；$\boldsymbol{L}_{\mathrm{a}}$ 为第 a 个单元的定位矩阵，其元素为 0 和 1；$\boldsymbol{T}_{\mathrm{a}}$ 为第 a 个单元的坐标转换矩阵。

假设结构阻尼为 Rayleigh 阻尼[4]，即

$$\boldsymbol{C}_{\mathrm{b}} = \alpha \boldsymbol{M}_{\mathrm{b}} + \beta \boldsymbol{K}_{\mathrm{b}} \tag{3.29}$$

式中，α 和 β 是两个待定常数，可以用实际测量得到的结构阻尼比来确定。

$$\alpha = \frac{2(\xi_i \omega_j - \xi_j \omega_i)}{\omega_j^2 - \omega_i^2} \omega_i \omega_j \tag{3.30}$$

$$\beta = \frac{2(\xi_j \omega_j - \xi_i \omega_i)}{\omega_j^2 - \omega_i^2} \tag{3.31}$$

式中，ω_i 和 ω_j 为桥梁结构的任意两阶频率，ξ_i 和 ξ_i 为对应的阻尼比。

2. 桥梁运动平衡方程

采用有限元方法对桥梁结构进行动力分析时，桥梁结构的动力平衡方程为

$$\boldsymbol{M}_{\mathrm{b}} \ddot{\boldsymbol{u}}_{\mathrm{b}} + \boldsymbol{C}_{\mathrm{b}} \dot{\boldsymbol{u}}_{\mathrm{b}} + \boldsymbol{K}_{\mathrm{b}} \boldsymbol{U}_{\mathrm{b}} = \boldsymbol{P}_{\mathrm{b}} \tag{3.32}$$

式中，$\boldsymbol{U}_{\mathrm{b}}$ 为桥梁的节点位移列向量；$\boldsymbol{P}_{\mathrm{b}}$ 为桥梁结构的荷载列向量，对于车桥耦合振动问题，$\boldsymbol{P}_{\mathrm{b}}$ 为车辆作用于桥梁的荷载向量，是车辆和桥梁的振动状态、车速、桥面不平度的函数。

实际的桥梁结构十分复杂，往往需要划分成百上千个单元才能准确把握桥梁的振动特性。把如此多的自由度列入车 - 桥耦合动力平衡方程求解起来

是非常困难的。而借助模态综合法可以有效地缩减桥梁模型的自由度数，极大地提高计算速度。根据振型叠加原理，桥梁结构的位移可表示为

$$\boldsymbol{u}_{\mathrm{b}}=\sum_{j=1}^{n}\phi_{j}q_{j}=\boldsymbol{\Phi q} \tag{3.33}$$

式中，$\boldsymbol{\Phi}$ 为通过模态分析得出的桥梁振型矩阵，$\boldsymbol{q}$ 为模态坐标向量。将公式(3.33)代入公式(3.32)，并左乘$\boldsymbol{\Phi}^{\mathrm{T}}$，依据多自由度系统振型的正交性可得

$$\bar{\boldsymbol{M}}_{\mathrm{b}}\ddot{\boldsymbol{q}}+\bar{\boldsymbol{C}}_{\mathrm{b}}\dot{\boldsymbol{q}}+\bar{\boldsymbol{K}}_{\mathrm{b}}\boldsymbol{q}=\bar{\boldsymbol{P}}_{\mathrm{b}} \tag{3.34}$$

式中，$\bar{\boldsymbol{M}}_{\mathrm{b}}=\boldsymbol{\Phi}^{T}\boldsymbol{M}_{\mathrm{b}}\boldsymbol{\Phi}$、$\bar{\boldsymbol{K}}_{\mathrm{b}}=\boldsymbol{\Phi}^{T}\boldsymbol{K}_{\mathrm{b}}\boldsymbol{\Phi}$、$\bar{\boldsymbol{C}}_{\mathrm{b}}=\boldsymbol{\Phi}^{T}\boldsymbol{C}_{\mathrm{b}}\boldsymbol{\Phi}$ 分别为桥梁的模态质量、模态刚度和模态阻尼矩阵，$\bar{\boldsymbol{P}}_{\mathrm{b}}=\boldsymbol{\Phi}^{T}\boldsymbol{P}_{\mathrm{b}}$ 为桥梁的模态力向量。

3.3.2　车辆计算模型及运动平衡方程

本节采用如图 3.9 所示的 7 自由度整车模型，车辆的 7 个自由度分别为：车体的竖向位移 y_{b}，车体的俯仰角 θ，车体的侧倾角 φ，以及四个车轮的竖向位移 $y_{\mathrm{t}i}(i=1, 2, 3, 4)$。

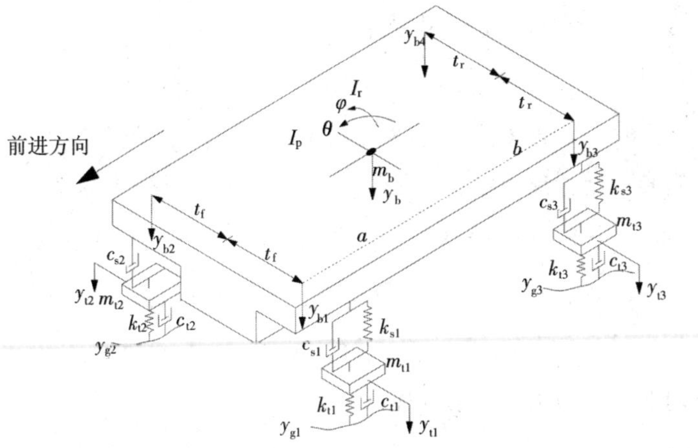

图 3.9　整车三维模型

其中，m_{b} 为簧上质量，又称簧载质量，包括整个汽车车身和部分底盘部件；

I_{p} 为车身的俯仰转动惯量；

I_r 为车身的侧倾转动惯量；

m_{ti} 为簧下质量($i=1, 2, 3, 4$)，包括车轮、轮毂、部分车桥及悬架部件等；

k_{t1}、k_{t2} 为前轮胎刚度系数，k_{t3}，k_{t4} 为后轮胎刚度系数；

c_{t1}、c_{t2} 为前轮胎阻尼系数，c_{t3}，c_{t4} 为后轮胎刚度系数；

k_{s1}、k_{s2} 为前悬架刚度系数，k_{s3}，k_{s4} 为后悬架刚度系数；

c_{s1}、c_{s2} 为前悬架阻尼系数，c_{s3}，c_{s4} 为后悬架阻尼系数；

a 为前轴到车身质心的间距；b 为后轴到车身质心的间距。

在文献[5]的基础上，根据达朗贝尔原理，以车辆在重力作用下的平衡位置作为基准，建立车辆动力平衡方程。

簧上质量的竖向运动方程为

$$\begin{aligned} m_b\ddot{y}_b + c_{s1}(\dot{y}_{b1}-\dot{y}_{t1}) + k_{s1}(y_{b1}-y_{t1}) + c_{s2}(\dot{y}_{b2}-\dot{y}_{t2}) + k_{s2}(y_{b2}-y_{t2}) \\ + c_{s3}(\dot{y}_{b3}-\dot{y}_{t3}) + k_{s3}(y_{b3}-y_{t3}) + c_{s4}(\dot{y}_{b4}-\dot{y}_{t4}) \\ + k_{s4}(y_{b4}-y_{t4}) = 0 \end{aligned} \tag{3.35}$$

车身俯仰运动方程为

$$\begin{aligned} I_p\ddot{\theta} + [c_{s1}(\dot{y}_{b1}-\dot{y}_{t1}) + k_{s1}(y_{b1}-y_{t1}) + c_{s2}(\dot{y}_{b2}-\dot{y}_{t2}) \\ + k_{s2}(y_{b2}-y_{t2})]a - [c_{s3}(\dot{y}_{b3}-\dot{y}_{t3}) + k_{s3}(y_{b3}-y_{t3}) \\ + c_{s4}(\dot{y}_{b4}-\dot{y}_{t4}) + k_{s4}(y_{b4}-y_{t4})]b = 0 \end{aligned} \tag{3.36}$$

车身侧倾运动方程为

$$\begin{aligned} I_r\ddot{\varphi} - [c_{s1}(\dot{y}_{b1}-\dot{y}_{t1}) + k_{s1}(y_{b1}-y_{t1}) - c_{s2}(\dot{y}_{b2}-\dot{y}_{t2}) \\ - k_{s2}(y_{b2}-y_{t2})]t_f - [c_{s3}(\dot{y}_{b3}-\dot{y}_{t3}) + k_{s3}(y_{b3}-y_{t3}) \\ - c_{s4}(\dot{y}_{b4}-\dot{y}_{t4}) - k_{s4}(y_{b4}-y_{t4})]t_r = 0 \end{aligned} \tag{3.37}$$

四个簧下质量的竖向运动方程分别为

$$\begin{aligned} m_{t1}\ddot{y}_{t1} + k_{t1}y_{t1} + c_{t1}\dot{y}_{t1} + k_{s1}(y_{t1}-y_{b1}) \\ + c_{s1}(\dot{y}_{t1}-\dot{y}_{b1}) = k_{t1}y_{g1} + c_{t1}\dot{y}_{g1} \end{aligned} \tag{3.38}$$

$$\begin{aligned} m_{t2}\ddot{y}_{t2} + k_{t2}y_{t2} + c_{t2}\dot{y}_{t2} + k_{s2}(y_{t2}-y_{b2}) \\ + c_{s2}(\dot{y}_{t2}-\dot{y}_{b2}) = k_{t2}y_{g2} + c_{t2}\dot{y}_{g2} \end{aligned} \tag{3.39}$$

$$m_{t3}\ddot{y}_{t3} + k_{t3}y_{t3} + c_{t3}\dot{y}_{t3} + k_{s3}(y_{t3}-y_{b3})$$

$$+c_{s3}(\dot{y}_{t3}-\dot{y}_{b3})=k_{t3}y_{g3}+c_{t3}\dot{y}_{g3} \tag{3.40}$$

$$m_{t4}\ddot{y}_{t4}+k_{t4}y_{t4}+c_{t4}\dot{y}_{t4}+k_{s4}(y_{t4}-y_{b4})$$
$$+c_{s4}(\dot{y}_{t4}-\dot{y}_{b4})=k_{t4}y_{g4}+c_{t4}\dot{y}_{g4} \tag{3.41}$$

式中，

$$\begin{cases} y_{b1}=y_b+a\theta-t_f\varphi \\ y_{b2}=y_b+a\theta+t_f\varphi \\ y_{b3}=y_b-b\theta-t_r\varphi \\ y_{b4}=y_b-b\theta+t_r\varphi \end{cases} \tag{3.42}$$

$y_{gk}(k=1,2,3,4)$ 为桥面不平顺，若桥面不平顺数据 Z_{rk} 以向上为正，则 $y_{gk}=-Z_{rk}$。

将车辆系统的运动微分方程写成矩阵形式：

$$\boldsymbol{M}_v\ddot{\boldsymbol{u}}_v+\boldsymbol{C}_v\dot{\boldsymbol{u}}_v+\boldsymbol{K}_v\boldsymbol{U}_v=\boldsymbol{P}_v \tag{3.43}$$

式中，$\boldsymbol{M}_v$、$\boldsymbol{C}_v$ 和$\boldsymbol{K}_v$ 分别表示车辆的质量、阻尼和刚度矩阵；$\boldsymbol{P}_v$ 表示振动过程中作用于车辆各自由度的荷载列向量。

$$\boldsymbol{M}_v=\begin{bmatrix} m_b &&&&&& \\ & I_p &&&&& \\ && I_r &&&& \\ &&& m_{t1} &&& \\ &&&& m_{t2} && \\ &&&&& m_{t3} & \\ &&&&&& m_{t4} \end{bmatrix} \tag{3.44}$$

$$\boldsymbol{C}_v=\left[\begin{matrix} c_{s1}+c_{s2}+c_{s3}+c_{s4} & a(c_{s1}+c_{s2})-b(c_{s3}+c_{s4}) \\ a(c_{s1}+c_{s2})-b(c_{s3}+c_{s4}) & a^2(c_{s1}+c_{s2})+b^2(c_{s3}+c_{s4}) \\ t_f(-c_{s1}+c_{s2})+t_r(-c_{s3}+c_{s4}) & at_f(-c_{s1}+c_{s2})+bt_r(c_{s3}-c_{s4}) \\ -c_{s1} & -ac_{s1} \\ -c_{s2} & -ac_{s2} \\ -c_{s3} & bc_{s3} \\ -c_{s4} & bc_{s4} \end{matrix}\right.$$

$$\left.\begin{matrix} t_{\mathrm{f}}(-c_{\mathrm{s1}}+c_{\mathrm{s2}})+t_{\mathrm{r}}(-c_{\mathrm{s3}}+c_{\mathrm{s4}}) & -c_{\mathrm{s1}} & -c_{\mathrm{s2}} & -c_{\mathrm{s3}} & -c_{\mathrm{s4}} \\ t_{\mathrm{f}}a(-c_{\mathrm{s1}}+c_{\mathrm{s2}})+t_{\mathrm{r}}b(c_{\mathrm{s3}}-c_{\mathrm{s4}}) & -ac_{\mathrm{s1}} & -ac_{\mathrm{s2}} & bc_{\mathrm{s3}} & bc_{\mathrm{s4}} \\ t_{\mathrm{f}}^{2}(c_{\mathrm{s1}}+c_{\mathrm{s2}})+t_{\mathrm{r}}^{2}(c_{\mathrm{s3}}+c_{\mathrm{s4}}) & t_{\mathrm{f}}c_{\mathrm{s1}} & -t_{\mathrm{f}}c_{\mathrm{s2}} & t_{\mathrm{r}}c_{\mathrm{s3}} & -t_{\mathrm{r}}c_{\mathrm{s4}} \\ t_{\mathrm{f}}c_{\mathrm{s1}} & c_{\mathrm{s1}}+c_{\mathrm{t1}} & & & \\ -t_{\mathrm{f}}c_{\mathrm{s2}} & & c_{\mathrm{s2}}+c_{\mathrm{t2}} & & \\ t_{\mathrm{r}}c_{\mathrm{s3}} & & & c_{\mathrm{s3}}+c_{\mathrm{t3}} & \\ -t_{\mathrm{r}}c_{\mathrm{s4}} & & & & c_{\mathrm{s4}}+c_{\mathrm{t4}} \end{matrix}\right] \tag{3.45}$$

$$\boldsymbol{K}_{\mathrm{v}}=\left[\begin{matrix} k_{\mathrm{s1}}+k_{\mathrm{s2}}+k_{\mathrm{s3}}+k_{\mathrm{s4}} & a(k_{\mathrm{s1}}+k_{\mathrm{s2}})-b(k_{\mathrm{s3}}+k_{\mathrm{s4}}) \\ a(k_{\mathrm{s1}}+k_{\mathrm{s2}})-b(k_{\mathrm{s3}}+k_{\mathrm{s4}}) & a^{2}(k_{\mathrm{s1}}+k_{\mathrm{s2}})+b^{2}(k_{\mathrm{s3}}+k_{\mathrm{s4}}) \\ t_{\mathrm{f}}(-k_{\mathrm{s1}}+k_{\mathrm{s2}})+t_{\mathrm{r}}(-k_{\mathrm{s3}}+k_{\mathrm{s4}}) & at_{\mathrm{f}}(-k_{\mathrm{s1}}+k_{\mathrm{s2}})+bt_{\mathrm{r}}(k_{\mathrm{s3}}-k_{\mathrm{s4}}) \\ -k_{\mathrm{s1}} & -ak_{\mathrm{s1}} \\ -k_{\mathrm{s2}} & -ak_{\mathrm{s2}} \\ -k_{\mathrm{s3}} & bk_{\mathrm{s3}} \\ -k_{\mathrm{s4}} & bk_{\mathrm{s4}} \end{matrix}\right.$$

$$\left.\begin{matrix} t_{\mathrm{f}}(-k_{\mathrm{s1}}+k_{\mathrm{s2}})+t_{\mathrm{r}}(-k_{\mathrm{s3}}+k_{\mathrm{s4}}) & -k_{\mathrm{s1}} & -k_{\mathrm{s2}} & -k_{\mathrm{s3}} & -k_{\mathrm{s4}} \\ t_{\mathrm{f}}a(-k_{\mathrm{s1}}+k_{\mathrm{s2}})+t_{\mathrm{r}}b(k_{\mathrm{s3}}-k_{\mathrm{s4}}) & -ak_{\mathrm{s1}} & -ak_{\mathrm{s2}} & bk_{\mathrm{s3}} & bk_{\mathrm{s4}} \\ t_{\mathrm{f}}^{2}(k_{\mathrm{s1}}+k_{\mathrm{s2}})+t_{\mathrm{r}}^{2}(k_{\mathrm{s3}}+k_{\mathrm{s4}}) & t_{\mathrm{f}}k_{\mathrm{s1}} & t_{\mathrm{f}}k_{\mathrm{s2}} & t_{\mathrm{r}}k_{\mathrm{s3}} & -t_{\mathrm{r}}k_{\mathrm{s4}} \\ t_{\mathrm{f}}k_{\mathrm{s1}} & k_{\mathrm{s1}}+k_{\mathrm{t1}} & & & \\ -t_{\mathrm{f}}k_{\mathrm{s2}} & & k_{\mathrm{s2}}+k_{\mathrm{t2}} & & \\ t_{\mathrm{r}}k_{\mathrm{s3}} & & & k_{\mathrm{s3}}+k_{\mathrm{t3}} & \\ -t_{\mathrm{r}}k_{\mathrm{s4}} & & & & k_{\mathrm{s4}}+k_{\mathrm{t4}} \end{matrix}\right] \tag{3.46}$$

$$\begin{aligned} \boldsymbol{P}_{\mathrm{v}}=\{0\quad 0\quad 0\quad & c_{\mathrm{t1}}\dot{y}_{\mathrm{g1}}+k_{\mathrm{t1}}y_{\mathrm{g1}}\quad c_{\mathrm{t2}}\dot{y}_{\mathrm{g2}}+k_{\mathrm{t2}}y_{\mathrm{g2}} \\ & c_{\mathrm{t3}}\dot{y}_{\mathrm{g3}}+k_{\mathrm{t3}}y_{\mathrm{g3}}\quad c_{\mathrm{t4}}\dot{y}_{\mathrm{g4}}+k_{\mathrm{t4}}y_{\mathrm{g4}}\}^{\mathrm{T}} \end{aligned} \tag{3.47}$$

$$\boldsymbol{U}_{\mathrm{v}}=\{y_{\mathrm{b}}\quad \theta\quad \varphi\quad y_{\mathrm{t1}}\quad y_{\mathrm{t2}}\quad y_{\mathrm{t3}}\quad y_{\mathrm{t4}}\}^{\mathrm{T}} \tag{3.48}$$

3.3.3 桥面不平整的模拟

车 - 桥系统振动是一个复杂的问题，受到很多因素的影响，总体上具有了随机振动的特性。为了更准确地描述桥梁振动问题，除了细致模拟车辆荷载之外，桥面不平顺对振动的影响也不可忽略。

在不考虑桥梁的挠度影响时，桥面不平整度与路面不平整度具有同样的性质。路面不平整度是指路表面相对于基准平面的偏离。大量的试验测量表明，路面不平度是具有零均值、各态历经的平稳 Gauss 随机过程[6]。通常用功率谱来描述路面的统计特性，依据《机械振动　道路路面谱测量数据报告》(GB/T 7031－2005)，路面不平整度的功率谱密度函数可表示为

$$G_x(n)=G_x(n_0)\left(\frac{n}{n_0}\right)^{-w} \tag{3.49}$$

式中，n 为空间频率，m^{-1}，是波长 λ 的倒数，表示每米长度中包含几个波长；n_0 为参考空间频率，取为 $0.1\mathrm{m}^{-1}$；$G_x(n_0)$ 为参考空间频率 n_0 下的路面功率谱密度值，称为路面不平整度系数，其值取决于公路的路面等级；w 为频率指数，决定路面功率谱密度的频率结构，一般可取 w 等于 2。

表 3.1　GB 7031－86 标准路面不平整度系数

路面等级	路面不平度系数 /[$10^{-6}\mathrm{m}^2\cdot(\mathrm{m}^{-1})^{-1}$]		
	上限	下限	几何平均值
A	32	—	16
B	128	32	64
C	512	128	256
D	2 048	512	1 024
E	8 192	2 048	4 096
F	32 768	8 192	16 384
G	131 072	32 768	65 536
H	—	131 072	262 144

针对路面不平整度的数值模拟问题，各国学者进行了大量研究，提出了不同的数值模拟方法。目前使用的方法主要有：谐波叠加法(或称三角级数法)、单位白噪声法、滤波器整形白噪声法以及利用 ARMA(自回归移动平均)模型积分的方法等。在此采用谐波叠加法[7]，将桥面不平度表示成大量具有随机相位的余弦函数之和：

$$r(x)=\sum_{k=1}^{N}\sqrt{4G_x(n_k)\Delta n}\cos(2\pi n_k x+\phi_k) \tag{3.50}$$

式中，

$$n_k = n_1 + (k - \frac{1}{2})\Delta n \quad (k = 1, 2, \cdots, N) \tag{3.51}$$

$$\Delta n = (n_u - n_1)/N \tag{3.52}$$

其中，n_1 为有效空间频率下限，n_u 为有效空间频率上限，N 为空间频率带所分成的份数；ϕ_k 为在[0，2π]内服从均匀分布的随机数；x 为桥面纵向坐标。显然，以上参数中，除 ϕ_k 外其他均为确定的量，因此不难证明按此法生成的桥面不平样本是满足各态经历的、平稳的高斯随机系列。采用此方法生成的 A，B，C 三种等级的桥面不平整度样本见图 3.10。

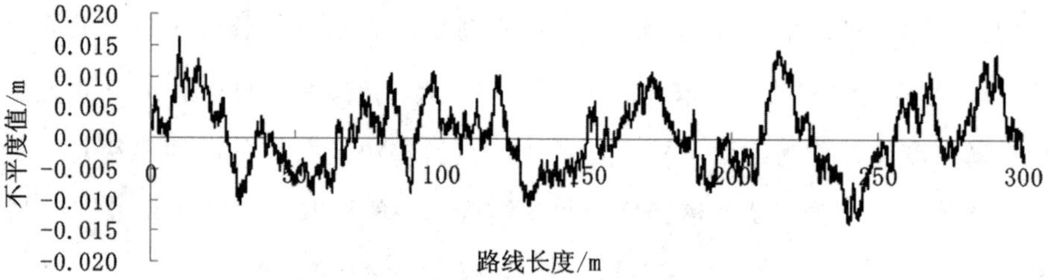

(a)A 级

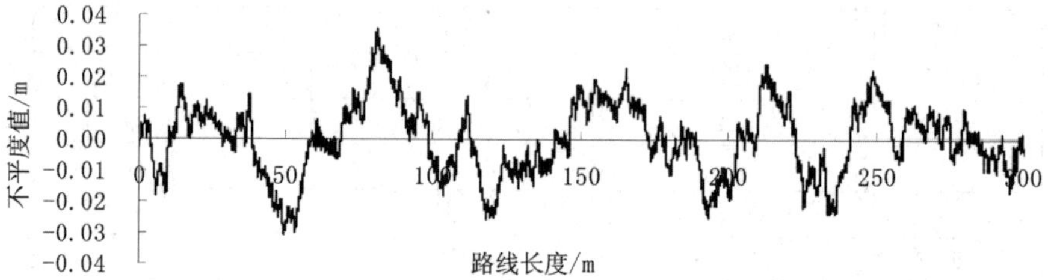

(b)B 级

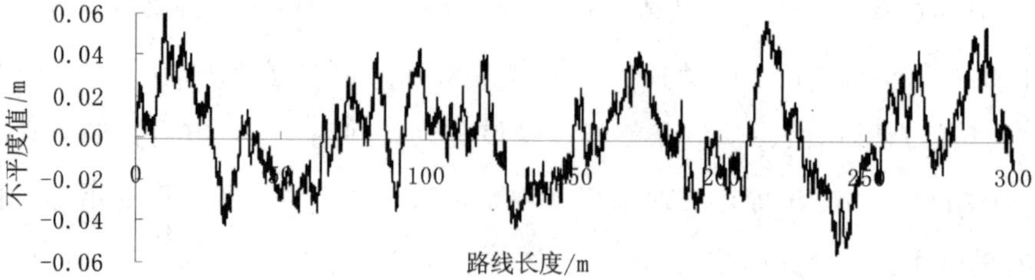

(c)C 级

图 3.10　三种不同等级的桥面不平整度样本

3.3.4　车-桥耦合系统的相互作用

假定车辆在桥梁上行驶时车轮与桥面紧密接触，且考虑桥面不平整度，车轮在与桥梁接触点处的竖向位移 y_{gk} 与该点桥梁竖向挠度 $y(t, x_k)$ 及不平整度 Z_{rk} 的关系如图 3.11 所示，具体可表示为

$$y_{gk}=y(t, x_k)-Z_{rk}, \quad k=1, 2, 3, 4 \tag{3.53}$$

公式(3.53)为车桥之间的位移协调条件。其中，$y(t, x_k)$ 为车轮 k 作用点桥梁的竖向位移(桥梁位移以向下为正)，Z_{rk} 为车轮 k 作用点桥面不平整度(以向上为正)。

根据车辆与桥梁接触点间相互作用力的平衡关系(见图 3.12)，可得第 k 个车轮对桥梁作用力为

$$P_k=W_k+c_{tk}(\dot{y}_{tk}-\dot{y}_{gk})+k_{tk}(y_{tk}-y_{gk}), \quad k=1, 2, 3, 4 \tag{3.54}$$

式中，W_k 为由车体分配到第 k 个车轮的重力与该轮自重之和；k_{tk}，c_{tk} 分别为第 k 个车轮的弹簧刚度和黏性阻尼系数；y_{tk}，$\dot{y}_{tk}$ 分别为第 k 个车轮中心的竖向位移和速度。

$$\boldsymbol{W}_k=\begin{cases}\dfrac{m_{\mathrm{b}}gb}{2(a+b)}+m_{tk}, & k=1, 2\\[2ex] \dfrac{m_{\mathrm{b}}ga}{2(a+b)}+m_{tk}, & k=3, 4\end{cases} \tag{3.55}$$

把桥梁任意一点 x_k 的竖向挠度用桥梁的节点位移来表示，则有

$$y(t, x_k)=\boldsymbol{H}(x_k)\boldsymbol{u}_{\mathrm{b}}(t) \tag{3.56}$$

式中，$\boldsymbol{H}$ 为 $1\times N$(N 为桥梁总的自由度数) 阶形函数向量，当点 x_k 位于第 a 个板单元内时，有

$$\boldsymbol{H}(x_k)=\boldsymbol{N}_{\mathrm{a}}(x_k)\boldsymbol{L}_{\mathrm{a}} \tag{3.57}$$

式中，$\boldsymbol{N}_{\mathrm{a}}(x_k)$ 为第 a 个板单元的插值函数，$\boldsymbol{L}_{\mathrm{a}}$ 为第 a 个单元的定位矩阵。

因此，桥梁结构受到整个汽车作用的等效节点载荷$\boldsymbol{P}_{\mathrm{b}}$ 为

$$\boldsymbol{P}_{\mathrm{b}}=\sum_{k=1}^{4}\boldsymbol{H}^{\mathrm{T}}(x_k)\boldsymbol{P}_k=\sum_{k=1}^{4}\boldsymbol{H}^{\mathrm{T}}(x_k)\left[W_k+c_{tk}(\dot{y}_{tk}-\dot{y}_{gk})+k_{tk}(y_{tk}-y_{gk})\right] \tag{3.58}$$

将公式(3.53)代入公式(3.47)即可得到车辆的载荷向量。

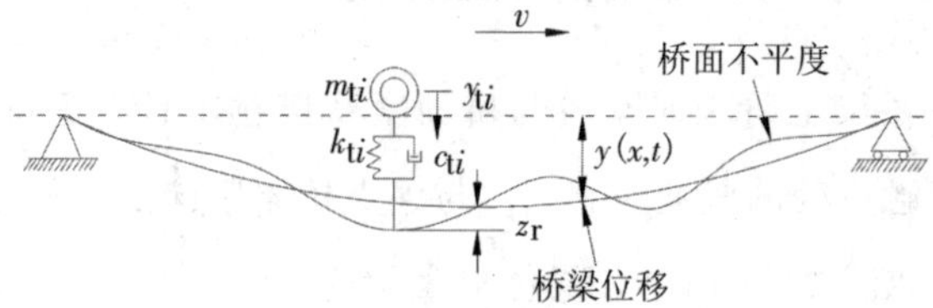

图 3.11　车轮 - 桥梁接触点变形示意图

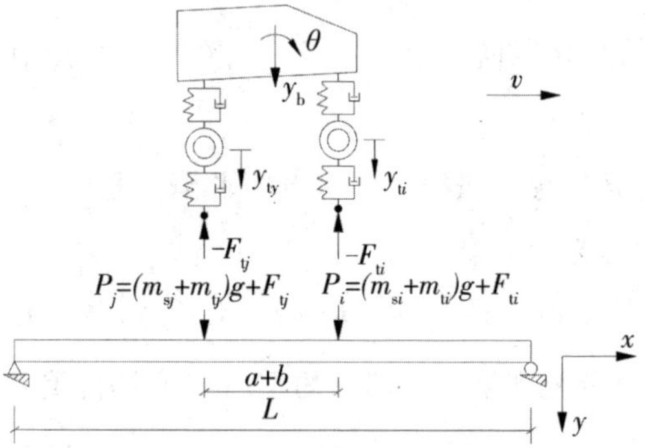

图 3.12　车桥相互作用示意图

3.3.5　跑车激励中车 - 桥耦合振动方程的求解

车桥耦合振动方程的求解方法主要分为两大类[8]：一类是将车辆与桥梁的所有自由度耦联在一起，建立统一的方程组，进行同步求解；另一类是将车桥系统以车辆和桥梁接触点为界，分为车辆与桥梁两个子系统，分别建立车辆与桥梁的运动方程，两者之间通过车轮与桥梁接触处的位移协调条件和车 - 桥相互作用力的平衡关系相联系，采用迭代法求解系统响应。前一种方法由于车桥系统方程的质量、刚度、阻尼矩阵随着车辆在桥上的位置不同而发生变化，导致在每一时间步长上必须重新生成与分解，同时随着桥上车辆数目的变化，耦合自由度也必然发生变化，使得求解工作量较大。后一种方法由于采用分离的车辆与桥梁运动方程，通过求解各自的运动方程，可以避免在每一时间步长上重新计算对应时刻的系统质量矩阵、阻尼矩阵和刚度矩阵，减少了计算量，加快了求解速度，因此这种方法被广泛采用。

在此采用迭代法求解车 - 桥耦合系统的动力响应，具体过程是在每一时间步 Δt 内首先计算接触点初始位移，求解车辆动力平衡方程从而得到接触力，然后将所得接触力作为外荷载代入桥梁动力平衡方程，再次求解接触点位移，如此循环迭代直至得到令人满意的结果。

对车辆和桥梁子系统的运动微分方程，采用 Newmark-β 方法对其进行求解，具体迭代求解过程如下[9]：

(1) 计算车辆和桥梁的等效刚度矩阵：

$$\hat{\boldsymbol{K}}_{\mathrm{v}}=\boldsymbol{K}_{\mathrm{v}}+c_1\boldsymbol{M}_{\mathrm{v}}+c_2\boldsymbol{C}_{\mathrm{v}} \tag{3.59}$$

$$\bar{\boldsymbol{K}}_{\mathrm{b}}=\bar{\boldsymbol{K}}_{\mathrm{b}}+c_1\bar{\boldsymbol{M}}_{\mathrm{b}}+c_2\bar{\boldsymbol{C}}_{\mathrm{b}} \tag{3.60}$$

(2) 开始一个 Newmark 时间步，所有变量取 t 时刻的值作为初始值，包括桥梁的运动参数$\boldsymbol{q}^t$，$\dot{\boldsymbol{q}}^t$，$\ddot{\boldsymbol{q}}^t$ 和车辆的运动参数$\boldsymbol{u}_{\mathrm{v}}^t$，$\dot{\boldsymbol{u}}_{\mathrm{v}}^t$，$\ddot{\boldsymbol{u}}_{\mathrm{v}}^t$。

(3) 计算 t 时刻的中间变量，这些中间变量将会被应用到后续计算步骤中：

$$\boldsymbol{S}_{\mathrm{v}}^t=\boldsymbol{M}_{\mathrm{v}}(c_1\boldsymbol{u}_{\mathrm{v}}^t+c_3\dot{\boldsymbol{u}}_{\mathrm{v}}^t+c_4\ddot{\boldsymbol{u}}_{\mathrm{v}}^t)+\boldsymbol{C}_{\mathrm{v}}(c_2\boldsymbol{u}_{\mathrm{v}}^t+c_5\dot{\boldsymbol{u}}_{\mathrm{v}}^t+c_6\ddot{\boldsymbol{u}}_{\mathrm{v}}^t) \tag{3.61}$$

$$\boldsymbol{S}_{\mathrm{b}}^t=M_{\mathrm{b}}(c_1\boldsymbol{u}_{\mathrm{b}}^t+c_3\dot{\boldsymbol{u}}_{\mathrm{b}}^t+c_4\ddot{\boldsymbol{u}}_{\mathrm{b}}^t)+\boldsymbol{C}_{\mathrm{b}}(c_2\boldsymbol{u}_{\mathrm{b}}^t+c_5\dot{\boldsymbol{u}}_{\mathrm{b}}^t+c_6\ddot{\boldsymbol{u}}_{\mathrm{b}}^t) \tag{3.62}$$

(4) 开始本 Newmark 时间步的迭代计算，在每一时间步内进行迭代，将 t 时刻桥梁位移的最终值作为 $t+\Delta t$ 时刻桥梁位移的初始迭代值，即${}^{(0)}\boldsymbol{q}^{t+\Delta t}=\boldsymbol{q}^t$，左上标(0) 表示迭代次数 $k=0$。

(5) 计算 $t+\Delta t$ 时刻桥梁的广义节点加速度$\ddot{q}^{t+\Delta t}$ 和速度$\dot{q}^{t+\Delta t}$，通过振型叠加法得到桥梁的节点速度和加速度$\dot{\boldsymbol{u}}_{\mathrm{b}}^{t+\Delta t}$，$\ddot{\boldsymbol{u}}_{\mathrm{b}}^{t+\Delta t}$。

$$\ddot{\boldsymbol{q}}^{t+\Delta t}=c_0(\boldsymbol{q}^{t+\Delta t}-\boldsymbol{q}^t)-c_2\dot{\boldsymbol{q}}^t-c_3\ddot{\boldsymbol{q}}^t \tag{3.63}$$

$$\dot{\boldsymbol{q}}^{t+\Delta t}=\dot{\boldsymbol{q}}^t+c_6\ddot{\boldsymbol{q}}^t+c_7\ddot{q}^{t+\Delta t} \tag{3.64}$$

$$\dot{\boldsymbol{u}}_{\mathrm{b}}^{t+\Delta t}=\boldsymbol{\Phi}\dot{\boldsymbol{q}}^{t+\Delta t} \tag{3.65}$$

$$\ddot{\boldsymbol{u}}_{\mathrm{b}}^{t+\Delta t}=\boldsymbol{\Phi}\ddot{\boldsymbol{q}}^{t+\Delta t} \tag{3.66}$$

(6) 由桥梁节点位移插值计算得到车桥接触点处位移 y_{gk} 和速度 $\dot{y}_{gk}$，由公式(3.47) 计算 $t+\Delta t$ 时刻车辆振动方程的右端载荷向量$\boldsymbol{P}_{\mathrm{v}}^{t+\Delta t}$，并计算等效车辆激振力荷载：

$$\hat{\boldsymbol{P}}_{\mathrm{v}}^{t+\Delta t}=\boldsymbol{P}_{\mathrm{v}}^{t+\Delta t}+\boldsymbol{S}_{\mathrm{v}}^t \tag{3.67}$$

(7) 计算 $t+\Delta t$ 时刻车辆的位移 $\boldsymbol{u}_{\mathrm{v}}^{t+\Delta t}$ ；

$$\hat{\boldsymbol{K}}_{\mathrm{v}}\boldsymbol{u}_{\mathrm{v}}^{t+\Delta t}=\hat{\boldsymbol{P}}_{\mathrm{v}}^{t+\Delta t} \tag{3.68}$$

(8) 计算 $t+\Delta t$ 时刻车辆的加速度和速度 $\ddot{\boldsymbol{u}}_{\mathrm{v}}^{t+\Delta t}$ ，$\dot{\boldsymbol{u}}_{\mathrm{v}}^{t+\Delta t}$ ；

$$\ddot{\boldsymbol{u}}_{\mathrm{v}}^{t+\Delta t}=c_0(\boldsymbol{u}_{\mathrm{v}}^{t+\Delta t}-\boldsymbol{u}_{\mathrm{v}}^{t})-c_2\dot{\boldsymbol{u}}^{t}-c_{3\mathrm{v}}\ddot{\boldsymbol{u}}_{\mathrm{v}}^{t} \tag{3.69}$$

$$\dot{\boldsymbol{u}}_{\mathrm{v}}^{t+\Delta t}=\dot{\boldsymbol{u}}_{\mathrm{v}}^{t}+c_6\ddot{\boldsymbol{u}}_{\mathrm{v}}^{t}+c_7\ddot{\boldsymbol{u}}_{\mathrm{v}}^{t+\Delta t} \tag{3.70}$$

(9) 计算 $t+\Delta t$ 时刻作用于桥梁上的总体外力 $\bar{\boldsymbol{P}}_{\mathrm{b}}$，形成桥梁等效荷载列阵 $\hat{\bar{\boldsymbol{P}}}_{\mathrm{b}}$：

$$\hat{\bar{\boldsymbol{P}}}_{\mathrm{b}}^{t+\Delta t}=\hat{\boldsymbol{P}}_{\mathrm{b}}^{t+\Delta t}+\boldsymbol{S}_{\mathrm{b}}^{t} \tag{3.71}$$

(10) 计算 $t+\Delta t$ 时刻的桥梁位移 $\boldsymbol{q}^{t+\Delta t}$：

$$\hat{\bar{\boldsymbol{P}}}_{\mathrm{b}}\boldsymbol{q}^{t+\Delta t}=\hat{\bar{\boldsymbol{P}}}_{\mathrm{b}}^{t+\Delta t} \tag{3.72}$$

(11) 判断桥梁位移是否收敛，判别准则如下：

$$\frac{\mathrm{Norm}({}^{(k)}\Delta\boldsymbol{q})}{\mathrm{Norm}({}^{(0)}\Delta\boldsymbol{q})}\leqslant\varepsilon \tag{3.73}$$

式中，

$$\mathrm{Norm}({}^{(k)}\Delta\boldsymbol{q})=\sum_{i=1}^{n}({}^{(k)}\boldsymbol{q}(i)-{}^{(k-1)}\boldsymbol{q}(i))^2 \tag{3.74}$$

$$\mathrm{Norm}({}^{(0)}\Delta\boldsymbol{q})=\sum_{\mathrm{i}=1}^{\mathrm{n}}({}^{(\mathrm{k})}\boldsymbol{q}(i)-{}^{(0)}\boldsymbol{q}(i))^2 \tag{3.75}$$

式中，n 为采用模态叠加法计算桥梁位移所取的模态阶数。${}^{(k)}\boldsymbol{q}(i)$、${}^{(k-1)}\boldsymbol{q}(i)$ 分别为 $t+\Delta t$ 时刻桥梁位移的第 k 次和第 $k-1$ 次迭代值，${}^{(0)}\boldsymbol{q}(i)$ 为 $t+\Delta t$ 时刻桥梁位移的初始假定值；

(12) 若满足精度要求，则记录此时刻车辆和桥梁的状态参数(位移、速度、加速度)，从步骤(2) 开始进行下一时间步的迭代，直至达到所要求的终止时间。

(13) 若不满足精度要求，则将该次计算所得的桥梁位移作为初始值，进行下一次迭代，即以第 k 次迭代计算得到的桥梁位移值作为第 $k+1$ 次迭代桥梁位移的初值，重复步骤(4) 至(11) 直至满足精度要求。

桥梁在跑车激励下动力响应的计算流程如图 3.13 所示。

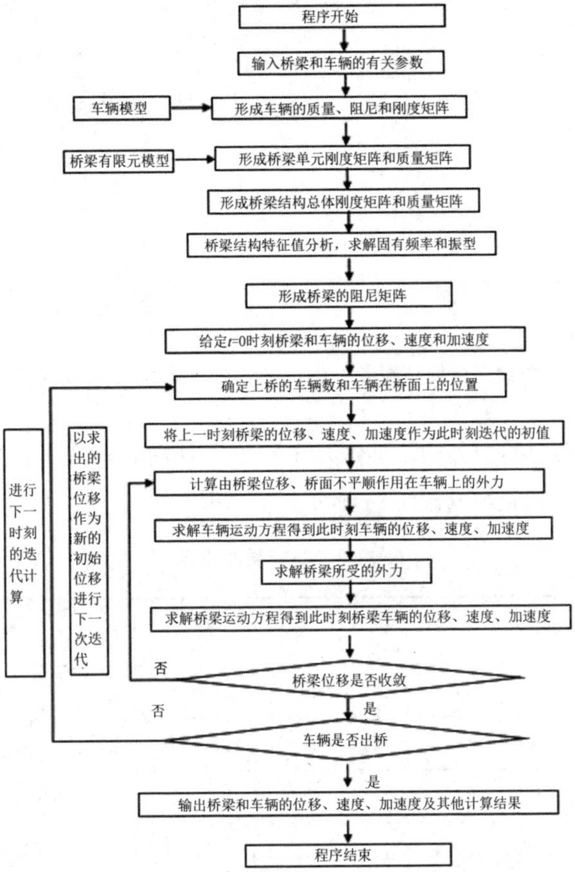

图 3.13　跑车激励动力响应求解流程

3.3.6　数值算例及影响因素分析

1. 桥梁和车辆参数

以一座钢筋混凝土简支 T 梁桥为数值模拟对象，分析跑车激励中的车辆对桥梁的冲击效应。桥梁跨径为 30m，横向由 5 片主梁组成，主梁间距为 2.45m。在桥梁结构的支点、1/4 跨径和跨中处设有横隔板，厚度为 20cm。桥梁模型见图 3.14，单梁跨中横截面见图 3.15。主梁和横隔板的混凝土强度为 C50，弹性模量为 3.45×10^4 MPa，密度取为 2 500kg/m^3，假设桥梁结构的一阶和二阶模态阻尼比均为 3%。

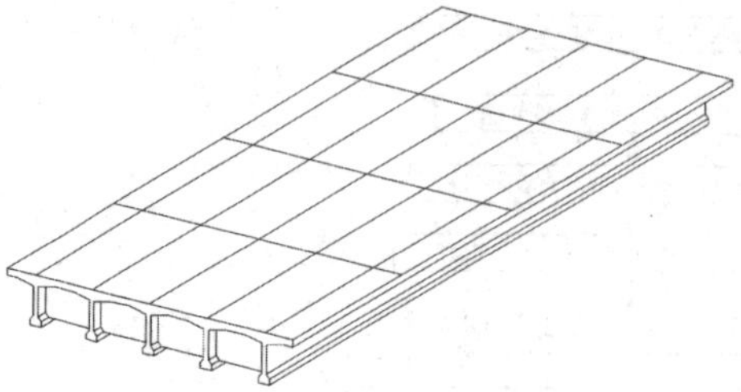

图 3.14　桥梁实体模型图

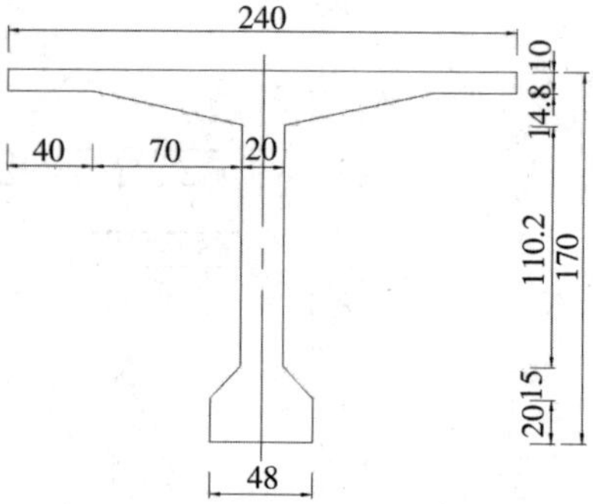

图 3.15　单梁跨中横截面(cm)

车辆模型采用某型号的10t载货汽车[10]，其前后轴到质心的距离 a，b 分别为3.1、2.5m，其他结构参数列于表3.2中。

表 3.2　车辆结构参数

参数	取值	参数	取值	参数	取值
m_b/kg	1.0×10^4	k_{t1}，k_{t2}/(N·m^{-1})	1.0×10^6	c_{t1}，c_{t2}/(N·s·m^{-1})	1 500
I_p/kg·m^2	6.2×10^4	k_{t3}，k_{t4}/(N·m^{-1})	1.0×10^6	c_{t3}，c_{t4}/N·s·m^{-1}	1 500
I_r/(kg·m^2)	1.24×10^4	k_{s1}，k_{s2}/(N·m^{-1})	0.4×10^6	c_{s1}，c_{s2}/(N·s·m^{-1})	5 000
m_{t1}，m_{t2}/kg	350	k_{s3}，k_{s4}/(N·m^{-1})	1.25×10^6	c_{s3}，c_{s4}/(N·s·m^{-1})	7 000
m_{t3}，m_{t4}/kg	500				

2. 冲击效应影响因素分析

引入位移增大系数(DAF)来评价车辆对桥梁的冲击响应，位移增大系数的定义如下

$$\mathrm{DAF}=\frac{\delta_{\mathrm{dyn}}}{\delta_{\mathrm{stat}}}-1 \tag{3.76}$$

式中，δ_{dyn} 和 δ_{stat} 分别为桥梁跨中处的最大动挠度和最大静挠度。

采用本节所述方法，计算了不同行车速度、车辆作用位置、车辆参数情况下桥梁的动力响应，并讨论了这些因素对冲击效应的影响。

(1) 车辆速度的影响。

针对A，B，C三种桥面不平整度等级，改变汽车行驶速度，计算了不同

车辆速度情况下桥梁的动力响应，并分析了不同车速情况下的桥梁冲击效应。图 3.16 为不同车速情况下 3# 主梁的动挠度曲线，图 3.17 为不同车速情况下 3# 主梁的位移增大系数。

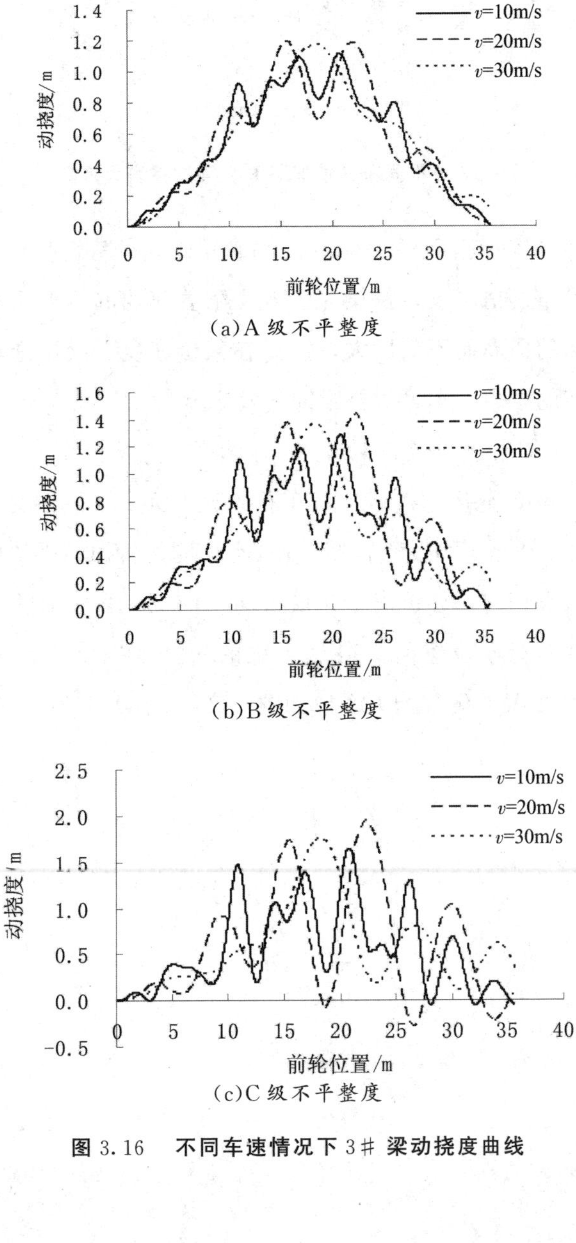

(a)A 级不平整度

(b)B 级不平整度

(c)C 级不平整度

图 3.16　**不同车速情况下** 3# **梁动挠度曲线**

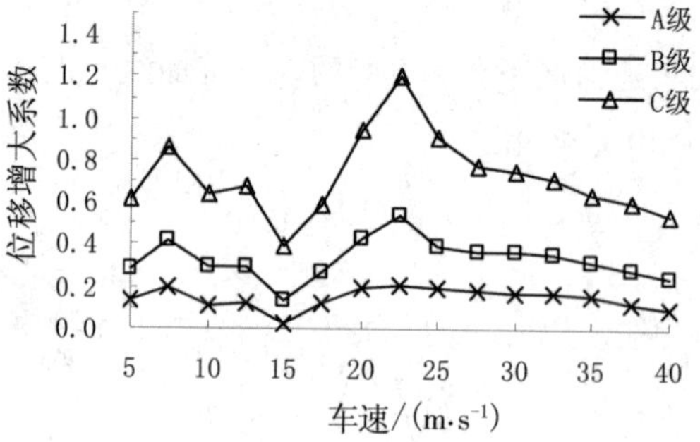

图 3.17　不同车速情况下 3# 梁位移增大系数

由图 3.17 可知，在车速为 22.5m/s 时桥梁冲击效应出现最大值，这说明在同一桥面不平整度情况下，桥梁冲击效应随着车速的改变而变化，冲击效应并非随着车速的提高而不断增大，而是在某个速度下会出现峰值。随着桥面不平整度幅值的增大，车辆对桥梁冲击效应增大。

(2) 车辆横桥向行驶位置的影响。

取桥面不平整度等级为 A 级，汽车行驶速度为 20m/s，变换汽车横桥向行驶位置(见图 3.18)，假定各行驶位置具有相同的桥面不平整度，并且车辆上桥时的初始状态相同，分析汽车在横桥向不同位置行驶对桥梁动力响应的影响。不同横桥向行驶位置时，各片主梁的最大动挠度和最大静挠度如图 3.19 所示，各片主梁的位移增大系数如图 3.20 所示。

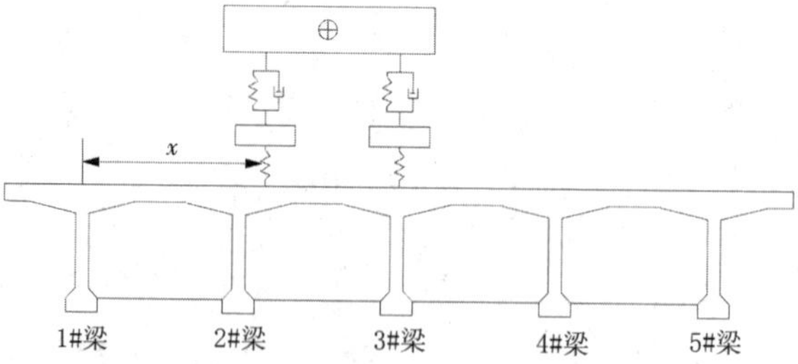

图 3.18　汽车横桥向行驶位置示意图

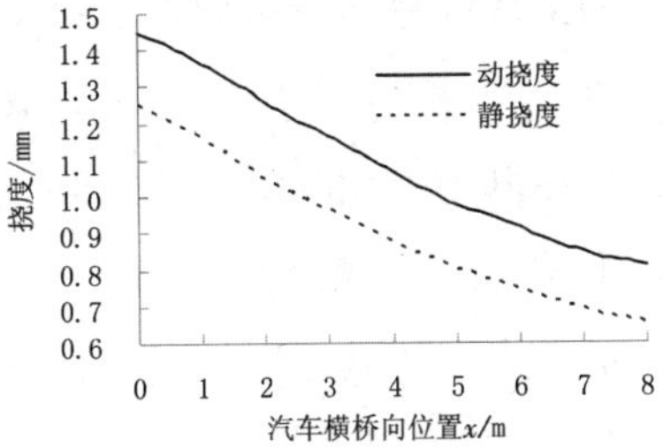

(a)1＃ 梁

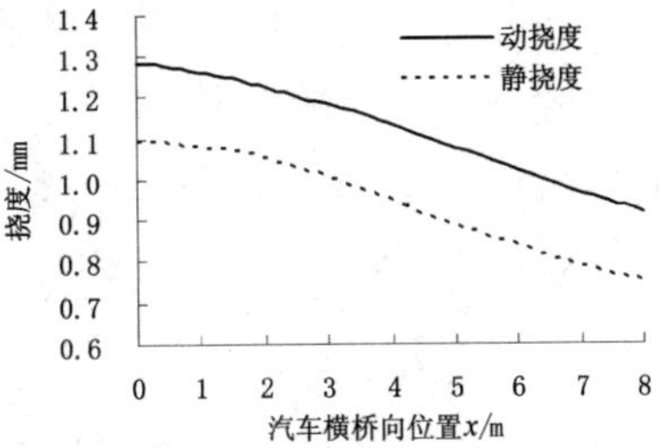

(b)2＃ 梁

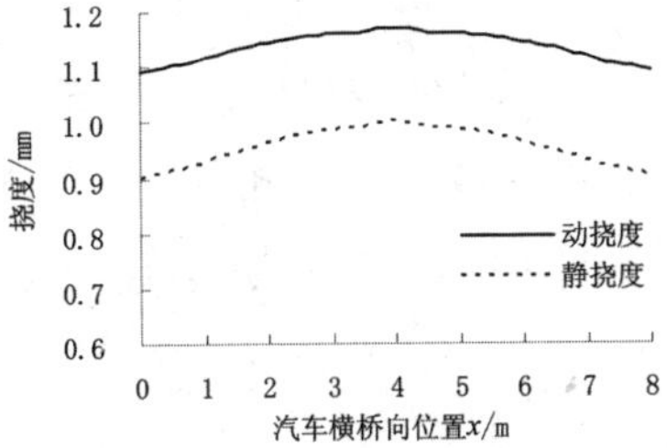

(c)3＃ 梁

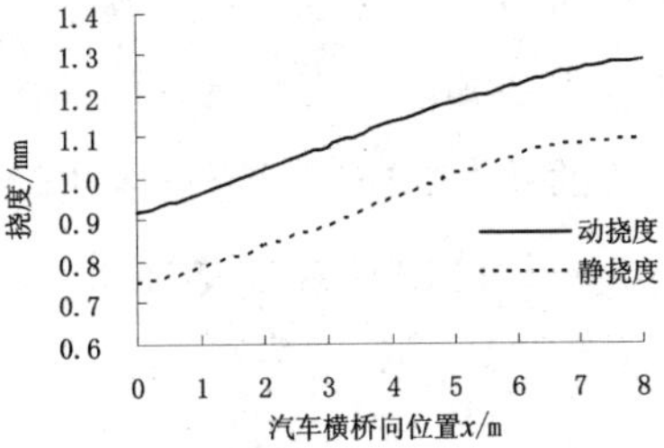

(d)4＃ 梁

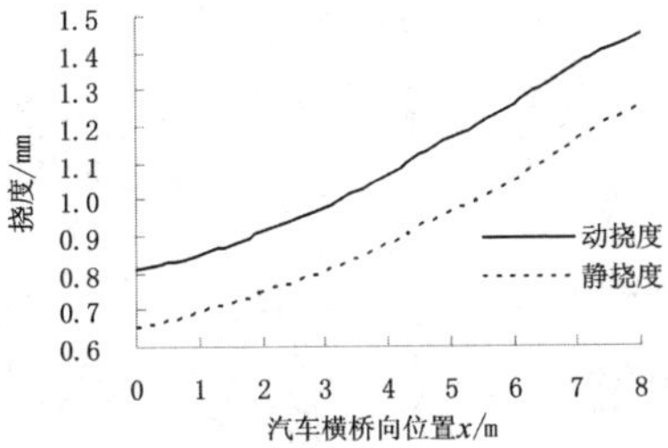

(5)5＃ 梁

图 3.19　汽车不同横向行驶位置时各片主梁的最大挠度

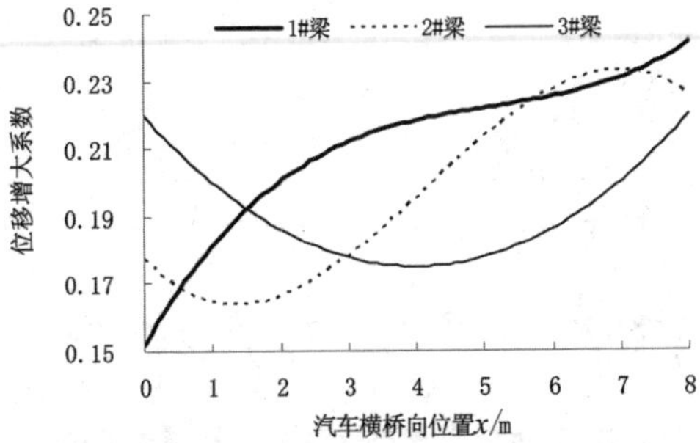

图 3.20　汽车不同横向行驶位置时各片主梁的冲击效应

从图 3.20 中可以看出，在汽车荷载作用下各片梁的位移增大系数不同，当汽车行驶位置沿横桥向移动时，各片主梁的位移增大系数将随之发生变化。对于边梁(1# 梁、5# 梁)，当汽车作用在其上方使其受力最大时，其位移增大系数最小，汽车越远离该边梁，其位移增大系数越大。对于次边梁(2# 梁、4# 梁)及中梁(3# 梁)，当汽车的质心位于其正上方时，其位移增大系数最小；中梁的最大位移增大系数出现在车辆沿边梁行驶的时候。

(3) 车体质量的影响。

在桥面不平整度等级分别为 A，B，C 级以及桥面光滑的情况下，取汽车行驶速度为 20m/s，改变汽车的车体质量，汽车其他参数取初始参数，分别计算桥梁的动力响应，讨论车体质量对桥梁动力响应的影响。不同车体质量情况下 3# 梁跨中动挠度如图 3.21 所示，相应的位移增大系数如图 3.22 所示。

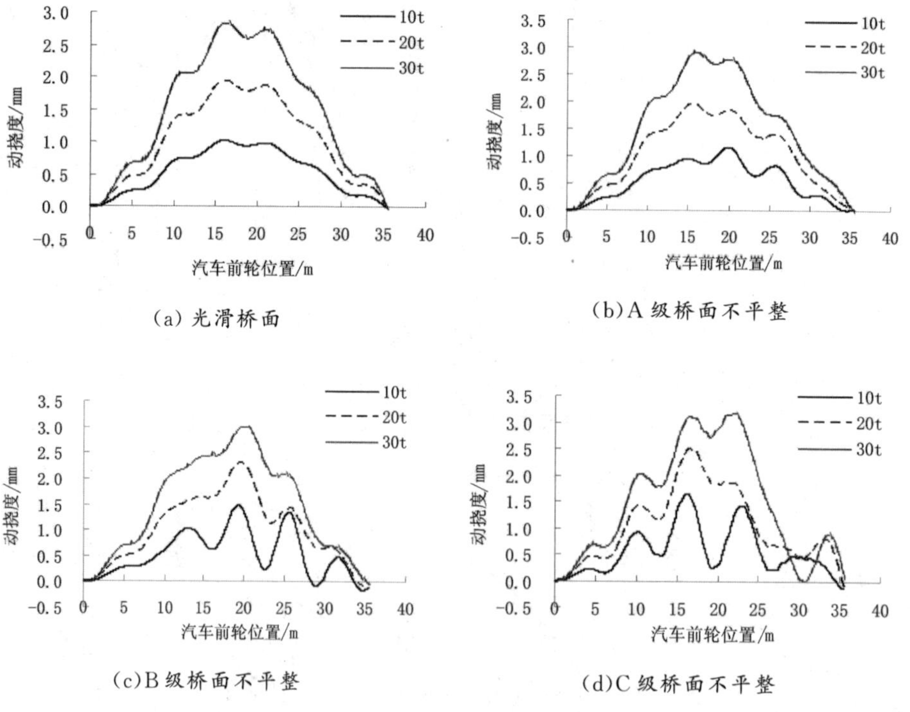

(a) 光滑桥面　(b)A 级桥面不平整

(c)B 级桥面不平整　(d)C 级桥面不平整

图 3.21　不同车体质量时 3# 梁跨中动挠度

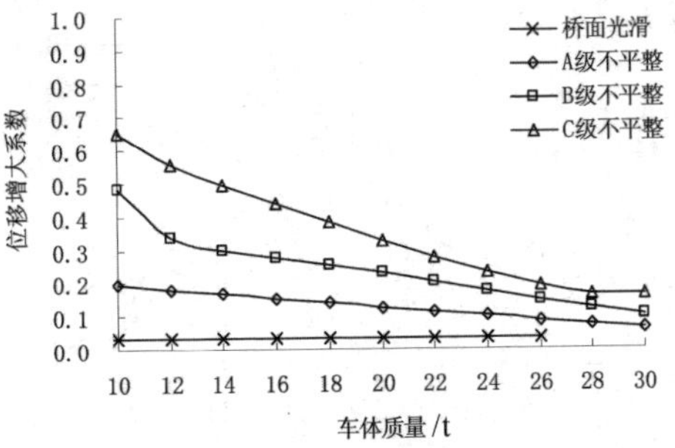

图 3.22　不同车体质量时 3# 梁冲击效应

从图 3.21 中可以看出，当车体质量增加时，桥梁的动挠度迅速增大，因此，可以认为车体质量是导致桥梁动力响应大小变化的主要因素。

从图 3.22 中可以看出，考虑桥面不平整的情况下，当车体质量在一定范围内变化时，桥梁的位移增大系数随车重的增大而逐渐减小。当车体质量较小时，桥梁位移增大系数的主要影响因素是桥面不平整度，桥面不平整度越差，桥梁位移增大系数越大；当车体质量很大时，桥面不平整度对桥梁位移增大系数的影响将会减小。对于光滑桥面，车体质量的改变对桥梁位移增大系数影响不明显。

综上所述，可以认为车体质量对桥梁的动力响应影响很大，虽然当车体质量增加时桥梁的位移增大系数有所减小，但是车体质量的增加将导致桥梁动力响应幅值的明显增大。

(4) 车辆刚度的影响。

在桥面不平整度等级为 A 级的情况下，取汽车行驶速度为 20m/s，分别改变汽车的悬架刚度和轮胎刚度，汽车其他参数取初始参数，计算桥梁的动力响应，讨论车辆刚度对桥梁动力响应的影响。不同悬架刚度情况下 3# 梁跨中动挠度如图 3.33 所示，不同轮胎刚度情况下 3# 梁跨中动挠度如图 3.34 所示，相应的动力放大系数如图 3.35 所示。

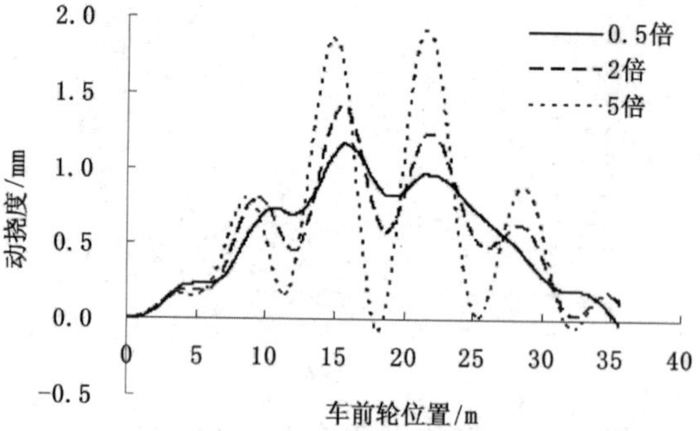

图 3.33　不同悬架刚度时 3# 梁跨中动挠度

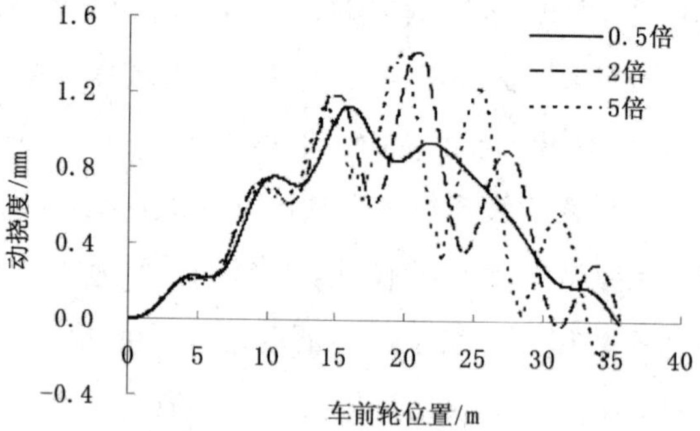

图 3.34　不同轮胎刚度时 3# 梁跨中动挠度

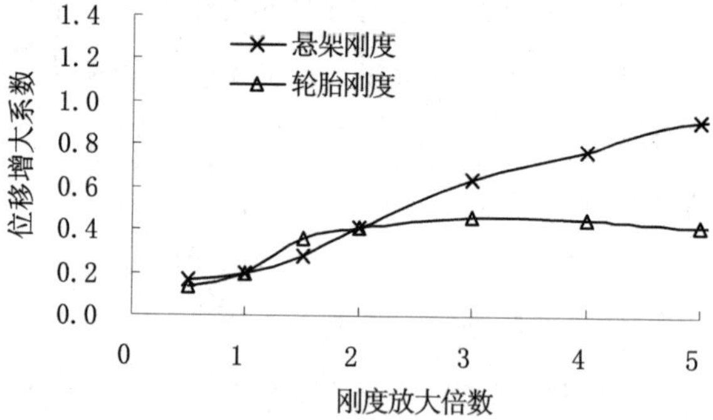

图 3.35　不同车辆刚度时 3# 梁位移增大系数

从图 3.35 可以看出，当汽车悬架刚度在一定范围内变化时，桥梁的位移增大系数随悬架刚度的增大而逐渐增大。当汽车轮胎刚度在一定范围内变化时，桥梁的位移增大系数随轮胎刚度的增大先逐渐增大，而后趋于平稳。当悬架刚度和轮胎刚度均较小时，两者对桥梁位移增大系数的影响相当，随着刚度的继续增大，悬架刚度对桥梁位移增大系数的影响要大于轮胎刚度。

参考文献

[1] 交通部公路科学研究所．大跨径混凝土桥梁的试验方法(试行)[S]. 中华人民共和国交通部，1982.

[2] 交通部公路科学研究所．公路桥梁承载能力检测评定规程(征求意见稿)[S]. 中华人民共和国交通部，2003.

[3] 沈火明，肖新标．求解车桥耦合振动问题的一种数值方法[J]. 西南交通大学学报，2003，38(6)：658-662.

[4] 王勖成．有限单元法[M]. 北京：清华大学出版社，2003.

[5] Dave C，喻凡．车辆动力学及其控制[M]. 北京：人民交通出版社，2004.

[6] 刘献栋，邓志党，高峰．公路路面不平度的数值模拟方法研究[J]. 北京航空航天大学学报，2003，29(9)：843-846.

[7] AU F T K，CHENG Y S，CHEUNG Y K. Effects of random road surface roughness and long-term deflection of prestressed concrete girder and cable-stayed bridges on impact due to moving vehicles[J]. Computers and Structures，2001，79(8)：853-872.

[8] 李小珍，张黎明，张洁．公路桥梁与车辆耦合振动研究现状与发展趋势[J]. 工程力学，2008，25(3)：230-240.

[9] YANG F H，FONDER G A. An iterative solution method for dynamic response of bridge-vehicles systems[J]. Earthquake Engineering and Structural Dynamics，1996，25(2)：195-215.

[10] 吕彭民，和丽梅，尤晋闽．基于舒适性和轮胎动载的车辆悬架参数优化[J]. 中国公路学报，2007，20(1)：112-117.

第4章　梁式桥梁结构动力特性识别技术

4.1　桥梁动力特性识别技术概述

桥梁的动力特性识别技术是基于结构的模态分析技术发展而来的。结构的模态分析技术是结合系统识别、振动理论、振动测试技术、信号采集与分析等理论，从动力响应和输入响应中识别出结构动力参数的一门技术。

传统的结构模态分析技术需同时测定激振力和测点的动力时程响应曲线，利用激振输入和测点的动力时程响应，来形成频域的频响函数(FRF)或时域的脉冲响应函数(IRF)，然后基于频响函数(FRF)或脉冲响应函数(IRF)，对结构的动力参数进行识别。传统的结构动力参数识别方法有Klosterman迭代识别法、Levy法、正交多项式拟合法、优化识别法、时域复指数拟合法、Ibrahim时域法、特征系统实现算法(ERA)等。

由本书第3章的桥梁激励方法可知，在桥梁的动力荷载试验中，并没有采集到激振力的信息，因此，传统的模态分析技术并不能直接用于桥梁动力特性的识别。针对这种情况，人们致力于发展仅利用动力测点响应(输出响应)来识别桥梁结构动力特性的技术。

在桥梁的动力荷载试验中，采集到的桥梁动力测点的响应一般可分为自由衰减响应和随机响应两大类。人们在传统的识别方法基础上，开展了从此两大类响应信号中识别桥梁动力特性的研究。目前可用于从随机响应中进行桥梁动力特性识别的方法主要有频域的峰值法[1]、频域分解法[2]；时域的序列分析法[3]、随机子空间法[4]、Ibrahim时域法(ITD)[5]、时域复指数法拟合法[6]、特征系统实现算法（ERA）[7-8] 等；以及时－频域的小波分析方法[9]、Hilbert-Huang 变换法（HHT）[10] 等。

利用随机减量技术，从随机响应中可以计算出测点的自由衰减响应。因此，从自由衰减响应中如何获取结构的动力参数引起了人们的重视。目前，可用于从自由衰减响应中识别结构动力参数的方法有时域最小二乘迭代算法和本征正交分解方法等，这些方法存在各自的适用范围和优缺点。

4.2　几种常见的结构动力特性识别技术简介

常用的桥梁结构动力特性识别技术有针对时域的时间序列法（ARMA）、Ibrahim 时域法（ITD）、特征系统实现算法（ERA）和随机子空间识别法（SSI）以及时－频域的 Hilbert-Huang 变换法（HHT）等，赵坚对其进行了对比分析，总结了各自的技术特点[11]，具体情况见表 4.1。

表 4.1　几种常见桥梁结构动力特性识别技术的特点

方法	作用域	激励类型	优点	存在问题
ARMA 法	时域	白噪声激励	无能量泄露、分辨率高	模型定阶、虚假模态识别
ITD 法	时域	白噪声激励	频率识别有较满意精度	抗噪能力、虚假模态识别
ERA 法	时域	白噪声激励	有一定抗噪能力	计算量大
SSI 方法	时域	白噪声激励	有一定抗噪能力	计算量大、虚假模态识别
HHT 法	时频域	非平稳激励	非平稳激励模态识别	包络线的构造、边缘效应的消除

4.2.1　时间序列法

时间序列法的基本原理是将振动系统的微分方程转换到一个自回归滑动平均模型（ARMA 模型）。随后根据 ARMA 模型的性质，由模型的特征值与振动特征值之间的关系，导出振动系统的模态参数。

ARMA 模型识别方法的基本思路为：根据结构系统的输入输出数据，由模型参数估计方法求解自回归系数和滑动平均系数，最后由自回归系数求解结构的模态参数。当输入信号无法观测时，可借助二阶最小二乘法识别模态参数：即先构造一个自回归模型，由输出的自相关函数推导输入的自相关函数；然后建立滑动平均模型，求解互相关函数；最后在统计意义下解得自回归系数和滑动平均系数。

时间序列法 ARMA 模型的识别步骤如下：

(1) 由采集到的各点的平稳随机响应(U 或 $\dot{U}$ 或 $\ddot{U}$)，得到多维时间数列

$$U_i(i=1,2,\cdots,n)(\text{假定均值为零}) \tag{4.1}$$

由此建立 ARMA 模型

$$\phi(B)U_i=\theta(B)a_i \tag{4.2}$$

式中，B 为后移算子，a_i 为白噪音，而

$$\begin{cases}\phi(B)=1-\phi_1B-\phi_2B^2-\cdots-\phi_pB^p,\\ \theta(B)=1-\theta_1B-\theta_2B^2-\cdots-\theta_qB^q\end{cases} \tag{4.3}$$

式中 p，q 分别为自回归阶次及滑动平均阶次($p>q$)。

(2) 对 ARMA 模型求解，得到 ARMA(p，q) 的特征值

$$\eta_i=q_i\pm\mathrm{j}b_i \tag{4.4}$$

(3) 在等价的情况下，由 ARMA 模型与二阶常微分方程所描述的过程具有的关系 $\eta_i=\mathrm{e}^{-\lambda_i\Delta t}$($\lambda_i$ 为振动系统特征值，Δt 为采样间隔)，可解得

$$\lambda_i=\alpha_i\pm\mathrm{j}\beta_i \tag{4.5}$$

$$\omega_i=\sqrt{\alpha_i^2+\beta_i^2} \tag{4.6}$$

$$\xi_i=\frac{\alpha_i}{\sqrt{\alpha_i^2+\beta_i^2}} \tag{4.7}$$

至此，即识别出了系统的模态参数。

基于 ARMA 模型进行参数识别的优点是无能量泄漏，分辨率高；缺点是 ARMA 建模过程中需要正确确定模型阶次，而模型定阶准则还不够成熟。

4.2.2 Ibrahim 时域法

Ibrahim 时域法(ITD) 本质上是一种解算本征值的过程，此方法利用结构自由衰减响应采样数据建立特征矩阵的数学模型，通过求解特征矩阵方程得到特征值和特征向量，再利用模态参数与特征值之间的关系求得结构的模态频率及模态阻尼比[12-14]。

ITD 法的基本思想是：对于黏性阻尼线性多自由度系统，其自由衰减响应可以表示为其各阶模态的组合。根据测得的自由衰减响应信号进行三次不同延时采样，构造结构自由响应采样数据的自由衰减响应数据矩阵，并由响应与特征值的复指数关系，建立特征矩阵的数学模型，求解特征值问题，得到数据模型的特征值和特征向量。再根据模型特征值与振动系统特征值的关系，求解出系统的模态参数。

ITD 法的实质在于自由振动函数列阵 $u(t)$ 按模式

$$\boldsymbol{u}(t+T_1)=\boldsymbol{A}\boldsymbol{u}(t) \tag{4.8a}$$

$$\dot{\boldsymbol{u}}(t)=\boldsymbol{B}\boldsymbol{u}(t) \tag{4.8b}$$

以最小二乘拟合矩阵 $\boldsymbol{A}$ 和 $\boldsymbol{B}$，其中 $\boldsymbol{A}$ 和 $\boldsymbol{B}$ 包含了系统模态信息。

其原理是利用振动系统的自由衰减响应函数

$$\{x(t)\}=\sum_{i=1}^{2N}q_{io}\{\phi_i\}e^{s_it}$$

$$=[\{P_1'\}\quad\{P_1'\}\quad\cdots\quad\{P_1'\}]\,[\mathrm{e}^{s1t}\quad\mathrm{e}^{s2t}\quad\cdots\quad\mathrm{e}^{s2Bt}]^{\mathrm{T}}=[P']_{N\times2N}\{\mathrm{e}^{sit}\}_{2N\times1}$$

构造出特征问题

$$\boldsymbol{A}\{\phi\}=\mathrm{e}^{s_i\Delta t}\{\phi\} \tag{4.9}$$

通过求解上述的特征方程，即求解 $\boldsymbol{A}$ 的特征值 $\mathrm{e}^{s_i\Delta t}$ 和特征向量 $\{\phi_i\}$ 来求取系统的复频率 s_i；对应取 $\{\phi_i\}$ 的上半部，得到系统的模态振型向量 $\{P_i\}$。

ITD 方法的最大优点是基于连续的结构振动模型，直接识别结构的模态参数，对模态频率的识别能够获得较为满意的精度。但噪声会造成该方法对特征值特别是特征向量的识别精度较差，对结构高阶模态的识别结果可信度不高。同时，该方法识别出的结果中存在许多虚假模态，需要人为判断和剔除。此外，该方法还存在其他一些缺点：如当测点数较多时，高阶矩阵易出现病态。

4.2.3　特征系统实现算法(ERA)

特征系统实现算法(ERA) 移植了现代控制理论中的最小实现理论，利用实测脉冲响应或自由响应数据，构造一个 Hankel 矩阵，对它进行奇异值分解(SVD)，用得到的 $\boldsymbol{S}$，$\boldsymbol{V}$，$\boldsymbol{D}$ 构造系统状态方程和观测方程中的系统矩阵 $\boldsymbol{A}$、

输入矩阵 $\boldsymbol{B}$ 与输出矩阵 $\boldsymbol{C}$，最后求解系统矩阵 $\boldsymbol{A}$ 的特征值，求得系统的特征值与特征向量，从而识别出模态参数。

最初提出的ERA算法是一种基于脉冲响应函数的多输入多输出时域模态参数识别法，它采用奇异值分解(SVD)技术对系统定阶，从而获得最小实现。后来该方法推广为可利用自由衰减数据或随机响应数据进行参数识别，并出现了基于频响函数矩阵的频域ERA格式。ERA方法的识别过程如下：

(1) 通过传递函数的逆变换得到脉冲响应函数，或在环境激励下通过随机减量技术得到互相关函数。

(2) 利用脉冲响应函数或通过随机减量技术到互相关函数数据 $h(k)$ 构造Hankel矩阵 $\boldsymbol{H}(k)$

$$\boldsymbol{H}(k-1)=\begin{bmatrix} h(k) & h(k+1) & \cdots & h(k+s) \\ h(k) & h(k) & \cdots & h(k+s+1) \\ \vdots & \vdots & \ddots & \vdots \\ h(k+r) & h(k+r+1) & \cdots & h(k+r+s) \end{bmatrix} \tag{4.10}$$

$h(k)$ 可表示为 $h(k)=\boldsymbol{CA}^k\boldsymbol{B}$。

(3) 对Hankel矩阵 $\boldsymbol{H}(0)$ 进行奇异值分解，得出

$$\boldsymbol{H}(0)=\boldsymbol{P\Sigma Q}^{\mathrm{T}} \tag{4.11}$$

式中，$\boldsymbol{P}$ 和 $\boldsymbol{Q}$ 为正交矩阵，$\boldsymbol{\Sigma}$ 为如下形式：

$$\boldsymbol{\Sigma}=\begin{bmatrix} \boldsymbol{\Sigma}_r & 0 \\ 0 & 0 \end{bmatrix}$$

其中，r 为 $\boldsymbol{H}(0)$ 的秩，$\boldsymbol{\Sigma}_r=\mathrm{diag}[\delta_1 \quad \delta_2 \quad \cdots \quad \delta_{\mathrm{r}}]$，$\delta_1 \geqslant \delta_2 \geqslant \cdots \geqslant \delta_{\mathrm{r}} \geqslant 0$。

(4) 引入变换矩阵

$$\boldsymbol{E}_p^{\mathrm{T}}=[\boldsymbol{I}_p \quad \boldsymbol{0}_p \quad \cdots \quad \boldsymbol{0}_p]\text{，}\boldsymbol{E}_m=[\boldsymbol{I}_m \quad \boldsymbol{0}_m \quad \cdots \quad \boldsymbol{0}_m] \tag{4.12}$$

式中，$\boldsymbol{I}_p$ 和 $\boldsymbol{I}_m$ 分别为 p 和 m 阶单位矩阵，$\boldsymbol{0}_p$ 和 $\boldsymbol{0}_m$ 分别 p 和 m 阶0矩阵。

令 $\boldsymbol{P}_r$ 和 $\boldsymbol{Q}_r$ 为 $\boldsymbol{P}$ 和 $\boldsymbol{Q}$ 的前 r 列，$h(k)$ 可表示为

$$h(k)=\boldsymbol{E}_p^{\mathrm{T}}\boldsymbol{P}_r\boldsymbol{\Sigma}_r^{1/2}[\boldsymbol{\Sigma}_r^{-1/2}\boldsymbol{P}_r^{\mathrm{T}}\boldsymbol{H}(1)\boldsymbol{Q}_r\boldsymbol{\Sigma}_r^{-1/2}]^k\boldsymbol{\Sigma}_r^{1/2}\boldsymbol{Q}_r^{\mathrm{T}}\boldsymbol{E}_m \tag{4.13}$$

(5) 构造Hankel矩阵 $H(1)$，并且得到系统最小实现的矩阵 $\boldsymbol{A}$，$\boldsymbol{B}$，$\boldsymbol{C}$

$$\boldsymbol{A}=\boldsymbol{\Sigma}_r^{-1/2}\boldsymbol{P}_r^{\mathrm{T}}\boldsymbol{H}(1)\boldsymbol{Q}_r\boldsymbol{\Sigma}_r^{-1/2} \tag{4.14a}$$

$$\boldsymbol{B}=\boldsymbol{\Sigma}_r^{1/2}\boldsymbol{Q}_r^{\mathrm{T}}\boldsymbol{E}_m \tag{4.14b}$$

$$\boldsymbol{C}=\boldsymbol{E}_p^{\mathrm{T}}\boldsymbol{P}_r\boldsymbol{\Sigma}_r^{1/2} \tag{4.14c}$$

(6) 求解系统状态系数矩阵 **A** 的特征值和特征向量，最后得到结构的模态参数。

ERA 方法是一种较为完善的时域模态参数识别方法，识别精度高，该方法的优点在于：

① 抗噪能力强，对于噪声污染及非线性程度较低的信号数据，能够自动确定模态阶数；

② 能够确定模型的可控性和能观性；

③ 可以使用来自不同次试验的数据，算法有较强的稳定性；

④ 可用于重频和密集模态结构的动力参数识别；

⑤ 对于算法的初始数据矩阵(响应数据矩阵) 没有约束，即没有限制矩阵满秩与否，行列数相同与否。

但由于该方法需要对阶数很高的 Hankel 矩阵进行奇异值分解，运算规模较大，无论是运算量还是存贮量都比较大。

4.2.4　随机子空间识别法

随机子空间识别法(SSI) 仅利用结构输出响应，就可以有效地从环境激励的结构响应识别模态参数。随机子空间识别法的基本原理是直接从输出数据矩阵的行、列空间投影中估计出系统的 Kalman 滤波序列和广义观测矩阵，再分别通过 Kalman 滤波序列和广义观测矩阵识别模态参数。该方法是以几何投影理论为基础，利用 QR 分解和 SVD 分解技术，避免了因非线性迭代引起的“病态”。

在环境激励情况下，结构受动荷载作用的响应用随机状态空间模型描述，则有

$$\begin{cases} x_{k+1}=\boldsymbol{A}x_k+\omega_k \\ y_k=\boldsymbol{C}x_k+v_k \end{cases} \tag{4.15}$$

式中，$x_k \in R^n$，$y_k \in R^l$ 分别为状态变量和观测变量；l 是输出的个数；n 是系统的阶数($n=2n_0$)；**A**，**C** 分别为系统状态矩阵和系统输出矩阵；$\omega_k \in R^n$，$\nu_k \in R^l$ 分别为输入噪声和观测噪声。

随机子空间识别方法识别过程如下：

(1) 假设测量中有 l 个测点，其中前 r 个为参考点，系统的输出向量为

$$\boldsymbol{y}_k = \begin{Bmatrix} y_k^{\mathrm{ref}} \\ y_k^{-\mathrm{ref}} \end{Bmatrix} \tag{4.16}$$

式中，y_k^{ref} 为参考点输出；$y_k^{-\mathrm{ref}}$ 为非参考点输出。

(2) 构造 Hankel 矩阵，包含将来所有的输入和过去参考点的输出

$$\boldsymbol{H}^{\mathrm{ref}} \equiv \frac{1}{\sqrt{j}} \left[\begin{array}{cccc} y_0^{\mathrm{ref}} & y_1^{\mathrm{ref}} & \cdots & y_{j-1}^{\mathrm{ref}} \\ y_1^{\mathrm{ref}} & y_2^{\mathrm{ref}} & \cdots & y_j^{\mathrm{ref}} \\ \vdots & \vdots & \ddots & \vdots \\ y_{i-1}^{\mathrm{ref}} & y_i^{\mathrm{ref}} & \cdots & y_{i+j-2}^{\mathrm{ref}} \\ \hline y_i^{\mathrm{ref}} & y_1^{\mathrm{ref}} & \cdots & y_{i+j-1}^{\mathrm{ref}} \\ y_{i+1}^{\mathrm{ref}} & y_{i+2}^{\mathrm{ref}} & \cdots & y_{i+j}^{\mathrm{ref}} \\ \vdots & \vdots & \ddots & \vdots \\ y_{2i-1}^{\mathrm{ref}} & y_{2i}^{\mathrm{ref}} & \cdots & y_{2i+j-2}^{\mathrm{ref}} \end{array}\right] \equiv \begin{Bmatrix} \boldsymbol{Y}_{0/i-1}^{\mathrm{ref}} \\ \boldsymbol{Y}_{i/2i-1}^{\mathrm{ref}} \end{Bmatrix} \equiv \begin{Bmatrix} \boldsymbol{Y}_p^{\mathrm{ref}} \\ \boldsymbol{Y}_f \end{Bmatrix} \frac{\text{past}}{\text{future}} \tag{4.17}$$

式中，y_i 表示第 i 时刻所有测点的响应，当 j/i 足够大时，可以认为 $j \to \infty$。

将 Hankel 矩阵的第 i 块行划分为 y_k^{ref}，$y_k^{-\mathrm{ref}}$，$k = i-1$，i，$\cdots$，$i+j-2$，则 Hankel 矩阵可表示为

$$\boldsymbol{H}^{\mathrm{ref}} \equiv \begin{Bmatrix} \boldsymbol{Y}_{0/i}^{\mathrm{ref}} \\ \boldsymbol{Y}_{i/i}^{\mathrm{ref}} \\ \boldsymbol{Y}_{i+1/2i-1}^{\mathrm{ref}} \end{Bmatrix} \equiv \begin{Bmatrix} \boldsymbol{Y}_p^{\mathrm{ref}} \\ \boldsymbol{Y}_{i/i}^{\mathrm{ref}} \\ \boldsymbol{Y}_f^{\mathrm{ref}} \end{Bmatrix} \tag{4.18}$$

(3) 对 Hankel 矩阵进行 QR 分解

$$\boldsymbol{H}^{\mathrm{ref}} = \boldsymbol{R}\boldsymbol{Q}^{\mathrm{T}} = \begin{Bmatrix} \boldsymbol{R}_{11} & 0 & 0 & 0 \\ \boldsymbol{R}_{21} & \boldsymbol{R}_{22} & 0 & 0 \\ \boldsymbol{R}_{31} & \boldsymbol{R}_{32} & \boldsymbol{R}_{33} & 0 \\ \boldsymbol{R}_{41} & \boldsymbol{R}_{42} & \boldsymbol{R}_{43} & \boldsymbol{R}_{44} \end{Bmatrix} \begin{Bmatrix} \boldsymbol{Q}_1^{\mathrm{T}} \\ \boldsymbol{Q}_2^{\mathrm{T}} \\ \boldsymbol{Q}_3^{\mathrm{T}} \\ \boldsymbol{Q}_4^{\mathrm{T}} \end{Bmatrix} \tag{4.19}$$

(4) 把“将来”输出的行空间投影到“过去”输出的行空间上

$$\boldsymbol{P}_i^{\mathrm{ref}} \equiv \boldsymbol{Y}_f / \boldsymbol{Y}_p^{\mathrm{ref}} \equiv \boldsymbol{Y}_f \left(\boldsymbol{Y}_p^{\mathrm{ref}}\right)^{\mathrm{T}} \left[\boldsymbol{Y}_f \left(\boldsymbol{Y}_p^{\mathrm{ref}}\right)^{\mathrm{T}}\right]^{+} \boldsymbol{Y}_p^{\mathrm{ref}} \tag{4.20}$$

$$\boldsymbol{P}_{i-1}^{\mathrm{ref}} \equiv \boldsymbol{Y}_f / Y_p^{\mathrm{ref}+} \equiv \boldsymbol{Y}_f \left(\boldsymbol{Y}_p^{\mathrm{ref}}\right)^{\mathrm{T}} \left[\boldsymbol{Y}^{\mathrm{ref}} +_f \left(\boldsymbol{Y}_p^{\mathrm{ref}+}\right)^{\mathrm{T}}\right]^{+} \boldsymbol{Y}_p^{\mathrm{ref}+} \tag{4.21}$$

(5) 由公式(4.19)、(4.20)和(4.21)可得

$$\boldsymbol{P}_i^{\text{ref}} \equiv \begin{Bmatrix} \boldsymbol{R}_{21} \\ \boldsymbol{R}_{31} \\ \boldsymbol{R}_{41} \end{Bmatrix} \boldsymbol{Q}^{\text{T}} \in \boldsymbol{R}^{li\times j} \tag{4.22a}$$

$$\boldsymbol{P}_{i-1}^{\text{ref}} \equiv \{\boldsymbol{R}_{41} \quad \boldsymbol{R}_{42}\} \begin{Bmatrix} \boldsymbol{Q}_1^{\text{T}} \\ \boldsymbol{Q}_2^{\text{T}} \end{Bmatrix}^{\text{T}} \in \boldsymbol{R}^{l(i-1)\times j} \tag{4.22b}$$

应用随机子空间基本原理：投影矩阵$\boldsymbol{P}_i^{\text{ref}}$可分解为观测矩阵$\boldsymbol{O}_i$和Kalman滤波状态序列的$\hat{\boldsymbol{X}}_i$的乘积，而投影矩阵$\boldsymbol{P}_{i-1}^{\text{ref}}$可分解为广义观测矩阵$\boldsymbol{O}_{i-1}$和Kalman滤波状态序列$\hat{\boldsymbol{X}}_{i+1}$的乘积

$$\boldsymbol{P}_i^{\text{ref}} \equiv \boldsymbol{O}_i \hat{\boldsymbol{X}}_i = \begin{Bmatrix} \boldsymbol{C} \\ \boldsymbol{CA} \\ \boldsymbol{C}\boldsymbol{A}^2 \\ \vdots \\ \boldsymbol{C}\boldsymbol{A}^{i-1} \end{Bmatrix} (\hat{x}_i \quad \hat{x}_{i+1} \quad \cdots \quad \hat{x}_{i+j-1}) \tag{4.23a}$$

$$\boldsymbol{P}_{i-1}^{\text{ref}} \equiv \boldsymbol{O}_{i-1} \hat{\boldsymbol{X}}_{i+1} = \begin{Bmatrix} \boldsymbol{C} \\ \boldsymbol{CA} \\ \boldsymbol{C}\boldsymbol{A}^2 \\ \vdots \\ \boldsymbol{C}\boldsymbol{A}^{i-1} \end{Bmatrix} (\hat{x}_{i+1} \quad \hat{x}_{i+2} \quad \cdots \quad \hat{x}_{i+j}) \tag{4.23b}$$

(6) 对投影矩阵做奇异值分解得到

$$\boldsymbol{P}_i^{\text{ref}} \equiv \boldsymbol{US}\,\boldsymbol{V}^{\text{T}} = \{\boldsymbol{U}_1 \quad \boldsymbol{U}_2\} \begin{Bmatrix} \boldsymbol{S}_1 & 0 \\ 0 & 0 \end{Bmatrix} \begin{Bmatrix} \boldsymbol{V}_1^{\text{T}} \\ \boldsymbol{V}_2^{\text{T}} \end{Bmatrix} = \boldsymbol{U}_1 \boldsymbol{S}_1 \boldsymbol{V}_1^{\text{T}} \tag{4.24}$$

(7) 将奇异值分解的结果分成两部分，则可观矩阵O_i和Kalman滤波序列可以表示为

$$\boldsymbol{O}_i = \boldsymbol{U}_1 \boldsymbol{S}_1^{1/2}, \quad \boldsymbol{O}_{i-1} = \boldsymbol{O}_i(1: l(i-1), :) \tag{4.25}$$

$$\hat{\boldsymbol{X}}_i = \boldsymbol{O}_i^{+} \boldsymbol{P}_i^{\text{ref}}, \quad \hat{\boldsymbol{X}}_{i-1} = \boldsymbol{O}_{i-1}^{+} \boldsymbol{P}_{i-1}^{\text{ref}} \tag{4.26}$$

求解线性方程组(4.15)得到$\boldsymbol{A}$，$\boldsymbol{C}$最小二乘解

$$\begin{Bmatrix} \boldsymbol{A} \\ \boldsymbol{C} \end{Bmatrix} = \begin{Bmatrix} \hat{\boldsymbol{X}}_{i+1} \\ \boldsymbol{Y}_{i/i} \end{Bmatrix} \hat{\boldsymbol{X}}_i^{+} \tag{4.27}$$

由状态矩阵 $\boldsymbol{A}$，$\boldsymbol{C}$ 可以得到系统的模态频率，模态振型和模态阻尼等参数。

$$\begin{Bmatrix} \omega_i \\ \nu_i \end{Bmatrix} = \begin{Bmatrix} \hat{\boldsymbol{X}}_{i+1} \\ \boldsymbol{Y}_{i/i} \end{Bmatrix} \cdot \begin{Bmatrix} \boldsymbol{A} \\ \boldsymbol{C} \end{Bmatrix} \hat{\boldsymbol{X}}_i \tag{4.28}$$

4.2.5 Hilbert-Huang 变换法

Hilbert-Huang 变换法(HHT) 被认为是 NASA 在应用数学研究历史上最重要的发明，是对以傅里叶变换为基础的线性和稳态谱分析的一个重大突破。它与傅里叶变换不同的是，不再采用预先确定的基函数，而是通过经验模态分离法(EMD) 从信号本身分解出一组各不相同的基，使分解结果具有自适应性。因此，该方法对处理非平稳信号非常有效，不仅适合于非线性、非平稳信号的分析，也适合于线性、平稳信号的分析。

HHT 方法主要由 EMD 和 Hilbert 变换两部分组成。本质上是对信号进行分解，产生互不相同的固有模态函数(IMF) 分量。对 IMF 分量进行 Hilbert 变换后得到每一个 IMF 的随时间变化的瞬时频率及瞬时幅度，由此构建信号的时间-频率-能量分布，即 Hilbert 谱。Hilbert 谱无论在时间域还是频率域都具有良好的分辨率，并且三维分布能够反映出信号内在的本质特征。因为 Hilbert 谱可以结合频率和时间两个坐标来分析，容易消除一些干扰，有利于提高处理的分辨率。

HHT 方法首先假设：任一信号都是由相互不同的、简单的、并非正弦函数的固有模态信号(intrinsic mode signal，简称 IMS) 或固有模态函数(IMF) 组成的。固有模态信号之间相互重叠，便形成复合信号。可从复杂的时间序列直接分离出从高频到低频的固有模态函数，其中固有模态信号是满足以下两个条件的信号：① 整个数据中，零点数与极点数相等或至多相差 1；② 信号上任意一点，由局部极大值点确定的包络线和由局部极小值点确定的包络线的均值均为 0。

HHT 方法识别步骤如下：

(1) 初始化原始固有模态函数数据，即采样后的时间信号。

(2) 采用 EMD 算法从响应数据中分解出固有模态函数(IMF)。对任一信号 $s(t)$，首先确定出 $s(t)$ 上的所有极值点，然后将所有极大值点和所有极小值点分别用一条曲线连接起来，使两条曲线间包含所有的信号数据。将这两条曲线分别作为 $s(t)$ 的上、下包络线。若上、下包络线的平均值记作 m，记 $h=s(t)-m$，将 h 视为新的 $s(t)$，重复以上操作，直到当 h 满足一定的条件(如 h 变化足够小)时，记

$$c_1=h \tag{4.29}$$

将 c_1 视为一个 IMF，再作

$$s(t)-c_1=r \tag{4.30}$$

将 r 视为新的 $s(t)$，重复以上过程，依次得第二个 IMF：c_2，第三个 IMF：c_3，…。当 c_n 或 r 满足给定的终止条件(如分解出的 IMF 或残余函数 r 足够小或 r 成为单调函数)时，筛选过程终止。

(3) 对分解出的每个 IMF 分别作 Hilbert 变换，得到 Hilbert 幅值谱，简称 Hilbert 谱，即

$$H(\omega,\ t)=\mathrm{Re}\sum_{i=1}^{N}a_i(t)\mathrm{e}^{\mathrm{j}\int\omega_i(t)\mathrm{d}t} \tag{4.31}$$

式中，$a_i(t)$ 是第 i 阶固有模态函数 $c_i(t)$ 的解析信号的幅值。

(4) 由 Hilbert 谱得出模态参数。

由 HHT 方法的识别步骤可以看出，EMD 算法是识别方法的关键。而 EMD 的关键则是均值包络，原始方法中采用三次样条插值，虽然算法执行简便，但存在边界效应、过冲和欠冲现象及模态混叠等问题。因此，寻找合适的均值包络工具仍是 HHT 法亟待解决的问题。

4.3　基于自由衰减响应的梁式桥动力特性识别技术

本节基于传统的模态分析技术，发展了一种新型基于自由衰减响应的梁

式桥动力特性识别技术。

4.3.1　动力参数识别技术的理论基础

1. 阻尼比与频率的关系

把桥梁结构离散为多自由度系统，具有比例黏性阻尼的多自由度系统的自由振动方程可表示为

$$\boldsymbol{M}\ddot{\boldsymbol{x}}+\boldsymbol{C}\dot{\boldsymbol{x}}+\boldsymbol{K}\boldsymbol{x}=0 \tag{4.32}$$

公式(4.32) 中，$\boldsymbol{M}$，$\boldsymbol{C}$，$\boldsymbol{K}$ 分别为桥梁结构的质量矩阵、阻尼矩阵、刚度矩阵，$\boldsymbol{x}$ 为桥梁结构的位移向量。

由于桥梁结构具有比例黏性阻尼，则阻尼矩阵可表示为

$$\boldsymbol{C}=\alpha\boldsymbol{M}+\beta\boldsymbol{K} \tag{4.33}$$

公式(4.33) 中，α 和 β 为桥梁结构的阻尼系数。

假设桥梁在平衡位置附近做简谐振动，则可令

$$\boldsymbol{x}=\boldsymbol{X}\mathrm{e}^{\mathrm{i}\omega t} \tag{4.34}$$

公式(4.34) 中，$\boldsymbol{X}$ 为位移向量 $\boldsymbol{x}$ 的振幅。

把公式(4.34) 代入公式(4.32) 中，根据模态分析理论可得

$$\xi_r=\frac{\alpha}{2\omega_r}+\frac{\beta\omega_r}{2} \tag{4.35}$$

$$\boldsymbol{M}^{-1}\boldsymbol{K}\boldsymbol{X}=\omega^2\boldsymbol{X} \tag{4.36}$$

公式(4.35) 和(4.36) 中，ξ_r 为第 r 阶模态阻尼比，ω_r 为第 r 阶角频率。

公式(4.35) 表示了模态阻尼比 ξ_r、阻尼系数 α，β 和角频率 ω_r 的内在关系，在已知其中两个参数的情况下，便可求解另一个参数。由公式(4.36) 可知，求解多自由度桥梁结构的 n 阶模态即为求解 $\boldsymbol{M}^{-1}\boldsymbol{K}$ 矩阵的 n 个特征值和特征向量，n 个特征值即为 n 阶频率，与之对应的特征向量为 n 阶振型。

2. 振型和频率识别理论

对多自由度系统的自由振动方程(公式 4.32) 进行整理，可得

$$\boldsymbol{M}(\ddot{\boldsymbol{x}}+\alpha\dot{\boldsymbol{x}})=-\boldsymbol{K}(\boldsymbol{x}+\beta\dot{\boldsymbol{x}}) \tag{4.37}$$

令 $x_{r,k}$ 表示第 r 个自由度(测点) 在 t_k 时刻的位移，$\dot{x}_{r,k}$ 表示第 r 个自由度在 t_k 时刻的速度，$\ddot{x}_{r,k}$ 表示第 r 个自由度在 t_k 时刻的加速度。

$$
\begin{aligned}
\boldsymbol{X} = \boldsymbol{X}_{Q\times n} &= [x_k \quad x_{k+1} \quad \cdots \quad x_{k+M-1}]^{\mathrm{T}} \\
&= \begin{bmatrix} \begin{Bmatrix} x_{1,k} \\ x_{2,k} \\ \vdots \\ x_{n,k} \end{Bmatrix} & \begin{Bmatrix} x_{1,k+1} \\ x_{2,k+1} \\ \vdots \\ x_{n,k+1} \end{Bmatrix} & \cdots & \begin{Bmatrix} x_{1,k+M-1} \\ x_{2,k+M-1} \\ \vdots \\ x_{n,k+M-1} \end{Bmatrix} \end{bmatrix}^{\mathrm{T}} \\
&= \begin{bmatrix} x_{1,k} & x_{2,k} & \cdots & x_{n,k} \\ x_{1,k+1} & x_{2,k+1} & \cdots & x_{n,k+1} \\ \vdots & \vdots & \ddots & \vdots \\ x_{1,k+M-1} & x_{2,k+M-1} & \cdots & x_{n,k+M-1} \end{bmatrix}
\end{aligned} \tag{4.38}
$$

同样可得

$$
\dot{\boldsymbol{X}} = \begin{bmatrix} \dot{x}_{1,k} & \dot{x}_{2,k} & \cdots & \dot{x}_{n,k} \\ \dot{x}_{1,k+1} & \dot{x}_{2,k+1} & \cdots & \dot{x}_{n,k+1} \\ \vdots & \vdots & \ddots & \vdots \\ \dot{x}_{1,k+M-1} & \dot{x}_{2,k+M-1} & \cdots & \dot{x}_{n,k+M-1} \end{bmatrix} \tag{4.39}
$$

$$
\ddot{\boldsymbol{X}} = \begin{bmatrix} \ddot{x}_{1,k} & \ddot{x}_{2,k} & \cdots & \ddot{x}_{n,k} \\ \ddot{x}_{1,k+1} & \ddot{x}_{2,k+1} & \cdots & \ddot{x}_{n,k+1} \\ \vdots & \vdots & \ddots & \vdots \\ \ddot{x}_{1,k+M-1} & \ddot{x}_{2,k+M-1} & \cdots & \ddot{x}_{n,k+M-1} \end{bmatrix} \tag{4.40}
$$

将公式(4.37)中的 $\boldsymbol{x}$，$\dot{\boldsymbol{x}}$、$\ddot{\boldsymbol{x}}$ 离散为 Q 个时刻，综合公式(4.38)～(4.40)，则公式(4.37)可写成

$$
\boldsymbol{M}(\ddot{\boldsymbol{X}}^{\mathrm{T}} + \alpha\dot{\boldsymbol{X}}^{\mathrm{T}}) = -\boldsymbol{K}(\boldsymbol{X}^{\mathrm{T}} + \beta\dot{\boldsymbol{X}}^{\mathrm{T}}) \tag{4.41}
$$

将公式(4.41)的两边同时乘上$\boldsymbol{M}^{-1}$，可得

$$
(\ddot{\boldsymbol{X}}^{\mathrm{T}} + \alpha\dot{\boldsymbol{X}}^{\mathrm{T}}) = -\boldsymbol{M}^{-1}\boldsymbol{K}(\boldsymbol{X}^{\mathrm{T}} + \beta\dot{\boldsymbol{X}}^{\mathrm{T}}) \tag{4.42}
$$

将公式(4.42)进行整理，如果公式(4.42)中的矩阵都为同阶方阵，则有

$$
-(\ddot{\boldsymbol{X}}^{\mathrm{T}} + \alpha\dot{\boldsymbol{X}}^{\mathrm{T}})(\boldsymbol{X}^{\mathrm{T}} + \beta\dot{\boldsymbol{X}}^{\mathrm{T}})^{-1} = \boldsymbol{M}^{-1}\boldsymbol{K} \tag{4.43}
$$

由公式(4.43)可知，在已知阻尼系数 α，β 的情况下，利用自由衰减响应便可形成$\boldsymbol{M}^{-1}\boldsymbol{K}$，对比公式(4.36)和公式(4.43)可知，求解$\boldsymbol{M}^{-1}\boldsymbol{K}$ 的特征

值和特征向量便可获取结构的频率和振型。Wang 和 Cheng 在 2008 年基于这种思想提出了基于自由衰减响应的结构动力参数识别方法[15]。此方法需要已知结构的阻尼系数，才能识别出结构的振型及频率，并且不能识别出结构的阻尼比。

如果公式(4.42) 中的矩阵不为同阶方阵，在公式(4.42) 两边同乘以 $(\boldsymbol{X}^{\mathrm{T}}+\beta\dot{\boldsymbol{X}}^{\mathrm{T}})^{\mathrm{T}}$，可得

$$(\ddot{\boldsymbol{X}}^{\mathrm{T}}+\alpha\dot{\boldsymbol{X}}^{\mathrm{T}})(\boldsymbol{X}^{\mathrm{T}}+\beta\dot{\boldsymbol{X}}^{\mathrm{T}})^{\mathrm{T}}=-\boldsymbol{M}^{-1}\boldsymbol{K}(\boldsymbol{X}^{\mathrm{T}}+\beta\dot{\boldsymbol{X}}^{\mathrm{T}})(\boldsymbol{X}^{\mathrm{T}}+\beta\dot{\boldsymbol{X}}^{\mathrm{T}})^{\mathrm{T}} \tag{4.44}$$

公式(4.44) 两边同时乘以 $[(\boldsymbol{X}^{\mathrm{T}}+\beta\dot{\boldsymbol{X}}^{\mathrm{T}})(\boldsymbol{X}^{\mathrm{T}}+\beta\dot{\boldsymbol{X}}^{\mathrm{T}})^{\mathrm{T}}]^{-1}$，可得

$$\begin{aligned}\boldsymbol{M}^{-1}\boldsymbol{K}=&-(\ddot{\boldsymbol{X}}^{\mathrm{T}}+\alpha\dot{\boldsymbol{X}}^{\mathrm{T}})(\boldsymbol{X}^{\mathrm{T}}+\beta\dot{\boldsymbol{X}}^{\mathrm{T}})^{\mathrm{T}}\\&[(\boldsymbol{X}^{\mathrm{T}}+\beta\dot{\boldsymbol{X}}^{\mathrm{T}})(X^{\mathrm{T}}+\beta\dot{\boldsymbol{X}}^{\mathrm{T}})^{\mathrm{T}}]^{-1}\end{aligned} \tag{4.45}$$

对比公式(4.36) 和(4.45) 可知，获取桥梁结构 n 阶频率和振型的过程，即为求解公式(4.45) 中$\boldsymbol{M}^{-1}\boldsymbol{K}$ 矩阵 n 个特征值及对应的特征向量。

4.3.2 动力特性识别技术的基本原理及计算过程

1. 识别技术的基本原理

基于多自由度模态分析理论，借助于迭代算法和三次样条曲线逼近等数学方法，形成了桥梁动力特性的识别算法，此识别算法的基本原理如下。

在已知位移响应的情况下，利用有限差分法便可获得速度、加速度响应。由公式(4.45) 可知，如果可以确定阻尼系数 α，β，便可形成$\boldsymbol{M}^{-1}\boldsymbol{K}$ 矩阵，从而识别出桥梁的频率和振型。在进行动力特性识别之前，阻尼系数 α，β 是未知的，因此无法用位移响应来直接形成$\boldsymbol{M}^{-1}\boldsymbol{K}$ 矩阵。

由多自由度模态分析理论可知，公式(4.35) 表征了阻尼比、阻尼系数和频率三者之间的关系，在已知阻尼比和频率的情况下，便可求解出阻尼系数。因此把公式(4.35) 和公式(4.45) 共同构成迭代算法，只要给定阻尼比和频率的迭代初始值，从位移响应中便可识别出桥梁的频率、振型和阻尼比三大动力特性。为了保证迭代算法的稳定性和精度，在迭代之前，利用三次样条曲线逼近位移自由衰减响应。

2. 识别算法的计算过程

(1) 把位移响应通过低通或带通滤波器，只保留 n 阶所要识别的频率

成分。

(2) 计算速度和加速度响应。

因为速度为位移的一次导数，加速度为速度的一次导数，故采用有限差分方法从位移响应中可以求取速度响应，同理从速度响应中可以获得加速度响应。可以采用的有限差分方法有一阶向后差分、二阶向后差分、一阶中心差分、二阶中心差分。在此，采用二阶中心差分方法来形成速度和加速度响应。

当位移响应中带有随机误差时，利用有限差分法来形成速度响应和加速度响应，误差被放大，将会导致形成的$\boldsymbol{M}^{-1}\boldsymbol{K}$ 矩阵产生较大误差，从而使识别算法不稳定，精度不高。解决此问题的途径有：① 增大采样频率(即细化时间间隔)；② 利用三次样条曲线逼近位移响应，因为三次样条曲线在每一个小区间内有二阶连续导数。由于采样频率不能无限增大，所以推荐采用三次样条曲线逼近位移响应的方法，来保证动力特性的识别精度。

(3) 利用其他方法或估算出桥梁结构的 n 阶频率ω_0 和 n 阶模态阻尼比ξ_0，当作频率和阻尼比的初始值。

(4) 计算阻尼系数 α_0，β_0。

令

$$\boldsymbol{\xi}_0 = \{\xi_{r,0} \quad \xi_{r+1,0} \quad \cdots \quad \xi_{r+n-1,0}\}^{\mathrm{T}},\ \boldsymbol{\omega}_0 = \{\omega_{r,0} \quad \omega_{r+1,0} \quad \cdots \quad \omega_{r+n-1,0}\}^{\mathrm{T}}$$

式中，$\xi_{r,0}$ 和 $\omega_{r,0}$ 分别为步骤(3) 中确定的第 r 阶阻尼比和第 r 阶频率的初始值。基于最小二乘原理，利用多自由度系统阻尼比和频率的关系方程[公式(4.35)]，可得

$$\begin{Bmatrix}\alpha_0\\ \beta_0\end{Bmatrix} = (\boldsymbol{Q}^{\mathrm{T}}\boldsymbol{Q})^{-1}\boldsymbol{Q}^{\mathrm{T}}\boldsymbol{\xi}_0 \tag{4.46}$$

式中：

$$\boldsymbol{Q}=\begin{bmatrix} \dfrac{1}{2\omega_{r,0}} & \dfrac{\omega_{r,0}}{2} \\ \dfrac{1}{2\omega_{r+1,0}} & \dfrac{\omega_{r+1,0}}{2} \\ \vdots & \vdots \\ \dfrac{1}{2\omega_{r+n-1,0}} & \dfrac{\omega_{r+n-1,0}}{2} \end{bmatrix} \tag{4.47}$$

(5) 求解频率 $\omega_{r,1}$ 和振型 $\phi_{r,1}$。

把确定的阻尼系数的初始值 α_0，β_0 和位移、速度、加速度响应数据代入公式(4.45) 中，求解$\boldsymbol{M}^{-1}\boldsymbol{K}$ 的 n 个特征值及对应的特征向量，即求取了频率 $\omega_{r,1}$ 和振型 $\phi_{r,1}$。把阻尼系数 α_0，β_0 和频率 $\omega_{r,1}$ 代入公式(4.35) 中，便可计算出第 r 阶阻尼比 $\xi_{r,1}$。

(6) 求解阻尼系数 α_1，β_1。

令 $\Delta\xi=\xi_1-\xi_0$，$\Delta\alpha=\alpha_1-\alpha_0$，$\Delta\beta=\beta_1-\beta_0$，利用公式(4.46) 可得

$$\begin{Bmatrix}\Delta\alpha \\ \Delta\beta\end{Bmatrix}=(\boldsymbol{Q}^{\mathrm{T}}\boldsymbol{Q})^{-1}\boldsymbol{Q}^{\mathrm{T}}\Delta\xi \tag{4.48}$$

而此时 $\boldsymbol{Q}$ 中的元素 $\omega_{r,0}$ 变为 $\omega_{r,1}$，$\boldsymbol{\xi}_1=\{\xi_{r,1}\quad \xi_{r+1,1}\quad \cdots\quad \xi_{r+n-1,1}\}^{\mathrm{T}}$。

利用公式(4.48) 计算出 $\Delta\alpha$ 和 $\Delta\beta$，则阻尼系数 α_1，β_1 可利用下式进行计算：

$$\alpha_1=\Delta\alpha+\alpha_0,\quad \beta_1=\Delta\beta+\beta_0 \tag{4.49}$$

(7) 求解频率 $\omega_{r,2}$ 和振型 $\phi_{r,2}$。

把确定的阻尼系数的初始值 α_1，β_1 和位移、速度、加速度响应数据代入公式(4.45) 中，求解$\boldsymbol{M}^{-1}\boldsymbol{K}$ 的 n 个特征值及对应的特征向量，即求取了频率 $\omega_{r,2}$ 和振型 $\phi_{r,2}$。把阻尼系数 α_1，β_1 和频率 $\omega_{r,2}$ 代入公式(4.35) 中，便可计算出第 r 阶阻尼比 $\xi_{r,2}$。

(8) 迭代结束条件。

给定迭代频率误差 ε_ω 和阻尼比误差 ε_ξ，如满足以下两式：

$$\|\boldsymbol{\omega}_2-\boldsymbol{\omega}_0\|\leqslant\varepsilon_\omega \tag{4.50a}$$

$$\|\boldsymbol{\xi}_2-\boldsymbol{\xi}_0\|\leqslant\varepsilon_\xi \tag{4.50b}$$

即认为迭代结束，并且认为 $\omega_{r,2}$，$\phi_{r,2}$，$\xi_{r,2}$ 为识别出的桥梁第 r 阶频率、振型和阻尼比。若不满足，则令 $\{\omega_0\}=\{\omega_2\}$，$\{\xi_0\}=\{\xi_2\}$，重复步骤(5)～(8)，直至满足误差要求。其中 $\|\cdot\|$ 为向量的 2- 范数。

在对位移响应预处理之后，给定初始阻尼比和频率，便可启动动力特性识别算法的迭代过程，动力特性识别过程如图 4.1 所示。

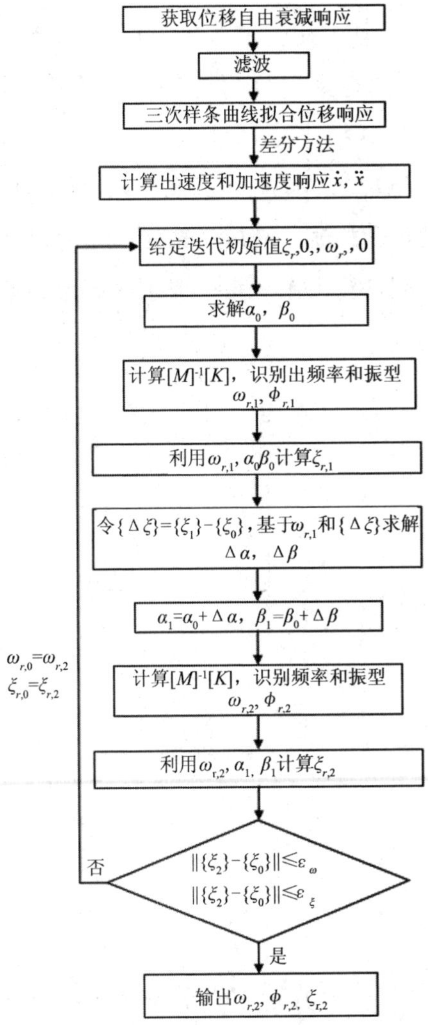

图 4.1　动力特性识别技术的计算过程

4.3.3 数值算例

1. 桥梁概况

以某钢筋混凝土简支梁为例，说明本书4.3节所介绍的动力特性识别方法的应用效果。简支梁长 $l=20\text{m}$，横截面如图4.2所示，材料密度 $\rho=3\ 101\text{kg/m}^3$，弹性模量 $E=2.85\times10^{10}\text{Pa}$。假设简支梁共有等间距分布的21个动力测点(间隔为1m)，在距其中一个支座3m处施加位移初始条件，计算出简支梁各测点的位移时程响应，混有5%随机误差的跨中(即第11个动力测点)位移自由衰减曲线见图4.3。

在获得各测点的位移响应之后，利用三次样条曲线逼近位移响应；用二阶中心差分方法来形成速度和加速度响应。给定初始阻尼比和频率，利用迭代算法对动力特性进行识别，输出满足精度要求的频率、振型和阻尼比三大动力参数。

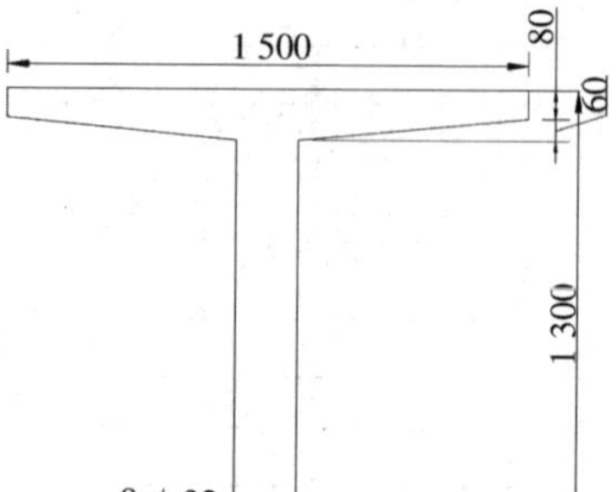

图4.2 简支梁横截面图(mm)

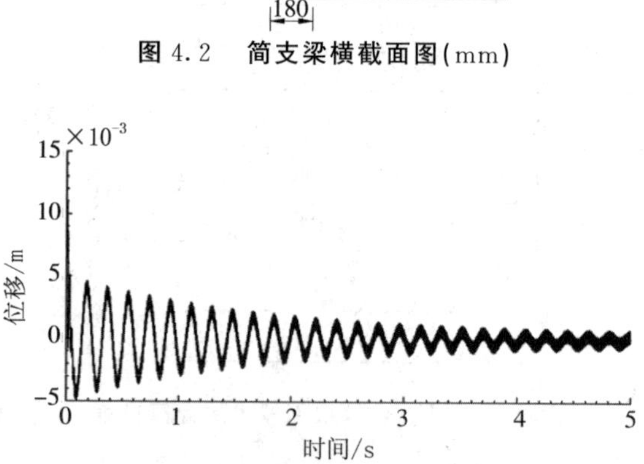

图4.3 混有5%随机误差的跨中位移时程曲线

2. 动力参数识别结果

(1) 频率识别结果。

频率识别结果列于表 4.2 中。由表 4.2 可知，该方法识别出的频率精度较高。

表 4.2　频率识别结果

（单位：Hz）

频率阶次	理论值	识别值	误差
1 阶	5.403	5.447	0.82%
2 阶	21.612	21.689	0.36%
3 阶	48.626	49.034	0.84%
4 阶	86.440	86.903	0.54%
5 阶	135.040	130.300	3.51%

(2) 振型识别结果。

识别出的振型精度采用模态置信准则 MAC 值来衡量，识别出的前 5 阶振型的 MAC 值列于表 4.3 中，前 2 阶振型图形见图 4.4。由表 4.3 和图 4.4 可知，识别出的振型精度较高。

表 4.3　振型 MAC 值

振型阶次	1 阶	2 阶	3 阶	4 阶	5 阶
1 阶	1.00	0.00	0.00	−0.02	0.00
2 阶	0.00	1.00	0.00	−0.01	−0.03
3 阶	0.00	0.00	1.00	−0.04	−0.04
4 阶	−0.02	−0.01	−0.04	1.00	0.04
5 阶	0.00	−0.03	−0.04	0.04	1.00

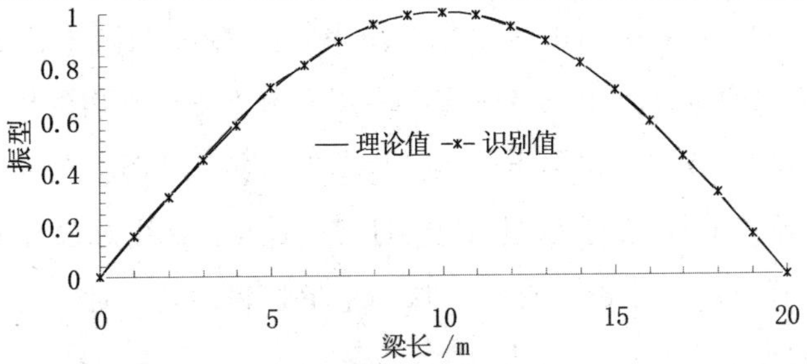

(a)1 阶振型识别结果

图 4.4　振型识别结果

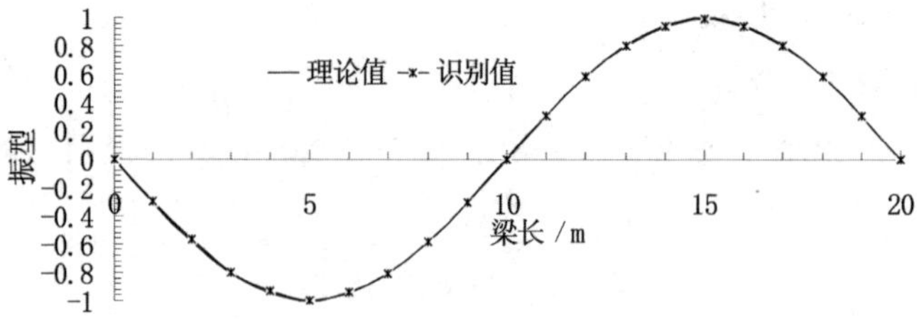

(b)2 阶振型识别结果

图 4.4　振型识别结果(续)

(3) 阻尼比识别结果

阻尼比识别结果列于表4.4中，由表4.4可知识别出的阻尼比精度较频率要低，但在一定程度上可以满足工程要求。

表 4.4　阻尼比识别结果

（单位：%）

阻尼阶次	理论值	识别值	误差
1 阶	1.70	1.68	1.11
2 阶	6.79	6.57	3.24
3 阶	15.28	14.79	3.18
4 阶	27.16	26.12	3.82
5 阶	42.42	45.31	6.80

数值算例结果表明：① 利用本节提出的动力特性识别技术，从桥梁的位移自由衰减响应中可以识别出桥梁结构的频率、振型及阻尼比三大动力参数；② 基于桥梁的位移自由衰减响应，利用本节方法识别出的桥梁频率、振型精度较高；③ 本节方法识别出的阻尼比精度较频率要低，但在一定程度上可以满足工程要求；④ 在求解过程中利用三次样条曲线对位移响应进行拟合，可以在采样频率一定的条件下，保证求解过程的稳定性，提高桥梁动力特性的识别精度。

4.4　梁式桥梁结构应变模态识别技术

研究表明，应变模态与位移模态是同一能量平衡状态的两种不同的表现形式。由于应变模态对结构的局部损伤具有较高的敏感性，人们对应变模态如何应用到结构损伤识别中进行了尝试，因此，应变模态的识别技术也得到了一定的发展。

在本书 4.2 节介绍的几种模态识别方法中，随机子空间方法是一种广受青睐的模态参数识别方法[16-19]。该方法直接从环境激励的输出信号中提取结构的模态参数，其核心是把“将来”输出的行空间投影到“过去”输出的行空间上，投影的结果保留了“过去”的全部信息，并用此预测“未来”。在随机子空间识别结构模态参数的方法中，确定合理的系统阶次非常重要，因为选取的系统阶次过少，易遗漏关键模态；反之，选取的系统阶次过多，则易产生虚假模态，因此找到一种方法来确定合理的系统阶次进而能够准确地识别出结构的动力特性(频率、振型和阻尼）是应用随机子空间法进行模态参数识别的关键。稳定图法由此而生，它是目前常用来确定系统阶的方法[20]。最基本的稳定图是以频率为横轴，以系统阶次为纵轴，将计算结果绘制到二维坐标图中得到的。但是，从这样的稳定图中得到系统频率及振型需要人的主观判断，不能达到自动识别的目的。针对这一缺陷，本节首先介绍了应变模态的一些相关理论，然后对稳定图基本原理和传统稳定图的绘制进行分析，其次介绍了基于模糊聚类算法的稳定图，在稳定图中用比较圆法实现真假模态的自动识别，最后提出采用微分进化算法对聚类中心进行初始化，以提高模糊聚类稳定图模态参数识别的成功率，提升结构应变模态自动识别程度。

4.4.1　应变模态的相关理论

有关应变响应的推导，通常有直接推导法和有限元推导法两种方法，在此，介绍有限元推导法。该方法是依据有限单元中应变与位移的关系推导出应变响应的[21]。设$\boldsymbol{x}_{e,i}$为第i个单元的节点位移列阵，$\boldsymbol{x}_{,i}$是第i个单元中某

一点的位移列阵，有

$$\boldsymbol{x}_{,i}=\boldsymbol{P}\boldsymbol{A}_i^{-1}\ \boldsymbol{x}_{e,\ i} \tag{4.51}$$

公式(4.51)中，$\boldsymbol{P}$ 是位移函数矩阵(一般取多项式函数)，$\boldsymbol{A}_i$ 为数值列阵。

因为由位移到应变是微分的过程，设 $\boldsymbol{D}$ 为微分算子，那么第 i 个单元内某一点的应变$\boldsymbol{\varepsilon}_{,i}$ 可以表示为

$$\boldsymbol{\varepsilon}_{,i}=\boldsymbol{D}\boldsymbol{x}_{,i}=\boldsymbol{D}\boldsymbol{P}\boldsymbol{A}_i^{-1}\ \boldsymbol{x}_{e,\ i}=\boldsymbol{B}_{,i}\boldsymbol{x}_{e,\ i} \tag{4.52}$$

式中，$\boldsymbol{B}_{,i}=\boldsymbol{D}\boldsymbol{P}\boldsymbol{A}_i^{-1}$，假设有 p 个单元，那么 i 值的取值是从 1 到 p。用$\boldsymbol{\varepsilon}$ 表示 p 个单元的应变向量，$\boldsymbol{x}$ 表示 p 个单元的节点位移向量，公式(4.52)可表示为

$$\boldsymbol{\varepsilon}=\boldsymbol{B}\boldsymbol{x} \tag{4.53}$$

用$\boldsymbol{x}_{\mathrm{s}}$ 表示总体坐标中的节点位移向量，$\boldsymbol{\beta}$ 为坐标转换矩阵，将公式(4.53)进行坐标转换，可得

$$\boldsymbol{\varepsilon}=\boldsymbol{B}\boldsymbol{\beta}\boldsymbol{x}_{\mathrm{s}}=\widetilde{\boldsymbol{B}}\boldsymbol{x}_{\mathrm{s}} \tag{4.54}$$

令节点力为$\boldsymbol{f}_{\mathrm{s}}=\boldsymbol{F}_{\mathrm{s}}\mathrm{e}^{\mathrm{j}wt}$，则有$x_{\mathrm{s}}=\boldsymbol{U}_{\mathrm{s}}\mathrm{e}^{\mathrm{j}wt}$，节点位移的运动微分方程为

$$\boldsymbol{M}_{\mathrm{s}}\ddot{\boldsymbol{x}}_{\mathrm{s}}+\boldsymbol{C}_{\mathrm{s}}\dot{\boldsymbol{x}}_{\mathrm{s}}+\boldsymbol{K}_{\mathrm{s}}\boldsymbol{x}_{\mathrm{s}}=\boldsymbol{f}_{\mathrm{s}} \tag{4.55}$$

依据模态叠加法，可得

$$\boldsymbol{U}_{\mathrm{s}}=\boldsymbol{\Phi}\boldsymbol{Y}_i\boldsymbol{\Phi}^{\mathrm{T}}\boldsymbol{F}_{\mathrm{s}} \tag{4.56}$$

公式(4.56)中，$\boldsymbol{Y}_i$ 为对角矩阵，其中任一对角元素为 $Y_k=(k_k-\omega^2m_k+\mathrm{j}\omega c_k)^{-1}$。

将$\boldsymbol{x}_{\mathrm{s}}=\boldsymbol{U}_{\mathrm{s}}\mathrm{e}^{\mathrm{j}wt}=\boldsymbol{\Phi}\boldsymbol{Y}_i\boldsymbol{\Phi}^{\mathrm{T}}\boldsymbol{F}_{\mathrm{s}}\mathrm{e}^{\mathrm{j}wt}$ 代入公式(4.54)，则有

$$\begin{aligned}\boldsymbol{\varepsilon}&=\boldsymbol{B}\boldsymbol{\beta}\boldsymbol{\Phi}\boldsymbol{Y}_i\boldsymbol{\Phi}^{\mathrm{T}}\boldsymbol{F}_{\mathrm{s}}\mathrm{e}^{\mathrm{j}wt}\\&=\widetilde{\boldsymbol{B}}\boldsymbol{\Phi}\boldsymbol{Y}_i\boldsymbol{\Phi}^{\mathrm{T}}\boldsymbol{F}_{\mathrm{s}}\mathrm{e}^{\mathrm{j}wt}\\&=\boldsymbol{\Psi}^{\varepsilon}\boldsymbol{Y}_i\boldsymbol{\Phi}^{\mathrm{T}}\boldsymbol{F}_{\mathrm{s}}\mathrm{e}^{\mathrm{j}wt}\\&=\boldsymbol{\Psi}^{\varepsilon}\boldsymbol{q}'=\sum_{i=1}^{n}q_i'\boldsymbol{\psi}_i^{\varepsilon}\end{aligned} \tag{4.57}$$

公式(4.57)中，$\boldsymbol{\Psi}^{\varepsilon}=\widetilde{\boldsymbol{B}}\boldsymbol{\Phi}$，为应变模态振型矩阵；$\boldsymbol{\psi}_i^{\varepsilon}$ 为第 i 阶应变模态振型。公式(4.57)中既隐含了应变模态与位移模态之间的关系($\boldsymbol{\Psi}^{\varepsilon}=\widetilde{\boldsymbol{B}}\boldsymbol{\Phi}$)，又表达了基于模态叠加法的应变响应计算公式。

对公式(4.54)进行变形，可以得到用应变表示的位移表达式

$$\boldsymbol{x}_{\mathrm{s}}=\widetilde{\boldsymbol{B}}^{-1}\boldsymbol{\varepsilon} \tag{4.58}$$

依据公式(4.58)，公式(4.55)中的左端第一项可表示为

$$\boldsymbol{M}_{\mathrm{s}}\ddot{\boldsymbol{x}}_{\mathrm{s}}=\boldsymbol{M}_{\mathrm{s}}\widetilde{\boldsymbol{B}}^{-1}\ddot{\boldsymbol{\varepsilon}} \tag{4.59}$$

利用位移模态的正交性，可得

$$\boldsymbol{\Phi}^{\mathrm{T}}\boldsymbol{M}_{\mathrm{s}}\boldsymbol{\Phi}=\bar{\boldsymbol{M}}_{\mathrm{s}} \tag{4.60}$$

公式(4.60)中，$\bar{\boldsymbol{M}}_{\mathrm{s}}(i,i)=m_i$，$m_i=\boldsymbol{\phi}_i^{\mathrm{T}}\boldsymbol{M}_{\mathrm{s}}\boldsymbol{\phi}_i$，其中 $\boldsymbol{\phi}_i$ 为第 i 阶位移模态振型。

依据模态叠加原理($\boldsymbol{x}_{\mathrm{s}}=\boldsymbol{\Phi}\boldsymbol{q}$)，将公式(4.59)的左端项左乘$\boldsymbol{\Phi}^{T}$，可得

$$\boldsymbol{M}_{\mathrm{s}}\ddot{\boldsymbol{x}}_{\mathrm{s}}=\bar{\boldsymbol{M}}_{\mathrm{s}}\ddot{\boldsymbol{q}} \tag{4.61}$$

将公式(4.57)代入公式(4.59)的右端项，可得

$$\boldsymbol{M}_{\mathrm{s}}\widetilde{\boldsymbol{B}}^{-1}\ddot{\boldsymbol{\varepsilon}}=\boldsymbol{M}_{\mathrm{s}}\widetilde{\boldsymbol{B}}^{-1}\boldsymbol{\Psi}^{\mathrm{s}}\ddot{\boldsymbol{q}}' \tag{4.62}$$

将公式(4.62)左乘$(\widetilde{\boldsymbol{B}}^{-1})^{\mathrm{T}}$，可得

$$(\widetilde{\boldsymbol{B}}^{-1})^{\mathrm{T}}\boldsymbol{M}_{\mathrm{s}}\widetilde{\boldsymbol{B}}^{-1}\ddot{\boldsymbol{\varepsilon}}=(\widetilde{\boldsymbol{B}}^{-1})^{\mathrm{T}}\boldsymbol{M}_{\mathrm{s}}\widetilde{\boldsymbol{B}}^{-1}\boldsymbol{\Psi}^{\mathrm{s}}\ddot{\boldsymbol{q}}' \tag{4.63}$$

令 $\boldsymbol{M}_{\mathrm{s}}=(\widetilde{\boldsymbol{B}}^{-1})^{\mathrm{T}}\boldsymbol{M}_{\mathrm{s}}\widetilde{\boldsymbol{B}}^{-1}$，将公式(4.63)的右端项左乘$(\boldsymbol{\Psi}^{\mathrm{s}})^{\mathrm{T}}$，并将 $\boldsymbol{\Psi}^{\mathrm{s}}=\widetilde{\boldsymbol{B}}\boldsymbol{\Phi}$ 代入其中，可得

$$(\boldsymbol{\Psi}^{\mathrm{s}})^{\mathrm{T}}\boldsymbol{M}_{\mathrm{s}}\boldsymbol{\Psi}^{\mathrm{s}}=(\widetilde{\boldsymbol{B}}\boldsymbol{\Phi})^{\mathrm{T}}((\widetilde{\boldsymbol{B}}^{-1})^{\mathrm{T}}\boldsymbol{M}_{\mathrm{s}}\widetilde{\boldsymbol{B}}^{-1})(\widetilde{\boldsymbol{B}}\boldsymbol{\Phi}) \tag{4.64}$$

对公式(4.64)的右端项进行化简，可得

$$(\boldsymbol{\Psi}^{\mathrm{s}})^{\mathrm{T}}\boldsymbol{M}_{\mathrm{s}}\boldsymbol{\Psi}^{\mathrm{s}}=\boldsymbol{\Phi}^{\mathrm{T}}\boldsymbol{M}_{\mathrm{s}}\boldsymbol{\Phi} \tag{4.65}$$

将公式(4.60)代入公式(4.65)，可得

$$(\boldsymbol{\Psi}^{\mathrm{s}})^{\mathrm{T}}\boldsymbol{M}_{\mathrm{s}}\boldsymbol{\Psi}^{\mathrm{s}}=\bar{\boldsymbol{M}}_{\mathrm{s}} \tag{4.66}$$

令 $\boldsymbol{K}_{\mathrm{s}}=(\widetilde{\boldsymbol{B}}^{-1})^{\mathrm{T}}\boldsymbol{K}_{\mathrm{s}}\widetilde{\boldsymbol{B}}^{-1}$，采用类似的推导过程，可得

$$(\boldsymbol{\Psi}^{\mathrm{s}})^{\mathrm{T}}\boldsymbol{K}_{\mathrm{s}}\boldsymbol{\Psi}^{\mathrm{s}}=\bar{\boldsymbol{K}}_{\mathrm{s}} \tag{4.67}$$

如果阻尼满足一定的要求(例如比例黏性阻尼)，则有

$$\boldsymbol{\Phi}^{\mathrm{T}}\boldsymbol{C}_{\mathrm{s}}\boldsymbol{\Phi}=\bar{\boldsymbol{C}}_{\mathrm{s}} \tag{4.68}$$

公式(4.67)和(4.68)中，$\bar{\boldsymbol{K}}_s$ 和 $\bar{\boldsymbol{C}}_s$ 为对角矩阵。

令 $\bar{\boldsymbol{C}}_s=(\tilde{\boldsymbol{B}}^{-1})^{\mathrm{T}}\boldsymbol{C}_s\tilde{\boldsymbol{B}}^{-1}$，同样可以推导出

$$(\boldsymbol{\Psi}^{\varepsilon})^{\mathrm{T}}\boldsymbol{C}_{\varepsilon}\boldsymbol{\Psi}^{\varepsilon}=\bar{\boldsymbol{C}}_s \tag{4.69}$$

公式(4.66)、(4.67)和(4.69)说明了应变模态振型之间的加权正交性。

将公式(4.55)中，并左乘$(\tilde{\boldsymbol{B}}^{-1})^{\mathrm{T}}$，可得

$$\boldsymbol{M}_s\ddot{\boldsymbol{\varepsilon}}+\boldsymbol{C}_s\dot{\boldsymbol{\varepsilon}}+\boldsymbol{K}_s\varepsilon=(\tilde{\boldsymbol{B}}^{-1})^{\mathrm{T}}\boldsymbol{f}_s \tag{4.70}$$

将公式(4.70)左乘$(\boldsymbol{\Psi}^{\varepsilon})^{\mathrm{T}}$，可得

$$\bar{\boldsymbol{M}}_s\ddot{\boldsymbol{q}}'+\bar{\boldsymbol{C}}_s\dot{\boldsymbol{q}}'+\bar{\boldsymbol{K}}_s\dot{\boldsymbol{q}}'=\boldsymbol{\Phi}^{\mathrm{T}}\boldsymbol{f}_s \tag{4.71}$$

将公式(4.55)左乘 $\boldsymbol{\Phi}^{\mathrm{T}}$，利用模态叠加方法，可得

$$\bar{\boldsymbol{M}}_s\ddot{\boldsymbol{q}}+\bar{\boldsymbol{C}}_s\dot{\boldsymbol{q}}+\bar{\boldsymbol{K}}_s\dot{\boldsymbol{q}}=\boldsymbol{\Phi}^{\mathrm{T}}\boldsymbol{f}_s \tag{4.72}$$

比较公式(4.71)和(4.72)，可得

$$\boldsymbol{q}'=\boldsymbol{q} \tag{4.73}$$

公式(4.73)表明了应变模态中的各模态坐标与位移模态中的同阶模态坐标相同。

4.4.2　传统稳定图

对于随机子空间方法而言，只有在确定系统阶数 n 后才可以应用该方法识别出结构的模态参数。这意味着一个 n 值对应一组模态参数结果，不同的系统阶数对应的识别结果不同，因此确定系统的阶次 n 是随机子空间法准确识别模态参数的关键。由奇异值分解直接确定系统阶次的方法，得到的结果不是很理想。而稳定图方法同时可以从诸多模态中鉴别真假模态，可用于有较强噪声情形下的模态识别，是目前被大家广泛认可的一种确定系统阶次的方法[22]。

稳定图理论是假定模型有不同的阶数(如 n 从 2 取到 100，由于识别结果是成对出现的，因此 n 取偶数)，得到多个不同阶数的状态空间模型，对每个模型进行模态参数识别，把得到的所有模态参数绘制在同一幅图上，将某阶模型识别的模态参数同低一阶模型识别的模态参数进行比较，若特征频率、阻尼及模态振型的差异小于预设限定值[公式(4.74)]，则这个点就称为稳定

点，生成的轴称为稳定轴，对应的模态即为系统的模态。预设限定值可以根据实际工程和经验确定，例如频率限定值可取为 1%，模态振型对应的模态保证准则 MAC 限定值可取为 2%，阻尼比限定值可取为 5%。

$$\frac{f(n)-f(n+1)}{f(n)}\times 100\%<1\%$$
$$(1-\mathrm{MAC}(n,\ n+1))\times 100\%<2\%$$
$$\frac{\xi(n)-\xi(n+1)}{\xi(n)}\times 100\%<5\% \tag{4.74}$$

式中，f 为频率，ξ 为阻尼比，n 为模型的阶数，MAC 为模态保证准则。

$$\mathrm{MAC}(n,\ n+1)=\frac{\left|\boldsymbol{\Phi}(n)^{\mathrm{T}}\boldsymbol{\Phi}(n+1)\right|^{2}}{(\boldsymbol{\Phi}(n)^{\mathrm{T}}\boldsymbol{\Phi}(n))(\boldsymbol{\Phi}(n+1)^{\mathrm{T}}\boldsymbol{\Phi}(n+1))} \tag{4.75}$$

其中，$\boldsymbol{\Phi}$ 为模态振型，MAC 表征了模态振型的相关性，其取值在 0 和 1 之间。当 MAC 值等于 1 时，表示模态向量之间是不可区分的，即表示相邻不同系统阶数所识别的模态振型一致。当 MAC 值等于 0 时，表示模态向量之间是相互正交的，在参数识别中即表示相邻不同系统阶数所识别的模态振型完全不同。

由于阻尼相对于频率和振型来说存在极大的不稳定性[23]，在此不考虑阻尼的影响，仅将频率和振型作为限定值，按式(4.74) 中的前两个计算式进行模态参数选取，稳定图生成原理如图 4.5 所示。

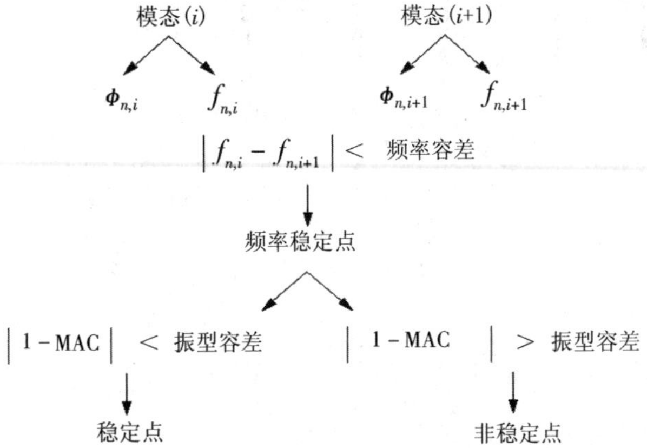

图 4.5　稳定图生成原理

在利用稳定图进行参数识别时，大多在稳定图中下方加入功率谱密度

(PSD) 曲线，从而将频域峰值法结果与时域法结果进行对比分析。

传统稳定图以 n 为纵轴，频率为横轴，按图 4.5 所示原理绘制稳定图，并将信号的功率谱密度曲线叠加于图上，典型的传统稳定图如图 4.6 所示。

由图 4.6 可见，利用传统稳定图可以很容易找到由连续稳定点构成的稳定轴，稳定轴所对应的频率及振型即为识别模态参数。例如图 4.6 中有 6 条明显的稳定轴，且每条稳定轴均能与 PSD 曲线峰值相对应，说明传统稳定图方法可以准确识别系统模态参数。但这种识别过程，需要借助人的主观判断，即通过有经验的研究人员来进行极轴取舍。然而一旦加入人的主观判断，就容易产生误差，比如图 4.6 中，较长的稳定轴有 6 条，还有 3 条较短的极轴，那么在进行参数识别时，是选择 6 条稳定轴，还是 7 条或是 8 条、9 条，不同的人可能有不同的选法，这成为传统稳定图的一个缺陷，因此，找到更加客观的稳定图成为参数识别的关键。模糊聚类算法在模式识别、数据分析和挖掘以及图像处理等方面已有广泛应用，可将其应用于稳定图中，对传统稳定图进行改进。

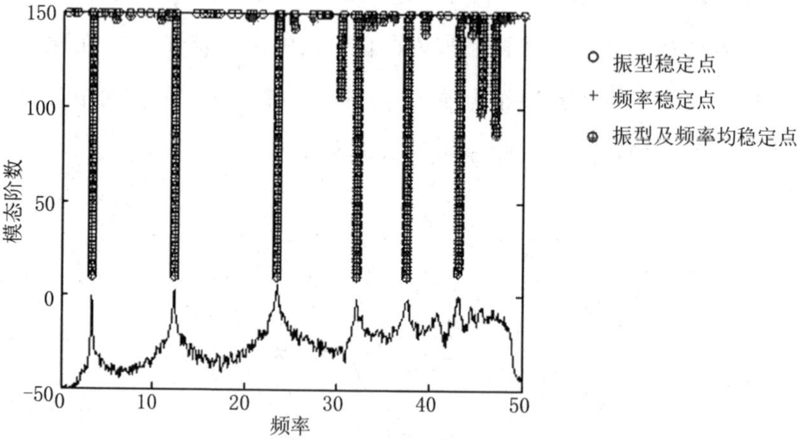

图 4.6　传统稳定图

4.4.3　基于模糊聚类算法的稳定图

1. 模糊聚类算法

模糊聚类算法属于模糊数学的范畴，根据客观事物之间的特征、亲疏程度及相似性，通过建立模糊相似关系对客观事物进行分类的一门技术。其内容涉及统计学、生物学及机器学习等研究领域，在模式识别、数据分析和挖掘以及图像处理等领域得到了广泛的应用[24-28]。在此，介绍三种常用的模糊聚类算法。

(1)C-均值聚类算法。

在模糊聚类算法中，最著名和最常用的划分聚类方法是C-均值及其推广模糊C-均值(fuzzy c-means，FCM)算法。FCM算法最早是由MacQueen提出[29]，由Bezdek从硬C-均值算法(HCM)推广而来，现已成为最常用和讨论较多的聚类算法之一[30]。其原理是：首先定义一个准则函数即目标函数，随机选择c个初始聚类中心，然后根据样本到聚类中心的距离，将样本划分到不同的类中；接着再重新计算每个类的聚类中心，不断重复上述过程，直到准则函数达到最小。

令$\boldsymbol{X}=\{x_i,\ i=1,2,\cdots,n\}$为训练样本集，$\boldsymbol{X}\in\mathbf{R}^p$。$c$为预定的分类数量，$v_i(i=1,2,\cdots,c)$是第$i$个聚类的中心，$u_{ik}(i=1,2,\cdots,c;\ k=1,2,\cdots,n)$为第$k$个样本对第$i$类的隶属度函数，构成的隶属度矩阵$\boldsymbol{U}$受到以下条件限制：

$$u_{ik}\in[0,1]\quad \text{for } 1\leqslant i\leqslant c,\ 1\leqslant k\leqslant n$$

$$\sum_{i=0}^{c}u_{ik}=1,\ \text{for } 1\leqslant k\leqslant n$$

$$0<\sum_{k=1}^{N}u_{ik}<N,\ \text{for } 1\leqslant i\leqslant c \tag{4.76}$$

FCM是一种有目标的模糊聚类算法，其目标函数为

$$J_m(\boldsymbol{U},\boldsymbol{v})=\sum_{i=1}^{c}\sum_{k=1}^{n}u_{ik}^{m}\|x_k-v_i\|^2 \tag{4.77}$$

公式(4.77)中，$\boldsymbol{v}=(v_1,v_2,\cdots,v_c)$，$m>1$为模糊参数，该参数决定了聚类的模糊度，也就是数据点可以成为多个类的程度，大多数情况下$m=2$。当公式(4.77)取到最小值时结果最优。在公式(4.76)的约束下优化(4.77)，可得

$$u_{ik}=\frac{(1/\|x_k-v_i\|^2)^{1/(m-1)}}{\sum_{j=1}^{c}(1/\|x_k-v_j\|^2)^{1/(m-1)}},$$

$$\forall i=1, 2, \cdots, c, j=1, 2, \cdots, n \tag{4.78}$$

$$v_i=\frac{\sum_{k=1}^{n} u_{ik}^{m} x_k}{\sum_{k=1}^{n} u_{ik}^{m}}, \quad \forall i=1, 2, \cdots, c \tag{4.79}$$

FCM 算法的详细步骤如下：

步骤 1：初始化。选择分类数量 c、程序终止标准 $\varepsilon>0$ 以及最大迭代次数 T，初始化隶属度矩阵 $\boldsymbol{U}^{(0)}$，使其满足式(4. 76)，令当前迭代数 $t=1$。

步骤 2：应用式(4.79) 更新聚类中心 $v^{(t)}$。

$$v_{\mathrm{t}}^{(t)}=\frac{\sum_{k=1}^{n} (u_{ik}{}^{(t-1)})^{m} \cdot x_k}{\sum_{k=1}^{n} (u_{ik}{}^{(t-1)})^{m}} \tag{4.80}$$

步骤 3：计算距离 d_{ik}^2。

$$d_{ik}^2=\| x_k-v_i \|^2=(x_k-v_i^{(t)})^{\mathrm{T}}(x_k-v_i^{(t)}) \tag{4.81}$$

步骤 4：由式(4.78) 更新隶属度矩阵 $\boldsymbol{U}^{(t)}$。

$$u_{ik}^{(t)}=\frac{1}{\sum_{j=1}^{c}\left(\frac{d_{ik}}{d_{jk}}\right)^{2/(m-1)}} \tag{4.82}$$

步骤 5：令 $t=t+1$，重复步骤 2，3 和 4，直到满足 $\| \boldsymbol{U}^{(t)}-\boldsymbol{U}^{(t-1)} \|<\varepsilon$ 或者 $t>T$。

FCM 算法在处理非线性问题上不是很理想，引入核聚类算法可以大大改进对非线性数据的处理效果。

(2) 特征空间中的模糊核聚类算法。

特征空间中模糊核聚类算法(kernel fuzzy clustering method in feature space，KFCM-Ⅰ) 是通过非线性映射将输入空间变换到高维特征空间，然后在特征空间中进行聚类的方法[31]。该方法利用核聚类适用于任意形状分布样本的优点，修正了模糊聚类仅适合球类样本的缺点。

令输入空间为 χ，特征空间为 F，非线性映射为 $\boldsymbol{\Phi}$：$\chi \rightarrow F(x \in \mathbf{R}^p \rightarrow \boldsymbol{\Phi}(\chi) \in \mathbf{R}^q, q>p)$，由式(4.79) 可知聚类中心可由样本的线性组合来表示，将这种表示称为对偶，特征空间 F 中的聚类中心 v_i 可表示为

$$v_i = \sum_{k=1}^{n} \beta_{ik} \boldsymbol{\Phi}(x_k) \quad \forall i = 1, 2, \cdots, c \tag{4.83}$$

KFCM-Ⅰ 的目标函数为

$$\begin{aligned} J_m(\boldsymbol{U}, \boldsymbol{v}) &= J_m(\boldsymbol{U}, \boldsymbol{\beta}_1, \boldsymbol{\beta}_2, \cdots, \boldsymbol{\beta}_c) \\ &= \sum_{i=1}^{c} \sum_{k=1}^{n} u_{ik}^m \left\| \boldsymbol{\Phi}(x_k) - \sum_{l=1}^{n} \beta_{il} \boldsymbol{\Phi}(x_l) \right\|^2 \\ &= \sum_{i=1}^{c} \sum_{k=1}^{n} u_{ik}^m \left[\boldsymbol{\Phi}^{\mathrm{T}}(x_k) \boldsymbol{\Phi}(\mathrm{x_k}) - 2 \sum_{\mathrm{l}=1}^{\mathrm{n}} \beta_{\mathrm{il}} \boldsymbol{\Phi}^{\mathrm{T}}(x_k) \boldsymbol{\Phi}(x_l) \right] \\ &\quad + \sum_{l=1}^{n} \sum_{i=1}^{n} \beta_{il} \boldsymbol{\Phi}^{\mathrm{T}}(x_k) \beta_{ij} \boldsymbol{\Phi}(x_j) \end{aligned} \tag{4.84}$$

式中，$\boldsymbol{\beta}_i = [\beta_{i1}, \beta_{i2}, \cdots, \beta_{in}]^{\mathrm{T}}$，$i = 1, 2, \cdots, c$。

上式中的计算均以特征空间 F 中元素的内积形式出现，内积由核技巧定义 F 中的一个核函数 $k(x, y)$，使其满足 $k(x, y) = \boldsymbol{\Phi}^{\mathrm{T}}(x)\boldsymbol{\Phi}(y)$，将 $k(x, y)$ 代入有

$$J_m(\boldsymbol{U}, \boldsymbol{\beta}_1, \boldsymbol{\beta}_2, \cdots, \boldsymbol{\beta}_c) = \sum_{i=1}^{c} \sum_{k=1}^{n} u_{ik}^m (K_{kk} - 2\boldsymbol{\beta}_i^{\mathrm{T}} \boldsymbol{K}_k + \boldsymbol{\beta}_i^{\mathrm{T}} \boldsymbol{K} \boldsymbol{\beta}_i) \tag{4.85}$$

式中，$\boldsymbol{K}_{ij} = \boldsymbol{K}(x_i, x_j)$，$i, j = 1, 2, \cdots, n$，$\boldsymbol{K}_k = [K_{k1}, K_{k2}, \cdots, K_{kn}]^{\mathrm{T}}$，$k = 1, 2, \cdots, n$，$\mathbf{K} = (K_1, K_2, \cdots, K_n)$。

在公式(4.76)的约束下优化(4.85)，可得

$$u_{ik} = \frac{(1/(K_{kk} - 2\boldsymbol{\beta}_i^{\mathrm{T}} \boldsymbol{K}_k + \boldsymbol{\beta}_i^{\mathrm{T}} \boldsymbol{K} \boldsymbol{\beta}))^{1/(m-1)}}{\sum_{j=1}^{c} (1/(K_{kk} - 2\boldsymbol{\beta}_j^{\mathrm{T}} \boldsymbol{K}_k + \boldsymbol{\beta}_j^{\mathrm{T}} K \boldsymbol{\beta}_j))^{1/(m-1)}}, \quad \forall i = 1, 2, \cdots, c, \; k = 1, 2, \cdots, n \tag{4.86}$$

式中，$\boldsymbol{\beta}_i$ 可由下式表示：

$$\boldsymbol{\beta}_i = \frac{\sum_{k=1}^{n} u_{ik}^m \boldsymbol{K}^{-1} \boldsymbol{K}_k}{\sum_{k=1}^{n} u_{ik}^m}, \quad \forall i = 1, 2, \cdots, c \tag{4.87}$$

KFCM-Ⅰ 法的计算步骤如下：

步骤 1：选择分类的数目 c 及参数。

步骤 2：对系数向量 $\boldsymbol{\beta}_i$ 进行初始化，并计算核矩阵 $\boldsymbol{K}$ 及其逆矩阵 $\boldsymbol{K}^{-1}$。

步骤 3：用系数向量按式(4.86)更新隶属度。

步骤 4：用当前的隶属度按式(4.87)更新各个系数向量。

步骤 5：重复步骤 3 和步骤 4，直至各个样本的隶属度达到稳定。

KFCM-Ⅰ算法通过将聚类中心用对偶形式表示获得在特征空间中的聚类，是FCM算法的一种自然推广。其不足之处是特征空间 F 中的聚类中心无法在输入空间加以描述，从而失去FCM直观的优点，另外在求 $\boldsymbol{K}^{-1}$ 时需进行矩阵求逆运算会导致速度下降。

(3) 输入空间中的模糊核聚类算法。

输入空间中模糊核聚类算法(kernel fuzzy clustering method in input space，KFCM-Ⅱ)在特征空间中引入欧氏距离计算目标函数，使核代入成为原输入空间中一类核依赖的新的距离度量，是一种将FCM在欧氏距离下的执行推广到同一空间不同距离度量的新型聚类[32-34]。

KFCM-Ⅱ的目标函数为

$$J_m(\boldsymbol{U},\ \boldsymbol{v})=\sum_{i=1}^{c}\sum_{k=1}^{n}u_{ik}^{m}\ \|\boldsymbol{\Phi}(x_k)-\boldsymbol{\Phi}(v_i)\|^2 \tag{4.88}$$

式中，v_i 是聚类中心且 $i=1,\ 2,\ \cdots,\ c$，与公式(4.84)类似进行核代入，则有

$$\|\boldsymbol{\Phi}(x_k)-\boldsymbol{\Phi}(v_i)\|^2=\boldsymbol{K}(x_k,\ x_k)+\boldsymbol{K}(v_i,\ v_i)-2\boldsymbol{K}(x_k,\ v_i) \tag{4.89}$$

将特征空间中的距离定义为欧氏距离，具体如下

$$d(x,\ y)\overset{\triangle}{=}\|\boldsymbol{\Phi}(\mathrm{x})-\boldsymbol{\Phi}(y)\| \tag{4.90}$$

将公式(4. 89)代入公式(4. 88)，在公式(4. 76)的约束下，可得

$$u_{ik}=\frac{(1/(\boldsymbol{K}(x_k,\ x_k)+\boldsymbol{K}(v_i,\ v_i)-2\boldsymbol{K}(x_k,\ v_t)))^{1/(m-1)}}{\sum_{j=1}^{c}(1/(\boldsymbol{K}(x_k,\ x_k)+\boldsymbol{K}(v_j,\ v_j)-2\boldsymbol{K}(x_k,\ v_j)))^{1/(m-1)}} \tag{4.91}$$

$$v_i=\frac{\sum_{k=1}^{n}u_{ik}^{m}\widetilde{\boldsymbol{K}}(x_k,\ v_i)x_k}{\sum_{k=1}^{n}u_{ik}^{m}\widetilde{\boldsymbol{K}}(x_k,\ v_i)} \tag{4.92}$$

式中，$\widetilde{\boldsymbol{K}}(x_k,\ v_i)$ 可为高斯核函数、多项式核函数以及 Sigmoid 核函数。

对于高斯核函数有：

$$\widetilde{\boldsymbol{K}}(x_k,\ v_i)=\boldsymbol{K}(x_k,\ v_i) \tag{4.93}$$

对于多项式核函数有：

$$\widetilde{\boldsymbol{K}}(x_k, v_i)=\left(\frac{\boldsymbol{K}(x_k, v_i)}{\boldsymbol{K}(v_i, v_i)}\right)^{\frac{d-1}{d}} \tag{4.94}$$

对于 Sigmoid 核函数有：

$$\widetilde{\boldsymbol{K}}(x_k, v_i)=\left(\frac{1-\boldsymbol{K}(x_k, v_i))}{(1-\boldsymbol{K}(v_i, v_i))}\cdot\frac{1-\boldsymbol{K}(x_k, v_i))}{(1-\boldsymbol{K}(v_i, v_i))}\right) \tag{4.95}$$

KFCM-Ⅱ 尽管与 FCM 采用了相同的约束形式，但事实上由于公式(4.92) 中引入了加权系数 $\widetilde{\boldsymbol{K}}(x_k, v_i)$，使其对噪声点和野值赋予了直觉上合理且不同的权值，这一点在核函数取高斯函数时更为直观。

KFCM－Ⅱ 算法计算步骤如下：

步骤 1：设定聚类数目 c 和参数。

步骤 2：初始化各个聚类中心 v_i。

步骤 3：用当前的聚类中心根据公式(4.91) 更新隶属度。

步骤 4：用当前的聚类中心和隶属度按照公式(4.92) 更新各个聚类中心。

步骤 5：重复步骤 3 和步骤 4，直至各个样本的隶属度达到稳定。

2. 基于模糊聚类稳定图的绘制及模态阶次判定

通常情况下，基于模糊聚类的稳定图是将数据绘制在以频率为横坐标、以阻尼为纵坐标的二维图上，每一类数据点代表了某一阶模态的极点估计[35, 36]。图 4.7 即是应用随机子空间法基于模糊聚类算法绘制的一张稳定图，从图中可以明显看出，在子空间模型系统阶次 n 取值不同情况下，数据点自然而然地分为若干类。在理想状态下，若不同 n 值所计算出的数据结果相同，那么相同的频率和阻尼对应的所有数据点应集中于一点，但由于噪声干扰，在实际工程中不同 n 值所计算出的数据结果不会完全相同，但数据点会集中在某一范围内，若能找到每一类数据的中心，进而找到与中心点最近的数据点，即可将这些数据点对应的频率、阻尼以及振型确定为模态参数。这种基于模糊聚类算法绘制的稳定图每个极点包含三个信息：频率 f、阻尼比 ξ 及模态保证准则 MAC，选取这三个参数作为聚类因子，同传统稳定图一样可按公式(4.74) 进行取值。

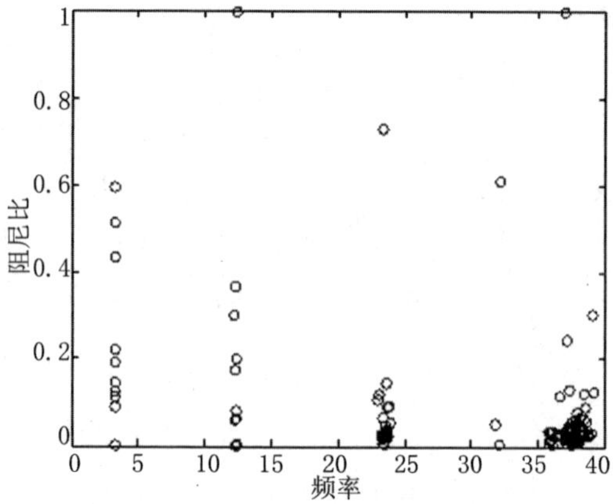

图 4.7　模糊聚类稳定图(阻尼与频率)

在实际工程中，相对于频率及振型两个模态参数，阻尼受各种因素的影响存在不稳定性，有关文献指出阻尼比在一天中的变化最大甚至可达到100%以上，在稳定图中，如果仍将阻尼作为纵坐标进行模糊聚类，可能会使结果失真。基于这个原因，本书在基于模糊聚类算法的稳定图中仅考虑频率及振型两个模态参数，使模糊聚类稳定图的每个极点包含两个信息：即频率 f 和模态保证准则 MAC。以频率为横坐标以 MAC 为纵坐标绘制稳定图，存在的问题是同一系统阶次下所计算出的某阶模态中，频率是一个数而由振型计算出的 MAC 是多个数，这样绘制出的稳定图就不再是二维的，而是三维的。如果将数据点绘制在三维图中，应用模糊聚类方法将其分为若干类势必会使分类数量急剧增加从而使误差加大，若事先选取的聚类数 c 值选取不当，会使计算结果失真。经研究发现，对于某一阶模态，子空间模型系统阶次 n 取不同值，MAC 中所有数据的变化趋势相同，也就是说可以用 MAC 中一个数据的变化来代替 MAC 中的所有数据的变化。这样一来问题就简化为：以频率为横坐标，以 MAC 中的任一列数据为纵坐标，将不同 n 值计算数据共同绘制于二维图中，对图中数据进行分类。图 4.8 是以频率为横坐标以 MAC 为纵坐标绘制的稳定图，找到稳定图中各分类的聚类中心，并找到与聚类中心最近的数据点，这些数据点所对应的频率及振型即为识别的模态参数。

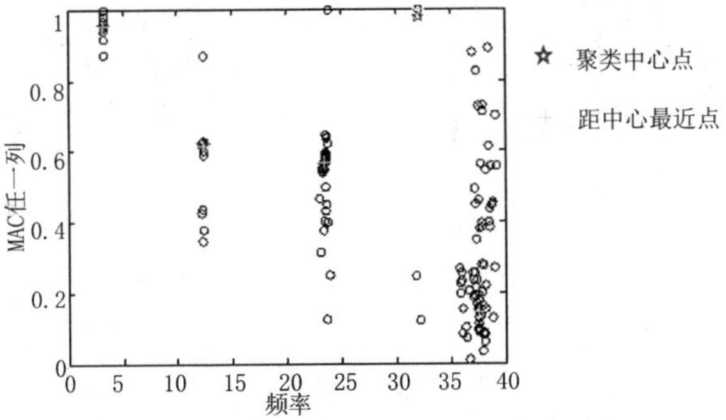

图 4.8　模糊聚类稳定图(MAC 与频率)

图 4.8 所示的稳定图可以将频率与 MAC 数据点分为 c 类，从而获得 c 阶模态参数。但并不能说明这 c 阶模态均为真正的模态，这时可以采用比较圆法来剔除其中的虚假模态。所谓比较圆法就是计算每一聚类所有数据点与聚类中心距离的平均值，并以此平均值为半径，以聚类中心为圆心画圆，圆越大(半径越大)也就表征该聚类分散，所对应的模态参数结果越不准确，如图 4.9 绘出了图 4.8 中各聚类的比较圆。

由于图 4.9 横纵坐标比例不同，因此图中的圆看起来是偏椭圆或是一条竖线，为了更明确比较各圆的大小，将圆的放大图 A ~ E 绘于稳定图周围。各聚类圆的半径值列于表 4.5。

表 4.5　各聚类半径结果

聚类号	1	2	3	4	5
半径值	0.004 8	0.025 2	0.075 5	0.046 5	0.413 3

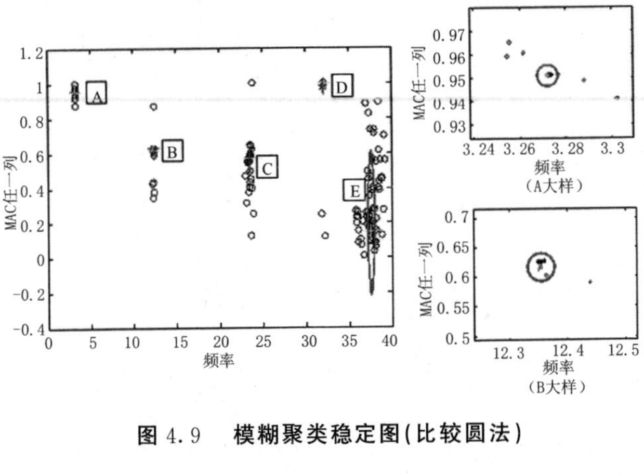

图 4.9　模糊聚类稳定图(比较圆法)

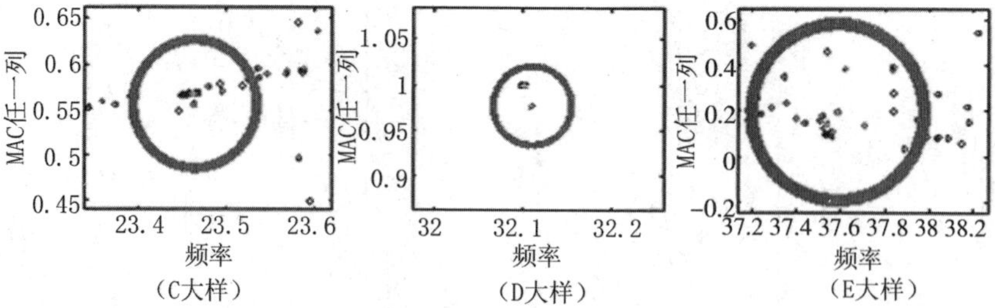

图 4.9　模糊聚类稳定图(比较圆法)(续)

从图 4.9 和表 4.5 中均可以看出第 5 聚类的圆最大(半径最大)，即该类所有数据与中心距离的平均值最大，表明该聚类相比于其他 4 类结果不理想，说明该类为虚假模态的可能性较大。由此可见，通过比较各聚类圆大小的方法，可以剔除虚假模态。

模糊聚类算法通过随机的初始化隶属度矩阵 $\boldsymbol{U}^{(0)}$ 对数据进行分类，聚类中心轨迹分别如图 4.10 所示。图中点线显示了聚类从初始中心点逐渐向最优中心点移动的轨迹，由于图中 A 大样图所示的初始聚类中心(圆圈)过于集中，在最优数据中心确定之前要经过多步迭代，这必然会增加运行时间。由此可见，在数据量比较大的情况下，理想初始聚类中心的选取成为模糊聚类算法稳定图快速且成功识别模态参数的关键。下节将介绍如何采用微分进化算法对模糊聚类算法的初始聚类中心进行优化。

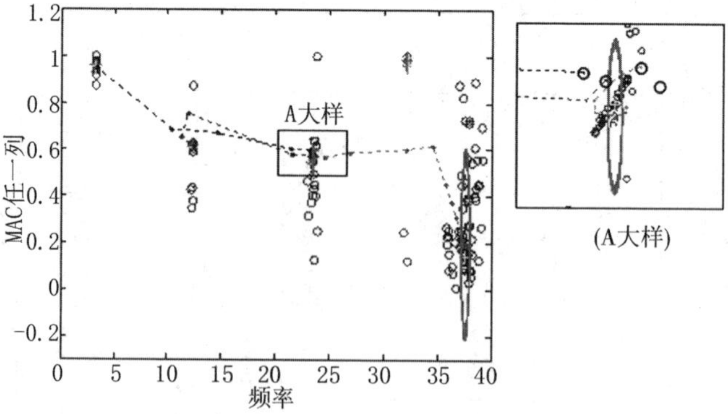

图 4.10　聚类轨迹图

4.4.4 基于微分进化算法的聚类稳定图

基于微分进化算法的聚类稳定图是在采用微分进化算法对模糊聚类算法的初始聚类中心进行优化的基础上，采用 4.4.3 节中的模糊聚类算法绘制的稳定图。

微分进化(differential evolution，DE)算法是一种全局优化进化算法，与遗传算法相同都采用群体搜索策略，本着"优胜劣汰、适者生存"的自然进化法则，经过变异、交叉和选择等操作最终获得问题最优解[37-41]。与遗传算法不同之处在于 DE 算法采用实数编码方式，变异操作由种群中多个个体进行线性组合实现，在选择操作中给予父代中所有个体以平等机会进入下一代。DE 算法的主要操作流程如图 4.11 所示。

设第 G 代的个体为 $X_{i,G}$，$i=1, 2, \cdots, \mathrm{NP}$，每个个体维数为 D，种群规模为 NP，DE 算法的主要操作如下：

(1) 编码。由于 DE 采用实数编码方式，将优化问题的解直接构成个体 $X_{i,G}=(x_1, x_2, \cdots, x_D)$。

(2) 群体初始化。采用以下方法进行群体初始化：

$$x_j = x_j^{\mathrm{L}} + \mathrm{rand} \cdot (x_j^{\mathrm{U}} - x_j^{\mathrm{L}}),\ j=1, 2, \cdots, D \tag{4.96}$$

式中，rand 为[0，1]之间的任一随机数。

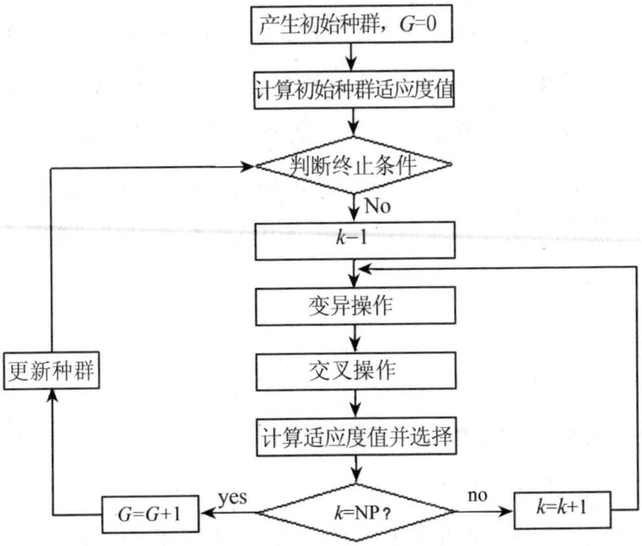

图 4.11　DE 算法流程图

(3) 变异操作。变异操作是DE算法与遗传算法等进化算法最大的差别之处，也是生成新个体的主要步骤，设变异后得到的中间个体为 $Y_{i,G}$，$X_{r1,G}$，$X_{r2,G}$ 和 $X_{r3,G}$ 为变异前群体中随机选取的三个个体，r_1，r_2，$r_3 \in \{1, 2, \cdots, \mathrm{NP}\}$ 且有 $r_1 \neq r_2 \neq r_3 \neq i$，中间个体 $Y_{i,G}$ 通过下面线性组合生成：

$$Y_{i,G} = X_{r1,G} + F \cdot (X_{r2,G} - X_{r3,G}) \tag{4.97}$$

公式(4.97)中，$F \in [0, 1]$ 为变异因子，是DE算法中的一个重要参数，它决定了差分向量的幅度。由公式(4.97)可以看出，变异操作通过将种群中 $X_{r2,G}$ 和 $X_{r3,G}$ 之间的加权差对 $X_{r1,G}$ 施加随机偏差扰动，从而使种群个体之间的组合方式有多种，增加了种群的多样性。

(4) 交叉操作。为了进一步增加种群的多样性，对变异生成的中间个体 $\boldsymbol{Y}_{i,G} = (y_{1f,G}, y_{2i,G}, \cdots, y_{di,G})$ 与变异前个体 $\boldsymbol{X}_{i,G} = (X_{1f,G}, x_{2i,G}, \cdots, x_{Di,G})$ 进行杂交，设得到新候选个体为 $\boldsymbol{U}_{i,G} = (u_{1i,G}, U_{2i,G}, \cdots, U_{Di,G})$，$i = 1, 2, \cdots, \mathrm{NP}$，$j = 1, 2, \cdots, D$，$\boldsymbol{U}_{ji,G}$ 可用下式表示：

$$u_{ji,G}, = \begin{cases} y_{ji,G}, & (\mathrm{rand}b(j) \leqslant \mathrm{CR} \text{ 或 } j = \mathrm{rnbr}(i), \\ x_{ji,G}, & \text{其他} \end{cases} \tag{4.98}$$

式中，$\mathrm{rand}b(j) \in [0, 1]$ 为一均匀分布随机数，$\mathrm{rnbr}(i) \in [1, D]$ 之间的任一随机整数，用以确保候选个体 $\boldsymbol{U}_{i,G}$ 至少从中间个体 $\boldsymbol{Y}_{i,G}$ 中取到一维变量，$\mathrm{CR} \in [0, 1]$ 为交叉因子，是DE算法的另外一个控制参数，它决定了中间个体代替候选个体的概率，其值越大个体的更新速度就会越快。

(5) 选择操作。计算候选个体 $\boldsymbol{U}_{i,G}$ 的适应度函数值，然后与变异前 $\boldsymbol{X}_{i,G}$ 的适应度函数值进行比较，从而决定是否用候选个体替代当前个体。

$$X_{i,G+1} = \begin{cases} U_{i,G}, & f(U_{i,G}) < f(x_{i,G}) \\ X_{i,G}, & \text{其他} \end{cases} \tag{4.99}$$

由上式可知，DE的选择操作是在变异、交叉完成后，由父代个体与新生成候选个体逐一地进行竞争，使得新个体总是等于或优于父代个体以平等的机会进入下一代，在选择过程中不歧视劣质个体。

为应用DE算法对模糊聚类稳定图中的初始聚类中心进行优化，需先确定DE算法中的编码方式和适应度函数。

(1) 编码。假设将如图 4.8 所示的稳定图中的数据点划分为 c 类，每类含 P 个属性。模糊聚类算法中通过反复迭代计算，使初始聚类中心不断向最优聚类中心逼近，因此可将聚类中心作为个体，对其进行编码如下：

$$X_{i,G}=((x_{11}, x_{12}, \cdots, x_{1p}),\\ (x_{21}, x_{22}, \cdots, x_{2p}),\\ \cdots, (x_{c1}, x_{c2}, \cdots, x_{cp})) \tag{4.100}$$

举例来说，要将稳定图中的数据划分为3类，每个个体包含2个属性，分别是频率及模态保证准则 MAC，个体编码如图 4.12 所示。

由图 4.13 可知，由于聚类数目为 3，因此该个体包含了 3 个聚类中心点，每个中心点是频率与MAC的2维变量。也就是说算法中个体的变量维数直接取决于聚类数目和样本属性的数目，即个体维数 $D=k\times p=3\times 2=6$。

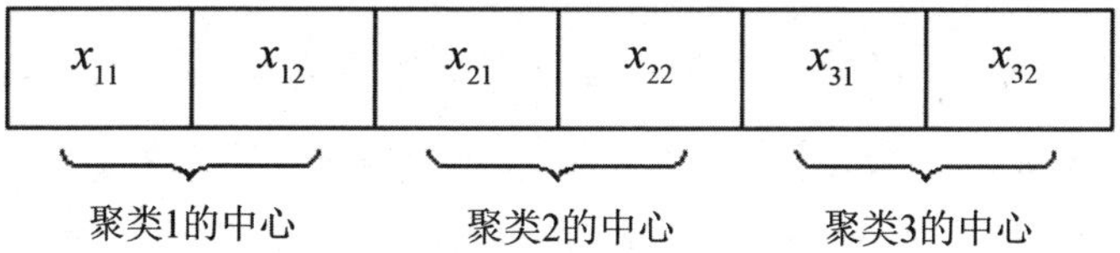

图 4.12　某聚类问题个体编码实例($c=3$，$p=2$)

(2) 确定适应度函数(目标函数)。将聚类算法的目标函数式(4.77) 定义为 DE 算法的目标函数。

个体编码及适应度函数确定后，即可按图 4.11 所示流程图进行优化计算，获得精确的聚类中心以及与各聚类中心最近的数据点，这些数据点所对应的频率及振型即为识别的模态参数。图 4.13 绘出了图 4.8 所示的稳定图中采用DE和FCM组合算法的最后优化结果。将图 4.13 与仅采用模糊聚类算法的图 4.10 比较可知，基于 DE 的模糊聚类算法迭代步数减少，这将大量节省程序运行时间。另外，DE 算法使模糊聚类算法的成功率大幅度提高，使模态参数识别结果更加准确可靠，这一点将通过 4.5 节中的仿真算例进一步加以证实。

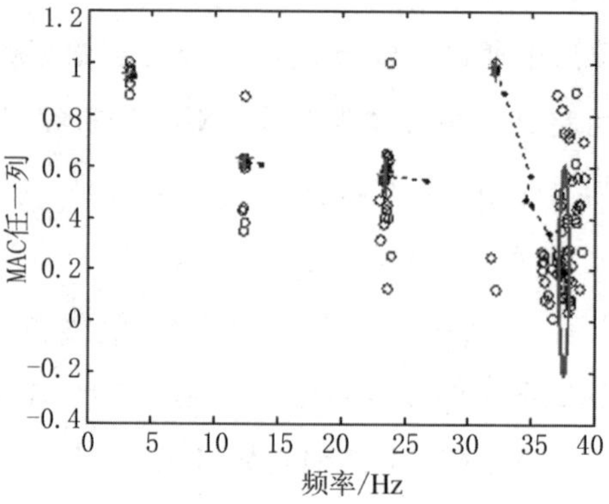

图 4.13　结合 DE 算法的聚类中心轨迹图

4.4.5　数值仿真算例

分别以一座简支梁桥和一座连续梁桥为仿真对象，来阐述随机子空间法、模糊聚类算法以及微分进化算法在桥梁结构应变模态参数识别中的实际应用。仿真分析方法是将软件 ANSYS 与 MATLAB 相结合，首先采用 ANSYS 程序建立有限元模型，从中获取桥梁结构主要的模态信息(频率、振型)作为随机子空间算法进行模态识别的参考值；然后在简支梁模型中加入用来模拟环境激励的白噪声激励，在连续梁模型中加入用来模拟汽车在桥上行驶的移动荷载激励，提取动力响应时程信息(结构关键位置的应变时程曲线)，作为随机子空间法进行参数识别的输入数据；最后通过 MATLAB 软件编写随机子空间、模糊聚类以及微分进化算法程序实现桥梁结构应变模态参数识别。

1. 简支梁桥

等截面简支梁桥的有限元模型和截面尺寸如图 4.14 所示。桥梁全长 $L=40.0\text{m}$，截面面积 $A=8.2156\text{m}^2$，截面高 $H=2.6\text{m}$，截面惯性矩 $I_Z=7.6736\text{m}^4$，材料密度 $\rho=2500\text{kg/m}^3$，弹性模量 $E=30\text{GPa}$。全桥被均匀划分成 10 个单元，共 11 个节点。

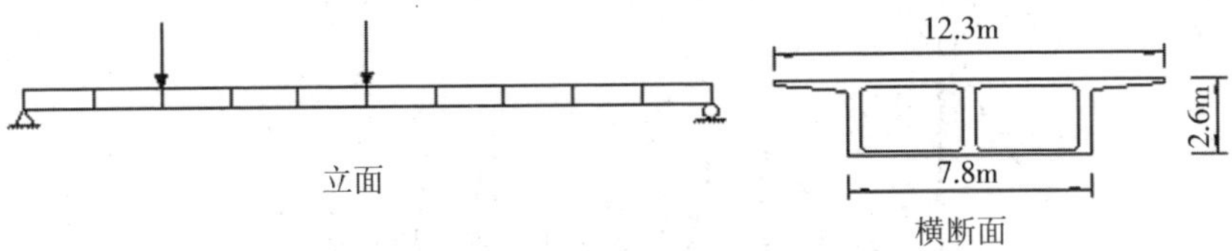

图 4.14　有限元模型(节点 3、6 施加白噪声激励)

对简支梁桥进行模态分析，得到前 4 阶应变模态振型如图 4.15 所示。为避免在模态节点处激励导致识别不到相应的模态参数，在节点 3 和节点 6 均加入时长为 3.071s 的白噪声激励来模拟现场环境激励(图 4.14 中黑色箭头)。设定采样频率 f_s = 1 000 Hz，这意味着模型中每个节点处可提取 3 071 个应变时程数据，11 个节点共可提出 3 071 × 11 = 33 781 个应变值，并把 11 个节点的应变时程数据作为随机子空间法结合模糊聚类及微分进化算法的输入值。11 个节点的应变时程曲线如图 4.16 所示。

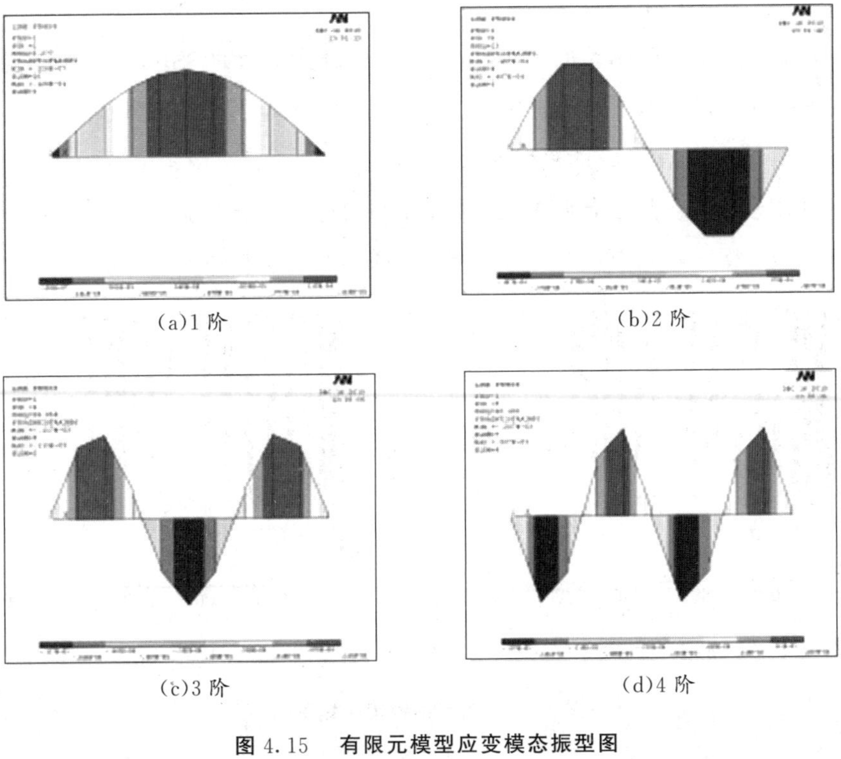
(a)1 阶　(b)2 阶
(c)3 阶　(d)4 阶

图 4.15　有限元模型应变模态振型图

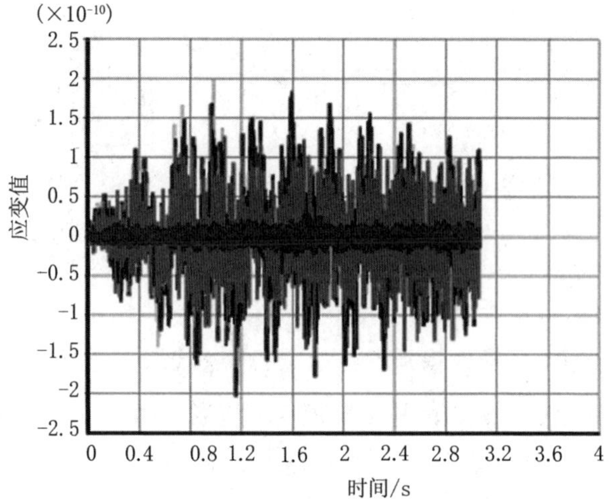

图 4.16　11 个节点的应变时程曲线

在获得输入数据后，将传统稳定图、模糊聚类稳定图以及微分进化聚类稳定图与随机子空间法结合对该简支梁桥进行应变模态参数识别。

(1) 传统稳定图。

分别采用协方差驱动的 SSI(Cov-SSI) 和数据驱动的 SSI(Data-SSI) 对该简支梁桥进行应变模态参数识别。为绘制传统稳定图，系统阶数取为 $n=10, 12, \cdots, 150$，对 n 的每个取值进行一次识别，频率限定值取为 1%，模态振型对应的模态保证准则 MAC 限定值为 2%，图下方加入 PSD 曲线。图 4.17 中(a) 及(b) 分别给出了 Cov-SSI 和 Data-SSI 绘制的传统稳定图。

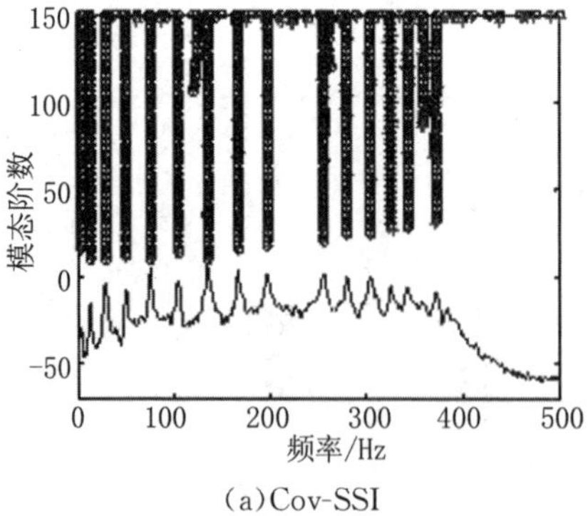

(a)Cov-SSI

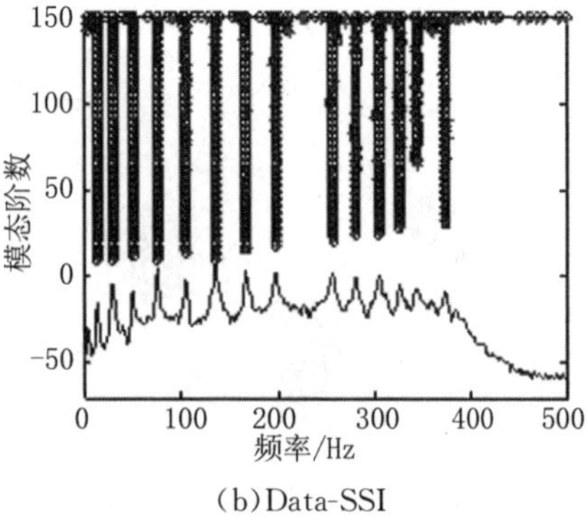

(b)Data-SSI

图 4.17　简支梁桥传统稳定图

由图 4.17 可知，协方差驱动和数据驱动的随机子空间法稳定图中均出现了若干条稳定的极轴，说明两种方法均可用于简支梁桥应变模态参数识别。为了与有限元模型结果(图 4.15)进行比较分析，将 Cov-SSI 和 Data-SSI 识别出的前 4 阶应变模态振型绘于图 4.18，识别频率对比结果列于表 4.6。

表 4.6　频率对比结果(传统稳定图)

频率阶次	有限元 /Hz	协方差驱动 Cov-SSI/Hz	误差 /%	数据驱动 Data-SSI/Hz	误差 /%
1	3.277	3.351	2.258	—	—
2	13.000	12.985	−0.115	12.982	−0.138
3	28.858	28.850	−0.028	28.853	−0.017
4	50.403	49.883	−1.032	49.887	−1.024
运行时间 /s		5.063		63.906	

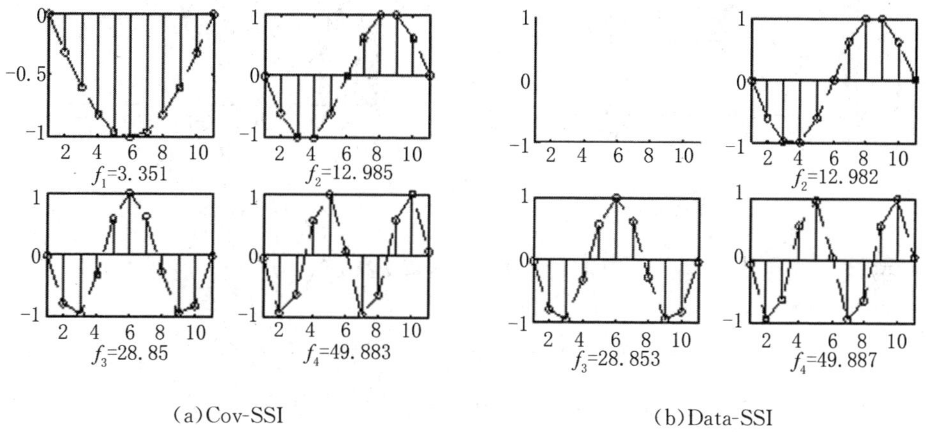

图 4.18　随机子空间法振型识别结果(传统稳定图)

从表 4.6 和图 4.18 可知：Cov-SSI 与 Data-SSI 结合传统的稳定图均能准确识别出该简支梁桥的 2～4 阶的频率和振型，Cov-SSI 能准确识别出第 1 阶模态参数，而 Data-SSI 将其遗漏。从运行时间上看，相同输入数据情况下，Data-SSI 程序运行时间为 63.906s，远大于 Cov-SSI 程序运行时间 5.063s，分析原因是因为 Data-SSI 在运行过程中需进行伪逆计算及大量矩阵相乘所致。综合识别结果及运行时间，以下只介绍 Cov-SSI 与稳定图相结合的应变模态参数识别技术。

(2) 模糊聚类算法稳定图。

将应变时程数据作为输入，系统阶数取为 $n=20$，22，…，150，对 n 的每个取值进行一次识别，频率限定值取为 1%。基于 Cov-SSI，可提取(150－20)/2＋1＝66 组频率及振型数据，再将这些数据作为 FCM 及 KFCM-Ⅱ 算法的输入数据，以频率为横坐标，MAC 的第 5 列值(即简支梁第 5 节点)为纵坐标并在图下方加入 PSD 曲线绘制 FCM 及 KFCM-Ⅱ 稳定图，分别如图 4.19(a) 和(b) 所示。

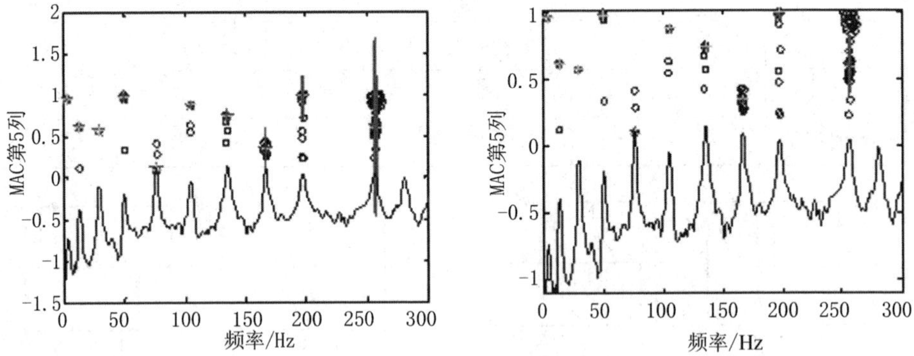

(a)FCM　　　　(b)KFCM-Ⅱ

图 4.19　模糊聚类算法稳定图

从图 4.19 中可以看出，FCM 和 KFCM-Ⅱ 稳定图均将频率及振型数据划分为10类，从比较圆的大小可知第10个聚类结果最不理想，前几阶模态可判断为真模态。然而，模糊聚类算法的准确性受到初始聚类中心选取的影响，在程序运行的过程中不是每次都能获得目标模态理想的稳定图，以前几阶模态为识别目标时，FCM 和 KFCM-Ⅱ 中经常出现失真稳定图(见图 4.20)。

由图 4.20 可知，对前几阶模态而言，FCM 稳定图会出现 3 种失真情况，而 KFCM-Ⅱ 中出现失真的稳定图仅为 1 种，也就是说基于 KFCM-Ⅱ 稳定图用于参数识别的成功率要高于 FCM 稳定图。图 4.21 给出了两种模糊聚类算法聚类中心的运行轨迹图，由图 4.21 可知，FCM 稳定图的初始聚类中心集中于某一区域，而 KFCM-Ⅱ 稳定图的初始聚类中心相对要分散很多，迭代步数比 FCM 少，由此可见 KFCM-Ⅱ 稳定图要比 FCM 稳定图随机产生的初始聚类中心更理想。因为算法的成功率很大程度上取决于初始聚类中心，因此从初始聚类中心分布的视角也可以得出 KFCM-Ⅱ 稳定图的成功率高于 FCM 稳定图的结论。结合 FCM 及 KFCM-Ⅱ 稳定图，Cov-SSI 识别出的频率结果见表 4.7，前 4 阶应变模态振型如图 4.22 所示。

从图 4.22 及表 4.7 中可以看出，FCM 稳定图与 KFCM-Ⅱ 稳定图寻优结果相同（“+”对应的数据点相同），说明识别出的模态参数是相同的。

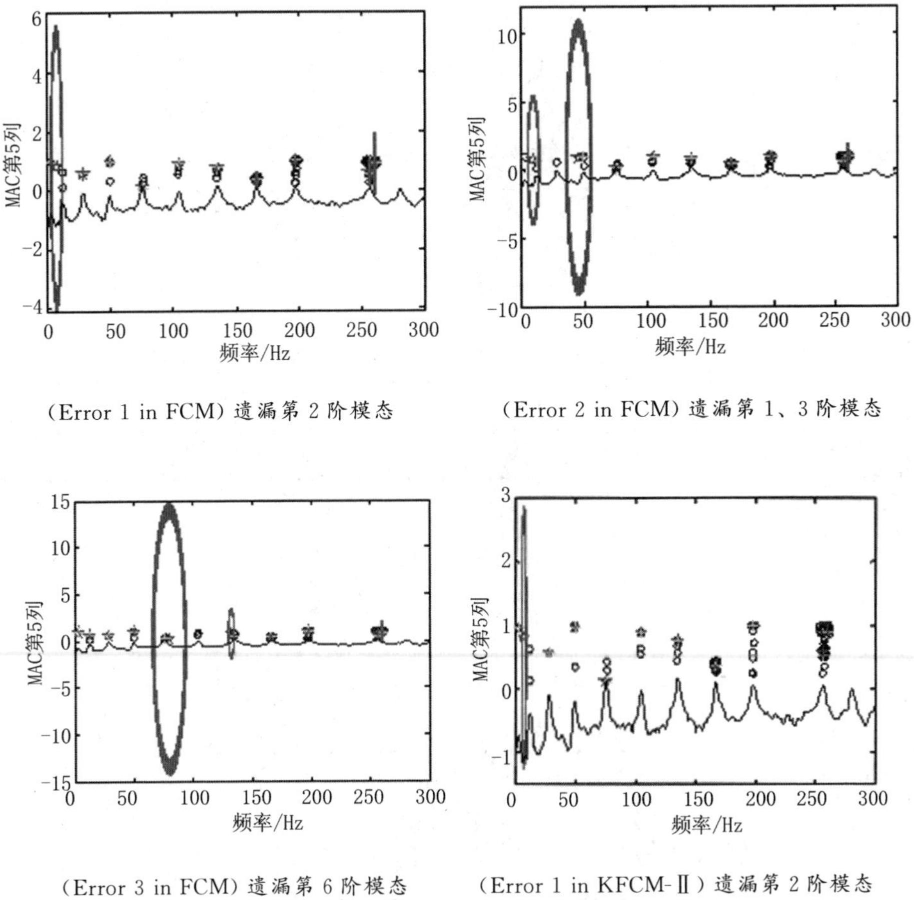

(Error 1 in FCM) 遗漏第 2 阶模态　　(Error 2 in FCM) 遗漏第 1、3 阶模态

(Error 3 in FCM) 遗漏第 6 阶模态　　(Error 1 in KFCM-Ⅱ) 遗漏第 2 阶模态

图 4.20　FCM 和 KFCM-Ⅱ 中失真稳定图

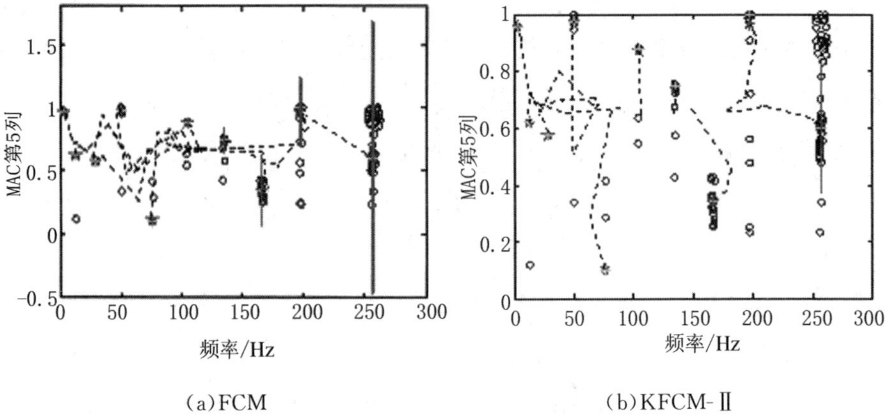

图 4.21　聚类中心运动轨迹图

表 4.7　频率对比结果(模糊聚类稳定图)

频率阶次	有限元 /Hz	FCM/Hz	KFCM-Ⅱ /Hz	误差 /%
1	3.277	3.354	3.354	2.350
2	13.000	12.993	12.993	−0.054
3	28.858	28.845	28.845	−0.045
4	50.403	49.873	49.873	−1.052
运行时间 /s		0.109 38	0.140 63	

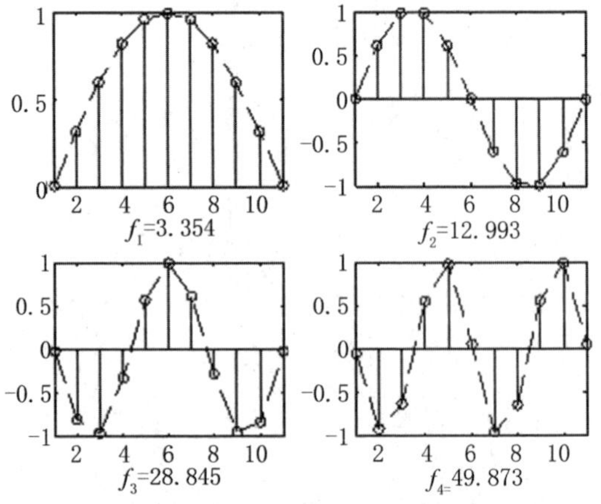

图 4.22　随机子空间法识别振型(模糊聚类稳定图)

基于以上分析可知，FCM 与 KFCM-Ⅱ 稳定图在保证成功率的前提下可以正确且快速识别桥梁结构的应变模态参数，但初始聚类中心的选取对算法成功率有很大影响。

(3) 微分进化算法(DE) 聚类稳定图。

将应变时程作为输入数据，划分为 $c=10$ 个聚类，每个个体包含 2 个属性，即频率及模态保证准则 MAC，个体编码设计如下。

$$X_{i,G}=(x_{11},\ x_{12},\ x_{21},\ x_{22},\ \cdots,\ x_{c1},\ x_{c2}) \tag{4.101}$$

种群规模取 NP＝20，交叉因子 CR＝0.5，变异因子 $F=0.5$，隶属度矩阵指数取 2，迭代数量取 50 000。将 DE 优化结果作为 KFCM-Ⅱ 初始聚类中心，执行 KFCM-Ⅱ 算法，绘制带有聚类中心运动轨迹的稳定图，稳定图如图 4.23 所示。

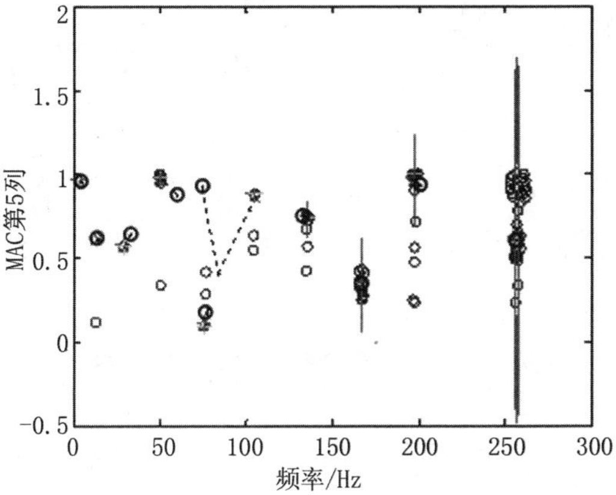

图 4.23　DE 及 KFCM-Ⅱ 轨迹稳定图

将图 4.23 与图 4.21 比较可知：由于 DE 优化了初始聚类中心，使 KFCM-Ⅱ 的迭代步数大大减少，更重要的是使 KFCM-Ⅱ 的成功率大大提高，基本可以避免模糊聚类算法受制于初始聚类中心成功率低的缺陷。当然，高的成功率还依赖于 DE 算法迭代数量的选取，迭代数量选取过低也会使 KFCM-Ⅱ 的成功率降低。

2. 连续梁桥

三等跨连续梁桥全长 $L=60\text{m}$，截面高 $H=1.3\text{m}$，面积 $A=0.928\text{m}^2$，

惯性矩 $I=0.179\text{m}^4$，材料密度 $\rho=2\,600\text{kg/m}^3$，弹性模量 $E=35\text{GPa}$。

该桥应变模态参数识别过程的主要步骤如下：

第 1 步：建模。采用 ANSYS 软件中的 BEAM3 单元建立桥梁有限元模型，如图 4.24 所示。全桥被均匀划分成 30 个单元，共 31 个节点。

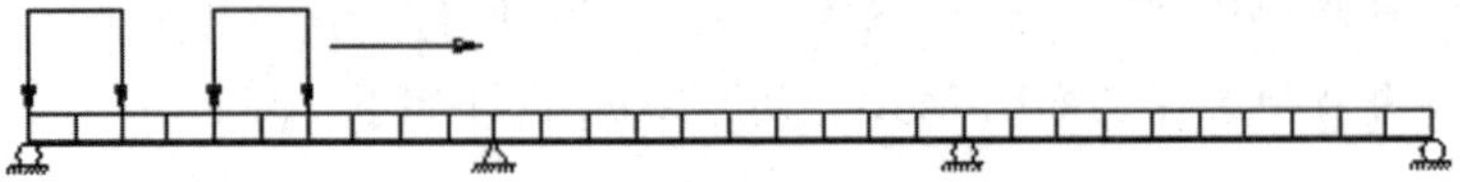

图 4.24　连续梁桥有限元模型(施加移动荷载激励)

第 2 步：模态分析。对有限元模型进行模态分析，得到前 5 阶应变模态振型(见图 4.25)，用以与后续 Cov-SSI、KFCM-Ⅱ 及 DE 结合算法所识别的结果进行对比分析。

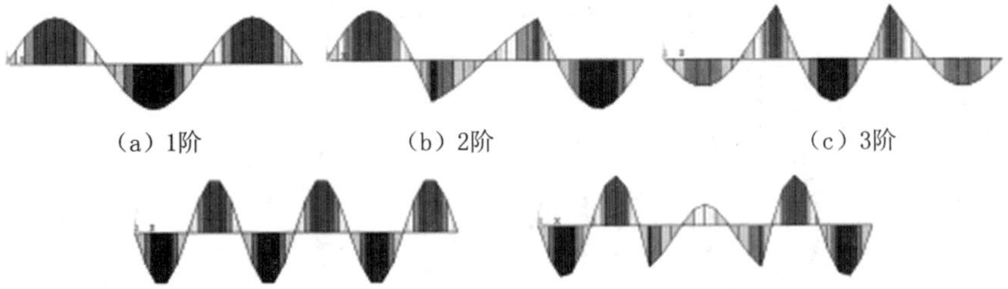

(a) 1阶　(b) 2阶　(c) 3阶

(c) 4阶　(d) 5阶

图 4.25　有限元模型应变模态振型图

第 3 步：施加激励并引入噪声。图 4.24 中向下的集中力(黑色箭头)为对桥梁施加的移动瞬时荷载(时长为 2.401s)，用来模拟汽车从桥梁左端移动到右端对桥梁施加的激励。设定采样频率 $f_s=1\,000\text{Hz}$。由于在实际工程中存在各种噪声干扰，因此采用 $\hat{S}=S(1\pm\lambda_s\text{rand}(0,1))$ 对测量得到的应变时程加入噪声，其中 S 为计算得到的应变时程，S 为加入噪声后的应变时程；rand(0，1) 是均值为零，方差为 1 的高斯分布随机数；λ_s 为测量信号的噪声水平。在此，考虑噪声水平为 $\lambda_s=5\%$、$\lambda_s=100\%$ 的两种情况。

第 4 步：执行 Cov-SSI。将第 3 步获得的应变时程作为输入数据，运行协方差驱动的随机子空间法程序，获得 $n=20，52，\cdots，150$ 共 66 组识别到的模态参数值(频率及 MAC 中第 15 列)，由于这些模态参数中包含虚假模态，则需用稳定图法对其进行处理，剔除虚假模态。

第 5 步：执行 DE 及 KFCM-Ⅱ 算法。将第 4 步获得的模态参数值作为输入数据，种群规模取 NP＝20，交叉因子 CR＝0.5，变异因子 F＝0.5，隶属度矩阵指数为 2，分类数量 c＝10。首先采用 DE 算法对这些数据进行优化分析，然后将优化后的初始聚类中心代入 KFCM-Ⅱ 算法，绘制稳定图(见图 4.26)，提取图中对应的前 5 阶频率列于表 4.8，前 5 阶振型如图 4.27 所示。

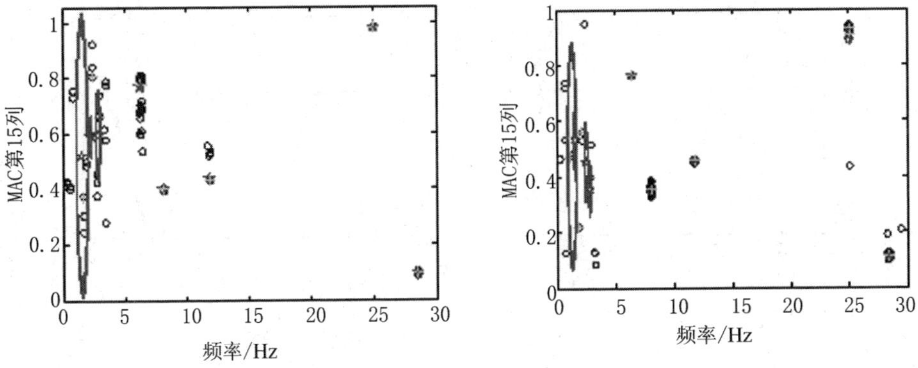

图 4.26　连续梁模糊聚类稳定图

表 4.8　连续梁桥频率识别结果

频率阶次	有限元结果/Hz	KFCM-Ⅱ/Hz		误差/%	
		λ_s = 5%	λ_s = 10%	λ_s = 5%	λ_s = 10%
1	6.31	6.29	6.36	－0.32	0.79
2	8.09	8.07	7.97	－0.25	－1.48
3	11.81	11.79	11.70	－0.17	－0.93
4	25.10	25.01	25.04	－0.36	－0.24
5	28.60	28.53	28.47	－0.24	－0.45

从图 4.26 中可以看出，稳定图中前几阶模态比较圆较大，因此去除 5 个较大比较圆对应的虚假模态。

由图 4.27 可知，在移动荷载激励下，在噪声水平分别为 5% 和 10% 时识别振型结果均与有限元结果具有良好的一致性。由表 4.8 可知，不同噪声水平下稳定图识别的前 5 阶频率也均与有限元结果非常接近，最大误差不超过 2%。由此，验证了本书介绍的模糊聚类稳定图应用于桥梁结构应变模态参数识别的可靠性和有效性。

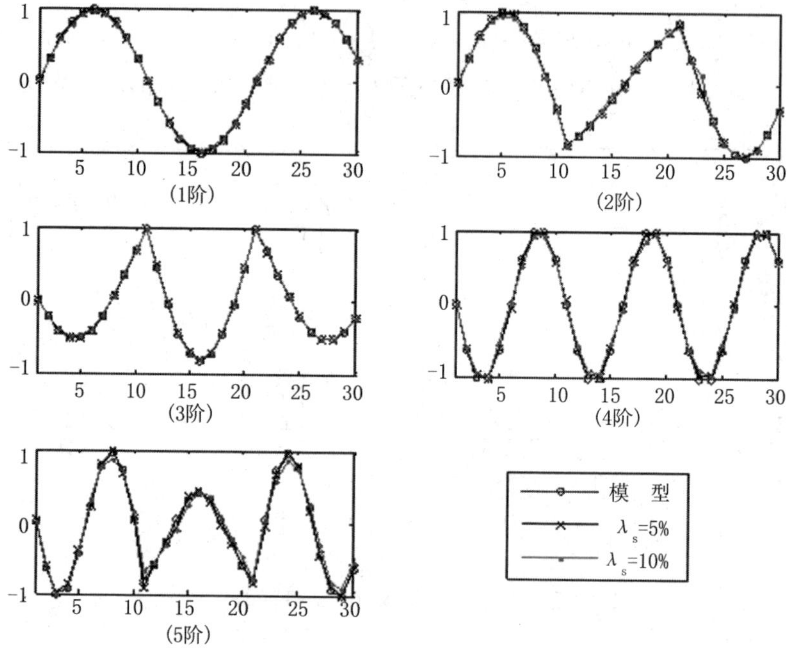

图 4.27　基于 DE 和 KFCM-Ⅱ 的随机子空间法振型识别结果

参考文献

[1] REN W X， HARIK I E. Modal analysis of the Cumberland river bridge on I-24 highway in West Kentucky[C]. Proceedings IMAC-XX： A Conference on Structural Dynamics v. 1， Los Angeles， CA， USA， 2002.

[2] BRINCKER R， ZHANG L， ANDERSEN P. Modal identification from ambient responses using frequency domain decomposition[C]. Proceedings IMAC-XVIII： A Conference on Structural Dynamics v. 1， San Antonio， Texas， 2000， 62-630.

[3] LARDIES J， LARBI N. A new method for model order selection and modal parameter estimation in time domain[J]. Journal of Sound and Vibration， 2001， 245(2)： 187-203.

[4] JIANG Y D，REN W X. EMD-based stochastic subspace identification of structures from operational vibration measurements[J]. Engineering Structures，2005，27(12)：1741-1751.

[5] 吴勇. Ibrahim 时域法中噪音模态的实质 — 论 ITD 法[J]. 振动与冲击，1986(3)：62-67.

[6] 刘征宇，陈心昭，李登啸. 关于最小二乘复指数法的频域-时域模态参数识别技术[J]. 合肥工业大学学报(自然科学版)，1989，12(3)：10-17.

[7] 刘福强，张令弥. 一种改进的特征系统实现算法及在智能结构中的应用[J]. 振动工程学报，1999，12(3)：22-28.

[8] 李蕾红，陆秋海，任革学. 特征系统实现算法的识别特性研究及算法的推广[J]. 工程力学，2002，19(1)：111-116.

[9] 于开平，张玉国，郑丽雯，等. 机械振动信号分析的非线性的小波方法[J]. 汽轮机技术，2001，43(4)：229-230.

[10] 钟佑明，秦树人，汤宝平. Hilbert-Huang 变换中的理论研究[J]. 振动与冲击，2002，21(4)：13-17.

[11] 赵坚. 机械系统动态特性参数时频域辨识理论与方法研究[D]. 天津：天津大学，2006.

[12] 李德葆，陆秋海. 实验模态分析及其应用[M]. 北京：科学出版社，2001.

[13] IBRAHIM S R，MIKULCIK E C. A time domain model vibration test technique[J]. The Shock and Vibration Bulletin，1973，43(4)：21-37.

[14] IBRAHIM S R，MIKUICIK E C. A method for the direct identification of vibration parameters from the free response[J]. The Shock and Vibration Bulletin，1977，47(4)：183-198.

[15] WANG B T，CHENG D K. Modal analysis of mdof system by using free vibration response data only[J]. Journal of Sound and Vibration，2008，311(3-5)：737-755.

[16] 任伟新. 环境振动系统识别方法的比较分析[J]. 福州大学学报：自然科学版，2001，29(6)：80-86.

[17] 张笑华，任伟新，禹丹江. 结构模态参数识别的随机子空间法[J]. 福州大学学报：自然科学版，2005，33(S1)：46-49.

[18] 傅志方. 振动模态分析与参数辨识[M]. 北京：机械工业出版社，1990.

[19] PETER O，Bart M. Subspace identification for linear systems:

theory-implementation-applications[M]. The Netherlands: Kluwer Academic Publishers, 1996.

[20] 叶锡钧，颜全胜，王卫锋，等. 基于多参考点稳定图的斜拉桥模态参数识别[J]. 华南理工大学学报：自然科学版，2011，39(9)：41-53.

[21] 李德葆，陆秋海. 实验模态分析及其应用[M]. 北京：科学出版社，2001.

[22] 禹丹江. 土木工程结构模态参数识别 —— 理论、实现与应用[D]. 福州：福州大学，2005.

[23] 胡利平. 动态法桥梁损伤检测与识别技术面临的挑战[J]. 无损检测，2005，27(5)：252-255.

[24] SCIONTI M, LANSIOTS J P. Stabilisation diagrams: pole identification using fuzzy clustering techniques[J]. Advances in Engineering Software, 2005, 36(11): 768-779.

[25] 高新波. 模糊聚类分析及其应用[M]. 西安：西安电子科技大学出版社，2004.

[26] 严蔚敏，吴伟民. 数据结构(C语言版)[M]. 北京：清华大学出版社，1997.

[27] 于剑. 论模糊C均值算法的模糊指标[J]. 计算机学报，2003，26(8)：968-973.

[28] 姜金辉，阵国平，张方，等. 模糊聚类法在试验模态参数识别分析中的应用[J]. 南京航空航天大学学报，2009，41(3)：344-347.

[29] MACQUEEN J B. Some methods for classification and analysis of multivariate observation[C]. Proceedings of the Fifth Berkeley Symposium on Mathmematical Statistics and Probability, 1967, Vol. I: Statistics: 281-297.

[30] BEZDEK J C. Pattern recognition with fuzzy objective function algorithms[M]. New York-London: Plenum Press, 1981.

[31] 曲福恒，马驷良，胡雅婷. 一种基于核的模糊聚类算法[J]. 吉林大学学报(理学版)，2008，46(6)：1137-1141.

[32] 邹立颖，郝冰，沙丽娟. 基于快速高斯核函数模糊聚类算法的图像分割[J]. 化工自动化及仪表，2010，37(11)：81-84.

[33] 孔锐，张国宣，施泽生，等. 基于核的K－均值聚类[J]. 计算机工程，2004，30(11)：12-13.

[34] 储岳中. 一类基于高斯核的动态聚类算法研究[J]. 华中科技大学学报(自然科学版)，2009，37(8)：43-45.

[35] MAGAIHAES F, CUNHA A, CAETANO E. Online automatic identification of the modal parameters of a long span arch bridge[J]. Mechanical Systems and Signal

Processing，2009，23(2)：316-329.

[36] 孙鑫晖，张令弥．宽频带模态识别算法中极点的自动选取[J]．地震工程与工程振动，2009，29(1)：130-134.

[37] PRICE K V，STORN R M，LAMPINEN J A．Differential evolution：a practical approach to global optimization[M]．Germany：Springer，2005.

[38] STRON R M，PRICE K V．differential evolution-a simple and efficient heuristic for global optimization over continuous spaces[J]．Journal of Global Optimization，1997，11：341-359.

[39] 苏海军，杨煜普，王宇嘉．微分进化算法的研究综述[J]．系统工程与电子技术，2008，30(9)：1793-1797.

[40] 赵光权．基于贪婪策略的微分进化算法及其应用研究[D]．哈尔滨：哈尔滨工业大学，2007.

[41] 鄢东姝．微分进化算法的改进与扩展[D]．长春：吉林大学，2009.

第5章　外界因素对梁式桥梁结构动力特性的影响

基于桥梁动力特性的损伤识别和状态评价方法在桥梁健康监测和检测领域中的应用越来越广泛。然而，这些在理论和室内试验中被证实有效的方法，却在实际运用中遇到了很大困难。当把实测桥梁动力特性直接运用于桥梁的损伤识别和状态评价中，人们发现损伤识别和状态评价结果误差较大，有时甚至给出错误的结论。导致这种情况的根源并不是这些损伤识别和状态评价方法本身出现了问题，而是实际桥梁结构往往处在复杂的运营条件和环境因素中，测试到的结构动力特性往往会包含这些因素的影响。研究结果表明，基于动力特性的损伤识别和状态评价指标不仅对结构损伤敏感，同时也对外界因素(运营条件和环境因素)具有一定的敏感性。因此，只有认真地解决了外界因素的影响，基于动力特性的结构损伤识别和状态评价方法才能够真正运用于工程实践中。已有研究工作表明，车辆和温度作用是引起桥梁结构动力特性变异的两个最重要的因素。因此，剖析车辆和温度两大外部因素对动力特性的影响，从实测动力特性中剔除外界因素的影响，分析出桥梁结构的固有动力特性意义重大。

5.1　车辆对桥梁结构动力特性的影响

5.1.1　车辆影响概述

在利用跳车激励或跑车激励激振桥梁的动力荷载试验中，桥梁上存在激振车辆。由于车辆的存在，车辆与桥梁组成车－桥耦合振动体系共同振动。

在桥梁的动力荷载试验中，测试到的桥梁频率实际上为以桥梁振动为主要振动形式的车 - 桥耦合系统的振动频率，而非桥梁的固有频率，工程上常把测试到的车 - 桥耦合系统的频率称为桥梁有载振动频率。

人们通过野外实桥测试，观测到了桥梁有载振动频率和桥梁固有频率有时会存在较大差异这一事实。Askegaard 和 Mossing 对一座 3 跨钢筋混凝土小桥的观测[1]、Farrar 等对一座 7 跨连续梁桥的观测[2]，以及 Kim 等对简支板桥、连续梁桥和悬索桥的观测[3] 均给出了桥梁有载振动频率和固有频率存在较大差异的结论。

考虑到桥梁有载振动频率与固有频率存在较大差异这一实际情况，很多学者分别把车辆简化为不同的质量分布形式对此问题进行了研究[4-6]，研究成果对桥梁在附加质量情况下桥梁有载振动频率变化规律的研究起到了推动作用。但把车辆简化为移动质量模型，并不能考虑车辆自身振动特性对桥梁有载振动频率的影响。

在考虑车辆振动特性的情况下，人们对桥梁有载振动频率开展了数值模拟分析。苏木标教授建立了车 - 桥系统的振动方程，以铁路简支梁桥为例，对车 - 桥系统的自振特性进行了研究[7]。任剑莹对连续梁桥竖向有载振动频率进行了推导，并采用有限元方法进行了计算[8]。Roeck 等采用有限元方法计算出车辆作用下的桥梁动力响应，从动力响应中分析出桥梁在车辆作用下的有载振动频率[9]。本书作者在桥梁有载振动频率分析方面，也开展了一系列研究工作[10-12]。

人们常采用桥梁的固有频率来进行损伤识别或状态评定，并非桥梁有载振动频率。因此，如何从测试到的有载振动频率中分析出桥梁的固有频率也是值得关注的。我国的《大跨径混凝土桥梁的试验方法》(试行) 中把激振车辆假定为附加质量，提出了桥梁有载振动频率与固有频率之间的关系式，即当激振荷载对结构振动具有附加质量影响时，采用下列近似公式计算自振周期

$$T_0 = T \cdot \sqrt{\frac{M_0}{M_0 + M}} \tag{5.1}$$

式中，T_0 为自振周期，$T_0 = \dfrac{1}{f_0}$，f_0 为固有频率；T 为有附加质量影响的实

测周期，$T=\frac{1}{f}$，f 为有附加质量影响的实测频率(即有载振动频率)；M_0 为结构在激振处的换算质量；M 为附加质量。

结构的换算质量可用两个不同质量的突加荷载依次激振，假定在附加质量分别为 M_1 和 M_2 的情况下测定的自振周期性分别为 T_1 和 T_2，则可求得换算质量 M_0。

$$\frac{M_0+M_1}{T_1^2}=\frac{M_0+M_2}{T_2^2} \tag{5.2}$$

$$M_0=\frac{T_1^2M_2-T_2^2M_1}{T_2^2-T_1^2} \tag{5.3}$$

由公式(5.1)可知，车辆作用下的实测周期一定大于桥梁的自振周期，即桥梁有载振动频率一定小于桥梁固有频率。其实这种结论并不普遍适用(在后续章节中将会得到例证)，究其本质，在于该公式并未完全考虑车辆的振动特性，如悬架刚度、轮胎刚度、车轮质量和车体质量等。

5.1.2 单个车辆参数对桥梁有载振动频率的影响分析

1. 车辆作用下桥梁有载振动频率求解模型

本书 3.3 节中分别建立了简支梁桥空间模型的运动方程[公式(3.34)]和车辆 7 自由度整车模型的运动方程[公式(3.43)]，将车辆和桥梁两个子系统的运动方程合并可以得到车 - 桥耦合系统的运动方程：

$$\begin{bmatrix}\bar{\boldsymbol{M}}_{\mathrm{b}} & 0\\ 0 & \boldsymbol{M}_{\mathrm{v}}\end{bmatrix}\begin{Bmatrix}\ddot{\boldsymbol{q}}\\ \ddot{\boldsymbol{u}}_{\mathrm{b}}\end{Bmatrix}+\begin{bmatrix}\bar{\boldsymbol{C}}_{\mathrm{b}}^{*} & \boldsymbol{C}_{bv}\\ \boldsymbol{C}_{\mathrm{bv}}^{\mathrm{T}} & \boldsymbol{C}_{\mathrm{v}}\end{bmatrix}\begin{Bmatrix}\dot{\boldsymbol{q}}\\ \dot{\boldsymbol{u}}_{\mathrm{b}}\end{Bmatrix}+\begin{bmatrix}\bar{\boldsymbol{K}}_{\mathrm{b}}^{*} & \boldsymbol{K}_{\mathrm{bv}}\\ \boldsymbol{K}_{\mathrm{bv}}^{\mathrm{T}} & \boldsymbol{K}_{\mathrm{v}}\end{bmatrix}\begin{Bmatrix}\boldsymbol{q}\\ \boldsymbol{u}_{\mathrm{b}}\end{Bmatrix}=\begin{Bmatrix}\bar{\boldsymbol{P}}_{\mathrm{b}}\\ \boldsymbol{P}_{\mathrm{v}}\end{Bmatrix} \tag{5.4}$$

式中，$\boldsymbol{M}_{\mathrm{v}}$，$\bar{\boldsymbol{M}}_{\mathrm{b}}$，$\boldsymbol{C}_{\mathrm{v}}$，$\boldsymbol{K}_{\mathrm{v}}$，$\boldsymbol{q}$，$\boldsymbol{u}_{\mathrm{b}}$，$\bar{\boldsymbol{P}}_{\mathrm{b}}$，$\boldsymbol{P}_{\mathrm{v}}$ 的意义同本书 3.3 节。

$$\bar{\boldsymbol{K}}_{\mathrm{b}}^{*}=\begin{bmatrix}\bar{\boldsymbol{K}}_{\mathrm{b}}(1,1)+\sum_{i=1}^{4}k_{\mathrm{t}i}\boldsymbol{\phi}_1^{\mathrm{T}}\boldsymbol{H}_i\boldsymbol{H}_i^{\mathrm{T}}\phi_1 & & 0\\ & \ddots & \\ 0 & & \bar{\boldsymbol{K}}_{\mathrm{b}}(n,n)+\sum_{i=1}^{4}k_{\mathrm{t}i}\boldsymbol{\phi}_n^{\mathrm{T}}\boldsymbol{H}_i\boldsymbol{H}_i^{\mathrm{T}}\boldsymbol{\phi}_n\end{bmatrix} \tag{5.5}$$

$$\boldsymbol{K}_{\mathrm{bv}}=\begin{bmatrix} 0 & 0 & 0 & -\boldsymbol{\phi}_1^{\mathrm{T}}\boldsymbol{H}_1 k_{\mathrm{t1}} & -\boldsymbol{\phi}_1^{\mathrm{T}}\boldsymbol{H}_2 k_{\mathrm{t2}} & -\boldsymbol{\phi}_1^{\mathrm{T}}\boldsymbol{H}_3 k_{\mathrm{t3}} & -\boldsymbol{\phi}_1^{\mathrm{T}}\boldsymbol{H}_4 k_{\mathrm{t4}} \\ \vdots & \vdots & \vdots & \vdots & \vdots & \vdots & \vdots \\ 0 & 0 & 0 & -\boldsymbol{\phi}_n^{\mathrm{T}}\boldsymbol{H}_1 k_{\mathrm{t1}} & -\boldsymbol{\phi}_n^{\mathrm{T}}\boldsymbol{H}_2 k_{\mathrm{t2}} & -\boldsymbol{\phi}_n^{\mathrm{T}}\boldsymbol{H}_3 k_{\mathrm{t3}} & -\boldsymbol{\phi}_n^{\mathrm{T}}\boldsymbol{H}_4 k_{\mathrm{t4}} \end{bmatrix} \tag{5.6}$$

$$\bar{\boldsymbol{P}}_{\mathrm{b}}=\boldsymbol{\phi}^{\mathrm{T}}\left\{\sum_{i=1}^{4}\boldsymbol{H}_i\left(W_i+k_{\mathrm{t}i}Z_{ri}+c_{\mathrm{t}i}\dot{Z}_{ri}\right)\right\} \tag{5.7}$$

$$\boldsymbol{P}_{\mathrm{v}}=\begin{Bmatrix} 0 \\ 0 \\ 0 \\ -(c_{\mathrm{t1}}\dot{Z}_{r1}+k_{\mathrm{t1}}Z_{\mathrm{r1}}) \\ -(c_{\mathrm{t2}}\dot{Z}_{\mathrm{r2}}+k_{\mathrm{t2}}Z_{\mathrm{r2}}) \\ -(c_{\mathrm{t3}}\dot{Z}_{\mathrm{r3}}+k_{\mathrm{t3}}Z_{\mathrm{r3}}) \\ -(c_{\mathrm{t4}}\dot{Z}_{\mathrm{r4}}+k_{\mathrm{t4}}Z_{\mathrm{r4}}) \end{Bmatrix} \tag{5.8}$$

公式(5.5)～(5.8)中，$\boldsymbol{\phi}_i(i=1, 2, \cdots, n)$为桥梁的第 i 阶振型，n 为采用模态叠加法计算桥梁位移时考虑的模态阶数，其余符号的含义同本书 3.3 节。

在分析车-桥耦合系统的振动频率时，将式(5.4)中的阻尼项和由桥面不平整引起的载荷项去除，则式(5.4)变为

$$\begin{bmatrix} \bar{\boldsymbol{M}}_{\mathrm{b}} & 0 \\ 0 & \boldsymbol{M}_{\mathrm{v}} \end{bmatrix}\begin{Bmatrix} \ddot{\boldsymbol{q}} \\ \ddot{\boldsymbol{u}}_{\mathrm{b}} \end{Bmatrix}+\begin{bmatrix} \bar{\boldsymbol{K}}_{\mathrm{b}}^{*} & \boldsymbol{K}_{\mathrm{bv}} \\ \boldsymbol{K}_{\mathrm{bv}}^{\mathrm{T}} & \boldsymbol{K}_{\mathrm{v}} \end{bmatrix}\begin{Bmatrix} \boldsymbol{q} \\ \boldsymbol{u}_{\mathrm{b}} \end{Bmatrix}=\begin{Bmatrix} \bar{\boldsymbol{P}}_{\mathrm{b}}' \\ \boldsymbol{0} \end{Bmatrix} \tag{5.9}$$

式中，

$$\bar{\boldsymbol{P}}'_{\mathrm{b}}=\boldsymbol{\phi}^{\mathrm{T}}\sum_{i=1}^{4}\boldsymbol{H}_i W_i \tag{5.10}$$

$\bar{\boldsymbol{P}}_{\mathrm{b}}'$ 为车辆重力引起的桥梁外载荷。

认为桥梁以车辆重力作用下产生的静力位移为振动平衡位置，则公式(5.9)变为

$$\begin{bmatrix} \bar{\boldsymbol{M}}_{\mathrm{b}} & 0 \\ 0 & \boldsymbol{M}_{\mathrm{v}} \end{bmatrix}\begin{Bmatrix} \ddot{\boldsymbol{q}} \\ \ddot{\boldsymbol{u}}_{\mathrm{b}} \end{Bmatrix}+\begin{bmatrix} \bar{\boldsymbol{K}}_{\mathrm{b}}^{*} & \boldsymbol{K}_{\mathrm{bv}} \\ \boldsymbol{K}_{\mathrm{bv}}^{\mathrm{T}} & K_{\mathrm{v}} \end{bmatrix}\begin{Bmatrix} \boldsymbol{q} \\ \boldsymbol{u}_{\mathrm{b}} \end{Bmatrix}=\begin{Bmatrix} \boldsymbol{0} \\ \boldsymbol{0} \end{Bmatrix} \tag{5.11}$$

公式(5.11)为车-桥耦合系统无阻尼自由振动方程，将其表示为如下简洁形式：

$$\boldsymbol{M}_s \ddot{\boldsymbol{u}}_s + \boldsymbol{K}_s \boldsymbol{u}_s = 0 \tag{5.12}$$

式中，$\boldsymbol{M}_s$ 和 $\boldsymbol{K}_s$ 分别为车-桥耦合系统的质量矩阵和刚度矩阵，$\boldsymbol{u}_s$ 为系统的位移向量。

根据车辆和桥梁的振动特性，认为车辆和桥梁都在平衡位置附近做简谐振动，则有

$$\boldsymbol{u}_s = \boldsymbol{U}\sin\hat{\omega}t \tag{5.13}$$

式中，$\boldsymbol{U}$ 分别为位移 $\boldsymbol{u}_s$ 的幅值，$\hat{\omega}$ 为车辆作用下车-桥耦合系统的振动频率。

将公式(5.13)代入公式(5.12)中，可得

$$\boldsymbol{M}_s^{-1}\boldsymbol{K}_s\boldsymbol{U} = \hat{\omega}^2\boldsymbol{U} \tag{5.14}$$

求解公式(5.14)中 $\boldsymbol{M}_s^{-1}\boldsymbol{K}_s$ 的特征值即可得出车-桥耦合系统的振动频率。

2. 单个车辆参数对有载振动频率的影响

以本书3.3节所采用的钢筋混凝土简支梁桥为例，讨论汽车轮胎刚度、簧上质量、簧下质量、悬架刚度以及车辆位置对桥梁有载振动频率的影响。汽车采用本书3.3节中的7自由度整车模型，初始参数为：簧上质量 $m_b = 5\text{t}$；车身俯仰转动惯量 $I_p = 2.446\times10^4\text{kg}\cdot\text{m}^2$；车身侧倾转动惯量 $I_r = 1.22\times10^4\text{kg}\cdot\text{m}^2$；簧下质量 $m_{ti} = 500\text{kg}(i=1, 2, 3, 4)$；轮胎刚度 $k_{ti} = 2.14\times10^6\text{N/m}(i=1, 2, 3, 4)$；悬架刚度 $k_{si} = 1.26\times10^6\text{N/m}(i=1, 2, 3, 4)$；前轮到车身质心的间距 $a = 4.2\text{m}$，后轮到车身质心的间距 $b = 4.2\text{m}$。

在分析汽车各参数对桥梁有载振动频率的影响时，使汽车的质心位于3# 梁跨中的正上方，由于汽车在该位置时对桥梁的1阶和4阶有载振动频率影响最大，且对桥梁的2阶和3阶有载振动频率的影响规律与1阶或4阶类似，以下分析时只列出桥梁的1阶和4阶有载振动频率的变化规律。将桥梁某阶有载振动频率与固有频率相差的百分比定义为桥梁频率的变化率。采用本书5.1节中的方法和有限元软件ANSYS分析了不同车辆参数对桥梁有载振动频率的影响。

(1) 轮胎刚度的影响。

单个车辆作用下，变化车辆的轮胎刚度 k_{ti}，车辆的其他参数取初始参数，得出轮胎刚度与桥梁频率变化率之间的关系(见图 5.1)。

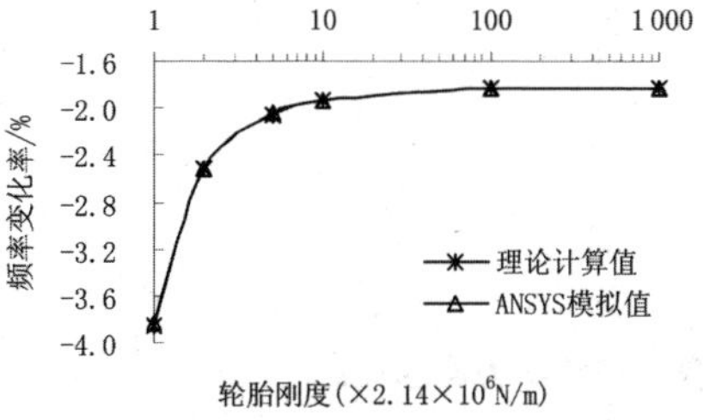

(a)1 阶

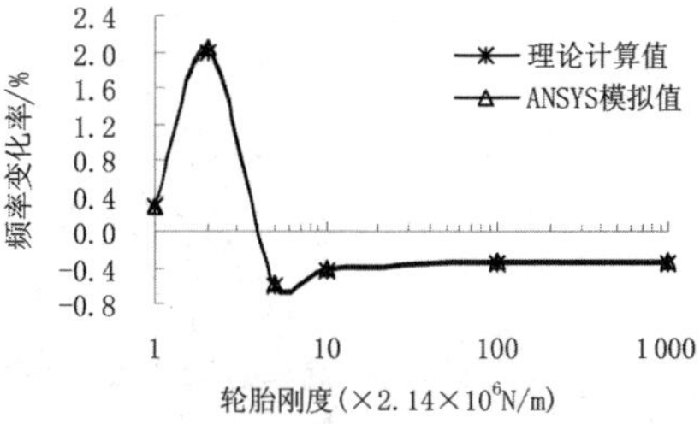

(b)4 阶

图 5.1　汽车轮胎刚度对桥梁有载振动频率的影响

由图 5.1(a) 可以看出，桥梁的 1 阶有载振动频率小于其固有频率且随着轮胎刚度的增大而增大，当轮胎刚度增大到 10 倍以后基本趋于稳定。由图 5.1(b) 可以看出，桥梁的 4 阶有载振动频率先大于其固有频率，并随着轮胎刚度的增大而继续增大，当轮胎刚度达到一定值以后，4 阶有载振动频率迅速减小至小于固有频率，达到极小值以后随着轮胎刚度的增大而缓慢增长，当轮胎刚度增大到 10 倍以后基本趋于稳定。当 $k_{ti}=1\ 000k_{ti}^{0}$ 时，可近似认为车轮与桥梁之间为刚性连接时，1 阶和 4 阶有载振动频率均小于其固有频率。

(2) 悬架刚度的影响。

单个车辆作用下，分别取轮胎刚度为 $k_{ti}=2.14\times10^{6}$ N/m(以下记作 $k_{ti}=k_{ti}^{0}$) 和 $k_{ti}=2.14\times10^{6}\times1\ 000$N/m(以下记作 $k_{ti}=1\ 000k_{ti}^{0}$)，变化悬架刚度 k_{si}，车辆的其他参数取初始参数。得出悬架刚度与桥梁频率变化率之间的关系(见图 5.2、图 5.3)。当悬架刚度放大到 1 000 倍的时候，可近似认为汽车的簧上质量与簧下质量之间是刚性连接，即二者合并为一个质量。当悬架刚度和轮胎刚度都放大到 1 000 倍的时候，可近似认为汽车作为附加质量作用在桥梁上。

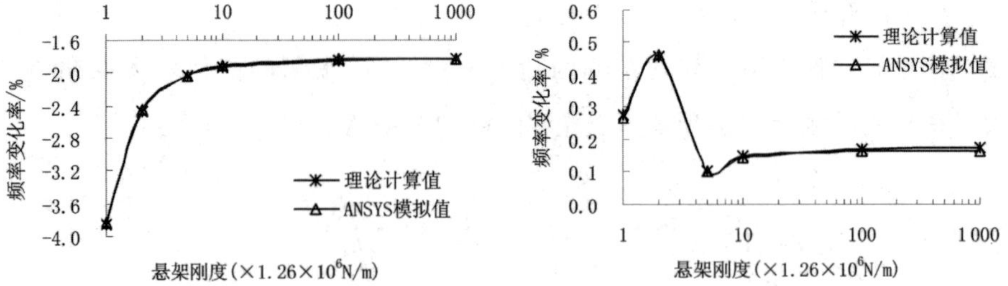

(a)1 阶　　　　(b)4 阶

图 5.2　汽车悬架刚度对桥梁有载振动频率的影响($k_{ti}=k_{ti}^0$)

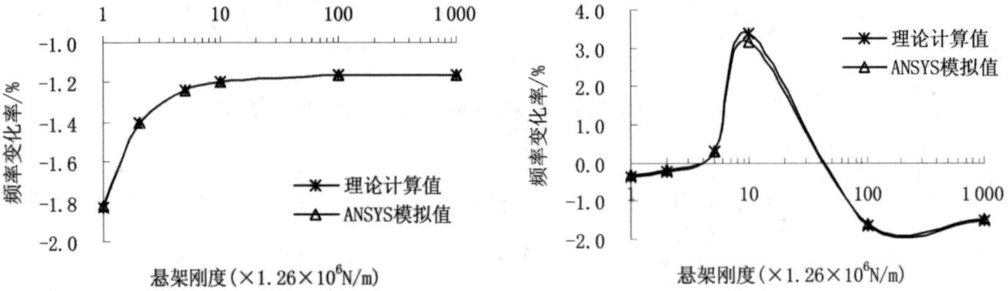

(a)1 阶　　　　(b)4 阶

图 5.3　汽车悬架刚度对桥梁有载振动频率的影响($k_{ti}=1\,000k_{ti}^0$)

由图5.2(a)和图5.3(a)可以看出，当$k_{ti}=k_{ti}^0$以及$k_{ti}=1\,000k_{ti}^0$时，桥梁的1阶有载振动频率均小于其固有频率且随着悬架刚度的增大而增大，当悬架刚度增大到10倍以后基本趋于稳定。

由图5.2(b)和图5.3(b)可以看出，当$k_{ti}=k_{ti}^0$以及$k_{ti}=1\,000k_{ti}^0$时，桥梁的4阶有载振动频率随悬架刚度的变化趋势相同，都是先随着悬架刚度的增大而增大，当悬架刚度增大到一定值以后，有载振动频率迅速减小，而后缓慢增长至趋于稳定。当$k_{ti}=k_{ti}^0$时，桥梁的4阶有载振动频率一直大于其固有频率，当$k_{ti}=1\,000k_{ti}^0$、$k_{si}=1\,000k_{si}^0$，可近似认为汽车作为附加质量作用在桥梁上，4阶有载振动频率小于其固有频率。

(3) 簧下质量的影响。

单个车辆作用下，分三种情况讨论车辆的簧下质量m_{ti}改变对桥梁有载振动频率的影响：① 轮胎刚度为$k_{ti}=k_{ti}^0$，悬架刚度为$k_{si}=k_{si}^0$；② 轮胎刚度

为 $k_{ti}=1\ 000k_{ti}^{0}$，悬架刚度为 $k_{si}=k_{si}^{0}$。③ 轮胎刚度为 $k_{ti}=1\ 000k_{ti}^{0}$，悬架刚度为 $k_{si}=1\ 000k_{si}^{0}$。车辆的其他参数取初始参数，得到簧下质量与桥梁频率变化率之间的关系(见图 5.4、5.5、5.6)。

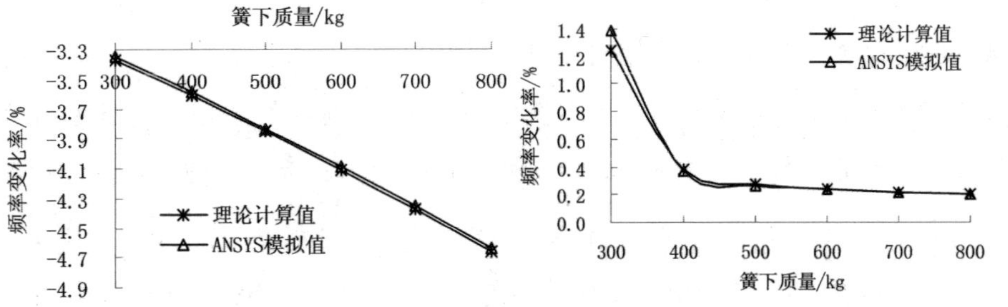

(a)1 阶　　(b)4 阶

图 5.4　**簧下质量对桥梁有载振动频率的影响**($k_{ti}=k_{ti}^{0}$，$k_{si}=k_{si}^{0}$)

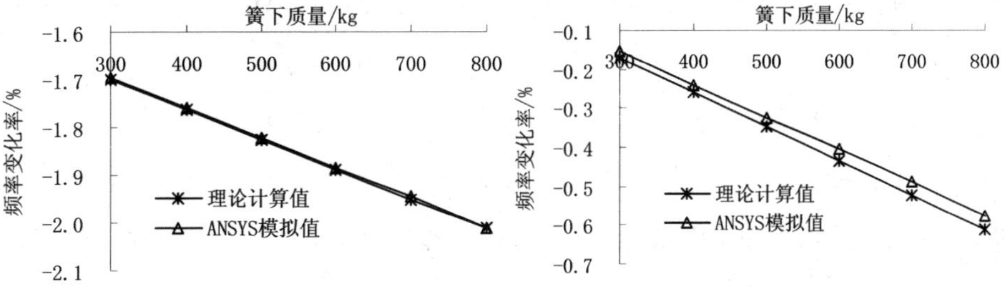

(a)1 阶　　(b)4 阶

图 5.5　**簧下质量对桥梁有载振动频率的影响**($k_{ti}=1\ 000k_{ti}^{0}$，$k_{si}=k_{si}^{0}$)

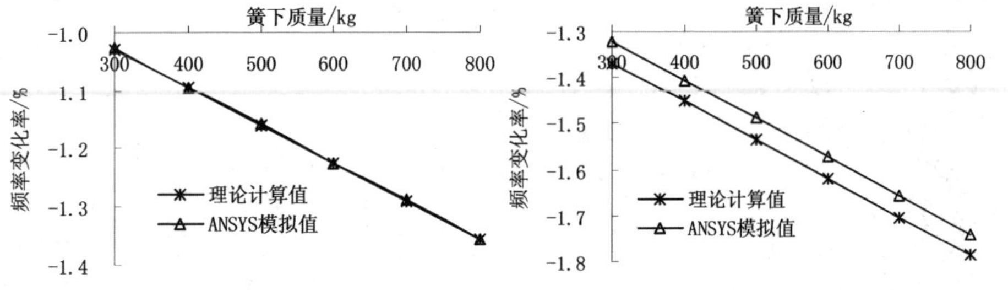

(a)1 阶　　(b)4 阶

图 5.6　**簧下质量对桥梁有载振动频率的影响**($k_{ti}=1\ 000k_{ti}^{0}$，$k_{si}=1\ 000k_{si}^{0}$)

由图 5.4(a)、5.5(a) 和 5.6(a) 可以看出，三种情况下，桥梁的 1 阶有载振动频率均小于其固有频率，且随着簧下质量的增大而直线下降。同样簧下质量时，当 $k_{ti}=k_{ti}^{0}$、$k_{si}=k_{si}^{0}$ 时，有载振动频率减小得最多；当 $k_{ti}=1\ 000k_{ti}^{0}$、$k_{si}=1\ 000k_{si}^{0}$ 时，有载振动频率减小得最少。

由图5.4(b)、5.5(b)和5.6(b)可以看出，三种情况下，桥梁的4阶有载振动频率均随着簧下质量的增大而减小。当 $k_{ti}=k_{ti}^{0}$、$k_{si}=k_{si}^{0}$ 时，4阶有载振动频率大于其固有频率，且当簧下质量在300～400kg之间时，有载振动频率随簧下质量的增加迅速下降，簧下质量超过400kg后，有载振动频率随簧下质量的增加减小的很缓慢。当 $k_{ti}=1\ 000k_{ti}^{0}$、$k_{si}=k_{si}^{0}$ 以及 $k_{ti}=1\ 000k_{ti}^{0}$、$k_{si}=1\ 000k_{si}^{0}$ 时，4阶有载振动频率均小于其固有频率，且随着簧下质量的增大而直线下降。

由上述现象可知，无论是考虑车辆的实际悬架和轮胎刚度，还是把车辆的悬架和轮胎当作刚性连接，簧下质量的改变对桥梁有载振动频率的影响都很大，桥梁的有载振动频率随着簧下质量的增大而减小。

(4) 簧上质量的影响。

单个车辆作用下，分三种情况讨论车辆的簧上质量 m_b 改变对桥梁有载振动频率的影响：① 轮胎刚度为 $k_{ti}=k_{ti}^{0}$，悬架刚度为 $k_{si}=k_{si}^{0}$；② 轮胎刚度为 $k_{ti}=1\ 000k_{ti}^{0}$，悬架刚度为 $k_{si}=k_{si}^{0}$；③ 轮胎刚度为 $k_{ti}=1\ 000k_{ti}^{0}$，悬架刚度为 $k_{si}=1\ 000k_{si}^{0}$。车辆的其他参数取初始参数，得出簧上质量与桥梁频率变化率之间的关系(见图5.7、5.8、5.9)。

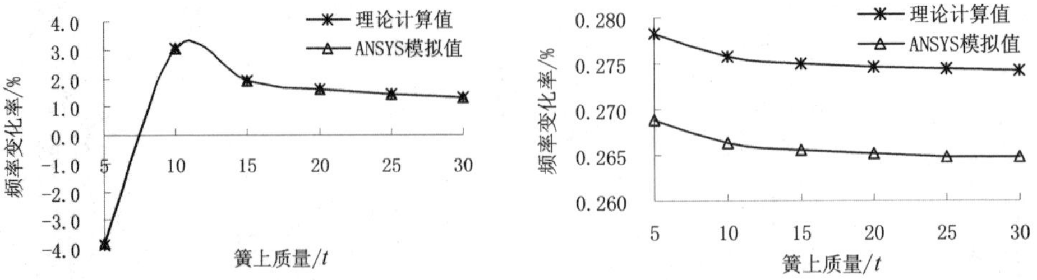

(a)1 阶

(b)4 阶

图5.7　簧上质量对桥梁有载振动频率的影响($k_{ti}=k_{ti}^{0}$，$k_{si}=k_{si}^{0}$)

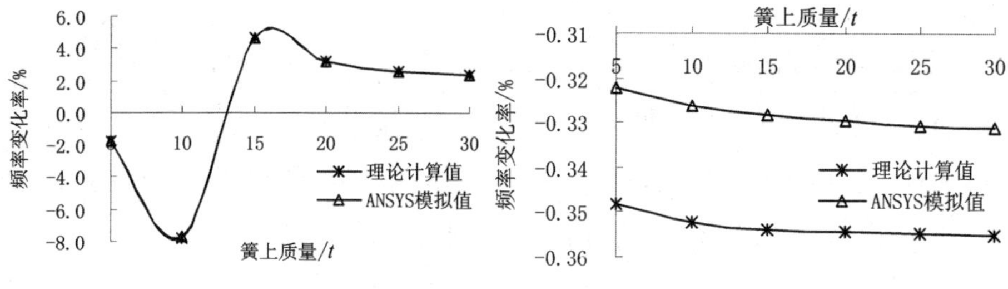

(a)1 阶　　　　(b)4 阶

图 5.8　簧上质量对桥梁有载振动频率的影响($k_{ti}=1\ 000k_{ti}^{0}$，$k_{si}=k_{si}^{0}$)

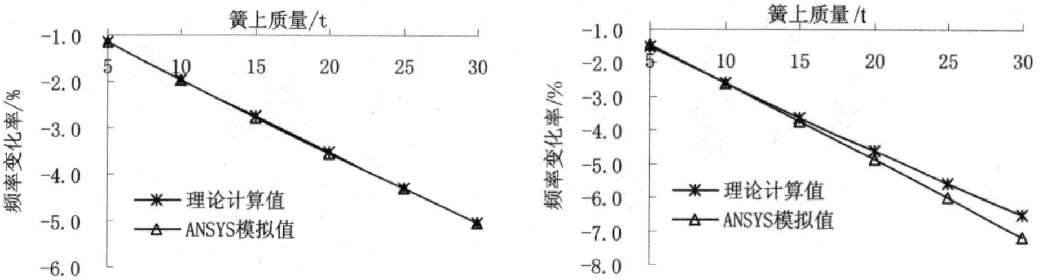

(a)1 阶　　　　(b)4 阶

图 5.9　簧上质量对桥梁有载振动频率的影响($k_{ti}=1\ 000k_{ti}^{0}$，$k_{si}=1\ 000k_{si}^{0}$)

由图 5.7(a)、5.8(a) 和 5.9(a) 可以看出，当 $k_{ti}=k_{ti}^{0}$，$k_{si}=k_{si}^{0}$ 以及 $k_{ti}=1\ 000k_{ti}^{0}$、$k_{si}=k_{si}^{0}$ 时，桥梁的 1 阶有载振动频率先小于其固有频率，随着簧上质量的增加迅速增大到大于其固有频率，然后缓慢减小并趋于平稳。当 $k_{ti}=1\ 000k_{ti}^{0}$，$k_{si}=1\ 000k_{si}^{0}$ 时，桥梁的 1 阶有载振动频率小于其固有频率，且随着簧上质量的增大而直线下降。

由图 5.7(b)、5.8(b) 和 5.9(b) 可以看出，当 $k_{ti}=k_{ti}^{0}$、$k_{si}=k_{si}^{0}$ 以及 $k_{ti}=1\ 000k_{ti}^{0}$、$k_{si}=k_{si}^{0}$ 时，簧上质量的改变对桥梁的 4 阶有载振动频率影响很小，随着簧上质量的增大略有下降。当 $k_{ti}=1\ 000k_{ti}^{0}$、$k_{si}=1\ 000k_{si}^{0}$ 时，桥梁的 4 阶有载振动频率小于其固有频率，且随着簧上质量的增大而直线下降。

由上述现象可知，当考虑车辆的实际悬架和轮胎刚度时，簧上质量在一定范围内变化，对桥梁有载振动频率的影响很小，有载振动频率随着簧上质量的增大略有减小。而把车辆的悬架和轮胎都当作刚性连接时，簧上质量的改变对桥梁有载振动频率的影响很大，有载振动频率随着簧上质量的增大而直线下降。

(5) 车辆位置的影响。

单个车辆作用下，取轮胎刚度为 $k_{ti}=k_{ti}^{0}$，悬架刚度为 $k_{si}=k_{si}^{0}$，车辆的其他参数取初始参数。改变车辆的位置，使车辆可以沿顺桥向和横桥向移动，得出车辆位置与桥梁有载振动频率之间的关系(见图 5.10)。

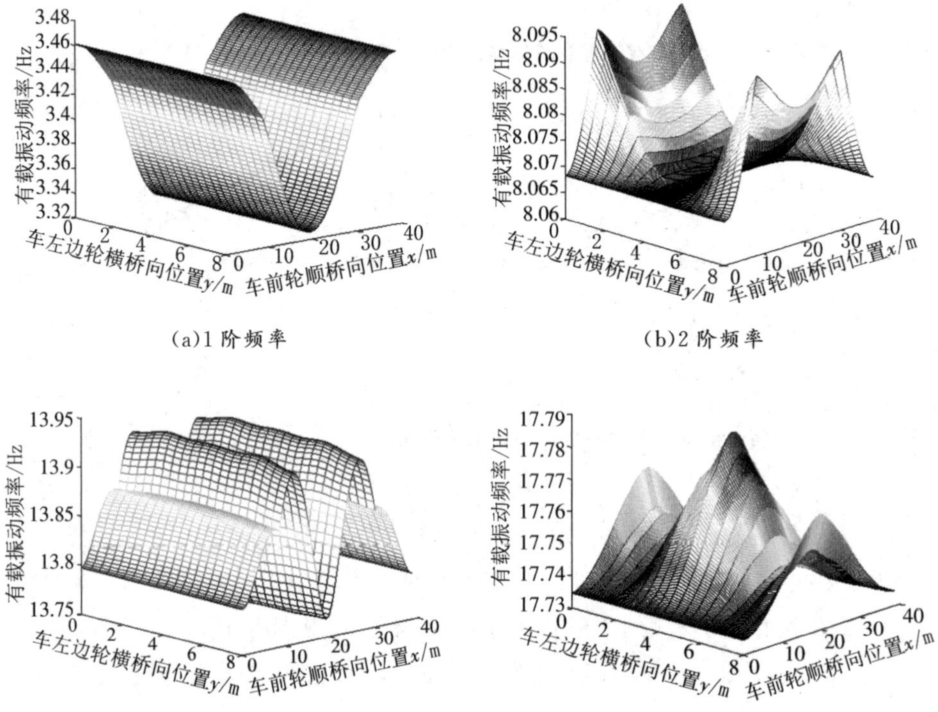

(a)1 阶频率

(b)2 阶频率

(c)3 阶频率

(d)4 阶频率

图 5.10　车辆位置对桥梁有载振动频率的影响($k_{ti}=k_{ti}^{0}$，$k_{si}=k_{si}^{0}$)

由图 5.10(a)可以看出，汽车作用在桥梁上不同位置时，桥梁的 1 阶有载振动频率均小于其固有频率，当汽车前轮位于 $x=19.2$m(汽车前后轴关于跨中对称)时达到最小值，汽车横桥向位置的改变对 1 阶有载振动频率基本无影响。

由图 5.10(b)可以看出，当汽车前轮位于 $x=8.4$m(汽车后轴刚要进入桥梁)和 $x=30$m(汽车前轴刚要驶出桥梁)时，桥梁 2 阶有载振动频率出现两个极大值，当汽车前轮位于 $x=19.2\text{m}$ 时，出现一个极小值。汽车横桥向位置的改变对 2 阶有载振动频率影响很大，当汽车作用在边梁上时影响最大，越往中梁靠近影响越小。

由图 5.10(c) 可以看出，当汽车前轮位于 $x=11.7\text{m}$(汽车前后轴关于 $L/4$ 对称) 和 $x=26.7\text{m}$(汽车前后轴关于 $3L/4$ 对称) 时，桥梁 3 阶有载振动频率出现两个极大值，当汽车前轮位于 $x=19.2\text{m}$ 时，出现一个极小值。汽车横桥向位置的改变对 1 阶有载振动频率基本无影响。

由图 5.10(d) 可以看出，当汽车前轮位于 $x=19.2\text{m}$ 时，桥梁 3 阶有载振动频率达到最大值，车辆横桥向位置的改变对 4 阶有载振动频率的影响很大，当汽车作用在中梁上时影响最大，作用在边梁上时次之，作用在次边梁上时影响最小。

通过进一步分析可以发现，汽车作用位置对桥梁有载振动频率的影响大小与桥梁的振型有关，车轮作用点处桥梁的某阶振型的绝对值越大，车辆对桥梁该阶有载振动频率的影响越大。例如对桥梁的 1 阶有载振动频率，汽车在影响最大的位置时，4 个车轮作用点处桥梁的 1 阶振型绝对值均接近最大。对桥梁的 2 阶有载振动频率，由于桥梁的 2 阶振型的绝对值在边梁最大，在中梁最小，因此，当车辆在边梁上时，对桥梁的 2 阶有载振动频率影响最大，当车辆在中梁上时，影响最小。

5.1.3　车辆振动特性对桥梁有载振动频率的影响分析

本书 5.1.2 节讨论了单个车辆参数对桥梁有载振动频率的影响，对揭示车辆作用对桥梁有载振动频率的影响有一定的借鉴意义。其实，车辆是一个弹簧 - 质量系统，车辆对桥梁有载振动频率的影响效应取决于车辆各参数的组合。本节采用车辆振动特性来表征车辆各参数的组合效应，进而探究车辆作用对桥梁有载振动频率的影响。

本节采用如图 5.11 所示的 4 自由度半车模型和两跨连续梁桥为数值算例，从车辆振动特性的角度讨论车辆对桥梁有载振动频率的影响。该数值算例属于典型的车辆作用下梁式桥梁结构的动力特性计算问题，具体计算方法可参见文献[10]。

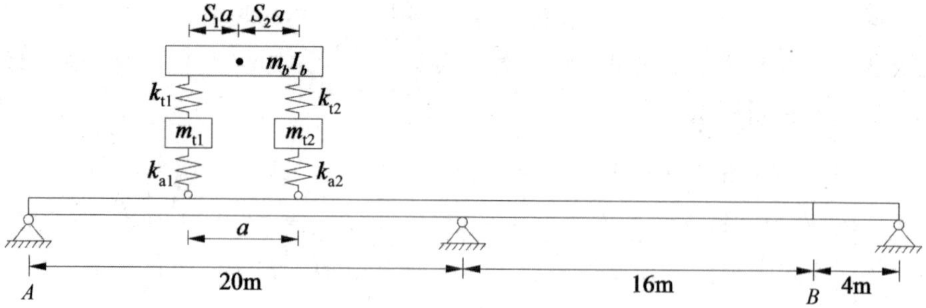

图 5.11　半车模型作用下的两跨连续梁桥

桥梁材料弹性模量 $E=2.85\times10^{10}$ Pa，密度 $\rho=2\ 500\ \mathrm{kg/m^3}$，横截面见图 5.12。

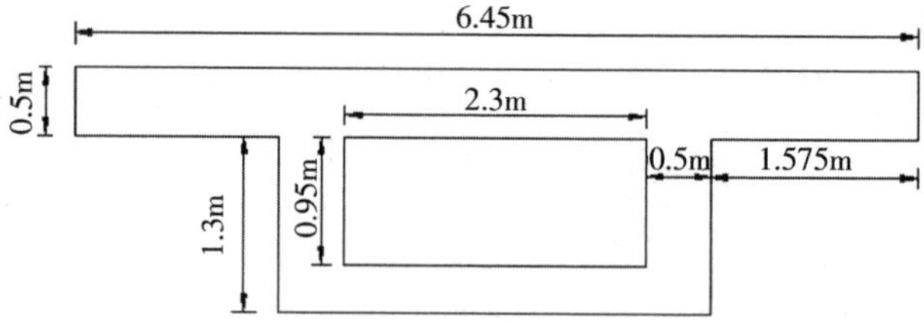

图 5.12　连续梁桥横截面尺寸

为了得到不同的车辆动力特性，设计了 4 种车辆参数组合。车辆参数组合列于表 5.1 中，对应的车辆自振频率列于表 5.2 中。

表 5.1　4 种车辆参数组合

车辆参数组合	$m_{t1}=m_{t2}$ /kg	m_b /kg	I_b /(kg·m^2)	$k_{t1}=k_{t2}$ /(N/m)	$k_{a1}=k_{a2}$ /(N·m^{-1})	a /m	$s_1=s_2$
组合 1	1 500	1.77×10^4	1.47×10^5	2.4×10^7	2.4×10^7	4	0.5
组合 2	1 500	1.77×10^4	1.47×10^5	3.55×10^7	3.55×10^7	4	0.5
组合 3	1 500	1.77×10^4	1.47×10^5	1×10^9	1×10^9	4	0.5
组合 4	1 500	1.77×10^4	1.47×10^5	1×10^8	1×10^8	4	0.5

表 5.2　不同车辆参数组合工况下的车辆自振频率

车辆参数组合	车辆自振频率 ω_{vv}^{i}，$i=1，2，3，4$			
	1 阶 /($rad \cdot s^{-1}$)	2 阶 /($rad \cdot s^{-1}$)	3 阶 /($rad \cdot s^{-1}$)	4 阶 /($rad \cdot s^{-1}$)
组合 1	23.75	29.03	180.52	181.33
组合 2	28.90	35.31	219.53	220.54
组合 3	304.23	413.12	1 200.30	1 250.10
组合 4	96.20	130.63	379.57	395.34

从连续梁桥的 A 点到 B 点，改变车辆左轮在桥梁上的作用位置，以实现车辆在桥梁不同位置的作用。计算了车辆作用于桥梁不同位置情况下的第 1 阶桥梁有载振动频率和对应的桥梁频率变化率，桥梁频率变化率见图 5.13。

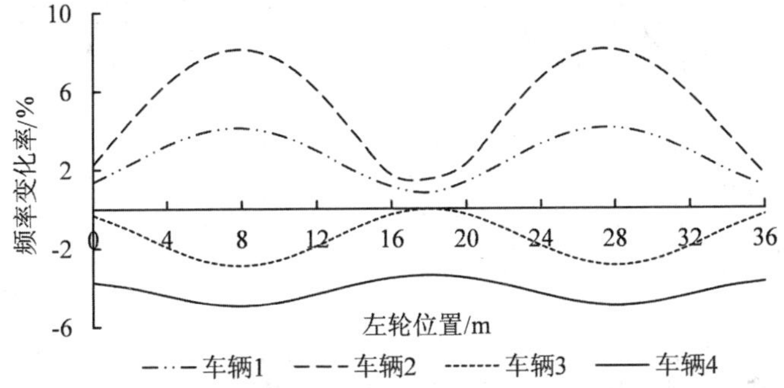

图 5.13　车辆作用于桥梁不同位置情况下的第 1 阶桥梁频率变化率

由图 5.13 可以看出，当车辆左轮作用于跨中附近时，桥梁频率变化率的绝对值最大；当车辆左轮作用于中支点附近时，桥梁频率变化率的绝对值最小。由此可以推断：当车辆作用于某阶振型的波峰和波谷位置时，车辆对这阶桥梁有载振动频率影响最大；当车辆作用于某阶振型的节点位置时，车辆对这阶桥梁有载振动频率影响最小，甚至没有影响。

由图 5.13 还可以看出，车辆参数组合 1 和组合 2 情况下的桥梁有载自振频率大于桥梁固有频率，车辆参数组合 3 和组合 4 情况下的桥梁有载自振频率小于桥梁固有频率。连续梁桥的第 1 阶固有频率为 48.83rad/s，桥梁固有频率数值介于车辆参数组合 1 和组合 2 的第 2 阶频率和第 3 阶频率之间，而小于车辆参数组合 3 和组合 4 的第 1 阶频率。因此，我们可以得到一个判定桥梁有载振动频率与固有频率相对大小的准则：比较桥梁固有频率和与其最为接近的车辆频率大小，如果与桥梁固有频率最为接近的车辆频率小于桥梁固有频率，则桥梁有载振动频率大于桥梁固有频率；如果与桥梁固有频率最为接近的车辆频率大于桥梁固有频率，则桥梁有载振动频率小于桥梁固有频率。这个判定准则从车辆振动特性的视角，为桥梁有载振动频率与固有频率相对大小的定性判定提供了依据，这个判定准则从文献[13]中也可以得到验证。

5.1.4 车辆作用下桥梁固有频率分析

把车辆简化为1/4车辆模型，车辆-梁式桥梁结构的耦合作用系统如图5.14所示。

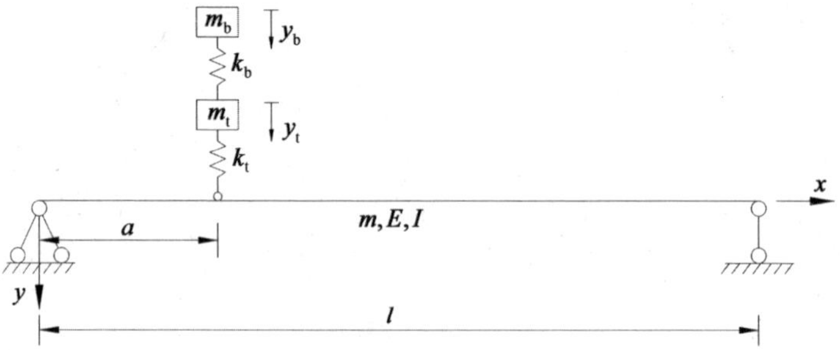

图 5.14 1/4 **车辆-梁式桥梁结构相互作用模型**

在车辆-桥梁耦合作用系统中，m 为桥梁单位长度的质量，E 为桥梁弹性模量，I 为桥梁截面抗弯惯性矩，l 为梁长。m_b 为车体质量，m_t 为簧下质量；k_s 为悬架刚度，k_t 为车轮刚度；y_b 为车体质量位移，y_s 为簧下质量位移，$y(x, t)$ 为桥梁位移；a 为车辆距桥梁左端的距离。

应用达朗贝尔原理，车辆的车体质量运动方程和簧下质量运动方程分别为

$$m_b\ddot{y}_b(t)+k_s[y_b(t)-y_s(t)]=0 \tag{5.15}$$

$$m_t\ddot{y}_s(t)+k_t[y_s(t)-y(x, t)\delta(x-a)] -k_s[y_b(t)-y_s(t)]=0 \tag{5.16}$$

式中，

$$\delta(x-a)=\begin{cases}1, & x=a\\0, & x\neq a\end{cases}$$

对车辆 - 桥梁耦合系统进行受力分析可知，车轮对桥梁的作用力包括车辆重力和惯性力两部分。因此，车辆作用下桥梁竖向运动方程可表示为

$$m\frac{\partial^2 y(x,t)}{\partial t^2}+EI\frac{\partial^4 y(x,t)}{\partial x^4}=p \tag{5.17}$$

式中，

$$p=\sum_{i=1}^{N}\delta(x-a)[(m_b+m_t)g-m_b\ddot{y}_b(t)-m_t\ddot{y}_s(t)] \tag{5.18}$$

利用模态叠加方法，对桥梁运动方程[公式(5.17)]进行解耦，令

$$y(x,t)=\sum_{i=1}^{NN}q_i(t)\phi_i(x) \tag{5.19}$$

公式(5.19)中，$\phi_i(x)$ 为桥梁结构的第 i 阶振型函数，$q_i(t)$ 表示对应的第 i 阶模态坐标。把公式(5.19)代入公式(5.17)中，在方程两边同时乘上 $\phi_n(x)$，对方程的两边自 0 到 l 进行积分，根据振型的正交性，可得

$$\begin{cases}s_n\ddot{q}_n(t)+\omega_n^2 s_n q_n(t)=-\phi_n(x=a)\\m_b\ddot{y}_b(t)-\phi_n(x=a)m_t\ddot{y}_s(t)+c_{n0}\end{cases} \tag{5.20}$$

式中，$c_{n0}=\phi_n(x=a)(m_b+m_t)g$，$s_n=\int_0^l m\phi_n^2(x)\mathrm{d}x$，$\omega_n$ 为桥梁的第n 阶固有频率。

由公式(5.20)可知，解耦后的桥梁运动方程为单自由度系统运动方程。每个车辆具有两个自由度，由于车辆和桥梁共同运动，与桥梁第 n 阶振动相对应，车 - 桥系统将有 3 种振动形式。

设 $y_{b,n}(t)$ 和 $y_{s,n}(t)$ 为车辆与桥梁 n 阶振动形式相对应的振动位移，则式可(5.15)表示为

$$m_b\ddot{y}_{b,n}(t)+k_s[y_{b,n}(t)-y_{s,n}(t)]=0 \tag{5.21}$$

则式(5.16)可表示为

$$\begin{aligned}m_t\ddot{y}_{s,n}(t)+k_t y_{s,n}(t)-k_t q_n(t)\phi_n(x=a)-c_{kn2,i}\\-k_s y_{b,n}(t)+k_s y_{s,n}(t)=0\end{aligned} \tag{5.22}$$

式中，$c_{kn2,i}=k_{ti}\sum_{i=1,\ i\neq n}^{NN}q_i(t)\phi_i(x=a)$，由于在此只考虑桥梁的第 n 阶振动，因此，可以认为 $c_{kn2,i}=0$。

假定桥梁以车辆重力作用产生的静力位移为振动平衡位置，则有 $c_{n0}=0$。综合公式(5.20)、(5.21)和(5.22)，采用矩阵的形式表示与第 n 阶桥梁振动相对应的车-桥耦合系统的自由振动，则有

$$\boldsymbol{M}\ddot{\boldsymbol{u}}+\boldsymbol{K}\boldsymbol{u}=0 \tag{5.23}$$

公式(5.23)中，

$$\boldsymbol{M}=\begin{bmatrix} s_n & \phi_n(x=a)m_{\mathrm{b}} & \phi_n(x=a)m_{\mathrm{t}} \\ 0 & m_{\mathrm{b}} & 0 \\ 0 & 0 & m_{\mathrm{t}} \end{bmatrix} \tag{5.24}$$

$$\boldsymbol{K}=\begin{bmatrix} \omega_n^2 s_n & 0 & 0 \\ 0 & k_{\mathrm{s}} & -k_{\mathrm{s}} \\ -k_{\mathrm{t}}\phi_n(x=a) & -k_{\mathrm{s}} & k_{\mathrm{t}}+k_{\mathrm{s}} \end{bmatrix} \tag{5.25}$$

$$\boldsymbol{u}=[q_n \quad y_{\mathrm{b},n} \quad y_{\mathrm{s},n}]^{\mathrm{T}} \tag{5.26}$$

假定车桥耦合系统在平衡位置附近做简谐振动，可令

$$\boldsymbol{u}=U\sin\hat{\omega}_n t=[Q_n \quad Y_{\mathrm{b},n} \quad Y_{\mathrm{s},n}]^{\mathrm{T}}\sin\omega_n t \tag{5.27}$$

公式中，$\hat{\omega}_n$ 为与第 n 阶桥梁振动相对应的车-桥耦合系统的角频率。将公式(5.27)代入公式(5.23)中，可得

$$\boldsymbol{M}^{-1}\boldsymbol{K}\boldsymbol{U}=\hat{\omega}_n^2\boldsymbol{U} \tag{5.28}$$

通过公式(5.28)，可求解到与第 n 阶桥梁振动相对应的 3 个 $\hat{\omega}_n$，分别为

$$\hat{\omega}_{n1}=\sqrt{2B_1B_4+\frac{8B_1B_3}{B_4}+B_2} \tag{5.29}$$

$$\hat{\omega}_{n2}^2=-B_1B_4-\frac{4B_1B_3}{B_4}+B_2+\left(\sqrt{3}B_1B_4-\frac{4\sqrt{3}B_1B_3}{B_4}\right)\mathrm{i} \tag{5.30}$$

$$\hat{\omega}_{n3}^2=-B_1B_4-\frac{4B_1B_3}{B_4}+B_2-\left(\sqrt{3}B_1B_4-\frac{4\sqrt{3}B_1B_3}{B_4}\right)\mathrm{i} \tag{5.31}$$

公式(5.29)～(5.31)中，$\mathrm{i}=\sqrt{-1}$

$$B_1 = \frac{1}{12a_1} \tag{5.32a}$$

$$B_2 = \frac{a_2}{3a_1} \tag{5.32b}$$

$$B_3 = 3a_1a_2 + a_2^2 \tag{5.32c}$$

$$B_4 = \sqrt[3]{36a_1a_2a_3 + 108a_1^2a_4 + 8a_2^3 + 12a_1}$$
$$\sqrt{\sqrt{81a_1^2a_4^2 - 3a_2^2a_3^2 - 12(a_1a_3^3 + a_4a_1^3) + 54a_1a_2a_3a_4}} \tag{5.32d}$$

公式(5.32)中，

$$a_1 = s_n m_b m_t \tag{5.33a}$$

$$a_2 = \omega_n^2 s_n m_b m_t + s_n(m_b + m_t)k_s + s_n m_b k_t + k_t \phi_n^2(x = a) m_b m_t \tag{5.33b}$$

$$a_3 = -\omega_n^2 s_n(k_s m_t - k_t m_b - k_s m_b) - k_t \phi_n^2(x = a)(m_b k_s - m_t k_s) - s_n k_s k_t \tag{5.33c}$$

$$a_4 = \omega_n^2 s_n k_s k_t \tag{5.33d}$$

由于三次方程求根公式的表达形式问题，公式(5.30)和(5.31)从表达式上看为两个对偶虚根。由于表达式的实部也存在开方运算，实际的求解结果为虚部数值较小(接近于0)，实部不同，主要用实部数据体现频率的不同。

利用式(5.30)和(5.31)求解$\hat{\omega}_{n2}$，$\hat{\omega}_{n3}$的过程为：① 把参数代入式(5.30)和(5.31)中，计算出$\hat{\omega}_{n2}^2$，$\hat{\omega}_{n3}^2$；② 计算出的$\hat{\omega}_{n2}^2$，$\hat{\omega}_{n3}^2$为虚根，实部不同，主要用实部数据体现频率的不同，虚部数值较小(接近于0)，忽略虚部；③ 对实部开方，便可以得出$\hat{\omega}_{n2}$，$\hat{\omega}_{n3}$。

$\hat{\omega}_{n1}$，$\hat{\omega}_{n2}$，$\hat{\omega}_{n3}$为对应桥梁第n阶振动的3个频率，其中2个接近于单个车辆自由振动频率，另一个则为在车辆作用下的桥梁第n阶有载振动频率。

在实际工程应用中，测试到的是桥梁有载振动频率，需要从中分析出桥梁的固有频率。令桥梁第n阶有载振动频率为$\hat{\omega}_{n1}$，$\hat{\omega}_{n2}$，$\hat{\omega}_{n3}$其中的一个，把$\hat{\omega}_{n1}$，$\hat{\omega}_{n2}$或$\hat{\omega}_{n3}$对应地代入到公式(5.29)或(5.30)或(5.31)中，则可求得桥梁的第n阶固有频率ω_n。

$$\omega_n^2 = \frac{m_b m_t s_n \hat{\omega}_n^6 - (m_b k_s s_n + m_t k_s s_n + m_b k_t s_n + m_b m_t k_t \phi_n{}^2(x = a))\hat{\omega}_n^4}{s_n[m_b m_t \hat{\omega}_n^4 - (m_t k_b + m_b k_s + m_b k_t)\hat{\omega}_n^2 + k_s k_t]}$$

$$+\frac{[k_s k_t(m_b+m_t)\phi_n^2(x=a)+k_s k_t s_n]\hat{\omega}_n^2}{s_n[m_b m_t \hat{\omega}_n^4-(m_t k_s+m_b k_s+m_b k_t)\hat{\omega}^2+k_s k_t]} \tag{5.34}$$

分别把 $\hat{\omega}_{n1}$ 代入公式(5.29)，$\hat{\omega}_{n2}$ 代入公式(5.30)，$\hat{\omega}_{n3}$ 代入公式(5.31)中，得到的桥梁固有频率计算公式相同，即公式(5.34)。因此，无论桥梁有载振动频率为 $\hat{\omega}_{n1}$，$\hat{\omega}_{n2}$，还是 $\hat{\omega}_{n3}$，都可以采用公式(5.34)求解桥梁的固有频率。

值得一提的是，虽然图 5.14 示意的是一个简支梁，但在公式推导过程中并没有利用简支梁的边界条件，所以公式(5.34)对振动方程可以采用公式(5.17)表示的所有梁式结构都是适用的。

以某钢筋混凝土简支梁为例，验证本节固有频率分析方法[公式(5.34)]的正确性和可靠性。简支梁横截面如图 5.15 所示，梁长 $l=20\text{m}$，弹性模量 $E=2.85\times10^{10}\text{Pa}$，密度 $\rho=3\ 101\text{kg/m}^3$。车辆参数为：$m_b=10\ 000\text{kg}$，$m_t=2\ 000\text{kg}$，$k_s=k_t=1\times10^5\text{N/m}$。

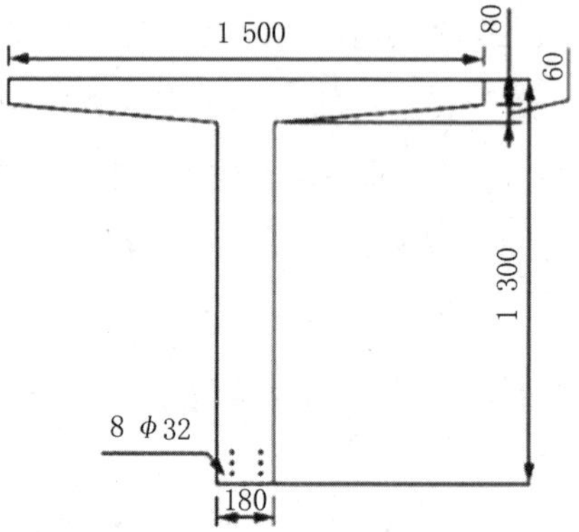

图 5.15　钢筋混凝土简支梁横截面(单位：mm)

采用通用有限元软件 ANSYS 计算了车辆作用于简支梁不同位置时的简支梁有载频率(见表 5.3)，基于计算出的简支梁有载频率，采用本节方法(公式 5.34)从有载频率中分析出了简支梁的固有频率，分析出的固有频率列于表 5.3 中。由表 5.3 可知，本节建立的基于有载频率计算桥梁固有频率求解方法是可行、有效的，公式(5.34)属于解析表达式。

表 5.3　基于有载频率分析出的简支梁固有频率

频率阶次	固有频率 /Hz 理论值	位置 /m	有载频率 /Hz	固有频率 /Hz 本书方法	固有频率误差 /%
1 阶	33.863	0	33.863	33.863	0.00
		5	32.398	33.852	0.03
		10	31.188	33.870	0.02
		17	33.226	33.859	0.01
2 阶	134.435	0	134.435	134.435	0.00
		5	138.270	134.436	0.00
		12	135.826	134.472	0.03
		17	136.910	134.369	0.05

5.2　温度对桥梁结构动力特性的影响

5.2.1　温度影响概述

自从发现温度对桥梁结构的动力特性有显著影响这一现象后，人们围绕温度对桥梁结构动力特性的影响开展了一系列研究，研究集中在数值模拟分析、试验研究以及固有频率与温度的定量关系建立等三方面。

在数值模拟分析方面。Xu 和 Wu 采用三维有限元分析模拟了一座箱型截面的斜拉桥，并分析了均匀温差和不对称温差对结构频率和振型曲率的影响，结果表明，均匀温差对结构模态特性的影响与不对称温差的影响相似，并且指出由主梁或悬索的损坏导致的桥梁动力特性的变化可能小于温度变化引起的动态特性的变化[14]。Miao 等采用空间有限元法分析了扬子江悬索桥在不同温度下的动力特性，并提出了一种模拟温度效应的等效索力法，研究结果表明：温度对悬索桥动力分析的影响不容忽视，且温度和频率的变化呈负相关关系[15]。白应华等分别采用有限元方法和太阳辐射理论建立了单塔斜拉人行桥模型和温度荷载模型，研究了温度对其动力特性的影响，并以实际单塔斜拉人行桥为工程依托，分析了结构的温致效应和人行桥不同位置的温致效应差异[16]。陈策等对泰州长江公路大桥的静、动力特性受温度的影响进行了分析，通过温度变化引起的杆件单元的内力变化推导了结构等效刚度，进而计算其动力特性，结果表明：温度与结构缆索内力变化和模态频率变化皆成反比[17]。朱亚飞等基于有限元方法建立了一座钢管混凝土拱桥的数值模型，分析了温度变化对拱桥动力特性的影响，并以指数函数的形式拟合了温度与模态频率的非线性关系式[18]。

在试验研究方面。Kim 等对不锈钢板梁进行了一系列受迫振动试验，试验结果表明：当试验温度为 $-3\sim23$℃ 时，在所有的振动模态中，自振频率均随着温度的升高而降低，弯曲模态比扭转模态对温度变化更加敏感，损伤引起的振动特性变化与温度改变引起的振动特性变化几乎相同[19]。Balmes 等基于在温控室中进行的铝梁试验讨论了如何区分由温度效应引起的模态参数变化和由损伤引起的模态参数变化，试验结果表明：梁的轴向预应力由于温度变化差异显著，导致前 4 阶自振频率分别变化了 16%、8%、5% 和 3%[20]。Rohrmann 等利用三年的连续监测数据，研究了 8 跨预应力混凝土桥梁的温度对模态频率的影响，研究表明：振动频率随着温度的升高而降低[21]。Peeters 等对瑞士 Z24 桥的振动特性进行了为期一年的连续监测，并分析了环境温度对结构模态特性的影响，监测结果表明：第 1 阶频率在十个月内变化了 14% ～ 18%，除第 2 阶频率外，其他阶次的模态频率均随着温度的降低而增大，且温度与频率呈明显的双线性关系[22-24]。Liu 和 Dewolf 对一座曲线箱梁桥进行了为期一年的结构健康监测，结果表明：在一整年内，温度变化范围为 21℃，所引起的模态频率变化最大值为 6%；且较高的模态频率对温度变化不敏感，弯曲模态比扭转模态更容易受到温度的影响[25]。Desjardins 等通过对 Confederation 桥为期 6 个月的监测数据分析，发现当环境温度由 -20℃ 变化到 25℃ 时，结构模态频率变化了大约 4.0%[26]。Ding 和 Li 通过对润扬大桥 215 天的频率和温度监测数据进行分析，发现较高阶次的模态频率对环境温度更敏感，当环境温度变化范围为 $-5\sim50$℃ 时，前六阶模态频率变化了 2%，并给出了日均模态频率与日均温度有显著的季节相关性的结论[27]。Los Alamos 国家实验室的研究人员对位于新墨西哥南部的

Alamosa Canyon 桥进行了多次野外试验，试验结果表明：当桥面板的温度改变约 22℃ 时，桥梁的前 3 阶自振频率在 24h 内分别变化了 4.7%、6.6% 和 5%，温度梯度很大程度上影响了结构自振频率的变化[28，29]。Zabel 等通过对小跨径铁路桥的长期监测研究了温度对结构动力特性的影响，试验结果表明：夏季和冬季的结构模态频率变化了约 30%[30]。

为了剔除温度对桥梁结构固有频率的影响，使得固有频率能够应用于损伤识别和状态评定中，基于实测数据，人们尝试建立了多种固有频率与温度的定量关系。固有频率与温度的定量关系可分为线性模型、非线性模型和学习模型三大类。

线性模型假定桥梁固有频率随温度线性变化，线性模型的系数可通过回归方法估算，该模型过程简单，且易于实现。Sohn 等通过引入模态频率变化与温度变化呈线性比例关系的假设，提出了一种适应于大型桥梁损伤检测系统温度变化的线性自适应滤波器，并建立了针对 Alamosa Canyon 桥的模态频率与温度变化的量化模型[31]。Peeters 等提出了一种动态线性回归模型(ARX) 用于剔除温度对模态频率的影响，并将其应用于瑞士 Z24 桥的健康监测，研究结果表明，考虑热动力特性的 ARX 模型要优于静态回归模型[24]。

线性模型虽然简单直观，但对于响应是非线性的大跨度桥梁，特别是缆索承重桥梁，由线性模型产生的误差可能掩盖结构损伤引起的振动特性的变化。基于该视角，可以认为非线性模型更为合理。在非线性模型方面，Ding 和 Li 提出了一个多项式回归模型来描述润扬大桥的频率和温度之间的季节相关性，通过增加多项式回归模型的阶次，减小测量频率和预测频率的相对误差，最终确定多项式回归模型的最佳阶次为 6，并用该模型剔除了模态频率中的温度效应。研究结果表明：所开发的多项式回归模型显示出良好的温度与实测模态频率之间的映射能力[27]。Moser 和 Moaveni 分别采用静态线性模型、ARX 模型、双线性模型和各种阶数的多项式模型来模拟 Dowling Hall 人行桥模态频率与温度的量化关系，并通过 AIC(Akaike's information criterion) 和 BIC(Bayesian information criterion) 两个评价指标评估模型的预测效果，结果表明：四次多项式模型的预测精度和泛化能力最好[32]。

桥梁的温度分布受随机变化的气温、太阳辐射、风速等因素的影响，因此，桥梁的温度分布也是随机的。而在实际试验中由不确定度引起的测量误差是随机的，这导致在同一温度下进行的桥梁动力荷载试验中，得到的模态频率也是离散的。基于这两个原因，当用简单线性回归模型或多项式回归模型来描述大跨度桥梁温度和振动特性之间的关系时，其可靠性是有待商榷的。为了更精确地从结构损伤引起的模态特性的改变中区分由温度变化引起的模态特性的变化，需要建立精细复杂的学习模型，它对不同温度下桥梁振动特性的预测具有较好的鲁棒性。在学习模型方面，樊可清等采用支持向量机技术(support vector machine，SVM) 建立了香港汀九桥的回归模型来量化模态频率和温度的关系，结果表明：支持向量机模型能够很好地描述温度和模态频率之间的映射关系，比线性回归模型具有更好的预测精度[33]。Hua 等提出一种将主成分分析(principal component analysis，PCA) 和支持向量回归(SVR) 相结合的方法，对青马桥结构温度变化引起的模态频率变化进行建模，结果表明：采用主成分温度构建的 SVR 模型在模型精度和计算时效上都更为有效[34]。Ko 和 Ni 通过对汀九桥一年实测数据的分析，对线性回归、非线性回归、神经网络和支持向量机等四种统计回归学习方法在温度对模态频率的影响上进行了比较研究，结果表明：非线性回归模型比线性模型具有更强的泛化能力，但缺乏准确预测模态频率变化的能力。神经网络和支持向量机模型在再现和预测数据方面效果显著[35]。胡利平和韩大建采用非线性主成分分析技术来消除损伤识别中的温度效应，并通过数值模型验证了方法的可靠性[36]。杨鸥等利用神经网络算法建立了斜拉桥模态频率和阻尼比与温度的关系模型，研究表明：温度与模态频率呈负相关，而阻尼比对温度的敏感性较低[37]。张通利用大型连续桥的长期监测数据，建立了模态频率和温度的神经网络模型，将温度作为输入参数、模态频率作为输出参数，成功地预测了频率随温度的变化关系[38]。余印根等通过对白石大桥长期监测的温度和模态频率数据，建立了预测精度较高的三元线性回归模型，并基于此模型，提出了模态频率的温度修正模型[39]。

从上述固有频率和温度的定量关系模型中可以看出，多数学者主要是通过实桥测试获得温度和桥梁模态之间的关系，进而通过统计数学(例如回归模型、AR 模型以及主成分分析等)、数值模型以及试验模型建立温度和桥梁模态之间的关系。由于这些模型是针对某一座桥梁建立形成的，其适用性有限。为了更加深入地了解温度对桥梁动力特性的影响机理，从桥梁结构的振动理论入手，剖析更具普适性的影响规律意义重大。

5.2.2　温度对混凝土弹性模量的影响

下面依据《普通混凝土力学性能试验方法》，采用室内试验测试不同环境温度下水泥混凝土的弹性模量，以探究温度对水泥混凝土弹性模量的影响。本次采用的水泥混凝土的基准配合比为水泥：水：砂：碎石＝407.9：190.2：589.1：1 248.2。水泥为 P42.5 普通硅酸盐水泥。本次集料的级配以《建设用卵石、碎石》《GB/T 14685－2022》中公称粒径为 5～25mm 的连续级配为基准，集料的筛分结果列于表 5.4 中，砂的筛分结果列于表 5.5 中。

表 5.4　集料筛分结果

级配类型	公称粒径 /mm	筛孔 /mm							
		2.36	4.75	9.5	16	19	26.5	31.5	37.5
连续级配	5～25	95～100	90～100	—	30～70	—	0～5	0	—
	分计筛余 /%	5	45		47.5		2.5		

表 5.5　砂筛分结果

测试项目	测试结果								
筛孔尺寸 /mm	4.75	2.36	1.18	0.6	0.3	0.15	筛底	总计	称量质量
筛余质量 /g	1.4	55.2	118.3	70.7	185.2	44.5	23.6	499.4	500.1
分计筛余百分率 /%	0.28	11.04	23.76	14.14	37.03	8.9	4.72	99.86	
累计筛余百分率 /%	0.28	11.32	35.07	49.21	86.24	95.14	99.86		

在每级温度下平行测试了 3 个棱柱体试块的抗压强度和弹性模量。不同温度条件下，水泥混凝土轴心抗压强度和弹性模量测试结果见表 5.6、5.7 和图 5.16、5.17。

表 5.6　轴心抗压强度试验结果

环境温度 T/℃	轴心强度 /MPa			
	测量值			强度值
−20	36.3	33.7	34.8	34.9
0	30.6	31.7	32.3	31.5
20	27.8	21.4	28.6	27.8
40	25.0	26.0	26.6	25.9
60	22.1	23.2	25.8	23.7

表 5.7　弹性模量试验结果

环境温度 T/℃	弹性模量 /GPa			
	测量值			强度值
−20	30.52	31.28	32.07	34.9
0	31.61	33.59	27.46	30.89
20	28.10	26.94	26.06	27.33
40	25.38	24.60	24.42	24.80
60	23.79	22.69	25.87	24.12

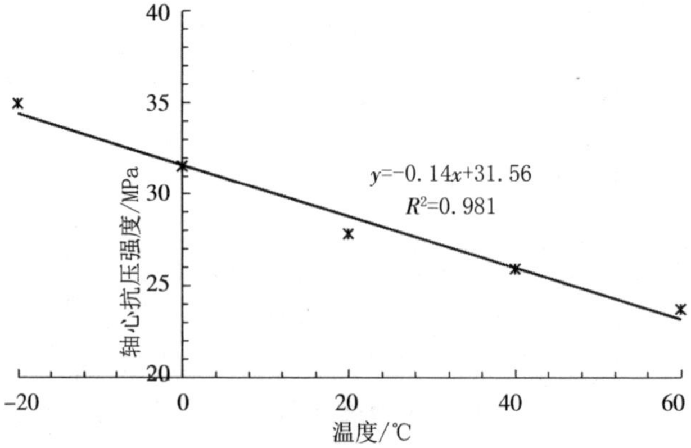

图 5.16　水泥混凝土轴心抗压强度随温度变化曲线

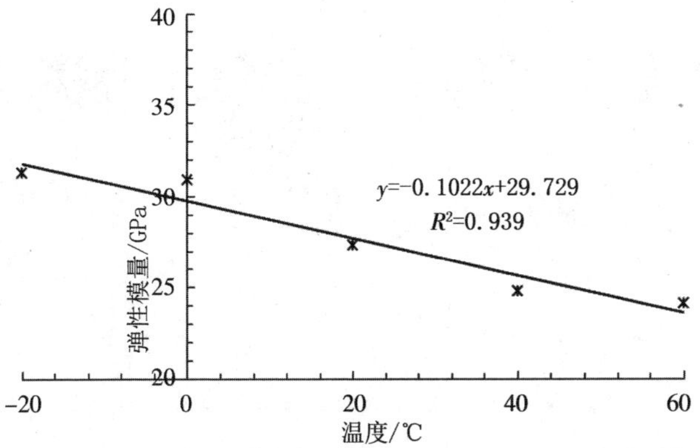

图 5.17　水泥混凝土弹性模量随温度变化曲线

由轴心抗压强度和弹性模量的测试结果可知，水泥混凝土的这两个力学参数均随着温度的升高呈线性下降的趋势。由图 5.17 可知，弹性模量与温度之间的关系式可表示为

$$E = -0.1022T + 29.729 \tag{5.35}$$

公式(5.35) 中，E 为弹性模量，T 为温度数值。该公式表征的混凝土弹性模量随温度的变化规律与文献[40] 给出的混凝土弹性模量与温度之间的关系式[见公式(5.36)] 吻合度很高，而文献[40] 给出的关系式涵盖的温度范围更加宽泛。

$$E = E_{20}[1 - \theta_E(T - 20)] \tag{5.36}$$

式中，E_{20} 表示混凝土在温度 20℃ 时的弹性模量，θ_E 为混凝土弹性模量温变系数，根据已有的试验数据可得

$$\theta_E = \begin{cases} -4.5 \times 10^{-3}/°\mathrm{C}, & t < 100°\mathrm{C} \\ -1.4 \times 10^{-3}/°\mathrm{C}, & t > 100°\mathrm{C} \end{cases} \tag{5.37}$$

为了探究温度导致混凝土弹性模量变化在温度引起无应力混凝土桥梁结构自振频率变化中的比重，本书编写团队设计了一组不同温度条件下简支板梁自振频率试验。

采用本节中混凝土的配合比制作了 3 片板梁，分别编号为 A，B，C 板梁。这 3 片板梁的几何尺寸相同：截面尺寸为 150mm × 50mm，梁长 $L =$ 600mm。在距离左右两端 5mm 的位置各布设一个简易支座，计算跨径为 590mm。测试了温度范围 −20 ～ 60℃ 情况下简支板梁的自振频率，测试过

程如图 5.18 所示。

(a) 拾振器布置　　(b) 动力响应采集

图 5.18　简支板梁自振频率测试

在简支板梁的自振频率测试过程中，采用敲击地面的方式对简支板梁进行激振，测试到的典型加速度响应如图 5.19 所示，对应的频谱曲线如图 5.20 所示。

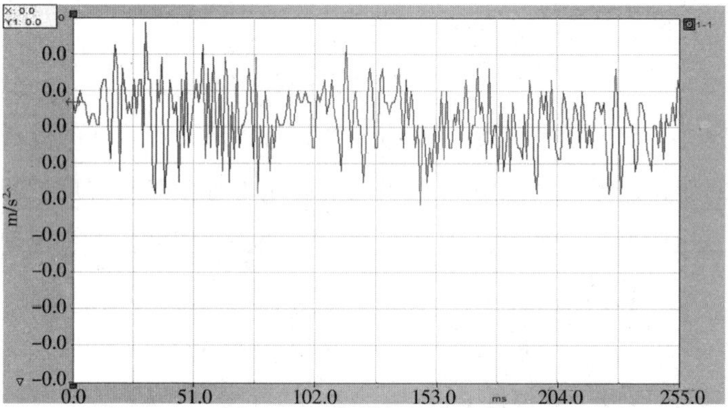

图 5.19　典型加速度响应

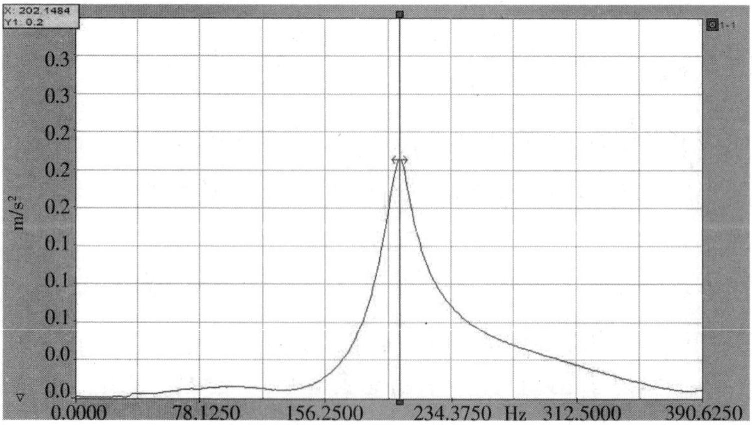

图 5.20　频谱曲线

在本次试验中，由于简支板梁的截面高度很小，可以认为环境温度变化不会导致简支板梁的截面上存在温度梯度，从而不会存在由温度梯度引起的任何应力。在自振频率测试过程中，采用的是 DH103 型加速度拾振器，该拾振器的质量仅为 28g，可以认为附加质量的影响可以忽略。对简支板梁的几何尺寸和激振方式进行综合分析可知，可以认为简支板梁在试验过程中处于无应力状态。测试到的自振频率变化列于表 5.8 中。

表 5.8　简支板梁自振频率测试结果

环境温度 T /℃	A 梁频率 /Hz			B 梁频率 /Hz			C 梁频率 /Hz		
	1 次	2 次	均值	1 次	2 次	均值	1 次	2 次	均值
−20	201.2	202.1	201.7	201.2	202.1	201.7	196.3	197.3	196.8
0	192.4	192.4	192.4	196.3	197.3	196.8	193.4	194.3	193.8
20	189.5	190.4	189.9	190.4	194.3	192.4	186.5	186.5	186.5
40	187.5	188.5	188.0	191.4	192.4	191.9	187.5	188.5	188.0
60	178.7	177.7	178.2	186.5	187.5	187.0	172.9	174.8	173.8

为了直观地观察简支板梁自振频率随温度的变化规律，依据表 5.8 中的测试数据绘制了简支板梁自振频率随温度变化的关系曲线，如图 5.21 所示。

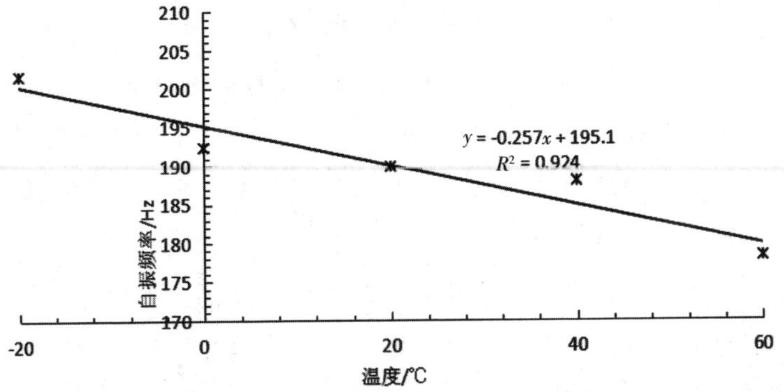

(a)A 板梁自振频率测试结果

图 5.21　简支板梁自振频率随温度变化规律

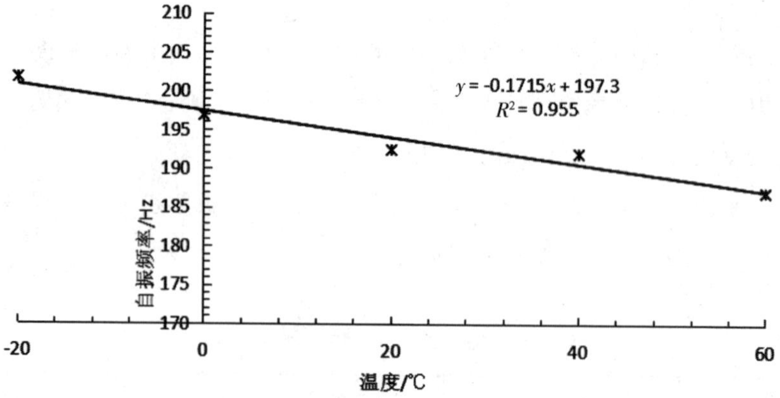

(b)B板梁自振频率测试结果

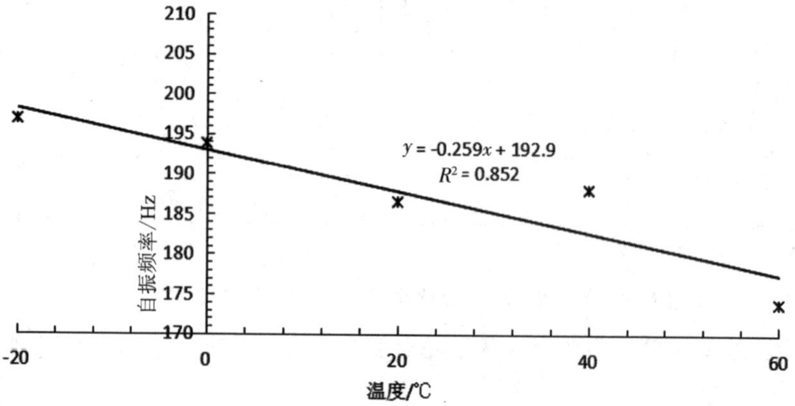

(c)C板梁自振频率测试结果

图 5.21　**简支板梁自振频率随温度变化规律(续)**

由简支板梁自振频率的测试结果可以看出，在无应力状态下简支板梁的自振频率随温度的升高而呈线性下降趋势，与混凝土弹性模量随温度的变化规律趋势一致。

为了剖析无应力简支板梁自振频率随温度变化的内在机理，假定简支板梁的质量和约束条件保持不变，仅考虑温度对板梁几何尺寸的影响。令等截面简支板梁长为 l，截面高度 h，混凝土密度为 ρ，弹性模量 E，则板梁无阻尼自由振动的第 n 阶频率可表示为[41]

$$f_n = \frac{n^2 \pi h}{2l^2} \sqrt{\frac{E}{12\rho}} \tag{5.38}$$

由(5.38)可得

$$\frac{\delta f_n}{f_n}=\frac{\delta h}{h}-2\frac{\delta l}{l}+\frac{1}{2}\frac{\delta E}{E}-\frac{1}{2}\frac{\delta\rho}{\rho} \tag{5.39}$$

公式(5.39)中，δ 表示各变量的增量。假定混凝土热膨胀系数为 θ_t，采用 δT 表示温度变化，可以得到

$$\frac{\delta h}{h}=\theta_t\delta T,\quad \frac{\delta l}{l}=\theta_t\delta T,\quad \frac{\delta\rho}{\rho}=-3\theta_t\delta T,\quad \frac{\delta E}{E}=\theta_E\delta T \tag{5.40}$$

把公式(5.40)代入到公式(5.39)中，可得

$$\frac{\delta f_n}{f_n}=\frac{1}{2}(\theta_t+\theta_E)\delta T \tag{5.41}$$

公式(5.41)表示了无应力简支板梁自振频率随温度变化的定量关系。混凝土的热膨胀系数 θ_t 约为 $1.0\times10^{-5}/℃$，而混凝土的弹性模量温变系数 θ_E 却大得多，温度 $t\leqslant100℃$，$\theta_E\approx-4.5\times10^{-3}/℃$；当温度 $t\geqslant100℃$，$\theta_E\approx-1.4\times10^{-3}/℃$。因此可以认为，温度导致混凝土弹性模量变化是造成无应力简支板梁自振频率随温度改变的主要原因，并且可以进一步认为混凝土弹性模量随温度的变化是混凝土桥梁结构自振频率随温度变化的主要因素之一。

5.2.3 温度作用下桥梁动力特性分析方法

温度对桥梁结构动力特性的影响主要源于温度导致混凝土材料力学性能的变化和温度引起的桥梁结构次内力两方面。在桥梁动力特性分析中，对于温度导致混凝土材料力学性能的变化体现在温度导致混凝土弹性模量的变化。本书编写团队的科研工作表明[42]：对于梁式桥梁结构，温度导致的轴向次内力会导致桥梁动力特性的改变。

对于简支梁桥和连续梁桥等桥梁结构形式，温度并不会导致桥梁结构产生轴向次内力，这时可以仅考虑温度导致混凝土弹性模量改变而引起的桥梁动力特性的变化。在此，先讨论温度仅导致混凝土弹性模量改变情况下桥梁动力特性的计算方法。

采用 x 表示横截面在梁长方向的位置，y 表示横截面中的高度坐标，并假设在同一横截面中同一高度的温度数值沿横截面宽度方向保持不变，则温度在桥梁中的分布函数可采用 $T(x, y)$ 进行表征。基于本书公式(5.36)，混

凝土弹性模量与温度之间的关系可表示为

$$E_t = E_0(1-\theta_E T) \tag{5.42}$$

公式(5.42)中，E_0 为 0℃ 时混凝土的弹性模量。

由公式(5.42)可知，在温度分布函数 $T(x, y)$ 作用下，桥梁结构中不同位置的混凝土弹性模量可表示为

$$E_t(x, y) = E_0[1-\theta_E T(x, y)] = E_0 f(x, y) \tag{5.43}$$

式中，$f(x, y) = 1-\theta_E T(x, y)$。

沿梁长取出微元段 dx，其在弯矩 M 作用下的变形如图 5.22 所示。令距离中性轴 y 处的应力为 $\sigma(x, y)$，应变为 $\varepsilon(x, y)$，则有

$$\sigma(x, y) = E_t(x, y)\varepsilon(x, y) \tag{5.44}$$

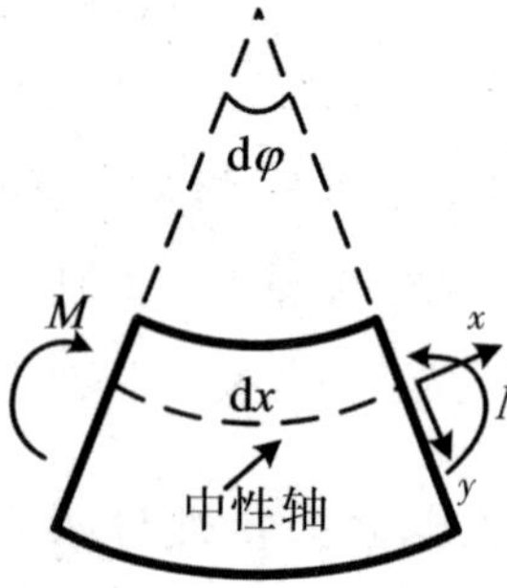

图 5.22　梁微元段弯曲变形

截面上弯矩 M 可表示为

$$M(x) = \int_A \sigma(x, y) y \mathrm{d}A \tag{5.45}$$

由弯曲变形的几何关系可知，y 处的应变可表示成

$$\varepsilon(x, y) = -\frac{\mathrm{d}\phi}{\mathrm{d}x} y \tag{5.46}$$

把公式(5.44)式和公式(5.46)代入公式(5.45)中，可得

$$M(x) = -\int_A \frac{\mathrm{d}\phi}{\mathrm{d}x} E_t(x, y) y^2 \mathrm{d}A = -\frac{\mathrm{d}\phi}{\mathrm{d}x} E_0 I_t(x) \tag{5.47}$$

式中，$I_t(x) = \int_A f(x, y) y^2 \mathrm{d}A$。

由公式(5.47)可知，在温度不引起轴力的情况下，对于梁式桥梁结构的

弯曲振动，可以把温度导致混凝土弹性模量的变化视作温度引起截面抗弯惯性矩的变化。采用公式(5.47)计算各截面的抗弯惯性矩 $I_t(x)$ 后，利用本书第 1 章中的弯曲自由振动分析方法，便可以计算出温度作用下桥梁结构的动力特性。

在温度会导致桥梁结构产生轴向内力的情况下，为了表述方便，选取桥梁结构中的第 i 个单跨桥梁作为分析对象。第 i 个单跨桥梁两端的力和位移可表示为图 5.23 所示的形式，单跨桥梁的跨径采用 l_i 表示。定义第 i 个桥跨的局部坐标系：以节点 (i) 为原点，以从节点 (i) 向节点 $(i+1)$ 的方向为 $\bar{x}$ 轴的正方向，并以 $\bar{x}$ 轴的正向逆时针转$90°$为 $\bar{y}$ 轴的正向，$\bar{z}$ 轴满足右手螺旋定则。参数 $\bar{M}^i_{(i)}$，$\bar{N}^i_{(i)}$，$\bar{Q}^i_{(i)}$，$\bar{M}^i_{(i+1)}$，$\bar{N}^i_{(i+1)}$ 和 $\bar{Q}^i_{(i+1)}$ 分别表示梁端的弯矩、轴力和剪力。参数 $\bar{\theta}^i_{(i)}$，$\bar{u}^i_{(i)}$，$\bar{y}^i_{(i)}$，$\bar{\theta}^i_{(i+1)}$，$\bar{u}^i_{(i+1)}$ 和 $\bar{y}^i_{(i+1)}$ 分别表示第 i 个桥跨两端的转动位移、轴向位移和横向位移。

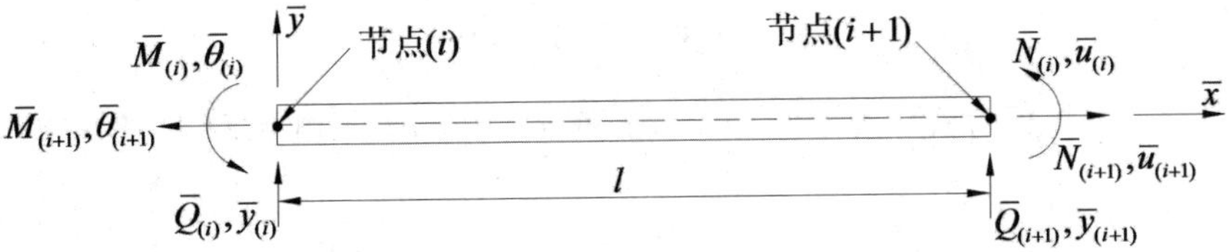

图 5.23　第 i 跨桥跨两端的位移和力

假设在第 i 个桥跨内同一截面高度的温度数值沿梁长方向保持不变，并且同一横截面中同一高度的温度数值沿横截面宽度方向保持不变，则温度分布函数可用 $T_i(\bar{y})$ 进行表征。将温度分布函数代入到公式(5.43)中，可得

$$E_i(\bar{y}) = E_0[1-\theta_E T_i(\bar{y})] = E_0 f_i(\bar{y}) \tag{5.48}$$

式中，$f_i(\bar{y}) = 1-\theta_E T_i(\bar{y})$。

定义温度作用下截面的抗弯刚度 BS_i 和拉伸刚度 CS_i 为

$$\mathrm{BS}_i = \int_A E_0 f_i(\bar{y})\bar{y}^2 \mathrm{d}A = E_0 I_{i,T} \tag{5.49}$$

$$\mathrm{CS}_i = \int_A E_0 f_i(\bar{y}) \mathrm{d}A = E_0 A_{i,T} \tag{5.50}$$

式中，$I_{i,T}=\int_A f_i(\bar{y})\bar{y}^2\mathrm{d}A$ 和 $A_{i,T}=\int_A f_i(\bar{y})\mathrm{d}A$。

图 5.23 所示的第 i 个桥跨的自由振动方程可表示为

$$m_i\frac{\partial^2\bar{y}_i(\bar{x}_i,t)}{\partial t^2}+\mathrm{BS}_i\frac{\partial^4\bar{y}_i(\bar{x}_i,t)}{\partial\bar{x}_i^4}-N_{T,i}\frac{\partial^2\bar{y}_i(\bar{x}_i,t)}{\partial\bar{x}_i^2}=0 \quad (5.51a)$$

$$\frac{\partial^2\bar{u}_i(\bar{x}_i,t)}{\partial\bar{x}_i^2}=\frac{m_i}{\mathrm{CS}_i}\frac{\partial^2\bar{u}_i(\bar{x}_i,t)}{\partial t^2} \quad (5.51b)$$

式中，$\bar{y}_i(\bar{x}_i,t)$ 和 $\bar{u}_i(\bar{x}_i,t)$ 为第 i 个桥跨在 $\bar{x}_i$ 处 t 时刻的竖向位移和轴向位移，m_i 为第 i 个桥跨单位长度的质量，$N_{T,i}$ 为第 i 个桥跨由温度引起的轴力。

假设 $\bar{y}_i(\bar{x}_i,t)$ 和 $\bar{u}_i(\bar{x}_i,t)$ 为简谐振动，则有

$$\bar{y}_i(\bar{x}_i,t)=\bar{Y}_i(\bar{x}_i)\mathrm{e}^{\mathrm{j}\omega t} \quad (5.52a)$$

$$\bar{u}_i(\bar{x}_i,t)=\bar{U}_i(\bar{x}_i)\mathrm{e}^{\mathrm{j}\omega t} \quad (5.52b)$$

式中，$\bar{Y}_i(\bar{x}_i)$ 和 $\bar{U}_i(\bar{x}_i)$ 为 $\bar{y}_i(\bar{x}_i,t)$ 和 $\bar{u}_i(\bar{x}_i,t)$ 自由振动时的振幅，$\mathrm{j}=\sqrt{-1}$。

将公式(5.52)代入公式(5.51)中，有

$$BS_i\bar{Y}_i^{(4)}(\bar{x}_i)-N_{T,i}\bar{Y}_i''(\bar{x}_i)-m_i\omega^2\bar{Y}_i(\bar{x}_i)=0 \quad (5.53a)$$

$$\bar{U}_i''(\bar{x}_i)=-\frac{m_i\omega^2}{\mathrm{CS}_i}\bar{U}_i(\bar{x}_i) \quad (5.53b)$$

由公式(5.53)可求解到

$$\bar{Y}_i(\bar{x}_i)=D_{i,1}\sin(\delta_i\bar{x}_i)+D_{i,2}\cos(\delta_i\bar{x}_i)+D_{i,3}\sinh(\varepsilon_i\bar{x}_i)+D_{i,4}\cosh(\varepsilon_i\bar{x}_i) \quad (5.54a)$$

$$\bar{U}_i(\bar{x}_i)=D_{i,5}\cos(\eta_i\bar{x}_i)+D_{i,6}\sin(\eta_i\bar{x}_i) \quad (5.54b)$$

式中，$D_{i,j}(j=1,2,\cdots,6)$ 为第 i 个桥跨的六个待定系数。

$$\delta_i=\sqrt{\sqrt{\alpha_i^4+\frac{g_i^4}{4}}+\frac{g_i^2}{2}} \quad (5.55a)$$

$$\varepsilon_i=\sqrt{\sqrt{\alpha_i^4+\frac{g_i^4}{4}}-\frac{g_i^2}{2}} \tag{5.55b}$$

和

$$\eta_i=\sqrt{\frac{m_i}{\mathrm{CS}_i}}\omega \tag{5.55c}$$

公式(5.55) 中，$\alpha_i^4=\omega^2 m_i/\mathrm{CS}_i$ 和 $g_i^2=N_{T,\ i}/\mathrm{BS}_i$。

转动位移可以表示为

$$\begin{aligned}\overline{\Phi}_i(\bar{x}_i)=\overline{Y}_i'(\bar{x}_i)=&D_{i,1}\delta_i\cos(\delta_i\bar{x}_i)-D_{i,2}\delta_i\sin(\delta_i\bar{x}_i)\\&+D_{i,3}\varepsilon_i\cosh(\varepsilon_i\bar{x}_i)+D_{i,4}\varepsilon_i\sinh(\varepsilon_i\bar{x}_i)\end{aligned} \tag{5.56}$$

采用 $\overline{Y}_{i,\mathrm{L}}$，$\overline{U}_{i,\mathrm{L}}$ 和 $\overline{\Phi}_{i,\mathrm{L}}$ 表示第 i 个桥跨左端的竖向位移、轴向位移和转角幅值，采用 $\overline{Y}_{i,\mathrm{R}}$，$\overline{U}_{i,\mathrm{R}}$ 和 $\overline{\Phi}_{i,\mathrm{R}}$ 表示第 i 个桥跨右端的竖向位移、轴向位移和转角幅值，其正方向和图 5.23 所示位移正方向一致。根据方程(5.54) 和(5.56)，可以得到

$$\overline{Y}_{i,\mathrm{L}}=\overline{Y}_i(0)=[0\quad 1\quad 0\quad 1]\,[D_{i,1}\quad D_{i,2}\quad D_{i,3}\quad D_{i,4}]^{\mathrm{T}} \tag{5.57a}$$

$$\overline{U}_{i,\mathrm{L}}=\overline{U}_i(0)=[1\quad 0]\,[D_{i,5}\quad D_{i,6}]^{\mathrm{T}} \tag{5.57b}$$

$$\overline{\Phi}_{i,\mathrm{L}}=\overline{\Phi}_i(0)=[\delta_i\quad 0\quad \varepsilon_i\quad 0]\,[D_{i,1}\quad D_{i,2}\quad D_{i,3}\quad D_{i,4}]^{\mathrm{T}} \tag{5.57c}$$

$$\begin{aligned}\overline{Y}_{i,\mathrm{R}}=\overline{Y}_i(l_i)=&[\sin\delta_i l_i\quad \cos\delta_i l_i\quad \sinh\varepsilon_i l_i\quad \cosh\varepsilon_i l_i]\\&[D_{i,1}\quad D_{i,2}\quad D_{i,3}\quad D_{i,4}]^{\mathrm{T}}\end{aligned} \tag{5.57d}$$

$$\overline{U}_{i,\mathrm{R}}=\overline{U}_i(l_i)=[\cos\eta_i l_i\quad \sin\eta_i l_i]\,[D_{i,5}\quad D_{i,6}]^{\mathrm{T}} \tag{5.57e}$$

$$\begin{aligned}\overline{\Phi}_{i,\mathrm{R}}=\overline{\Phi}_i(l_i)=&[\delta_i\cos\delta_i l_i\quad -\delta_i\sin\delta_i l_i\quad \varepsilon_i\cosh\varepsilon_i l_i\quad \varepsilon_i\sinh\varepsilon_i l_i]\\&[D_{i,1}\quad D_{i,2}\quad D_{i,3}\quad D_{i,4}]^{\mathrm{T}}\end{aligned} \tag{5.57f}$$

将公式(5.57) 写成矩阵形式，可得

$$\bar{\boldsymbol{\delta}}_{\mathrm{i}}=\boldsymbol{R}_i\boldsymbol{D}_i \tag{5.58}$$

式中，

$$\boldsymbol{R}_i=\begin{bmatrix}0 & 1 & 0 & 1 & 0 & 0\\ 0 & 0 & 0 & 0 & 1 & 0\\ \delta_i & 0 & \varepsilon_i & 0 & 0 & 0\\ \sin\delta_i l_i & \cos\delta_i l_i & \sinh\varepsilon_i l_i & \cosh\varepsilon_i l_i & 0 & 0\\ 0 & 0 & 0 & 0 & \cos\eta_i l_i & \sin\eta_i l_i\\ \delta_i\cos\delta_i l_i & -\delta_i\sin\delta_i l_i & \varepsilon_i\cosh\varepsilon_i l_i & \varepsilon_i\sinh\varepsilon_i l_i & 0 & 0\end{bmatrix} \tag{5.59a}$$

$$\bar{\boldsymbol{\delta}}_i=\left[\bar{Y}_{i,L} \quad \bar{U}_{i,L} \quad \bar{\Phi}_{i,L} \quad \bar{Y}_{i,R} \quad \bar{U}_{i,R} \quad \bar{\Phi}_{i,R}\right]^{\mathrm{T}} \tag{5.59b}$$

$$\boldsymbol{D}_i=[D_{i,1} \quad D_{i,2} \quad D_{i,3} \quad D_{i,4} \quad D_{i,5} \quad D_{i,6}]^{\mathrm{T}} \tag{5.59c}$$

第 i 个桥跨自由振动过程中产生的剪力幅值 $\bar{Q}_i(\bar{x}_i)$，轴力幅值 $\bar{N}_i(\bar{x}_i)$，弯矩幅值 $\bar{M}_i(\bar{x}_i)$ 可分别表示为

$$\bar{Q}_i(\bar{x}_i)=BS_i\bar{Y}'''=BS_i\left[-\delta_i^3\cos(\delta_i\bar{x}_i) \quad \delta_i^3\sin(\delta_i\bar{x}_i) \quad \varepsilon_i^3\sinh(\varepsilon_i\bar{x}_i) \quad \right][D_{i,1} \quad D_{i,2} \quad D_{i,3} \quad D_{i,4}]^{\mathrm{T}} \tag{5.60a}$$

$$\bar{N}_i(\bar{x}_i)=CS_i\bar{U}'=CS_i\left[-\eta_i\sin(\eta_i\bar{x}_i) \quad \eta_i\cos(\eta_i\bar{x}_i)\right][D_{i,5} \quad D_{i,6}]^{\mathrm{T}} \tag{5.60b}$$

$$\bar{M}_i(\bar{x}_i)=BS_i\bar{Y}''=BS_i\left[-\delta_i^2\sin(\delta_i\bar{x}_i) \quad -\delta_i^2\cos(\delta_i\bar{x}_i) \quad \varepsilon_i^2\sinh(\varepsilon_i\bar{x}_i) \quad \varepsilon_i^2\cosh(\varepsilon_i\bar{x}_i) \quad \right][D_{i,1} \quad D_{i,2} \quad D_{i,3} \quad D_{i,4}]^{\mathrm{T}} \tag{5.60c}$$

采用 $\bar{Q}_{k,\mathrm{L}}$，$\bar{N}_{k,\mathrm{L}}$ 和 $\bar{M}_{k,\mathrm{L}}$ 表示第 i 个桥跨左端的剪力、轴力和弯矩，采用 $\bar{Q}_{k,\mathrm{R}}$，$\bar{N}_{k,\mathrm{R}}$ 和 $\bar{M}_{k,\mathrm{R}}$ 表示第 i 个桥跨右端的剪力、轴力和弯矩，其正方向和图 5.23 所示力的正方向一致。这些力与自由振动产生的端部力平衡，且不包含温度荷载引起的端部力。根据公式(5.60)，可以得到

$$\bar{Q}_{i,\mathrm{L}}=\bar{Q}_k(0)=\mathrm{BS}_i[-\delta_i^3 \quad 0 \quad \varepsilon_i^3 \quad 0][D_{i,1} \quad D_{i,2} \quad D_{i,3} \quad D_{i,4}]^{\mathrm{T}} \tag{5.61a}$$

$$\bar{N}_{i,\mathrm{L}}=-\bar{N}_i(0)=\mathrm{CS}_i[0 \quad -\eta_i][D_{i,5} \quad D_{i,6}]^{\mathrm{T}} \tag{5.61b}$$

$$\bar{M}_{i,\mathrm{L}}=-\bar{M}_i(0)=BS_i\begin{bmatrix}0 & \delta_i^2 & 0 & -\varepsilon_i^2\end{bmatrix}\begin{bmatrix}D_{i,1} & D_{i,2} & D_{i,3} & D_{i,4}\end{bmatrix}^{\mathrm{T}} \tag{5.61c}$$

$$\bar{Q}_{i,\mathrm{R}}=-\bar{Q}_i(l_i)=-BS_i\begin{bmatrix}-\delta_i^3\cos\delta_i l_i & \delta_i^3\sin\delta_i l_i & \varepsilon_i^3\cosh\varepsilon_i l_i & \varepsilon_i^3\sinh\varepsilon_i l_i\end{bmatrix}\begin{bmatrix}D_{i,1} & D_{i,2} & D_{i,3} & D_{i,4}\end{bmatrix}^{\mathrm{T}} \tag{5.61d}$$

$$\bar{N}_{i,\mathrm{R}}=\bar{N}_i(l_i)=CS_i\begin{bmatrix}-\eta_i\sin\eta_i l_i & \eta_i\cos\eta_i l_i\end{bmatrix}\begin{bmatrix}D_{i,5} & D_{i,6}\end{bmatrix}^{\mathrm{T}} \tag{5.61e}$$

$$\bar{M}_{i,\mathrm{R}}=\bar{M}_i(l_i)=BS_i\begin{bmatrix}-\delta_i^2\sin\delta_i l_i & -\delta_i^2\cos\delta_i l_i & \varepsilon_i^2\sinh\varepsilon_i l_i & \varepsilon_i^2\cosh\varepsilon_i l_i\end{bmatrix}\begin{bmatrix}D_{i,1} & D_{i,2} & D_{i,3} & D_{i,4}\end{bmatrix}^{\mathrm{T}} \tag{5.61f}$$

把公式(5.61)写成矩阵的形式，则有

$$\bar{\boldsymbol{F}}_i=\boldsymbol{Q}_i\boldsymbol{D}_i \tag{5.62}$$

式中，

$$\boldsymbol{Q}_i=\begin{bmatrix}-BS_i\delta_i^3 & 0 & BS_i\varepsilon_i^3 & 0 & 0 & 0\\ 0 & 0 & 0 & 0 & 0 & -CS_i\eta_i\\ 0 & BS_i\delta_i^2 & 0 & -BS_i\varepsilon_i^2 & 0 & 0\\ BS_i\delta_i^3\cos\delta_i l_i & -BS_i\delta_i^3\sin\delta_i l_i & -BS_i\varepsilon_i^3\cosh\varepsilon_i l_i & -BS_i\varepsilon_i^3\sinh\varepsilon_i l_i & 0 & 0\\ 0 & 0 & 0 & 0 & -CS_i\eta_i\sin\eta_i l_i & CS_i\eta_i\cos\eta_i l_i\\ -BS_i\delta_i^2\sin\delta_i l_i & -BS_i\delta_i^2\cos\delta_i l_i & BS_i\varepsilon_i^2\sinh\varepsilon_i l_i & BS_i\varepsilon_i^2\cosh\varepsilon_i l_i & 0 & 0\end{bmatrix} \tag{5.63a}$$

$$\bar{\boldsymbol{F}}_i=\begin{bmatrix}\bar{Q}_{i,\mathrm{L}} & \bar{N}_{i,\mathrm{L}} & \bar{M}_{i,\mathrm{L}} & \bar{Q}_{i,\mathrm{R}} & \bar{N}_{i,R} & \bar{M}_{i,\mathrm{R}}\end{bmatrix}^{\mathrm{T}} \tag{5.63b}$$

$$\boldsymbol{D}_i=\begin{bmatrix}D_{i,1} & D_{i,2} & D_{i,3} & D_{i,4} & D_{i,5} & D_{i,6}\end{bmatrix}^{\mathrm{T}} \tag{5.63c}$$

综合公式(5.58)和(5.62)可得

$$\bar{\boldsymbol{F}}_i=\boldsymbol{Q}_i\boldsymbol{R}_i^{-1}\bar{\delta}_i=\bar{\boldsymbol{K}}_i\bar{\boldsymbol{\delta}}_i \tag{5.64}$$

式中，$\overline{\boldsymbol{K}}_i=\boldsymbol{Q}_i\boldsymbol{R}_i^{-1}$。公式(5.64)在形式上与有限元方法中的单元端部力与端部位移表达式是相同的。$\overline{\boldsymbol{K}}_i$ 类似有限元方法中的单元刚度矩阵，可以理解成是第 i 个桥跨的动刚度矩阵，其表示了第 i 个桥跨的端部力和位移之间的关系。我们可以把第 i 个桥跨视作为有限元方法中的一个单元，并且把动刚度矩阵 $\overline{\boldsymbol{K}}_i$ 视作为有限元方法中的单元刚度矩阵。如果把第 i 个桥跨认为是有限元方法中的第 i 个单元(见图 5.23 和图 5.24)，那么第 i 个桥跨的左端可以认为是第 i 个单元的 (i) 节点，右端可以认为是第 i 个单元的 $(i+1)$ 节点。

需要注意的是公式(5.60)中的 $\overline{\boldsymbol{F}}_i$、$\overline{\boldsymbol{K}}_i$ 和 $\overline{\boldsymbol{\delta}}_i$ 都是在图 5.23 中所示的局部坐标系中的值。因此，就需要进行适当的坐标变换将其变换到整体坐标系下。图 5.23 中局部坐标系下的端部力和位移在局部坐标 $\bar{x}O\bar{y}$ 中用 $\overline{Q}_{f\ (i)}^{i}$，$\overline{N}_{f\ (i)}^{i}$，$\overline{M}_{f\ (i)}^{i}$，$\overline{Q}_{f\ (i+1)}^{i}$，$\overline{N}_{f\ (i+1)}^{i}$ 和 $\overline{M}_{f\ (i+1)}^{i}$ 表示(如图 5.24 所示)，而在整体坐标系 xOy 中，则用 $F_{x(i)}^{i}$，$F_{y(i)}^{i}$，$M_{(i)}^{i}$，$F_{x(i+1)}^{i}$，$F_{y(i+1)}^{i}$ 和 $M_{(i+1)}^{i}$ 表示梁端力。两种坐标系之间的夹角为 α_i，它是从 x 轴沿逆时针方向转至 $\bar{x}$ 来度量的，因此，两种坐标系下力的关系可以表示如下：

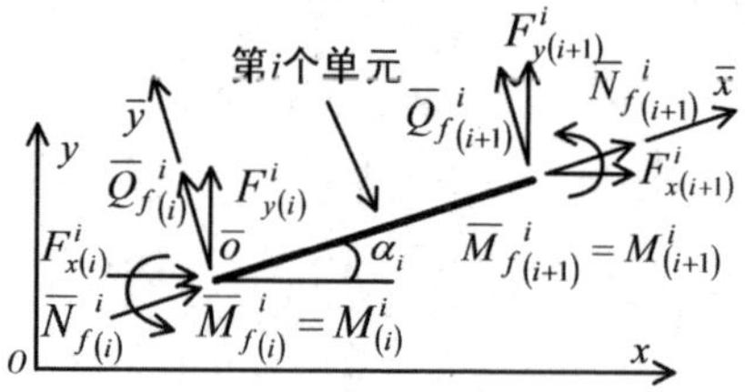

图 5.24　第 i 个桥跨(第 i 个单元)在局部坐标系和整体坐标系中的端部力

$$\overline{Q}_{f\ (i)}^{i}=-F_{x(i)}^{i}\sin\alpha_i+F_{y(i)}^{i}\cos\alpha_i \tag{5.65a}$$

$$\overline{N}_{f\ (i)}^{i}=F_{x(i)}^{i}\cos\alpha_i+F_{y(i)}^{i}\sin\alpha_i \tag{5.65b}$$

$$\overline{M}_{f\ (i)}^{i}=M_{(i)}^{i} \tag{5.65c}$$

$$\overline{Q}_{f\ (i+1)}^{i}=-F_{x(i+1)}^{i}\sin\alpha_i+F_{y(i+1)}^{i}\cos\alpha_i \tag{5.65d}$$

$$\overline{N}_{f\ (i+1)}^{i}=F_{x(i+1)}^{i}\ s\cos\alpha_i+F_{y(i+1)}^{i}\sin\alpha_i \tag{5.65e}$$

$$\overline{M}_{f\ (i+1)}^{i}=M_{(i+1)}^{i} \tag{5.65f}$$

把公式(5.65)写成矩阵的形式，则有

$$\begin{Bmatrix} \bar{Q}^i_{f(i)} \\ \bar{N}^i_{f(i)} \\ \bar{M}^i_{f(i)} \\ \bar{Q}^i_{f(i+1)} \\ \bar{N}^i_{f(i+1)} \\ \bar{M}^i_{f(i+1)} \end{Bmatrix} = \boldsymbol{TT}_i \begin{Bmatrix} F^i_{x(i)} \\ F^i_{y(i)} \\ M^i_{(i)} \\ F^i_{x(i+1)} \\ F^i_{y(i+1)} \\ M^i_{(i+1)} \end{Bmatrix} \tag{5.66}$$

式中，

$$\boldsymbol{TT}_i = \begin{bmatrix} -\sin\alpha_i & \cos\alpha_i & 0 & 0 & 0 & 0 \\ \cos\alpha_i & \sin\alpha_i & 0 & 0 & 0 & 0 \\ 0 & 0 & 1 & 0 & 0 & 0 \\ 0 & 0 & 0 & -\sin\alpha_i & \cos\alpha_i & 0 \\ 0 & 0 & 0 & \cos\alpha_i & \sin\alpha_i & 0 \\ 0 & 0 & 0 & 0 & 0 & 1 \end{bmatrix} \tag{5.67}$$

式中，$\boldsymbol{TT}_i$ 为第 i 个桥跨(第 i 个单元)的端部力变换矩阵，依据局部坐标到整体坐标系的变换原理，第 i 个桥跨(第 i 个单元)的位移变换矩阵与端部力变换矩阵相同。因此，整体坐标系下第 i 个单元的动刚度矩阵 $\boldsymbol{K}_i$ 可表示为

$$\boldsymbol{K}_i = \boldsymbol{TT}_i^T \bar{\boldsymbol{K}}_i \boldsymbol{TT}_i \tag{5.68}$$

如果把桥梁的每个桥跨视作有限元方法中的一个单元，每个桥墩也视作一个单元。在得到第 i 个桥跨(第 i 个单元)的动刚度矩阵 $\boldsymbol{K}_i$ 后，便可以按照类似于有限元方法中的数值组装方法对每个单元的动刚度矩阵进行组装，从而获得整个桥梁结构体系的特征方程

$$\boldsymbol{K}(\omega)\boldsymbol{D} = 0 \tag{5.69}$$

式中，$\boldsymbol{K}(\omega)$ 为引入边界条件的桥梁结构体系总体矩阵，D 为桥梁结构体系的节点变形列向量。

由于 $\boldsymbol{K}(\omega)$ 矩阵中元素是频率 ω 的超越函数，其求解问题是超越特征值

问题。可以采用本书 1.4.1 节中的半区间方法求解桥梁结构体系的各阶频率。在得到某阶频率后，把频率回代到公式(5.69) 中求取对应的特征向量，特征向量变为这阶频率对应的振型。

如果同一截面高度沿梁长具有不同的温度数值，则温度作用下第 i 个桥跨的抗弯刚度 BS_i 和拉伸刚度 CS_i 沿梁长方向是变化的；对于变截面梁式桥梁结构，即使同一截面高度沿梁长具有相同的温度数值，则温度作用下第 i 个桥跨的抗弯刚度 BS_i 和拉伸刚度 CS_i 沿梁长方向也是变化的。对于第 i 个桥跨的抗弯刚度 BS_i 和拉伸刚度 CS_i 沿梁长方向发生变化的情况，可以采用本书 1.4.2 节中的方法，形成第 i 个桥跨中振型待定系数的传递矩阵，这时第 i 个桥跨仍然可视作一个有限元方法中的单元，进而则可以采用本节论述的方法对桥梁结构体系的动力特性进行求解。

5.2.4　温度作用下桥梁动力特性分析算例

采用本书论述的方法和有限元方法分别计算了如图 5.25 所示的单跨刚构桥在温度作用下的自振频率。将基准温度定义为 0℃，温度作用分为 A，B 两种温度模式：其中，A 模式为结构整体升温 30℃；B 模式为结构内表面升温 $T_1 =$ 20℃，外表面升温 $T_2 =$ 30℃，结构内部温度线性变化如图 5.25(b) 所示。

有限元方法借助 ANSYS 软件进行，采用平面应力单元 PLANE 182 建立单跨刚构桥的有限元模型。有限元分析分为两步：首先，在各节点施加温度荷载，通过将单元中心处的温度代入公式(5.48) 获得各单元的弹性模量。需要注意的是，轴向力效应应包括在随后进行预应力模态分析所需的静态分析中；然后，进行模态分析(包括轴向力效应)。

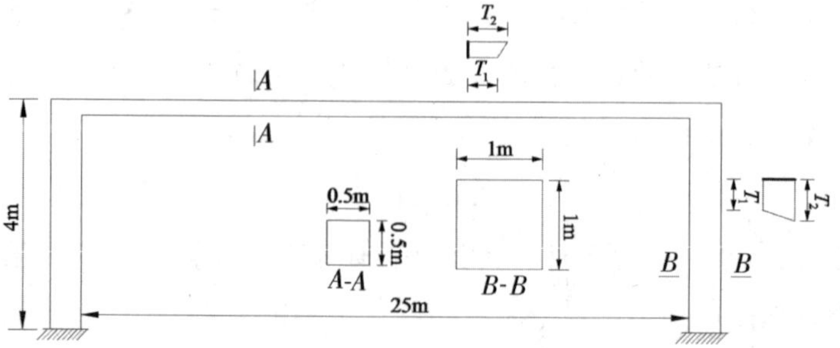

图 5.25　平面刚架模型和温度分布

计算结果如图5.26所示，由图5.26可知，有限元方法与本书方法得到的自振频率计算结果十分接近，验证了本书方法的正确性和可靠性。随着温度的升高，单跨刚构桥的自振频率降低。

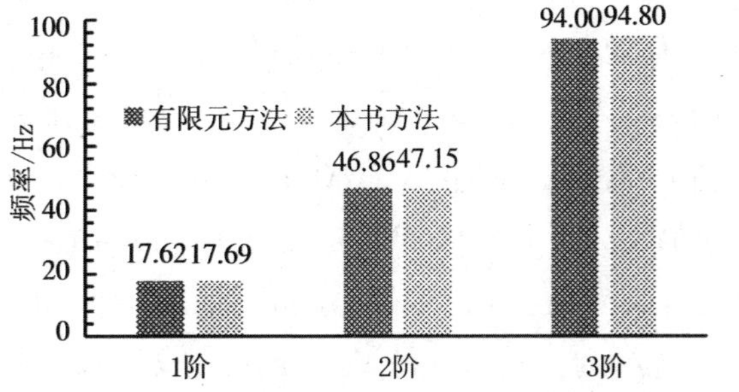

(a) 基准温度作用下的自振频率

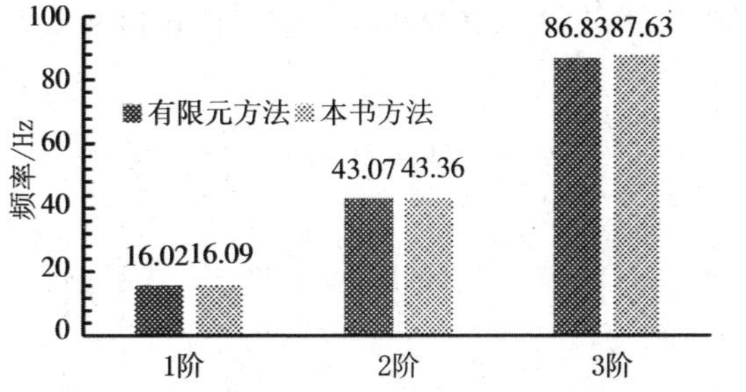

(b) 温度模式 A 作用下的自振频率

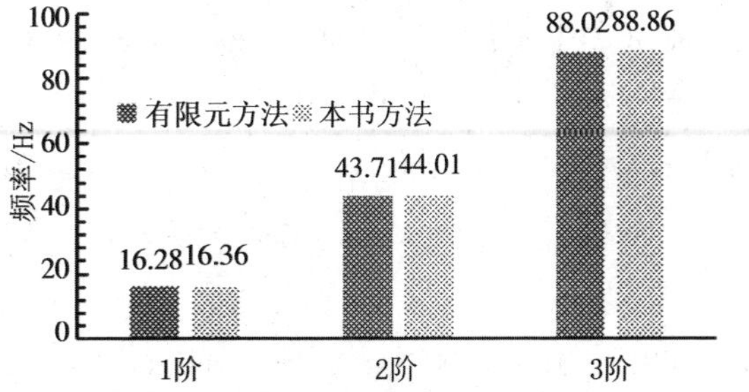

(c) 温度模式 B 作用下的自振频率

图5.26　不同温度模式作用下的单跨刚构桥自振频率

参考文献

[1] ASKEGAARD V, MOSSING P. Long term observation of RC-bridge using changes in natural frequency[J]. Nordic concrete research, 1988(7): 20-27.

[2] FARRAR C R, DOEBLING S W, Cornwell P J, et al. Variability of modal parameters measured on the Alamosa Canyon Bridge[C]. Proceedings of the 1997 15th International Modal Analysis Conference, *IMAC*. Part 1 (of 2), 1997: 257-263.

[3] KIM C Y, JUNG D S, KIM N S, et al. Effect of vehicle weight on natural frequencies of bridges measured from traffic-induced vibration[J]. Earthquake Engineering and Engineering Vibration, 2003, 2(1): 109-115.

[4] 应怀樵, 郭亚. 移动荷载在简支梁上不同位置有载频率的研究[C], 现代振动与噪声技术, 2002: 84-88.

[5] 唐贺强, 沈锐利. 简支梁桥有载频率分析[J]. 西南交通大学学报, 2004, 39(5): 628-632.

[6] LADISLAV FRYBA L. Dynamics of railway bridges[M]. London: Thomas Telford Ltd, 1996.

[7] 苏木标, 梁振辉. 对车—桥系统自振特性的初探[J]. 石家庄铁道学院学报, 1993, 6(3): 49-58.

[8] 任剑莹, 苏木标, 李文平, 等. 铁路连续梁桥竖向有载自振频率研究[J]. 铁道学报, 2005, 27(5): 111-116.

[9] ROECK G D, MAECK J, MICHIELSEN T, et al. Traffic-induced shifts in modal properties of bridges[C]. Proceedings of SPIE-The International Society for Optical Engineering, 2002: 630-636.

[10] TAN G J, WANG W S, JIAO Y B, et al. Free vibration analysis of continuous bridge under the vehicles[J]. Structural Engineering and Mechanics, 2017, 61(3): 335-345.

[11] TAN G J, WANG W S, JIAO Y B. Free vibration analysis of a cracked simply supported bridge considering bridge-vehicle interaction[J]. Journal of Vibroengineering, 2016, 18(6): 3608-3635.

[12] TAN G J, SHAN J H, WU C L, et al. Free vibration analysis of cracked Timoshenko beams carrying spring-mass systems[J]. Structural Engineering and

Mechanics，2017，63(4)：551-565.
[13] LAW S S，ZHU X Q. Dynamic behavior of damaged concrete bridge structures under moving vehicular loads[J]. Engineering Structures，2004，26(9)：1279-1293.
[14]XU Z D，WU Z. Simulation of the effect of temperature variation on damage detection in a long-span cable-stayed bridge[J]. Structural Health Monitoring，2007，6(3)：177-189.
[15]MIAO C Q，CHEN L，FENG Z X. Study on effects of environmental temperature on dynamic characteristics of Taizhou Yangtze River Bridge[J]. Engineering Sciences，2011，9(2)：78-82，92.
[16]白应华，孙振笏，李冬明，等．单塔斜拉人行桥的环境温度效应研究[J]. 武汉理工大学学报，2017，39(1)：48-53.
[17]陈策，史长华，缪长青．环境温度对三塔两跨悬索桥结构静动力特性的影响[J]. 武汉理工大学学报(交通科学与工程版)，2014，38(4)：744-748.
[18]朱亚飞，何伟，陈桥阳，等．温度对下承式钢管混凝土拱桥振动影响分析[J]. 工程抗震与加固改造，2016，38(1)：130-135.
[19]Kim J T，Park J H，Lee B J. Vibration-based damage monitoring in model plate-girder bridges under uncertain temperature conditions[J]. Engineering Structures，2007，29(7)：1354－1365.
[20]BALMES E，BASSEVILLE M，MEVEL L，et al. Merging sensor data from multiple temperature scenarios for vibration monitoring of civil structures[J]. Structural Health Monitoring，2007，7(2)：129-142.
[21]ROHRMANN R G，BAESSLER M，SAID S，et al. Structural causes of temperature affected modal data of civil structures obtained by long time monitoring[J]. Proceedings of the international modal analysis conference-IMAC，2000，1：1-7.
[22]MAECK J，PEETERS B，DEROECK G. Damage identification on the Z24 bridge using vibration monitoring[J]. Smart Materials and Structures，2001，10(3)：512-517.
[23]PEETERS B，MAECK J，DEROECK G. Vibration-based damage detection in civil engineering：excitation sources and temperature effects[J]. Smart Materials and Structures，2001，10(3)：518-527.
[24]PEETERS B，ROECK G D. One-year monitoring of the Z24-Bridge：environmental

effects versus damage events[J]. Earthquake Engineering and Structural Dynamics, 2001, 30(2): 149-171.

[25]LIU C Y, DEWOLF J T. Effect of temperature on modal variability of a curved concrete bridge under ambient loads[J]. Journal of Structural Engineering, 2007, 133(12): 1742-1751.

[26]DESJARDINS S L, LONDONO N A, LAU D T, et al. Real-time data processing, analysis and visualization for structural monitoring of the Confederation Bridge[J]. Advances in Structural Engineering, 2006, 9(1): 141-157.

[27]DING Y L, LI A Q. Temperature-induced variations of measured modal frequencies of steel box girder for a long-span suspension bridge[J]. International Journal of Steel Structures, 2011, 11(2): 145-155.

[28]CORNWELL P, FARRAR C R, DOEBLING S W, et al. Environmental variability of modal properties[J]. Experimental Techniques, 1999, 23(6): 45-48.

[29]DOEBLING S W, FARRAR C R. Using statistical analysis to enhance modal-based damage identification[C]. Proceedings of the Structural Damage Assessment Using Advanced Signal Processing Procedures, 1997: 199-210.

[30]ZABEL V, BREHM M, NIKULLA S. The influence of temperature varying material parameters on the dynamic behavior of short span railway bridges[C]. Proceedings of International Conference on Noise and Vibration Engineering, 2010.

[31]SOHN H, DZWONCZYK M, STRASER E G, et al. An experimental study of temperature effect on modal parameters of the Alamosa Canyon Bridge[J]. Earthquake Engineering and Structural Dynamics, 1999, 28(8): 879-897.

[32]MOSER P, MOAVENI B. Environmental effects on the identified natural frequencies of the Dowling Hall Footbridge[J]. Mechanical Systems and Signal Processing, 2011, 25(7): 2336-2357.

[33]樊可清，倪一清，高赞明．大跨度桥梁模态频率识别中的温度影响研究[J]．中国公路学报，2006，19(2)：67-73.

[34]HUA X G, NI Y Q, KO J M, et al. Modeling of temperature-frequency correlation using combined principal component analysis and support Vector Regression Technique[J]. Journal of Computing in Civil Engineering, 2007, 21(2): 122-135.

[35]KO J M, NI Y Q. Technology developments in structural health monitoring of

large-scale bridges[J]. Engineering Structures, 2005, 27(12): 1715-1725.

[36] 胡利平，韩大建．考虑环境因素影响的动态法桥梁损伤识别[J]. 华南理工大学学报（自然科学版），2007，35(3)：117-121.

[37] 杨鸥，刘洋，李惠，等．时变环境与损伤耦合下桥梁结构频率及阻尼比的统计分析[J]. 计算力学学报，2010，27(3)：457-463.

[38] 张通．温度对大型桥梁模态频率的影响研究[J]. 武汉理工大学学报，2011，33(7)：94-100.

[39] 余印根，宗周红，陈宝春，等．环境温度对连续刚构桥模态频率的影响[J]. 振动、测试与诊断，2014，34(1)：69-76.

[40] XIA Y, XU Y L, WEI Z L, et al. Variation of structural vibration characteristics versus non-uniform temperature distribution[J]. Engineering Structures, 2011, 33(1): 146－153.

[41] XIA Y, HAO H, ZANARDO G, et al. Long term vibration monitoring of an RC slab: Temperature and humidity effect[J]. Engineering Structures, 2006, 28(3): 441-452.

[42] 王华．温度和车辆耦合作用下梁式桥动力特性分析[D]. 长春：吉林大学，2018.

第 6 章　裂缝病害损伤识别方法

6.1　损伤识别方法概述

结构的损伤识别需要解决损伤发现、损伤定位和损伤定量三个层面的问题，这三个问题呈逐层递进的关系。由于动力荷载试验具有客观性强、测试时间短、能够发现隐蔽部位的病害等优点，因此，基于动力特性的结构损伤识别备受人们的青睐，并且开展了系统深入的研究。对已有研究成果进行归纳、总结可知，有关结构损伤识别的研究可分为损伤指标和识别算法两个方面，具体如图 6.1 所示。

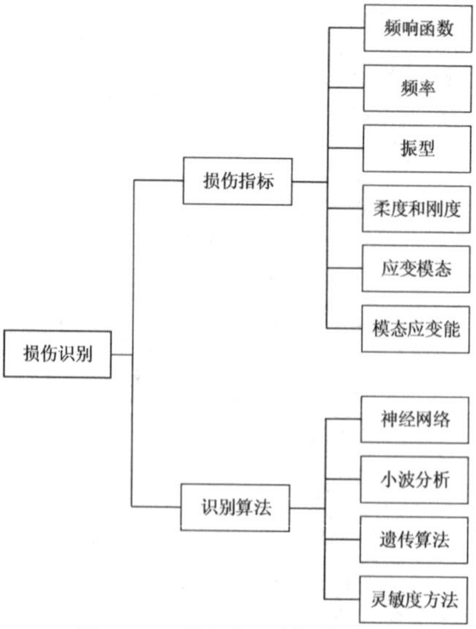

图 6.1　损伤识别技术汇总

6.1.1　损伤指标

本节主要介绍基于 FRF(频响函数)波形、基于频率、基于振型、基于柔度和刚度、基于应变模态和基于模态应变能的损伤指标。

1. 基于 FRF 波形的损伤指标

秦权和张卫国采用结构损伤前后的加速度 FRF 曲线构建了 3 个损伤指标(I_{WCC}，I_{ATM}，I_{SAC})，并采用这 3 个指标对青马桥的加劲梁进行了损伤识别，识别结果表明：I_{WCC} 和 I_{ATM} 对 FRF 微小变化比较敏感，而 I_{SAC} 次之，识别局部损伤的能力较差，但这 3 个指标均不能识别损伤位置[1]。

2. 基于频率的损伤指标

在结构动力参数中，频率相对于振型和阻尼来说是最容易获得的模态参数，因此基于频率的损伤识别方法应用较为广泛。Cawley 等人于 1979 年率先提出利用频率来确定结构损伤[2]，随后，Stubbs 和 Osegueda 提出利用频率相对变化的乘积和敏感性分析确定结构的损伤位置和程度[3]。

高芳清等人指出频率变化的平方比是结构损伤位置和程度的函数，并将其应用于钢桁架结构损伤识别[4]。郭国会提出只需前两阶频率和频变比即可对结构进行损伤识别[5]。刘文峰等提出了利用不同阶模态频率改变比值确定损伤位置的方法[6]。

3. 基于振型的损伤指标

振型是结构另一个重要的动力特性，常用的基于振型的损伤指标有振型变化量、模态置信准则和曲率模态等。

West 在 1984 年将基于振型数据构造的模态置信准则应用于航天飞机的损伤定位[7]。Pandey 等提出用振型曲率模态实现损伤位置和损伤程度的识别[8]。袁向荣通过改变梁的高度来模拟损伤，得出振型曲率比单一振型指标对损伤更加敏感的结论[9]。禹丹江和陈淮将曲率模态应用于桥梁结构损伤识别，指出曲率模态比频率和位移模态对损伤更加敏感[10]。李德葆等指出曲率模态对结构的局部变化与应变同样敏感[11]。邹晓军通过对一座混凝土连续梁桥的仿真分析和对一悬臂梁实验研究验证了曲率模态在梁式桥损伤识别中的有效性[12]。焦峪波采用神经网络算法将频率变化和曲率模态差指标应用于多片简支梁桥的损伤识别[13]。刘春城和刘佼以模态曲率改变率作为损伤识别参数进行损伤定位，采用基于支持向量机的识别方法来确定桥梁的损伤程度[14]。

4. 基于柔度和刚度的损伤指标

结构发生损伤后，其刚度必然降低，柔度增加，因此可将柔度和刚度的变化作为损伤的评价指标。

Pandey 等利用柔度矩阵差对悬臂梁和简支梁的损伤检测进行了研究，并指出当损伤出现在高应力区时，用柔度矩阵差判断损伤十分理想[15]。Lin 将测得的数据构成的柔度矩阵和模型计算的刚度矩阵相乘，通过相乘得到的矩阵非零元素的位置来确定损伤位置[16]。张启伟等用刚度矩阵参数的变化来描述结构损伤，通过结构模态力余量确定损伤位置[17]。伊娟等利用结构损伤前后柔度矩阵的变化，对连续梁桥损伤进行识别[18]。赵媛和陆秋海提出了柔度曲率的概念，利用较少几阶的振型和频率数据即可准确识别结构多位置损伤[19]。

5. 基于应变模态的损伤指标

应变模态作为损伤指标对结构的局部损伤更加敏感，这是位移模态所不具备的，李德葆和陆秋海在文献[20]中指出了这一点。顾培英等对应变模态在桥梁损伤识别中的应用进行了深入研究，根据应变模态差分原理，提出了基于应变模态的损伤位置直接指标法以及损伤程度的局域面积直接指标法[21-23]。李军等提出借助多阶应变模态对梁式和承弯结构的损伤进行定位[24]。2007 年，李功标和瞿伟廉提出将应变模态与贝叶斯统计方法相结合的空间杆系统结构损伤识别方法[25]。郭宗江运用应变模态对桁架结构进行了损伤识别[26]。Li 等将应变模态技术应用于板式结构损伤识别问题，基于瑞利-里茨法，提出了弯矩和残余应变振型两个损伤指标[27]。Guan 和 Karbhari 提出了一种基于单元应变模态指标的损伤方法，该方法克服了曲率模态和模态应变能指标中需利用数值差分的缺陷，具有较强的抗噪性能[28]。

6. 基于模态应变能的损伤指标

Shi 等提出将结构损伤前后的模态应变能变化率作为损伤指标，成功对桁架和框架结构进行了损伤定位[29-30]。史治宇等对基于模态应变能的结构损伤诊断方法进行了改进，仅使用低阶模态即可确定结构损伤程度，从而减小了模态截断误差[31]。

6.1.2　损伤识别算法

1. 神经网络算法

1989 年，Venkatasubramnian 和 Chan 将神经网络第一次用于工程结构损伤诊断[32]。Lee 等将神经网络算法应用于结构健康监测的损伤识别技术，指出通过神经网络训练模式可以有效地减小模型误差，增加算法的可应用性[33]。Fang 等提出了一种不依赖于模型的 BP(反向传播) 神经网络结构损伤识别方法，该方法以频响函数为输入数据[34]。李忠献等验证了人工神经网络技术对大型土木工程结构损伤识别的可靠性[35]。葛林瑞以球溪河大桥为背景，将 RBF(径向基) 神经网络算法应用于拱桥结构损伤识别研究[36]。刘寒冰等基于模态曲率差，采用神经网络算法对多片简支梁桥进行了损伤识别[37]。

2. 小波分析方法

Hou 等将 Db 小波应用于美国土木工程学会的基准模型和结构动力学模型的损伤定位和定量研究[38]。Sun 等以小波包分解信号能量为损伤指标，结合神经网络算法对桥梁结构进行了损伤识别[39]。郭健等基于小波分析提出了损伤识别四阶段方法，较全面地展现了小波分析在信号处理和数据分析中的优势及在桥梁健康监测中的应用价值[40]。韩西等利用小波分析对桥梁不同损伤状态进行识别，通过试验验证了小波分析方法用于损伤识别的有效性[41]。

3. 遗传算法

Chou 和 Ghaboussi 于 2001 年将遗传算法用于结构的损伤识别[42]。Nobahari 和 Seyedpoor 提出一种修正的遗传算法，该算法具有两个新的操作算子(健康和模拟操作算子)，基于有效相关指标(ECBI) 可以准确识别结构的损伤位置和损伤程度[43]。Meruane 和 Heylen 将混合遗传算法应用于结构损伤识别，算法中编码采用实数编码方式，对 5 个模态数据的函数性能进行了分析，采用损伤惩罚手段来避免错误地识别损伤，依据三维空间框架算例证明了算法的有效性和准确性[44]。程远胜、朱劲松等编制了复杂结构的遗传算法损伤识别程序，可对桥梁的损伤位置和程度进行准确识别[45-47]。

4. 灵敏度方法

基于灵敏度的损伤识别法首先要得到桥梁动力参数或动力响应对桥梁结

构物理参数的灵敏度矩阵，再根据结构损伤前后的动力参数变化或动力响应的变化来识别桥梁结构的损伤。各种基于灵敏度的损伤识别方法的不同，主要体现在形成灵敏度矩阵方法的不同上。

1995 年，Stubbs 和 Kim 等首先提出了基于灵敏度的损伤识别方法[48]，并不断对其进行研究[49-50]。Kosmatka 等对结构的加权灵敏度进行了分析，以估计结构系统中由于损伤而引起的质量和刚度变化[51]。Zhao 等通过分析比较，认为结构的柔度参数对于损伤更为敏感[52]。Lam 等提出了一种基于实验模型和灵敏度分析的损伤定位方法，并通过大量实验研究加以证实[53]。唐小兵等利用频率测试数据和灵敏度分析，并结合遗传算法对悬臂梁结构多损伤区进行识别[54]。

6.2 裂缝梁式结构动力特性分析方法

6.2.1 裂缝引起的局部柔度变化

在裂缝梁式结构的动力特性分析过程中，采用无质量扭转弹簧模拟裂缝是十分常见而又有效的方法。采用无质量扭转弹簧模拟裂缝的关键是如何计算由裂缝导致的局部柔度。“工”字形组合截面可以近似为桥梁结构常用的多种横截面，例如单“工”字形截面可近似为矩形截面和 T 形截面，双“工”字形可近似为单箱单室箱型截面。因此，本节主要对“工”字形组合截面的局部柔度系数计算方法进行理论推导。

图 6.2 表示的是出现裂缝的任意形状横截面。h 为截面高度，a 为裂缝深度，ξ，η 为横截面的局部坐标系。

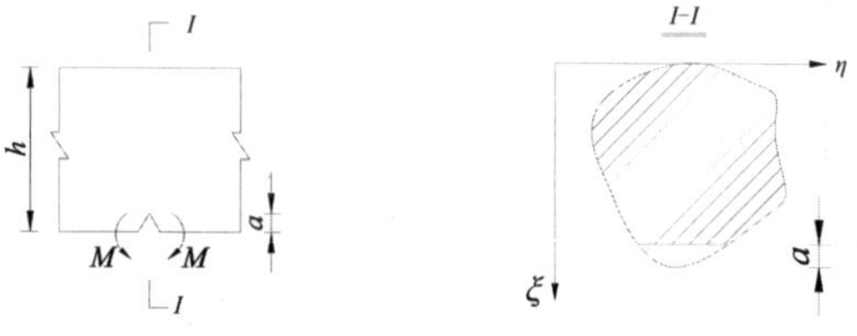

图 6.2 虚拟弯矩作用下的裂缝

在虚拟弯矩 M 的作用下，裂缝处的相对转角 θ 为[55]

$$\theta=\frac{\partial}{\partial M}\int_{A_c}G\mathrm{d}A \tag{6.1}$$

上式中，G 为单位面积能量释放量；A_c 为裂缝表面面积。

单位面积能量释放量 G 与应力强度因子 K_{I} 的关系可表示为[56]

$$G\mathrm{d}\xi\mathrm{d}\eta=\frac{K_{\mathrm{I}}^2}{E}\mathrm{d}\xi\mathrm{d}\eta \tag{6.2}$$

对于受弯结构，应力强度因子 K_{I} 的表达式如下

$$K_{\mathrm{I}}=\frac{Mh}{2I_0}\sqrt{\pi\xi}F \tag{6.3}$$

式中，

$$F=\frac{\sqrt{\frac{2}{\pi z}\tan\frac{\pi z}{2}}\left[0.923+0.199\left(1-\sin\frac{\pi z}{2}\right)^4\right]}{\cos\frac{\pi z}{2}} \tag{6.4}$$

根据局部柔度的概念，可给出局部柔度系数 C 的计算公式

$$C=\frac{\partial\theta}{\partial M} \tag{6.5}$$

对公式(6.1) 进行分析可知，多“工”字形组合截面的几何构造决定了相对转角 θ 的一个特点，即当裂缝深度小于底板厚度时，随着裂缝深度的增加，θ 为一个渐变的过程；而当裂缝深度大于底板厚度时，随着裂缝深度的增加，θ 同样也为一个渐变的过程，但这两种情况下的变化速率不一致。这意味着当裂缝深度从等于底板厚度变化到一旦超出底板厚度(即裂缝深度减去底板厚度为正无穷小) 情况下 θ 的变化速率会发生突变。由公式(6.5) 可知，转角 θ 的这个特点决定了局部柔度系数 C 也同样存在这样一个特点。为了对裂缝深度大于底板厚度和裂缝深度小于底板厚度两种情况下的局部柔度系数进行区分，把多“工”字形组合截面的裂缝分为浅裂缝和深裂缝两种，当裂缝深度小于底板厚度时，称之为浅裂缝；当裂缝深度大于底板厚度时，称之为深裂缝。

综合式(6.1) ～(6.5)，可得多“工”字形组合截面局部柔度系数的计算公式。对于图 6.3 所示的浅裂缝，局部柔度系数的计算公式为

$$C=\frac{72\pi bh^{4}}{E\left[bh^{3}-\sum_{i=0}^{n}t_{i}\,(h-2d)^{3}\right]^{2}}\int_{0}^{a/h}zF^{2}\mathrm{d}z \tag{6.6}$$

对于图 6.4 所示的深裂缝，局部柔度系数 C 的计算公式为

$$C=\frac{72\pi h^{4}}{E\left[bh^{3}-\sum_{i=0}^{n}t_{i}\,(h-2d)^{3}\right]^{2}}\times\left[b\int_{0}^{d/h}zF^{2}dz+\left(b-\sum_{i=0}^{n}t_{i}\right)\int_{d/h}^{a/h}zF^{2}\mathrm{d}z\right] \tag{6.7}$$

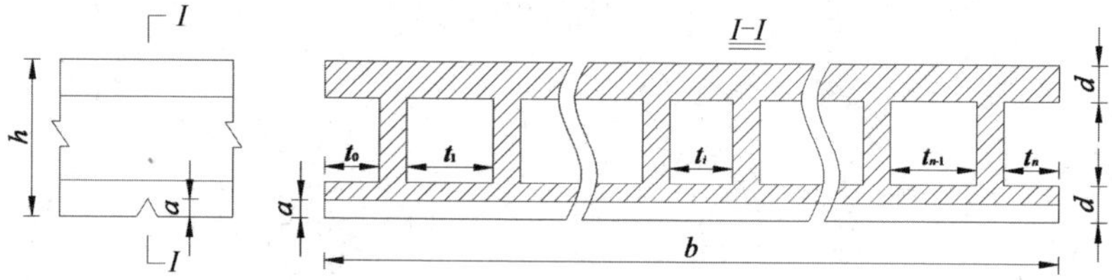

图 6.3　浅裂缝

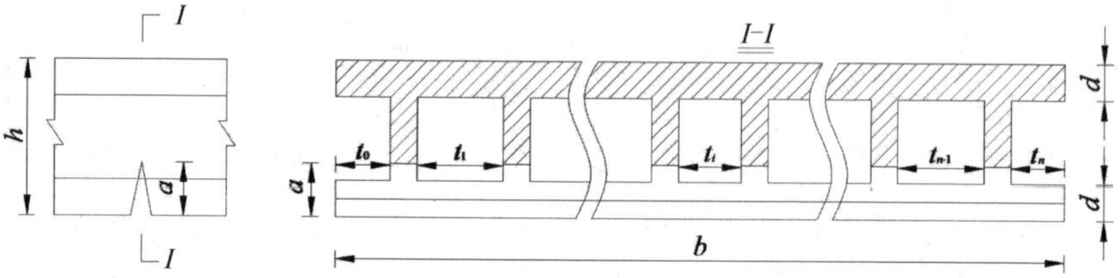

图 6.4　深裂缝

当单“工”字形截面的顶底和底板宽度与腹板宽度相等时，单“工”字形截面退化成了高度为 h、宽度为 b 的矩形截面，基于深裂缝局部柔度系数计算公式，可得矩形截面局部柔度系数计算公式为

$$C=\frac{64.152}{Ebh^{2}}f(s) \tag{6.8}$$

公式(6.8) 中：

$$f(s)=1.8624s^{2}-3.95s^{3}+16.375s^{4}-37.226s^{5}+76.81s^{6}-126.9s^{7}+172s^{8}-143.97s^{9}+66.56s^{10} \tag{6.9}$$

其中，$s=\dfrac{a}{h}$。

6.2.2　裂缝梁式结构动力特征方程及求解

以图 6.5 所示的等截面裂缝梁式结构为例，说明裂缝梁式结构动力特征方程的建立过程及求解方法。图 6.5 中，位于 x 轴下方的(1，1)，(1，2)，…，(i，1)，…，(i，j)，…，(i，N)表示裂缝编号，(i，j)为第i跨的第j条裂缝。1，2，…，i，$i+1$，…，$m+1$表示支撑编号，x_i表示第i个支撑到第 1 个支撑的距离。图 6.5 中第 i 跨的裂缝分布如图 6.6 所示。图 6.6 中，$x_{i,j}$ 表示第 i 跨第 j 条裂缝距第 1 个支撑的距离，x 轴上方的 S_1，S_2，…，S_{j+1}，…，S_{N+1} 表示的是被 N 条裂缝分割而成的 $N+1$ 个梁段编号。

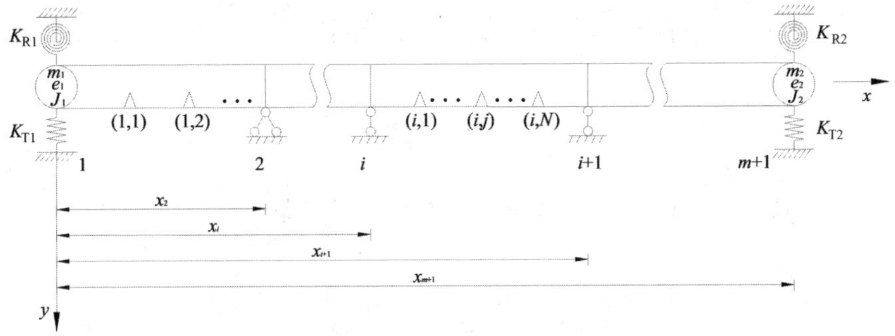

图 6.5　m 跨等截面裂缝梁式结构

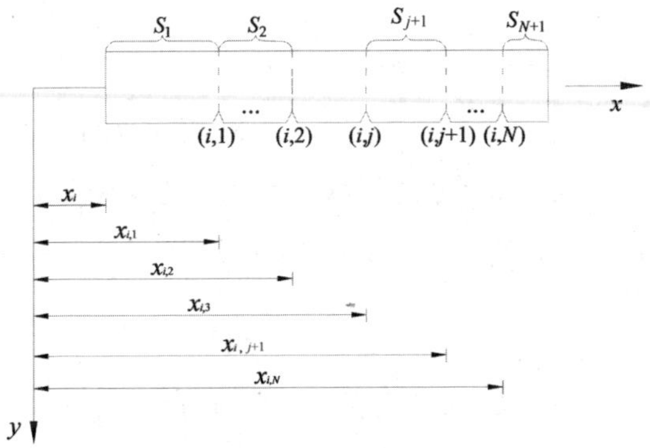

图 6.6　第 i 跨裂缝分布

对本书第 1 章中得到的等截面梁的振型函数进行分析，发现可把等截面梁振型函数写成

$$\phi(x)=\sum_{i=1}^{4}A_iS_i(x) \tag{6.10}$$

公式(6.10)中，$S_1(x)=e^{\alpha x}$，$S_2(x)=e^{-\alpha x}$，$S_3(x)=\sin\alpha x$，$S_4(x)=\cos\alpha x$，$A_i(i=1,2,3,4)$为待定系数。

采用与文献[57]类似的方法，依据公式(6.10)中的 $S_i(x)(i=1,2,3,4)$，可以构造一组基函数 $\bar{S}_i(x)(i=1,2,3,4)$

$$\begin{cases}\bar{S}_1(x)=\dfrac{1}{2}(\cosh\alpha x+\cos\alpha x)\\[2ex]\bar{S}_2(x)=\dfrac{1}{2\alpha}(\sinh\alpha x+\sin\alpha x)\\[2ex]\bar{S}_3(x)=\dfrac{1}{2\alpha^2}(\cosh\alpha x-\cos\alpha x)\\[2ex]\bar{S}_4(x)=\dfrac{1}{2\alpha^3}(\sinh\alpha x-\sin\alpha x)\end{cases} \tag{6.11}$$

构造出的基函数 $\bar{S}_i(x)(i=1,2,3,4)$是满足以下条件的

$$\begin{bmatrix}\bar{S}_1(0) & \bar{S}_1'(0) & \bar{S}_1''(0) & \bar{S}_1'''(0)\\ \bar{S}_2(0) & \bar{S}_2'(0) & \bar{S}_2''(0) & \bar{S}_2'''(0)\\ \bar{S}_3(0) & \bar{S}_3'(0) & \bar{S}_3''(0) & \bar{S}_3'''(0)\\ \bar{S}_4(0) & \bar{S}_4'(0) & \bar{S}_4''(0) & \bar{S}_4'''(0)\end{bmatrix}=\begin{bmatrix}1&0&0&0\\0&1&0&0\\0&0&1&0\\0&0&0&1\end{bmatrix} \tag{6.12}$$

令 $\xi_i=x-x_i$，$\xi_{i,j}=x_{i,j}-x_i$。采用 $\phi_i(0)$，$\phi_i'(0)$，$M_i(0)$，$Q_i(0)$表示第 i 跨左端($\xi_i=0$)处的位移、转角、弯矩和剪力，在此称之为第 i 跨的 4 个待定系数。综合公式(6.10)、(6.11)、(6.12)，可得第 i 跨第 1 个梁段的振型函数

$$\phi_{i,1}(\xi_i)=\phi_i(0)\bar{S}_1(\xi_i)+\phi_i'(0)\bar{S}_2(\xi_i)-\frac{M_i(0)}{EI}\bar{S}_3(\xi_i)-\frac{Q_i(0)}{EI}\bar{S}_4(\xi_i)，\xi_i\in[0,\xi_{i,1}) \tag{6.13}$$

采用无质量扭转弹簧模拟裂缝，可以认为裂缝两侧的位移、弯矩、剪力相等，转角存在突变。对于图 6.6 中的第 j 条裂缝，则有

$$\phi_{i,j}(\xi_{i,j}^{-})=\phi_{i,j+1}(\xi_{i,j}^{+}) \tag{6.14a}$$

$$\phi''_{i,j}(\xi_{i,j}^{-})=\phi''_{i,j+1}(\xi_{i,j}^{+}) \tag{6.14b}$$

$$\phi'''_{i,j}(\xi_{i,j}^{-})=\phi'''_{i,j+1}(\xi_{i,j}^{+}) \tag{6.14c}$$

$$\phi'_{i,j+1}(\xi_{i,j}^{+})-\phi'_{i,j}(\xi_{i,j}^{-})=C_{i,j}\phi''_{i,j}(\xi_{i,j}^{-}) \tag{6.14d}$$

公式(6.14a)～(6.14d)中，$\xi_{i,j}^{-}$ 代表从左侧无限趋近于 $\xi_{i,j}$，$\xi_{i,j}^{+}$ 代表从右侧无限趋近于 $\xi_{i,j}$，$C_{i,j}$ 为第 i 跨第 j 条裂缝处的局部柔度系数，$\phi_{i,j}(\xi_i)$ 为第 i 跨第 j 个梁段的振型函数，$\xi_i\in[\xi_{i,j-1},\xi_{i,j})$。

综合式(6.14a)～(6.14d)，可以得到第 i 跨内第 $j+1$ 梁段与第 j 梁段振型函数的关系：

$$\phi_{i,j+1}(\xi_i)=C_{i,j}\phi''_{i,j}(\xi_{i,j})\bar{S}_2(\xi_i-\xi_{i,j})H(\xi_i-\xi_{i,j})+\phi_{i,j}(\xi_i) \tag{6.15}$$

式(6.15)中，$H(x)$ 为赫维赛德(Heaviside)函数

$$H(x)=\begin{cases}0, & x<0\\ 0.5, & x=0\\ 1, & x>0\end{cases} \tag{6.16}$$

此函数具有一个重要的性质，即

$$H(x)=\int_{-\infty}^{0}\delta(s)\,\mathrm{d}s \tag{6.17}$$

上式中，$\delta(s)$ 为狄拉克(Dirac)函数。

根据式(6.15)，可以得到同一跨内任何梁段振型函数之间的回归方程。第 i 跨第 $N+1$ 梁段(最后一个梁段)与第 1 个梁段振型函数之间的回归方程为

$$\phi_{i,\mathrm{last}}(\xi_i)=\sum_{j=1}^{N}C_{i,j}\phi''_{i,j}(\xi_{i,j})\bar{S}_2(\xi_i-\xi_{i,j})H(\xi_i-\xi_{i,j})+\phi_{i,1}(\xi_i) \tag{6.18}$$

图 6.5 所示的第 $i+1$ 个支撑($i=1,2,\cdots,m-1$)位移为 0，则有

$$\phi_{i,\mathrm{last}}(x_{i+1}-x_i)=0 \tag{6.19}$$

$$\phi_{i+1}(0)=0 \tag{6.20}$$

根据第 $i+1$ 个支撑($i=1,2,\cdots,m-1$)处的弯矩平衡条件，可得

$$EI\phi''_{i,\text{last}}(x_{i+1}-x_i)=M_{i+1}(0) \tag{6.21}$$

假设第 $i+1$ 个支撑 $(i=1, 2, \cdots, m-1)$ 处存在1条裂缝，裂缝引起的局部柔度用 C_{i+1} 表示，依据第 $i+1$ 个支撑处转角变化情况，可得

$$\phi'_{i,\text{last}}(x_{i+1}-x_i)+C_{i+1}\phi''_{i,\text{last}}(x_{i+1}-x_i)=\phi'_{i+1}(0) \tag{6.22}$$

公式(6.22)为通用情况，若无裂缝存在，令 $C_{i+1}=0$ 即可；若有裂缝存在，C_{i+1} 的取值可按本书6.2.1节计算。

依据图6.5中第1个支撑处弯矩和剪力平衡条件，可得

$$M_1(0)=-e_1m_1\omega^2\phi_1(0)+k_{R1}\phi'_1(0)-(J_1+m_1e_1^2)\omega^2\phi'_1(0) \tag{6.23}$$

$$Q_1(0)=-k_{t1}\phi_1(0)+m_1\omega^2\phi_1(0)+e_1m_1\omega^2\phi'_1(0) \tag{6.24}$$

公式(6.23)、(6.24)中，ω 为图6.5所示裂缝梁式结构的角频率。

依据图6.5中的最后一个支撑(第 $m+1$ 个支撑)处的弯矩和剪力平衡条件，可得

$$\begin{aligned}EI\phi''_{m,\text{last}}(x_{m+1}-x_m)=&e_2m_2\omega^2\phi_{m,\text{last}}(x_{m+1}-x_m)-k_{R2}\phi'_{m,\text{last}}(x_{m+1}-x_m)\\&+(J_2+m_2e_2^2)\omega^2\phi'_{m,\text{last}}(x_{m+1}-x_m)\end{aligned} \tag{6.25}$$

$$\begin{aligned}EI\phi'''_{m,\text{last}}(x_{m+1}-x_m)=&k_{T2}\phi_{m,\text{last}}(x_{m+1}-x_m)-m_2\omega^2\phi_{m,\text{last}}(x_{m+1}-x_m)\\&-e_2m_2\omega^2\phi'_{m,\text{last}}(x_{m+1}-x_m)\end{aligned} \tag{6.26}$$

对公式(6.25)、(6.26)进行分析可知，$\phi_{m,\text{last}}$ 有且仅有第 m 跨的4个初始参数 $\phi_m(0)$、$\phi'_m(0)$、$M_m(0)$ 和 $Q_m(0)$，因此，公式(6.25)、(6.26)可转化为仅包含4个待定系数 $\phi_m(0)$、$\phi'_m(0)$、$M_m(0)$ 和 $Q_m(0)$ 的方程式。

由公式(6.19)～(6.22)可知，除第1个支撑和最后一个支撑外，剩余的 $m-1$ 个支撑每个支撑处均能确定4个方程，$m-1$ 个支撑共有 $4m-4$ 个方程。第1个支撑能够确定两个方程[即公式(6.23)和(6.24)]，最后一个支撑能够确定两个方程[即公式(6.25)和(6.26)]。因此，由支撑确定的方程总数为 $4m$ 个。每跨内有4个待定系数，m 跨内共有 $4m$ 个待定系数需要确定。

综合公式(6.19)～(6.26)，可以确定图6.5所示的裂缝梁式结构的动力特征方程：

$$\boldsymbol{H}(\omega, c_n, c_l, c_d)\boldsymbol{U}=0 \tag{6.27}$$

式中，$\boldsymbol{H}(\omega, c_n, c_l, c_d)$ 是公式(6.19)～(6.26)确定的 $4m\times4m$ 维矩阵，矩阵中的元素是裂缝梁式结构角频率 ω、裂缝数量 c_n、裂缝位置 c_l 和裂缝深

度 c_d 的函数，$\boldsymbol{U}=[\phi_1(0)\quad \phi_1'(0)\quad M_1(0)\quad Q_1(0)\quad \cdots\quad \phi_m(0)\quad \phi_m'(0)\quad M_m(0)\quad Q_m(0)]^{\mathrm{T}}$。

在得到裂缝梁式结构的动力特征方程后，采用本书 1.4.1 节中的半区间-迭代方法可求解出裂缝梁式结构的前几阶频率，以及与每阶频率对应的待定系数向量，把待定系数向量代入公式(6.13) 和(6.15) 中便可计算出振型。

以上以等截面梁为例阐述了裂缝梁式结构动力特征方程的建立过程及求解方法。对于具有裂缝病害的任意变截面梁式结构，综合本书 1.4.2 节中给出的任意变截面梁式结构的振型函数[公式(1.83)] 和裂缝处变形协调和内力平衡条件[公式(6.14)]，同样可以得到与公式(6.27) 类似的动力特征方程，从中可以求解出频率和对应的振型，详细过程可参见文献[58]。

6.3　基于动力特性求解方法的裂缝损伤识别

6.3.1　裂缝损伤识别方法

在动力特性测试中，第 1 阶频率和振型最容易被测得，并且精度也是最高的。因此，在此介绍基于实测第 1 阶频率和振型的裂缝损伤识别方法。采用 ω_{s} 和$\boldsymbol{d}_{\mathrm{s}}$ 分别表示实测第 1 阶频率和振型，则有

$$\boldsymbol{d}_{\mathrm{s}}=[d_{\mathrm{s}1}\quad d_{\mathrm{s}2}\quad \cdots\quad d_{\mathrm{s}i}\quad \cdots\quad d_{\mathrm{s}m}]^{\mathrm{T}} \tag{6.28}$$

式中，$d_{\mathrm{s}i}$ 为第 i 个测点的振型数值，m 为测点数量。

裂缝损伤识别的具体流程如下：

(1) 假定初始裂缝位置向量$\boldsymbol{x}^0$ 和裂缝深度向量$\boldsymbol{r}^0$。

$$\boldsymbol{x}^0=[x_1^0\quad x_2^0\quad \cdots\quad x_i^0\quad \cdots\quad x_n^0]^{\mathrm{T}} \tag{6.29a}$$

$$\boldsymbol{r}^0=[r_1^0\quad r_2^0\quad \cdots\quad r_i^0\quad \cdots\quad r_n^0]^{\mathrm{T}} \tag{6.29b}$$

式中，x_i^0 为第 i 条裂缝的初始位置，r_i^0 为第 i 条裂缝的初始深度。

(2) 把实测第 1 阶频率 ω_{s} 和裂缝信息$\boldsymbol{x}^0$，$\boldsymbol{r}^0$ 代入公式(6.27) 中的 $H(\omega, c_n, c_1, c_{\mathrm{d}})$ 中，利用公式(6.27) 计算出 m 个测试点的第 1 阶振型数值$\boldsymbol{d}_{\mathrm{c}}$。

$$\boldsymbol{d}_{\mathrm{c}}=[d_{\mathrm{c}1} \quad d_{\mathrm{c}2} \quad \cdots \quad d_{\mathrm{c}i} \quad \cdots \quad d_{\mathrm{c}m}]^{\mathrm{T}} \tag{6.30}$$

(3) 对振型数值向量$\boldsymbol{d}_{\mathrm{s}}$和$\boldsymbol{d}_{\mathrm{c}}$进行规则化，规则化后的振型数值向量$\bar{\boldsymbol{d}}_{\mathrm{s}}$和$\bar{\boldsymbol{d}}_{\mathrm{c}}$分别为

$$\bar{\boldsymbol{d}}_{\mathrm{s}}=\left[\bar{d}_{\mathrm{s}1} \quad \bar{d}_{\mathrm{s}2} \quad \cdots \quad \bar{d}_{\mathrm{s}i} \quad \cdots \quad \bar{d}_{\mathrm{s}m}\right]^{\mathrm{T}} \tag{6.31a}$$

$$\bar{\boldsymbol{d}}_{\mathrm{c}}=\left[\bar{d}_{\mathrm{c}1} \quad \bar{d}_{\mathrm{c}2} \quad \cdots \quad \bar{d}_{\mathrm{c}i} \quad \cdots \quad \bar{d}_{\mathrm{c}m}\right]^{\mathrm{T}} \tag{6.31b}$$

公式(6.31)中，

$$\bar{d}_{\mathrm{s}i}=\frac{d_{\mathrm{s}i}-\min(d_{\mathrm{s}})}{\max(d_{\mathrm{s}})-\min(d_{\mathrm{s}})},\quad \bar{d}_{\mathrm{c}i}=\frac{d_{\mathrm{c}i}-\min(d_{\mathrm{c}})}{\max(d_{\mathrm{c}})-\min(d_{\mathrm{c}})}。$$

(4) 将$\bar{\boldsymbol{d}}_{\mathrm{c}}$在$\bar{\boldsymbol{d}}_{\mathrm{s}}$附近做一阶泰勒级数展开，可得

$$\bar{\boldsymbol{d}}_{\mathrm{c}}=\bar{\boldsymbol{d}}_{\mathrm{s}}+\boldsymbol{S}\begin{bmatrix}\Delta\boldsymbol{x}\\ \Delta\boldsymbol{r}\end{bmatrix} \tag{6.32}$$

式中，$\Delta\boldsymbol{x}$ 和 $\Delta\boldsymbol{r}$ 分别为裂缝信息$\boldsymbol{x}^0$和$\boldsymbol{r}^0$的增量，可表示为

$$\Delta\boldsymbol{x}=\begin{Bmatrix}\Delta x_1\\ \Delta x_2\\ \vdots\\ \Delta x_i\\ \vdots\\ \Delta x_n\end{Bmatrix}=\begin{Bmatrix}x_1-x_1^0\\ x_2-x_2^0\\ \vdots\\ x_i-x_i^0\\ \vdots\\ x_n-x_n^0\end{Bmatrix},\quad \Delta\boldsymbol{r}=\begin{Bmatrix}\Delta r_1\\ \Delta r_2\\ \vdots\\ \Delta r_i\\ \vdots\\ \Delta r_n\end{Bmatrix}=\begin{Bmatrix}r_1-r_1^0\\ r_2-r_2^0\\ \vdots\\ r_i-r_i^0\\ \vdots\\ r_n-r_n^0\end{Bmatrix} \tag{6.33}$$

$\boldsymbol{S}$ 为灵敏度矩阵：

$$\boldsymbol{S}=\begin{bmatrix}\frac{\partial\bar{d}_{\mathrm{c}1}}{\partial x_1} & \frac{\partial\bar{d}_{\mathrm{c}1}}{\partial x_2} & \cdots & \frac{\partial\bar{d}_{\mathrm{c}1}}{\partial x_n} & \frac{\partial\bar{d}_{\mathrm{c}1}}{\partial r_1} & \frac{\partial\bar{d}_{\mathrm{c}1}}{\partial r_2} & \cdots & \frac{\partial\bar{d}_{\mathrm{c}1}}{\partial r_n}\\ \frac{\partial\bar{d}_{\mathrm{c}2}}{\partial x_1} & \frac{\partial\bar{d}_{\mathrm{c}2}}{\partial x_2} & \cdots & \frac{\partial\bar{d}_{\mathrm{c}2}}{\partial x_n} & \frac{\partial\bar{d}_{\mathrm{c}2}}{\partial r_1} & \frac{\partial\bar{d}_{\mathrm{c}2}}{\partial r_2} & \cdots & \frac{\partial\bar{d}_{\mathrm{c}2}}{\partial r_n}\\ \vdots & \vdots & & \vdots & \vdots & \vdots & \ddots & \vdots\\ \frac{\partial\bar{d}_{\mathrm{c}m}}{\partial x_1} & \frac{\partial\bar{d}_{\mathrm{c}m}}{\partial x_2} & \cdots & \frac{\partial\bar{d}_{\mathrm{c}m}}{\partial x_n} & \frac{\partial\bar{d}_{\mathrm{c}m}}{\partial r_1} & \frac{\partial\bar{d}_{\mathrm{c}m}}{\partial r_2} & \cdots & \frac{\partial\bar{d}_{\mathrm{c}m}}{\partial r_n}\end{bmatrix} \tag{6.34}$$

从理论上来说，灵敏度矩阵 $\boldsymbol{S}$ 中的元素均由偏微分方法求得。但鉴于裂缝梁式结构动力特征方程的复杂性，采用偏微分方法求解灵敏度矩阵 $\boldsymbol{S}$ 中的元素是比较困难的。在工程技术领域，常采用摄动方法替代偏微分方法来求解灵敏度矩阵的元素[59]。采用摄动方法计算灵敏度矩阵 $\boldsymbol{S}$ 中元素的方法如下：

$$\frac{\partial \bar{d}_{ci}}{\partial x_k}=\frac{\bar{d}_{ci}(\omega_s, x_1, x_2, \cdots, x_k+\varepsilon, \cdots, x_n, r_1, r_2, \cdots, r_n)}{\varepsilon}$$

$$\frac{-\bar{d}_{ci}(\omega_s, x_1, x_2, \cdots, x_k, \cdots, x_n, r_1, r_2, \cdots, r_n)}{\varepsilon}, \quad |\varepsilon| \leqslant 1 \tag{6.35a}$$

$$\frac{\partial \bar{d}_{ci}}{\partial r_k}=\frac{\bar{d}_{ci}(\omega_s, x_1, x_2, \cdots, x_n, r_1, r_2, \cdots, r_k+\varepsilon, \cdots, r_n)}{\varepsilon}$$

$$\frac{-\bar{d}_{ci}(\omega_s, x_1, x_2, \cdots, x_n, r_1, r_2, \cdots, r_k, \cdots, r_n)}{\varepsilon}, \quad |\varepsilon| \leqslant 1 \tag{6.35b}$$

（5）基于公式(6.32)，可得

$$\begin{bmatrix} \Delta \boldsymbol{x} \\ \Delta \boldsymbol{r} \end{bmatrix}=\boldsymbol{S}^{+}(\bar{\boldsymbol{d}}_c-\bar{\boldsymbol{d}}_s) \tag{6.36}$$

公式(6.36)中，$\boldsymbol{S}^{+}$ 是灵敏度矩阵 $\boldsymbol{S}$ 的广义逆矩阵，$\boldsymbol{S}^{+}=\boldsymbol{V}\begin{bmatrix} \boldsymbol{\Sigma}^{-1} & 0 \\ 0 & 0 \end{bmatrix}\boldsymbol{U}^{H}$，$\boldsymbol{V}$，$\boldsymbol{\Sigma}$ 和 $\boldsymbol{U}$ 的具体含义见矩阵的奇异值分解方法[60]。

（6）更新裂缝信息：

$$\bar{\boldsymbol{x}}^0=\boldsymbol{x}^0+\boldsymbol{p}\cdot\Delta\boldsymbol{x}, \quad \bar{\boldsymbol{r}}^0=\boldsymbol{r}^0+\boldsymbol{p}\cdot\Delta\boldsymbol{r} \tag{6.37}$$

式中，p 为欠松弛参数。

令

$$\boldsymbol{x}^0=\bar{\boldsymbol{x}}^0, \quad \boldsymbol{r}^0=\bar{\boldsymbol{r}}^0 \tag{6.38}$$

（7）重复步骤(1)～(6)，直到 $\Delta\boldsymbol{x}$ 和 $\Delta\boldsymbol{r}$ 足够小，认为最后一次迭代得到的 $\bar{\boldsymbol{x}}^0$ 和 $\bar{\boldsymbol{r}}^0$ 为识别到的裂缝位置及其对应的深度。

6.3.2 裂缝损伤识别数值算例

1. 悬臂“工”字形梁算例

图 6.7 所示的悬臂“工”字形梁的具体尺寸为 $L=1.8\text{m}$，$b=0.06\text{m}$，$h=0.102\text{m}$，$t=0.0064\text{m}$，$d=0.028\text{m}$。材料参数为：弹性模量 $E=206$ GPa，密度 $\rho=7\,850\text{kg/m}^3$。利用锯片在特定位置制造出裂缝，采用力锤激振悬臂梁，采用江苏东华测试技术股份有限公司生产的 131E 型加速度传感器和 DH5920 型采集仪测试各测点的加速度时程响应(见图 6.8)，依据加速度时程响应分析出悬臂梁的一阶频率和振型，基于一阶频率和振型对裂缝位置和深度进行识别。

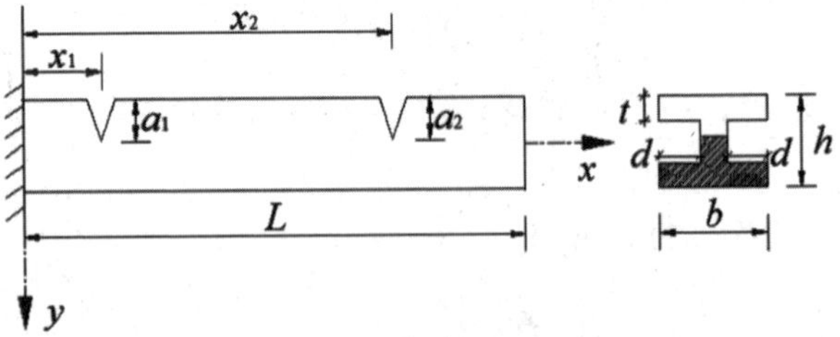

图 6.7　带有裂缝损伤的悬臂工字形梁

图 6.8　动力特性测试现场

悬臂梁具有 1 条裂缝和 2 条裂缝情况下的损伤识别结果列于表 6.1 和 6.2 中。由表 6.1 和 6.2 可知，具有 1 条裂缝的情况下损伤识别的最大误差为 2.95%，具有 2 条裂缝的情况下损伤识别的最大误差为 4.8%，这说明本书介绍的方法用于裂缝的损伤识别具有一定的可行性。

表 6.1　1 条裂缝情况下损伤识别结果

裂缝工况	裂缝位置 /m			相对裂缝深度(a/h)		
	实际值	识别值	误差 /%	实际值	识别值	误差 /%
1	0.30	0.300 9	0.30	0.05	0.050 7	1.40
2	0.30	0.306 0	2.00	0.10	0.102 0	2.00
3	0.30	0.297 7	−0.77	0.15	0.152 0	1.33
4	0.30	0.304 3	1.43	0.20	0.205 9	2.95
5	0.30	0.303 5	1.17	0.25	0.254 4	1.76
6	0.30	0.298 7	−0.43	0.30	0.300 4	0.13

表 6.2　2 条裂缝情况下损伤识别结果

裂缝工况	裂缝位置 /m			相对裂缝深度(a/h)		
	实际值	识别值	误差 /%	实际值	识别值	误差 /%
1	0.30	0.301 2	0.40	0.30	0.307 6	2.53
	0.75	0.749 5	−0.07	0.05	0.051 2	2.40
2	0.30	0.298 7	−0.43	0.30	0.309 6	3.20
	0.75	0.751 5	0.20	0.10	0.104 8	4.80
3	0.30	0.299 8	−0.07	0.30	0.307 2	2.40
	0.75	0.749 9	−0.01	0.15	0.145 3	−3.13
4	0.30	0.298 7	−0.43	0.30	0.309 6	3.20
	0.75	0.751 1	0.15	0.20	0.203 6	1.80
5	0.30	0.301 2	0.40	0.30	0.301 9	0.63
	0.75	0.749 8	−0.03	0.25	0.250 8	0.32
6	0.30	0.301 2	0.40	0.30	0.307 2	2.40
	0.75	0.749 9	−0.01	0.30	0.304 7	1.57

2. 具有弹性支撑的双“工”字形梁算例

具有弹性支撑的双“工”字形梁如图 6.9 所示，其几何参数为：$L=1.8\mathrm{m}$，$b=0.12\mathrm{m}$，$h=0.102\mathrm{m}$，$t=0.006\,4\mathrm{m}$，$d=0.028\mathrm{m}$。材料参数为：弹性模量 $E=206\mathrm{GPa}$，密度 $\rho=7\,850\mathrm{kg/m^3}$。支撑条件为：$k_{t1}=k_{t2}=100\times EI/L^3$，$k_{R1}=k_{R2}=EI/L$，$I$ 为双“工”字形梁的抗弯惯性矩。在该算例中，

裂缝损伤识别的过程为：首先计算出特定裂缝损伤情况下的第 1 阶频率和振型，然后在计算得到的频率和振型中加入随机误差，将混有随机误差的频率和振型视作实测值，并以此为输入进行裂缝位置和深度的识别。共对 9 种裂缝工况进行了损伤识别，其中 1 条裂缝、2 条裂缝和 3 条裂缝的工况各 3 种，损伤识别结果列于表 6.3 ～ 6.5 中。

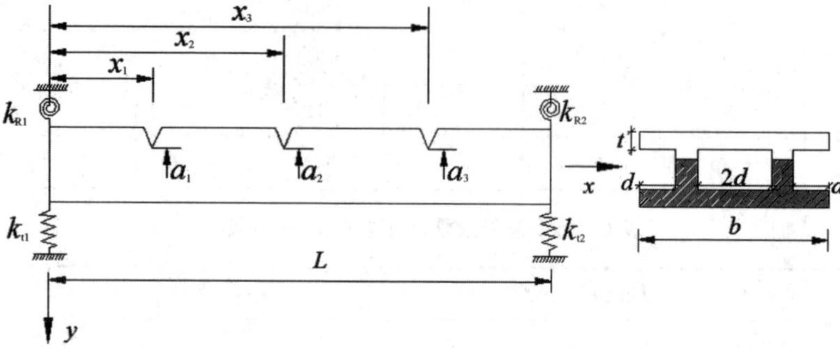

图 6.9　具有裂缝损伤的弹性支撑双“工”字形梁

表 6.3　具有 1 条裂缝的损伤工况识别结果

工况	随机误差水平 /%	裂缝位置 /m			相对裂缝深度(a/h)		
		实际值	识别值	误差 /%	实际值	识别值	误差 /%
1	3	0.45	0.448 3	−0.38	0.20	0.205 1	2.55
2	6	0.45	0.446 6	−0.76	0.20	0.203 8	1.90
3	9	0.45	0.445 0	−1.11	0.20	0.203 3	1.65

表 6.4　具有 2 条裂缝的损伤工况识别结果

工况	随机误差水平 /%	裂缝位置 /m			相对裂缝深度(a/h)		
		实际值	识别值	误差 /%	实际值	识别值	误差 /%
1	3	0.45	0.446 4	−0.80	0.20	0.197 7	−1.15
		0.90	0.903 1	0.34	0.20	0.203 5	1.75
2	6	0.45	0.441 2	−1.96	0.20	0.198 8	−0.60
		0.90	0.902 5	0.28	0.20	0.200 9	0.45
3	9	0.45	0.436 2	−3.07	0.20	0.200 7	0.35
		0.90	0.901 7	0.19	0.20	0.197 5	−1.25

表 6.5　具有 3 条裂缝的损伤工况识别结果

工况	随机误差水平 /%	裂缝位置 /m			相对裂缝深度(a/h)		
		实际值	识别值	误差 /%	实际值	识别值	误差 /%
1	3	0.45	0.449 8	−0.04	0.20	0.194 0	−3.00
		0.90	0.900 1	0.01	0.20	0.207 5	3.75
		1.35	1.349 8	−0.01	0.20	0.207 2	3.60
2	6	0.45	0.449 6	−0.09	0.20	0.193 8	−3.10
		0.90	0.900 2	0.02	0.20	0.208 0	4.00
		1.35	1.349 6	−0.03	0.20	0.207 5	3.75
3	9	0.45	0.449 4	−0.13	0.20	0.193 0	−3.50
		0.90	0.900 4	0.04	0.20	0.209 6	4.80
		1.35	1.349 3	0.05	0.20	0.207 6	3.80

3. 简支钢筋混凝土箱梁桥算例

简支箱梁桥如图 6.10 所示，桥梁总长 35m，计算跨径 34m。该桥材料特性为：弹性模量 $E=3.25\times10^{10}$ Pa，密度 $\rho=2\ 500\text{kg/m}^3$。依据横截面几何尺寸的不同，把桥梁分成 5 个梁段，分别为 S_1，S_2，S_3，S_4，S_5。

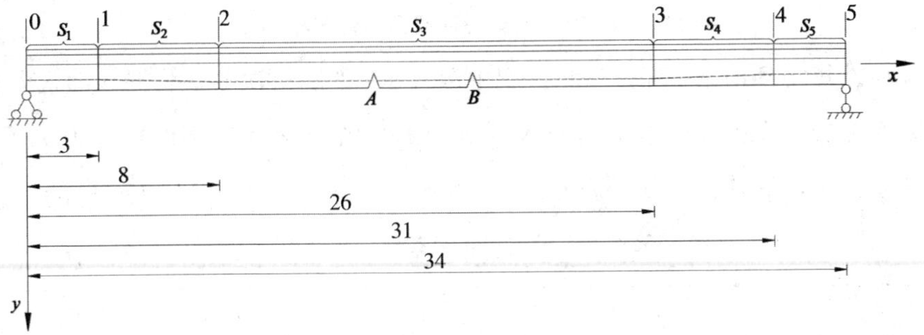

图 6.10　简支箱梁桥立面图(m)

箱梁桥为单箱单室横截面，截面高度和宽度在桥长范围内保持不变，横截面几何尺寸如图 6.11 所示。S_1，S_3，S_5 为等截面梁段，S_2，S_4 为变截面梁段，在 S_2，S_4 中底板和腹板厚度按线性变化。因此，S_2 梁段的抗弯惯性矩和单位长度质量分别为

$$\begin{cases} m_2(\eta_2) = -\dfrac{976\eta_2^2}{375} + \dfrac{9\ 089\eta_2}{75} + \dfrac{53\ 497}{5}(\text{kg/m}) \\ I_2(\eta_2) = -\dfrac{\eta_2^4}{3.75\times 10^7} + \dfrac{17\eta_2^3}{3\times 10^6} - \dfrac{5\ 949\eta_2^2}{1.25\times 10^7} + \dfrac{7\ 031\eta_2}{3.75\times 10^5} + \dfrac{17\ 762\ 993}{1.2\times 10^7}(\text{m}^4) \end{cases}$$

$\eta_2 = x - 3$，$3 \leqslant x \leqslant 8$

S_4 梁段的抗弯惯性矩和单位长度质量为

$$\begin{cases} m_4(\eta_4) = -\dfrac{976\eta_4^2}{375} - \dfrac{2\ 379\eta_4}{25} + \dfrac{168\ 604}{15}(\text{kg/m}) \\ I_4(\eta_4) = -\dfrac{\eta_4^4}{3.75\times 10^7} - \dfrac{77\eta_4^3}{1.5\times 10^7} - \dfrac{9873\eta_4^2}{2.5\times 10^7} - \dfrac{72\ 009\eta_4}{5\times 10^6} + \dfrac{6\ 251\ 159}{4\times 10^6}(\text{m}^4) \end{cases}$$

$\eta_4 = x - 26$，$26 \leqslant x \leqslant 31$

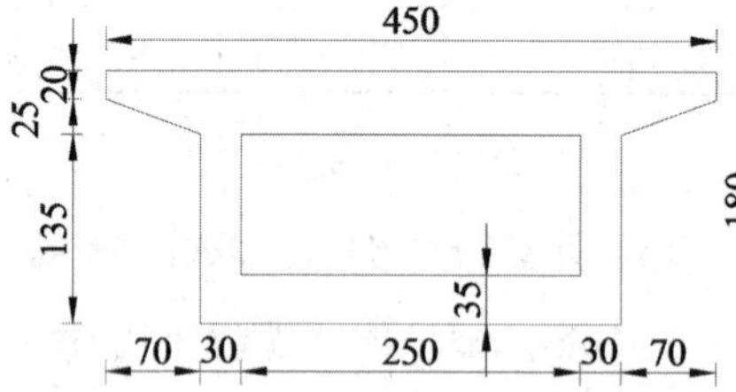

(a) 横截面 2、3 几何尺寸

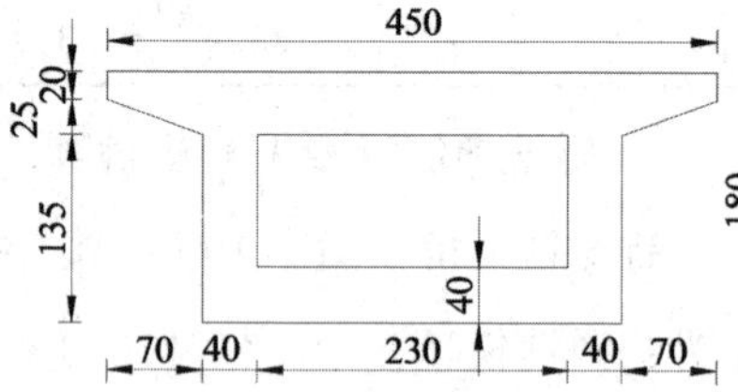

(b) 横截面 0、1、4、5 几何尺寸

图 6.11　简支箱梁桥横截面几何尺寸(cm)

在计算得到的第1阶频率和振型中混入8%的随机误差，将混入随机误差的频率和振型作为损伤识别的输入，对裂缝位置和深度进行识别，识别了3种裂缝工况，识别结果列于表6.6中。

表 6.6　简支箱梁桥裂缝识别结果

工况	裂缝位置 /m			相对裂缝深度(a/h)		
	实际值	识别值	误差 /%	实际值	识别值	误差 /%
1	17	16.911 6	−0.52	0.31	0.320 5	3.4
2	20	19.914 0	−0.43	0.15	0.153 2	2.1
3	17	16.894 6	−0.62	0.30	0.311 1	3.7
	20	19.884 0	−0.58	0.15	0.154 2	2.8

参考文献

[1] 秦权，张卫国．悬索桥的损伤识别[J]. 清华大学学报(自然科学版)，1998，38(12)：44-47.

[2] CAWLEY P，ADAMS R D. The location of defects in structures from measurements of natural frequency method[J]. The Journal of Strain Analysis for Engineering Design，1979，14(2)：49-57.

[3] STUBBS N，OSEGUEDA R. Global non-destructive damage evaluation in solids—experimental verification[J]. International Journal of Analytical and Experimental Modal Analysis，1990，5(2)：81-97.

[4] 高芳清，金建明，高淑英．基于模态分析的结构损伤检测方法研究[J]. 西南交通大学学报，1998，33(1)：108-113.

[5] 郭国会，易伟建．基于频率进行简支梁损伤评估的数值研究[J]. 重庆建筑大学学报，2001，23(2)：17-21.

[6] 刘文峰，柳春图，应怀樵．通过频率改变率进行损伤定位的方法研究[J]. 振动与冲击，2004，23(2)：28-30.

[7] WEST W M. Illustration of the use of modal assurance criterion to detect structural changes in an orbiter test specimen[C]. Proceedings of the air force Conference on Aircraft Structural Integrity，1984：l-6.

[8] PANDEY A K，BISWAS M，SAMMAN M M. Damage detection from changes in curvature mode shapes[J]. Journal of Sound and Vibration，1991，145(2)：321-332.

[9] 袁向荣．梁的破损对频率振型及振型曲率的影响[J]. 振动、测试与诊断，1994，14(2)：40-44，50.

[10] 禹丹江，陈淮．桥梁损伤检测的曲率模态方法探讨[J]. 郑州大学学报，2002，23(3)：104-106.

[11] 李德葆，陆秋海，秦权．承弯结构的曲率模态分析[J]. 清华大学学报，2002，42(2)：224-227.

[12] 邹晓军．梁桥结构损伤识别的曲率模态技术[D]. 武汉：武汉理工大学，2003.

[13] 焦峪波．基于曲率模态理论及神经网络的多片简支梁桥损伤识别研究[D]. 长春：吉林大学，2009.

[14] 刘春城，刘佼．基于支持向量机的大跨度拱桥损伤识别方法研究[J]. 振动与冲击，2010，29(7)：174-178.

[15] PANDEY A K，BISWAS M. Damage detection in structures using changes in flexibility[J]. Journal of Sound and Vibration，1994，169(1)：3-17.

[16] Lin S. Location of modeling errors using modal test data[J]. AIAA Journal，1990，28(9)：1650-1654.

[17] 张启伟，袁万城，范立础．公路桥梁基于模型修正理论的损伤检测[J]. 华东公路，1998(1)：64-67.

[18] 伊娟，郭秀文．基于柔度改变的连续梁桥损伤诊断研究[J]. 华东公路，2001(3)：25-27.

[19] 赵媛，陆秋海．简支梁桥多位置损伤的检测方法[J]. 清华大学学报(自然科学版)，2002，42(4)：434-438.

[20] 李德葆，陆秋海．实验模态分析及其应用[M]. 北京：科学出版社，2001.

[21] 顾培英，陈厚群，李同春，等．用应变模态技术诊断梁结构的损伤[J]. 地震工程与工程振动，2005，25(4)：50-53.

[22] 顾培英．基于应变模态技术的结构损伤诊断直接指标法研究[D]. 南京：河海大学，2006.

[23] 顾培英，陈厚群，李同春，等．基于应变模态差分原理的直接定位损伤指标法[J]. 振动与冲击，2006，25(4)：13-17.

[24] 李军，于德栋，白会人．基于应变模态的结构损伤定位方法[J]. 世界地震工程，2007，23(1)：104-109.

[25] 李功标，瞿伟廉．基于应变模态和贝叶斯方法的杆件损伤识别[J]. 武汉理工大学学报，2007，29(1)：135-138.

[26] 郭宗江．基于应变模态的桁架结构损伤识别[D]. 兰州：兰州理工大学，2010.

[27] LI Y Y，CHENG L，YAM L H，et al. Identification of damage locations for plate-like structures using damage sensitive indices：strain modal approach[J]. Computers and Structures，2002，80(25)：1881-1894.

[28] GUAN H，KARBHARI V M. Improved damage detection method based on element modal strain damage Index using sparse measurement[J]. Journal of Sound and Vibration，2008，309(3-5)：465-494.

[29] SHI Z Y，LAW S S，ZHANG L M. Structural damage location from modal strain

energy change[J]. Journal of Sound and Vibration, 1998, 218(5): 825-844.

[30] SHI Z Y, LAW S S, ZHANG L M. Improved damage quantification from elemental modal strain energy change[J]. Journal of Engineering Mechanics, 2002, 128(5): 521-529.

[31] 史治宇，张令弥，吕令毅．基于模态应变能诊断结构破损的修正方法[J]. 东南大学学报(自然科学版)，2000，30(3)：84-87.

[32] 姜绍飞．基于神经网络的结构优化与损伤检测[M]. 北京：科学出版社，2002.

[33] LEE J J, LEE J W, JIN H Y, et al. Neural network based damage detection for bridges considering errors in baseline finite elements models[J]. Journal of Sound and Vibration, 2005, 280(3-5): 555-578.

[34] FANG X, LUO H, TANG J. Structural damage detection using neural network with learning rate improvement[J]. Computers and Structures, 2005, 83(25): 2150-2161.

[35] 李忠献，杨晓明，丁阳．应用人工神经网络技术的大型斜拉桥子结构损伤识别研究[J]. 地震工程与工程振动，2003，23(3)：92-99.

[36] 葛林瑞．基于神经网络的拱桥结构损伤识别[D]. 成都：西南交通大学，2008.

[37] 刘寒冰，焦峪波，程永春，等．基于模态曲率理论及神经网络的简支梁桥损伤识别[J]. 吉林大学学报(工学版)，2011，41(4)：963-967.

[38] HOU Z K, Noori M, AMAND R S. Wavelet-based approach for structural damage detection[J]. Journal of Engineering Mechanics, 2000, 126(7): 677-683.

[39] SUN Z, CHANG C C. Structural damage assessment based on wavelet packet transform[J]. Journal of Structural Engineering, 2002, 128(10): 1354-1361.

[40] 郭健，顾正维，孙炳楠，等．基于小波分析的桥梁健康监测方法[J]. 工程力学，2006，23(12)：129-135.

[41] 韩西，崔璟，钟厉，等．小波分析在T梁结构损伤识别中的应用研究[J]. 地震工程与工程振动，2011，31(1)：101-105.

[42] CHOU J H, GHABOUSSI J. Genetic algorithm in structural damage detection[J]. Computers and Structures. 2001, 79(14): 1335-1353.

[43] NOBAHARI M, SEYEDPOOR S M. Structural damage detection using an efficient correlation-based index and a modified genetic algorithm[J]. Mathematical and Computer Modelling, 2011, 53(9): 1798-1809.

[44] MERUANE V, HEYLEN W. An hybrid real genetic algorithm to detect structural damage using modal properties[J]. Mechanical Systems and Signal Processing, 2011, 25(5): 1559-1573.

[45] 程远胜, 区达光, 谭国焕, 等. 基于分级遗传算法的结构损伤识别方法[J]. 华中科技大学学报(自然科学版), 2002, 30(8): 73-75.

[46] 朱劲松, 肖汝诚. 基于定期检测与遗传算法的大跨度斜拉桥损伤识别[J]. 土木工程学报, 2006, 39(5): 85-89.

[47] 朱劲松, 高嫦娥, 肖汝城. 基于遗传算法的结构损伤识别及其程序设计[J]. 哈尔滨工业大学学报, 2007, 39(12): 1952-1956.

[48] STUBBS N, KIM J T, FARRAR C R. Field verification of a nondestructive damage localization and sensitivity estimator algorithm[C]. Proceedings of the 13th International Modal Analysis Conference, 1995: 210-218.

[49] STUBBS N, KIM J T. Damage localization in structures without baseline modal parameters[J]. America Institute of Aeronautics and Astronautics, 1996, 34(8): 1664-1649.

[50] KIM J T, SSUBBS N. Improved damage identification method based on modal information[J]. Journal of Sound and Vibration, 2002, 252(2): 223-238.

[51] KOSMATKA J B, RICLES J M. Damage detection in structures by modal vibration characterization[J]. Journal of Structural Engineering, 1999, 125(12): 1384-1392.

[52] ZHAO J, DEWOLF J T. Sensitivity study for vibration parameters used in damage detection[J]. Journal of Structural Engineering, 1999, 125(4): 410-416.

[53] LAM H F, KO J M, WONG C W. Localization of damaged structural connections based on experimental modal and sensitivity analysis[J]. Journal of Sound and Vibration, 1998, 210(1): 91-115.

[54] 唐小兵, 沈成武, 陈定方. 基于频率测试数据及灵敏度分析的悬臂梁多损伤位置识别[J]. 武汉交通科技大学学报, 2000, 24(3): 258-261.

[55] 刘再华, 董国举, 王文安. 工程结构抗断设计基础[M]. 武汉: 华东理工大学, 1990.

[56] DIMAROGONAS A D, PAPADPOULOS C A. Vibration of cracked shafts in bending[J]. Journal of Sound and Vibration, 1983, 91(4): 583-593.

[57] LI Q S. Free vibration analysis of non-uniform beams with an arbitrary number of

cracks and concentrated masses[J]. Journal of Sound and Vibration, 2002, 252(3): 509-525.

[58] TAN G J, LIU Y, GONG Y F, et al. Free Vibration of the Cracked Non-uniform Beam with Cross Section Varying as Polynomial Functions[J]. KSCE Journal of Civil Engineering, 2018, 22(11): 4530-4546.

[59] HOLMES M H. Introduction to perturbation methods[M]. Berlin: Springer-Verlag, 1995.

[60] 郭文彬，魏木生. 奇异值分解及其在广义逆理论中的应用[M]. 北京：科学出版社，2008.

第7章　用于梁式桥梁结构损伤识别的灵敏度方法

采用灵敏度方法对梁式桥梁结构进行损伤识别，首先要得到结构动力特性(固有频率和振型等)或静力特性(应力、应变和位移等)对结构物理参数(弹性模量、截面面积和截面抗弯惯性矩等)的灵敏度矩阵，然后利用桥梁结构损伤前后的动力特性或静力特性的变化结合结构的灵敏度矩阵来求取所关心的桥梁结构物理参数的变化，从而达到对结构进行损伤识别的目的。采用灵敏度方法对桥梁结构进行损伤识别，关键在于如何形成结构的灵敏度矩阵，以及形成的灵敏度矩阵的准确性。国内外科研工作者在利用灵敏度方法对结构进行损伤识别方面做了很多值得借鉴的研究工作[1-4]，但多数都是利用偏导数的方法来求取结构动静力特性对结构物理参数的灵敏度矩阵。虽然这样可以考虑桥梁结构损伤前后的动静力特性的变化和结构物理参数之间的非线性关系，但在大多数情况下，动静力特性和结构物理参数是隐式关系，这种求取灵敏度矩阵的方法是很不方便的。本书基于结构振动分析的矩阵摄动理论，提出了一种求取桥梁结构动力特性对结构物理参数灵敏度矩阵的方法，此方法在形成结构灵敏度矩阵过程中避免了偏微分计算，可以很方便地获得结构动力特性对结构物理参数的灵敏度矩阵。

7.1　矩阵摄动理论基础

7.1.1　孤立特征值问题的矩阵摄动法

将梁式结构离散为有限个单元，则离散系统的振动特征方程为

$$\boldsymbol{K}\boldsymbol{u}=\lambda\boldsymbol{M}\boldsymbol{u} \tag{7.1}$$

公式(7.1)中，$\boldsymbol{K}$ 为结构的刚度矩阵；$\boldsymbol{M}$ 为结构的质量矩阵；$\boldsymbol{u}$ 为结构的特征向量，即振型向量；$\lambda=\omega^2$(ω 为固有角频率)。

结构物理参数的改变(例如损伤等)可以通过质量矩阵和刚度矩阵的变化来表征，则结构物理参数改变后的质量矩阵和刚度矩阵可表示为

$$\boldsymbol{M}=\boldsymbol{M}_0+\varepsilon\boldsymbol{M}_1 \tag{7.2a}$$

$$\boldsymbol{K}=\boldsymbol{K}_0+\varepsilon\boldsymbol{K}_1 \tag{7.2b}$$

公式(7.2)中，ε 是一个小参数。与 $\varepsilon=0$ 对应的结构称为原结构，即无损伤结构，$\boldsymbol{M}_0$ 和 $\boldsymbol{K}_0$ 是原结构的质量矩阵和刚度矩阵。$\varepsilon\boldsymbol{M}_1$ 和 $\varepsilon\boldsymbol{K}_1$ 代表两者的变化，且当 $\varepsilon\boldsymbol{M}_1\to 0$ 和 $\varepsilon\boldsymbol{K}_1\to 0$ 时，$\boldsymbol{M}\to\boldsymbol{M}_0$，$\boldsymbol{K}\to\boldsymbol{K}_0$。

当 $\varepsilon\boldsymbol{M}_1$ 和 $\varepsilon\boldsymbol{K}_1$ 很小时，结构的固有频率和振型只有很小的变化。根据矩阵摄动理论，可将结构的第 i 阶振型向量 $\boldsymbol{u}_i$ 和第 i 阶特征值 λ_i 按小参数 ε 展开为幂级数，即

$$\boldsymbol{u}_i=\boldsymbol{u}_{0i}+\varepsilon\boldsymbol{u}_{1i}+\varepsilon^2\boldsymbol{u}_{2i}+\cdots \tag{7.3}$$

$$\lambda_i=\lambda_{0i}+\varepsilon\lambda_{1i}+\varepsilon^2\lambda_{2i}+\cdots \tag{7.4}$$

将公式(7.2)、(7.3)和(7.4)代入公式(7.1)中，可得

$$\begin{aligned}&(\boldsymbol{K}_0+\varepsilon\boldsymbol{K}_1)(\boldsymbol{u}_{0i}+\varepsilon\boldsymbol{u}_{1i}+\varepsilon^2\boldsymbol{u}_{2i})\\&=(\lambda_{0i}+\varepsilon\lambda_{1i}+\varepsilon^2\lambda_{2i})(\boldsymbol{M}_0+\varepsilon\boldsymbol{M}_1)(\boldsymbol{u}_{0i}+\varepsilon\boldsymbol{u}_{1i}+\varepsilon^2\boldsymbol{u}_{2i})\end{aligned} \tag{7.5}$$

将公式(7.5)展开并且略去 $O(\varepsilon^3)$ 后，比较 ε 的同次幂系数可得

$$\varepsilon^0:\quad \boldsymbol{K}_0\boldsymbol{u}_{0i}=\lambda_{0i}\boldsymbol{M}_0\boldsymbol{u}_{0i} \tag{7.6}$$

$$\varepsilon^1:\quad \boldsymbol{K}_0\boldsymbol{u}_{1i}+\boldsymbol{K}_1\boldsymbol{u}_{0i}=\lambda_{0i}\boldsymbol{M}_0\boldsymbol{u}_{1i}+\lambda_{0i}\boldsymbol{M}_1\boldsymbol{u}_{0i}+\lambda_{1i}\boldsymbol{M}_0\boldsymbol{u}_{0i} \tag{7.7}$$

$$\begin{aligned}\varepsilon^2:\quad \boldsymbol{K}_0\boldsymbol{u}_{2i}+\boldsymbol{K}_1\boldsymbol{u}_{1i}=&\lambda_{0i}\boldsymbol{M}_0\boldsymbol{u}_{2i}+\lambda_{0i}\boldsymbol{M}_1\boldsymbol{u}_{1i}+\lambda_{1i}\boldsymbol{M}_0\boldsymbol{u}_{1i}\\&+\lambda_{1i}\boldsymbol{M}_1\boldsymbol{u}_{0i}+\lambda_{2i}\boldsymbol{M}_0\boldsymbol{u}_{0i}\end{aligned} \tag{7.8}$$

公式(7.3)～(7.8)中，λ_{0i} 和 $\boldsymbol{u}_{0i}$ 分别为原结构(无损伤结构)的第 i 阶特征值和第 i 阶振型向量；λ_{1i} 和 λ_{2i} 分别为损伤结构的第 i 阶特征值的一阶摄动和二阶摄动；$\boldsymbol{u}_{1i}$ 和 $\boldsymbol{u}_{2i}$ 分别为损伤结构的第 i 阶振型向量的一阶摄动和二阶摄动。

在求解原结构的特征值问题[公式(7.6)]的基础上，通过公式(7.7)可求得结构特征解的一阶摄动 λ_{1i} 和 $\boldsymbol{u}_{1i}$，由公式(7.8)可以求出结构特征解的二阶摄动 λ_{2i} 和 $\boldsymbol{u}_{2i}$。

7.1.2　动力特性的一阶摄动解

根据展开定理，将振型的一阶摄动$\boldsymbol{u}_{1i}$按原结构的振型向量$\boldsymbol{u}_{0s}$展开[5]：

$$\boldsymbol{u}_{1i}=\sum_{s=1}^{n}c_{1s}\boldsymbol{u}_{0s} \tag{7.9}$$

公式(7.9)中，$\boldsymbol{u}_{0s}$为原结构的第s阶振型向量，c_{1s}是与$\boldsymbol{u}_{0s}$对应的系数。将公式(7.9)代入公式(7.7)中，可得

$$\boldsymbol{K}_0\sum_{s=1}^{n}c_{1s}\boldsymbol{u}_{0s}+\boldsymbol{K}_1\boldsymbol{u}_{0i}=\lambda_{0i}\boldsymbol{M}_0\sum_{s=1}^{n}c_{1s}\boldsymbol{u}_{0s}+\lambda_{0i}\boldsymbol{M}_1\boldsymbol{u}_{0i}+\lambda_{1i}\boldsymbol{M}_0\boldsymbol{u}_{0i} \tag{7.10}$$

将公式(7.10)两边同时左乘$\boldsymbol{U}_{0j}^{\mathrm{T}}$，可得

$$\begin{aligned}\boldsymbol{u}_{0j}^{\mathrm{T}}\boldsymbol{K}_0\sum_{s=1}^{n}c_{1s}\boldsymbol{u}_{0s}+\boldsymbol{u}_{0j}^{\mathrm{T}}\boldsymbol{K}_1\boldsymbol{u}_{0i}&=\lambda_{0i}\boldsymbol{u}_{0j}^{\mathrm{T}}\boldsymbol{M}_0\sum_{s=1}^{n}c_{1s}\boldsymbol{u}_{0s}\\&+\lambda_{0i}\boldsymbol{u}_{0j}^{\mathrm{T}}\boldsymbol{M}_1\boldsymbol{u}_{0i}+\lambda_{1i}\boldsymbol{u}_{0j}^{\mathrm{T}}\boldsymbol{M}_0\boldsymbol{u}_{0i}\end{aligned} \tag{7.11}$$

原结构的振型向量以质量进行正则化后，依据振型向量的正交性条件，可得

$$\boldsymbol{u}_{0i}^{\mathrm{T}}\boldsymbol{M}_0\boldsymbol{u}_{0j}=\delta_{ij} \tag{7.12}$$

$$\boldsymbol{u}_{0i}^{\mathrm{T}}\boldsymbol{K}_0\boldsymbol{u}_{0j}=\delta_{ij}\lambda_{0j} \tag{7.13}$$

公式(7.12)和(7.13)中，$\delta_{ij}=\begin{cases}1, & i=j\\0, & i\neq j\end{cases}$。公式(7.11)可写成

$$c_{1j}\lambda_{0j}+\boldsymbol{u}_{0j}^{\mathrm{T}}\boldsymbol{K}_1\boldsymbol{u}_{0i}=c_{1j}\lambda_{0i}+\lambda_{0i}\boldsymbol{u}_{0j}^{\mathrm{T}}\boldsymbol{M}_1\boldsymbol{u}_{0i}+\lambda_{1i}\delta_{ij} \tag{7.14}$$

公式(7.14)中，c_{1j}的含义同c_{1s}，为与$\boldsymbol{U}_{0j}$对应的系数。整理公式(7.14)，可得

$$c_{1j}(\lambda_{0i}-\lambda_{0j})+\lambda_{1i}\delta_{ij}=\boldsymbol{u}_{0j}^{\mathrm{T}}\boldsymbol{K}_1\boldsymbol{u}_{0i}-\lambda_{0i}\boldsymbol{u}_{0j}^{\mathrm{T}}\boldsymbol{M}_1\boldsymbol{u}_{0i} \tag{7.15}$$

当$i=j$时，$\lambda_{0i}=\lambda_{0j}$，由公式(7.15)可以得到

$$\lambda_{1i}=\boldsymbol{u}_{0j}^{\mathrm{T}}\boldsymbol{K}_1\boldsymbol{u}_{0i}-\lambda_{0i}\boldsymbol{u}_{0j}^{\mathrm{T}}\boldsymbol{M}_1\boldsymbol{u}_{0i} \tag{7.16}$$

当$i\neq j$时，$\delta_{ij}=0$，由公式(7.15)可以得到

$$c_{1j}=\frac{1}{\lambda_{0i}-\lambda_{0j}}(\boldsymbol{u}_{0j}^{\mathrm{T}}\boldsymbol{K}_1\boldsymbol{u}_{0i}-\lambda_{0i}\boldsymbol{u}_{0j}^{\mathrm{T}}\boldsymbol{M}_1\boldsymbol{u}_{0i}) \tag{7.17}$$

结构的振型向量是以质量为正则化的，则应满足

$$\boldsymbol{u}_i^{\mathrm{T}}\boldsymbol{M}\boldsymbol{u}_i=1 \tag{7.18}$$

将公式(7.2)和(7.3)代入公式(7.18)中，可得

$$(\boldsymbol{u}_{0i}+\varepsilon\boldsymbol{u}_{1i}+\varepsilon^2\boldsymbol{u}_{2i})^{\mathrm{T}}(\boldsymbol{M}_0+\varepsilon\boldsymbol{M}_1)(\boldsymbol{u}_{0i}+\varepsilon\boldsymbol{u}_{1i}+\varepsilon^2\boldsymbol{u}_{2i})=1 \tag{7.19}$$

对公式(7.19)进行展开并略去$O(\varepsilon^3)$后，比较ε的同次幂系数，可得

$$\varepsilon^0:\ \boldsymbol{u}_{0i}^{\mathrm{T}}\boldsymbol{M}_0\boldsymbol{u}_{0i}=1 \tag{7.20}$$

$$\varepsilon^1:\ \boldsymbol{u}_{0i}^{\mathrm{T}}\boldsymbol{M}_0\boldsymbol{u}_{1i}+\boldsymbol{u}_{1i}^{\mathrm{T}}\boldsymbol{M}_0\boldsymbol{u}_{0i}+\boldsymbol{u}_{0i}^{\mathrm{T}}\boldsymbol{M}_1\boldsymbol{u}_{0i}=0 \tag{7.21}$$

$$\varepsilon^2:\ \boldsymbol{u}_{0i}^{\mathrm{T}}\boldsymbol{M}_0\boldsymbol{u}_{2i}+\boldsymbol{u}_{1i}^{\mathrm{T}}\boldsymbol{M}_0\boldsymbol{u}_{1i}+\boldsymbol{u}_{2i}^{\mathrm{T}}\boldsymbol{M}_0\boldsymbol{u}_{0i}+\boldsymbol{u}_{0i}^{\mathrm{T}}\boldsymbol{M}_1\boldsymbol{u}_{1i}+\boldsymbol{u}_{1i}^{\mathrm{T}}\boldsymbol{M}_1\boldsymbol{u}_{0i}=0 \tag{7.22}$$

将公式(7.9)两边同时左乘$\boldsymbol{u}_{0i}^{\mathrm{T}}\boldsymbol{M}_0$，可得

$$\boldsymbol{u}_{0i}^{\mathrm{T}}\boldsymbol{M}_0\boldsymbol{u}_{1i}=\boldsymbol{u}_{0i}^{\mathrm{T}}\boldsymbol{M}_0\sum_{j=1}^{n}c_{1j}\boldsymbol{u}_{0j} \tag{7.23}$$

当$i=j$时，公式(7.23)可表示为

$$c_{1i}=\boldsymbol{u}_{0i}^{\mathrm{T}}\boldsymbol{M}_0\boldsymbol{u}_{1i} \tag{7.24}$$

将公式(7.24)进行转置，可以得到

$$c_{1i}=\boldsymbol{u}_{1i}^{\mathrm{T}}\boldsymbol{M}_0\boldsymbol{u}_{0i} \tag{7.25}$$

将公式(7.24)和(7.25)代入公式(7.21)中，可得

$$c_{1i}=-\frac{1}{2}\boldsymbol{u}_{0i}^{\mathrm{T}}\boldsymbol{M}_1\boldsymbol{u}_{0i} \tag{7.26}$$

于是，综合式(7.9)、(7.17)和(7.26)可以求出损伤结构第i阶振型向量的一阶摄动解为

$$\boldsymbol{u}_{1i}=\sum_{s=1,\ s\neq i}^{n}\frac{1}{\lambda_{0i}-\lambda_{0s}}(\boldsymbol{u}_{0s}^{\mathrm{T}}\boldsymbol{K}_1\boldsymbol{u}_{0i}-\lambda_{0i}\boldsymbol{u}_{0s}^{\mathrm{T}}\boldsymbol{M}_1\boldsymbol{u}_{0i})\boldsymbol{u}_{0s}-\frac{1}{2}\boldsymbol{u}_{0i}^{\mathrm{T}}\boldsymbol{M}_1\boldsymbol{u}_{0i}\boldsymbol{u}_{0i} \tag{7.27}$$

至此，损伤结构第i阶特征值的一阶摄动解(公式 7.16)和第i阶振型向量的一阶摄动解(公式 7.27)已全部得到。

7.1.3　动力特性的二阶摄动解

根据展开定理，将振型的二阶摄动$\boldsymbol{u}_{2i}$按原结构的振型向量$\boldsymbol{u}_{0s}$展开：

$$\boldsymbol{u}_{2i}=\sum_{s=1}^{n}c_{2s}\boldsymbol{u}_{0s} \tag{7.28}$$

公式(7.28)中，c_{2s}是与$\boldsymbol{u}_{0s}$对应的系数。将公式(7.28)代入公式(7.8)中，可得

$$\boldsymbol{K}_0\sum_{s=1}^{n}c_{2s}\boldsymbol{u}_{0s}+\boldsymbol{K}_1\boldsymbol{u}_{1i}=\lambda_{0i}\boldsymbol{M}_0\sum_{s=1}^{n}c_{2s}\boldsymbol{u}_{0s}+\lambda_{0i}\boldsymbol{M}_1\boldsymbol{u}_{1i}$$

$$+\lambda_{1i}\boldsymbol{M}_0\boldsymbol{u}_{1i}+\lambda_{1i}\boldsymbol{M}_1\boldsymbol{u}_{0i}+\lambda_{2i}\boldsymbol{M}_0\boldsymbol{u}_{0i} \tag{7.29}$$

将公式(7.29)两边同时左乘$\boldsymbol{u}_{0j}^{\mathrm{T}}$，可得

$$\boldsymbol{u}_{0j}^{\mathrm{T}}\boldsymbol{K}_0\sum_{s=1}^{n}c_{2s}\boldsymbol{u}_{0s}+\boldsymbol{u}_{0j}^{\mathrm{T}}\boldsymbol{K}_1\boldsymbol{u}_{1i}=\lambda_{0i}\boldsymbol{u}_{0j}^{\mathrm{T}}\boldsymbol{M}_0\sum_{s=1}^{n}c_{2s}\boldsymbol{u}_{0s}+\lambda_{0i}\boldsymbol{u}_{0j}^{\mathrm{T}}\boldsymbol{M}_1\boldsymbol{u}_{1i}$$
$$+\lambda_{1i}\boldsymbol{u}_{0j}^{\mathrm{T}}\boldsymbol{M}_0\boldsymbol{u}_{1i}+\lambda_{1i}\boldsymbol{u}_{0j}^{\mathrm{T}}\boldsymbol{M}_1\boldsymbol{u}_{0i}+\lambda_{2i}\boldsymbol{u}_{0j}^{\mathrm{T}}\boldsymbol{M}_0\boldsymbol{u}_{0i} \tag{7.30}$$

利用振型向量的正交性关系，公式(7.30)可写成

$$c_{2j}\lambda_{0j}+\boldsymbol{u}_{0j}^{\mathrm{T}}\boldsymbol{K}_1\boldsymbol{u}_{1i}=c_{2j}\lambda_{0i}+\lambda_{0i}\boldsymbol{u}_{0j}^{\mathrm{T}}\boldsymbol{M}_1\boldsymbol{u}_{1i}+\lambda_{1i}\boldsymbol{u}_{0j}^{\mathrm{T}}\boldsymbol{M}_0\boldsymbol{u}_{1i}$$
$$+\lambda_{1i}\boldsymbol{u}_{0j}^{\mathrm{T}}\boldsymbol{M}_1\boldsymbol{u}_{0i}+\lambda_{2i}\delta_{ij} \tag{7.31}$$

c_{2j} 的意义同c_{2s}，为与$\boldsymbol{u}_{0j}$ 对应的系数。整理公式(7.31)，可得

$$c_{2j}(\lambda_{0i}-\lambda_{0j})+\lambda_{2i}\delta_{ij}=\boldsymbol{u}_{0j}^{\mathrm{T}}\boldsymbol{K}_1\boldsymbol{u}_{1i}-\lambda_{0i}\boldsymbol{u}_{0j}^{\mathrm{T}}\boldsymbol{M}_1\boldsymbol{u}_{1i}$$
$$-\lambda_{1i}\boldsymbol{u}_{0j}^{\mathrm{T}}\boldsymbol{M}_0\boldsymbol{u}_{1i}-\lambda_{1i}\boldsymbol{u}_{0j}^{\mathrm{T}}\boldsymbol{M}_1\boldsymbol{u}_{0i} \tag{7.32}$$

当 $i=j$ 时，$\lambda_{0i}=\lambda_{0j}$，由公式(7.32)可以得到

$$\lambda_{2i}=\boldsymbol{u}_{0i}^{\mathrm{T}}\boldsymbol{K}_1\boldsymbol{u}_{1i}-\lambda_{0i}\boldsymbol{u}_{0i}^{\mathrm{T}}\boldsymbol{M}_1\boldsymbol{u}_{1i}$$
$$-\lambda_{1i}\boldsymbol{u}_{0i}^{\mathrm{T}}\boldsymbol{M}_0\boldsymbol{u}_{1i}-\lambda_{1i}\boldsymbol{u}_{0i}^{\mathrm{T}}\boldsymbol{M}_1\boldsymbol{u}_{0i} \tag{7.33}$$

当 $i\neq j$ 时，$\delta_{ij}=0$，由公式(7.32)可以得到

$$c_{2j}=\frac{1}{\lambda_{0i}-\lambda_{0j}}(\boldsymbol{u}_{0j}^{\mathrm{T}}\boldsymbol{K}_1\boldsymbol{u}_{1i}-\lambda_{0i}\boldsymbol{u}_{0j}^{\mathrm{T}}\boldsymbol{M}_1\boldsymbol{u}_{1i}$$
$$-\lambda_{1i}\boldsymbol{u}_{0j}^{\mathrm{T}}\boldsymbol{M}_0\boldsymbol{u}_{1i}-\lambda_{1i}\boldsymbol{u}_{0j}^{\mathrm{T}}\boldsymbol{M}_1\boldsymbol{u}_{0i}) \tag{7.34}$$

将公式(7.28)两边同时左乘$\boldsymbol{u}_{0i}^{\mathrm{T}}\boldsymbol{M}_0$，可得

$$\boldsymbol{u}_{0i}^{\mathrm{T}}\boldsymbol{M}_0\boldsymbol{u}_{2i}=\boldsymbol{u}_{0i}^{\mathrm{T}}\boldsymbol{M}_0\sum_{s=1}^{n}c_{2s}\boldsymbol{u}_{0s} \tag{7.35}$$

当 $i=s$ 时，由公式(7.35)可得

$$c_{2i}=\boldsymbol{u}_{0i}^{\mathrm{T}}\boldsymbol{M}_0\boldsymbol{u}_{2i} \tag{7.36}$$

将公式(7.36)转置，可以得到

$$c_{2i}=\boldsymbol{u}_{2i}^{\mathrm{T}}\boldsymbol{M}_0\boldsymbol{u}_{0i} \tag{7.37}$$

将公式(7.36)和(7.37)代入公式(7.22)中，可得

$$c_{2i}=-\frac{1}{2}(\boldsymbol{u}_{1i}^{\mathrm{T}}\boldsymbol{M}_0\boldsymbol{u}_{1i}+\boldsymbol{u}_{0i}^{\mathrm{T}}\boldsymbol{M}_1\boldsymbol{u}_{1i}+\boldsymbol{u}_{1i}^{\mathrm{T}}\boldsymbol{M}_1\boldsymbol{u}_{0i}) \tag{7.38}$$

于是，综合公式(7.28)、(7.34)和(7.38)可以求出结构第 i 阶振型向量的二阶摄动解为

$$\begin{aligned}\boldsymbol{u}_{2i}=&\sum_{s=1\quad s\neq i}^{n}\frac{1}{\lambda_{0i}-\lambda_{0j}}(\boldsymbol{u}_{0s}^{\mathrm{T}}\boldsymbol{K}_1\boldsymbol{u}_{1i}-\lambda_{0i}\boldsymbol{u}_{0s}^{\mathrm{T}}\boldsymbol{M}_1\boldsymbol{u}_{1i}\\&-\lambda_{1i}\boldsymbol{u}_{0s}^{\mathrm{T}}\boldsymbol{M}_0\boldsymbol{u}_{1i}-\lambda_{1i}\boldsymbol{u}_{0s}^{\mathrm{T}}\boldsymbol{M}_1\boldsymbol{u}_{0i})\boldsymbol{u}_{0s}\\&-\frac{1}{2}(\boldsymbol{u}_{1i}^{\mathrm{T}}\boldsymbol{M}_0\boldsymbol{u}_{1i}+\boldsymbol{u}_{0i}^{\mathrm{T}}\boldsymbol{M}_1\boldsymbol{u}_{1i}+\boldsymbol{u}_{1i}^{\mathrm{T}}\boldsymbol{M}_1\boldsymbol{u}_{0i})\boldsymbol{u}_{0i}\end{aligned}\tag{7.39}$$

7.2　基于灵敏度矩阵的结构损伤识别

7.2.1　灵敏度矩阵的形成

假设结构的第 j 个物理参数发生一个很小的变化，并记为 Δr_j，由该物理参数变化引起的刚度矩阵和质量矩阵的变化分别为 $\Delta\boldsymbol{K}_j$ 和 $\Delta\boldsymbol{M}_j$。采用本书 7.1 中的方法，基于无损伤结构的动力特性和 $\Delta\boldsymbol{K}_j$、$\Delta\boldsymbol{M}_j$，便可以求取结构频率和振型的一阶摄动解和二阶摄动解。将由 Δr_j 引起的第 i 阶振型和第 i 阶频率的一阶摄动解采用 $\boldsymbol{u}_{1,j}^{(i)}$ 和 $\lambda_{1,j}^{(i)}$ 表示，二阶摄动解采用 $\boldsymbol{u}_{2,j}^{(i)}$ 和 $\lambda_{2,j}^{(i)}$ 表示。

用频率和振型的一阶摄动解来形成结构灵敏度矩阵的情况下，第 i 阶频率对第 j 个物理参数的灵敏度可以近似为 $\dfrac{\lambda_{1,j}^{(i)}}{\Delta r_j}$，第 i 阶振型对第 j 个物理参数的灵敏度可近似为 $\dfrac{\boldsymbol{u}_{1,j}^{(i)}}{\Delta r_j}$。用频率和振型的二阶摄动解来形成结构灵敏度矩阵的情况下，第 i 阶频率对第 j 个物理参数的灵敏度可近似为 $\dfrac{\lambda_{1,j}^{(i)}+\lambda_{2,j}^{(i)}}{\Delta r_j}$，第 i 阶振型对第 j 个物理参数的灵敏度可近似为 $\dfrac{\boldsymbol{u}_{1,j}^{(i)}+\boldsymbol{u}_{2,j}^{(i)}}{\Delta r_j}$。采用类似的方法便可以求得结构任何一阶动力特性对任何一个物理参数的灵敏度。

假定关注的对象为 m 个物理参数与 n 阶频率及其对应的振型，用频率和振型的一阶摄动解来形成结构的灵敏度矩阵，则灵敏度矩阵 $\boldsymbol{S}$ 可表示为

$$
\boldsymbol{S}=\begin{bmatrix}
\dfrac{\lambda_{1,1}^{(1)}}{\Delta r_1} & \cdots & \dfrac{\lambda_{1,j}^{(1)}}{\Delta r_j} & \cdots & \dfrac{\lambda_{1,m}^{(1)}}{\Delta r_m} \\
\vdots & \ddots & \vdots & & \vdots \\
\dfrac{\lambda_{1,1}^{(i)}}{\Delta r_1} & \cdots & \dfrac{\lambda_{1,j}^{(i)}}{\Delta r_j} & \cdots & \dfrac{\lambda_{1,m}^{(i)}}{\Delta r_m} \\
\vdots & & \vdots & \ddots & \vdots \\
\dfrac{\lambda_{1,1}^{(n)}}{\Delta r_1} & \cdots & \dfrac{\lambda_{1,j}^{(n)}}{\Delta r_j} & \cdots & \dfrac{\lambda_{1,m}^{(n)}}{\Delta r_m} \\
\dfrac{\boldsymbol{u}_{1,1}^{(1)}}{\Delta r_1} & \cdots & \dfrac{\boldsymbol{u}_{1,j}^{(1)}}{\Delta r_j} & \cdots & \dfrac{\boldsymbol{u}_{1,m}^{(1)}}{\Delta r_m} \\
\vdots & \ddots & \vdots & & \vdots \\
\dfrac{\boldsymbol{u}_{1,1}^{(i)}}{\Delta r_1} & \cdots & \dfrac{\boldsymbol{u}_{1,j}^{(i)}}{\Delta r_j} & \cdots & \dfrac{\boldsymbol{u}_{1,m}^{(i)}}{\Delta r_m} \\
\vdots & & \vdots & \ddots & \vdots \\
\dfrac{\boldsymbol{u}_{1,1}^{(n)}}{\Delta r_1} & \cdots & \dfrac{\boldsymbol{u}_{1,j}^{(n)}}{\Delta r_j} & \cdots & \dfrac{\boldsymbol{u}_{1,m}^{(n)}}{\Delta r_m}
\end{bmatrix} \tag{7.40}
$$

用频率和振型的二阶摄动解来形成结构的灵敏度矩阵，则灵敏度矩阵 $\boldsymbol{S}$ 可表示为

$$
\boldsymbol{S}=\begin{bmatrix}
\dfrac{\lambda_{1,1}^{(1)}+\lambda_{2,1}^{(1)}}{\Delta r_1} & \cdots & \dfrac{\lambda_{1,j}^{(1)}+\lambda_{2,j}^{(1)}}{\Delta r_j} & \cdots & \dfrac{\lambda_{1,m}^{(1)}+\lambda_{2,m}^{(1)}}{\Delta r_m} \\
\vdots & \ddots & \vdots & & \vdots \\
\dfrac{\lambda_{1,1}^{(i)}+\lambda_{2,1}^{(i)}}{\Delta r_1} & \cdots & \dfrac{\lambda_{1,j}^{(i)}+\lambda_{2,j}^{(i)}}{\Delta r_j} & \cdots & \dfrac{\lambda_{1,m}^{(i)}+\lambda_{2,m}^{(i)}}{\Delta r_m} \\
\vdots & & \vdots & \ddots & \vdots \\
\dfrac{\lambda_{1,1}^{(n)}+\lambda_{2,1}^{(n)}}{\Delta r_1} & \cdots & \dfrac{\lambda_{1,j}^{(n)}+\lambda_{2,j}^{(n)}}{\Delta r_j} & \cdots & \dfrac{\lambda_{1,m}^{(n)}+\lambda_{2,m}^{(n)}}{\Delta r_m} \\
\dfrac{\boldsymbol{u}_{1,1}^{(1)}+\boldsymbol{u}_{2,1}^{(1)}}{\Delta r_1} & \cdots & \dfrac{\boldsymbol{u}_{1,j}^{(1)}+\boldsymbol{u}_{2,j}^{(1)}}{\Delta r_j} & \cdots & \dfrac{\boldsymbol{u}_{1,m}^{(1)}+\boldsymbol{u}_{2,m}^{(1)}}{\Delta r_m} \\
\vdots & \ddots & \vdots & & \vdots \\
\dfrac{\boldsymbol{u}_{1,1}^{(i)}+\boldsymbol{u}_{2,1}^{(i)}}{\Delta r_1} & \cdots & \dfrac{\boldsymbol{u}_{1,j}^{(i)}+\boldsymbol{u}_{2,j}^{(i)}}{\Delta r_j} & \cdots & \dfrac{\boldsymbol{u}_{1,m}^{(i)}+\boldsymbol{u}_{2,m}^{(i)}}{\Delta r_m} \\
\vdots & & \vdots & \ddots & \vdots \\
\dfrac{\boldsymbol{u}_{1,1}^{(n)}+\boldsymbol{u}_{2,1}^{(n)}}{\Delta r_1} & \cdots & \dfrac{\boldsymbol{u}_{1,j}^{(n)}+\boldsymbol{u}_{2,j}^{(n)}}{\Delta r_j} & \cdots & \dfrac{\boldsymbol{u}_{1,m}^{(n)}+\boldsymbol{u}_{1,m}^{(n)}}{\Delta r_m}
\end{bmatrix} \tag{7.41}
$$

7.2.2　结构自由度缩减

通常采用有限元方法来形成结构的质量矩阵和刚度矩阵，一般情况下，

每个节点会存在多个自由度，这意味着振型向量在每个节点处均有多个振动信息。在损伤识别的工程实践中，需要测试振型信息以利用振型信息的变化来开展损伤识别。实际上，测试到的振型信息在一个节点处可能只包含一个振动信息，例如测试到的梁式结构弯曲振动振型在每个节点处只有一个竖向位移信息。如果利用实测振型信息开展结构损伤识别，需要构造与实测振型信息在自由度维度上相匹配的灵敏度矩阵。如果直接舍去除实测振型信息之外的自由度振动信息，将会导致灵敏度矩阵准确性降低，从而影响损伤识别效果。另外，如果振型信息中包含过多自由度的振动信息，对于节点数量庞大的结构而言，灵敏度矩阵的形成也是费时费力的。因此，需要采取有效的措施对不感兴趣的结构自由度进行缩减。在此，介绍两种自由度缩减方法，分别为 Guyan 缩减和动力缩减方法，这两种方法的本质区别在于：Guyan 缩减方法忽略了保留自由度与消去自由度之间的动力耦合影响，而动力缩减方法则考虑了该影响。

把自由度缩减前的结构特征方程写成分块矩阵的形式，则有

$$\begin{bmatrix} \bar{\boldsymbol{K}}_{aa} & \cdots & \boldsymbol{K}_{ao} \\ \vdots & \ddots & \vdots \\ \boldsymbol{K}_{oa} & \cdots & \boldsymbol{K}_{oo} \end{bmatrix} \begin{Bmatrix} \bar{\boldsymbol{u}}_a \\ \cdots \\ \boldsymbol{u}_o \end{Bmatrix} = \bar{\lambda} \begin{bmatrix} \bar{\boldsymbol{M}}_{aa} & \cdots & \boldsymbol{M}_{ao} \\ \vdots & \ddots & \vdots \\ \boldsymbol{M}_{oa} & \cdots & \boldsymbol{M}_{oo} \end{bmatrix} \begin{Bmatrix} \bar{\boldsymbol{u}}_a \\ \vdots \\ \boldsymbol{u}_o \end{Bmatrix} \tag{7.42}$$

公式(7.42)中，$\bar{\boldsymbol{u}}_a$ 表示缩减中被保留的自由度的振型向量，$\boldsymbol{u}_o$ 表示被消去的自由度的振型向量。

由公式(7.42)中的第二个方程，可得

$$\boldsymbol{K}_{oa}\bar{u}_a + \boldsymbol{K}_{oo}\boldsymbol{u}_o = \bar{\lambda}\boldsymbol{M}_{oa}\bar{u}_a + \bar{\lambda}\boldsymbol{M}_{oo}\boldsymbol{u}_o \tag{7.43}$$

对公式(7.43)进行求解，可得

$$\boldsymbol{u}_o = \boldsymbol{G}_o\bar{\boldsymbol{u}}_a \tag{7.44}$$

如果略去公式(7.43)中的右端两项，即略去$\boldsymbol{u}_o$与$\bar{\boldsymbol{u}}_a$之间的动力耦合影响（即 Guyan 缩减方法），则可得

$$\boldsymbol{G}_o = -\boldsymbol{K}_{oo}^{-1}\boldsymbol{K}_{oa}\bar{u}_a \tag{7.45}$$

考虑$\boldsymbol{u}_o$与$\bar{\boldsymbol{u}}_a$之间的动力耦合影响（即动力缩减方法），则可得

$$\boldsymbol{G}_o = -(\boldsymbol{K}_{oo} - \bar{\lambda}\boldsymbol{M}_{oo})^{-1}(\boldsymbol{K}_{oa} - \bar{\lambda}\boldsymbol{M}_{oa}) \tag{7.46}$$

由公式(7.44)可得

$$\begin{Bmatrix} \bar{\boldsymbol{u}}_a \\ \boldsymbol{u}_o \end{Bmatrix} = \begin{bmatrix} \boldsymbol{I} \\ \boldsymbol{G}_o \end{bmatrix} \bar{\boldsymbol{u}}_a \tag{7.47}$$

公式(7.47)中，$\boldsymbol{I}$为单位矩阵。

令

$$\boldsymbol{T} = \begin{bmatrix} \boldsymbol{I} \\ \boldsymbol{G}_o \end{bmatrix} \tag{7.48}$$

将公式(7.44)代入公式(7.42)中，并且在公式(7.42)中同时左乘$\boldsymbol{T}^{\mathrm{T}}$，可得

$$\begin{aligned}&(\bar{\boldsymbol{K}}_{aa} + \boldsymbol{G}_o^{\mathrm{T}}\boldsymbol{K}_{oa} + \boldsymbol{K}_{ao}\boldsymbol{G}_o + \boldsymbol{G}_o^{\mathrm{T}}\boldsymbol{K}_{oo}\boldsymbol{G}_o) \\ &= \bar{\lambda}(\bar{\boldsymbol{M}}_{aa} + \boldsymbol{G}_o^{\mathrm{T}}\boldsymbol{M}_{oa} + \boldsymbol{M}_{ao}\boldsymbol{G}_o + \boldsymbol{G}_o^{\mathrm{T}}\boldsymbol{M}_{oo}\boldsymbol{G}_o)\end{aligned} \tag{7.49}$$

如果将缩减后的结构特征方程表示为

$$\boldsymbol{K}_{aa}\boldsymbol{u}_a = \lambda\boldsymbol{M}_{aa}\boldsymbol{u}_a \tag{7.50}$$

综合公式(7.49)和公式(7.50)，可得

$$\boldsymbol{K}_{aa} = \bar{\boldsymbol{K}}_{aa} + \boldsymbol{G}_o^{\mathrm{T}}\boldsymbol{K}_{oa} + \boldsymbol{K}_{ao}\boldsymbol{G}_o + \boldsymbol{G}_o^{\mathrm{T}}\boldsymbol{K}_{oo}\boldsymbol{G}_o \tag{7.51}$$

$$\boldsymbol{M}_{aa} = \bar{\boldsymbol{M}}_{aa} + \boldsymbol{G}_o^{\mathrm{T}}\boldsymbol{M}_{oa} + \boldsymbol{M}_{ao}\boldsymbol{G}_o + \boldsymbol{G}_o^{\mathrm{T}}\boldsymbol{M}_{oo}\boldsymbol{G}_o \tag{7.52}$$

由公式(7.51)和(7.52)可知，两种方法得到的缩减后的结构特征方程在形式上是一致的，区别之处体现在$\boldsymbol{G}_o$取值的不同。动力缩减方法由于考虑了保留自由度与消去自由度之间的动力耦合的影响，计算结果要比Guyan缩减精度高，但是它在缩减过程中考虑了特征值，计算过程相对要烦琐一些。

7.2.3 损伤识别方程的求解

设无损伤结构的动力特性为$\boldsymbol{\Lambda}_0$，损伤后结构的动力特性为$\boldsymbol{\Lambda}_d$，结构动力特性对结构物理参数的灵敏度矩阵为$\boldsymbol{S}$。把$\boldsymbol{\Lambda}_d$在$\boldsymbol{\Lambda}_0$附近进行级数展开，得到

结构的损伤识别方程：

$$\boldsymbol{\Lambda}_{\mathrm{d}} = \boldsymbol{\Lambda}_0 + S(r_{\mathrm{d}} - r_0) + \cdots \tag{7.53}$$

公式(7.53)中，

$\boldsymbol{\Lambda}_0 = [\lambda_0^1 \quad \cdots \quad \lambda_0^i \quad \cdots \quad \lambda_0^n \quad \boldsymbol{u}_0^{(1)} \quad \cdots \quad \boldsymbol{u}_0^{(i)} \quad \cdots \quad \boldsymbol{u}_0^{(n)}]^{\mathrm{T}}$；

$\boldsymbol{\Lambda}_{\mathrm{d}} = [\lambda_{\mathrm{d}}^1 \quad \cdots \quad \lambda_{\mathrm{d}}^i \quad \cdots \quad \lambda_{\mathrm{d}}^n \quad \boldsymbol{u}_{\mathrm{d}}^{(1)} \quad \cdots \quad \boldsymbol{u}_{\mathrm{d}}^{(i)} \quad \cdots \quad \boldsymbol{u}_{\mathrm{d}}^{(n)}]^{\mathrm{T}}$；

$\boldsymbol{r}_0 = [r_{01} \quad \cdots \quad r_{0j} \quad \cdots \quad r_{0m}]^{\mathrm{T}}$；

$\boldsymbol{r}_{\mathrm{d}} = [r_{\mathrm{d}1} \quad \cdots \quad r_{\mathrm{d}j} \quad \cdots \quad r_{\mathrm{d}m}]^{\mathrm{T}}$。

其中，λ_0^i 和$\boldsymbol{u}_0^{(i)}$ 分别为无损伤结构的第 i 阶特征值和振型；λ_{d}^i 和$\boldsymbol{u}_{\mathrm{d}}^{(i)}$ 分别为损伤结构的第 i 阶特征值和振型；r_{0j} 为无损伤结构的第 j 个物理参数；$r_{\mathrm{d}j}$ 为损伤结构的第 j 个物理参数。

在公式(7.53)中，$\boldsymbol{\Lambda}_0$，$\boldsymbol{\Lambda}_{\mathrm{d}}$ 和$\boldsymbol{r}_0$ 都是已知量，在形成结构的灵敏度矩阵后，便可以对$\boldsymbol{r}_{\mathrm{d}}$ 进行求解运算，即对结构的损伤进行识别。

设$\boldsymbol{\Lambda}_0$，$\boldsymbol{\Lambda}_{\mathrm{d}}$ 中有 nn 个分量，结构的物理参数为 m 个，则灵敏度矩阵 $\boldsymbol{S}$ 为 $nn \times m$ 阶矩阵。对公式(7.53)的求解可分为以下几种情况：

(1) 当 $nn = m$ 且 $\mathrm{Rank}(\boldsymbol{S}) = m$ 时。

$$\boldsymbol{r}_{\mathrm{d}} = \boldsymbol{S}^{-1}(\boldsymbol{\Lambda}_{\mathrm{d}} - \boldsymbol{\Lambda}_0) + r_0 \tag{7.54}$$

(2) 当 $nn > m$ 且 $\mathrm{Rank}(\boldsymbol{S}) = m$ 时。

在这种情况下，承认计算过程中存在误差，损伤识别方程的求解即为寻求$\boldsymbol{r}_{\mathrm{d}}$ 的最佳估计 $\hat{\boldsymbol{r}}_{\mathrm{d}}$。

令

$$\boldsymbol{\Lambda} = \boldsymbol{\Lambda}_{\mathrm{d}} - \boldsymbol{\Lambda}_0, \quad \boldsymbol{r} = \boldsymbol{r}_{\mathrm{d}} - \boldsymbol{r}_0 \tag{7.55}$$

公式(7.53)可以写成

$$\boldsymbol{\Lambda} = \boldsymbol{S}\boldsymbol{r} + \boldsymbol{\varepsilon} \tag{7.56}$$

公式(7.56)中，$\boldsymbol{\varepsilon}$ 为误差向量，$\boldsymbol{\varepsilon} = [\varepsilon_1 \quad \cdots \quad \varepsilon_i \quad \cdots \quad \varepsilon_{nn}]^{\mathrm{T}}$。

由公式(7.56)可得

$$\boldsymbol{\varepsilon} = \boldsymbol{\Lambda} - \boldsymbol{S}\boldsymbol{r} \tag{7.57}$$

利用最小二乘法来确定一组 $\boldsymbol{r}$ 的最佳估计值 $\hat{\boldsymbol{r}}$，即应使 $J = \boldsymbol{\varepsilon}^{\mathrm{T}}\boldsymbol{\varepsilon}$ 为最小。

由公式(7.57)可得

$$J=(\boldsymbol{\Lambda}-\boldsymbol{S}\boldsymbol{r})^{\mathrm{T}}(\boldsymbol{\Lambda}-\boldsymbol{S}\boldsymbol{r})=\boldsymbol{\Lambda}^{\mathrm{T}}\boldsymbol{\Lambda}-\boldsymbol{r}^{\mathrm{T}}\boldsymbol{S}^{\mathrm{T}}\boldsymbol{\Lambda}-\boldsymbol{\Lambda}^{\mathrm{T}}\boldsymbol{S}\boldsymbol{r}+\boldsymbol{r}^{\mathrm{T}}\boldsymbol{S}^{\mathrm{T}}\boldsymbol{S}\boldsymbol{r} \tag{7.58}$$

将 J 对 $\boldsymbol{r}$ 进行微分，并且令其等于零，则可得使 J 趋于最小的估计值 $\hat{\boldsymbol{r}}$

$$\frac{\partial J}{\partial \boldsymbol{r}}=-2\boldsymbol{S}^{\mathrm{T}}\boldsymbol{\Lambda}+2\boldsymbol{S}^{\mathrm{T}}\boldsymbol{S}\hat{\boldsymbol{r}}=0 \tag{7.59}$$

由公式(7.59)可得

$$\hat{\boldsymbol{r}}=(\boldsymbol{S}^{\mathrm{T}}\boldsymbol{S})^{-1}\boldsymbol{S}^{\mathrm{T}}\boldsymbol{\Lambda} \tag{7.60}$$

综合公式(7.55)和(7.60)，可得

$$\boldsymbol{r}_{\mathrm{d}}=(\boldsymbol{S}^{\mathrm{T}}\boldsymbol{S})^{-1}\boldsymbol{S}^{\mathrm{T}}(\boldsymbol{\Lambda}_{\mathrm{d}}-\boldsymbol{\Lambda}_{0})+\boldsymbol{r}_{0} \tag{7.61}$$

当灵敏度矩阵 S 的秩不满足上述要求时，可根据矩阵理论中广义逆的概念[6]对公式(7.53)进行求解。

用 $\boldsymbol{S}^{+}$ 表示 $\boldsymbol{S}$ 的广义逆矩阵，通过满秩分解可得

$$\boldsymbol{S}=\boldsymbol{P}\boldsymbol{Q} \tag{7.62}$$

式中，$\boldsymbol{P}$ 和 $\boldsymbol{Q}$ 分别是 $nn\times l$ 和 $l\times m$ 的矩阵，而 $l=\mathrm{Rank}(\boldsymbol{P})=\mathrm{Rank}(\boldsymbol{Q})=\mathrm{Rank}(\boldsymbol{S})$。那么

$$\boldsymbol{S}^{+}=\boldsymbol{Q}^{\mathrm{T}}(\boldsymbol{Q}\boldsymbol{Q}^{\mathrm{T}})^{-1}(\boldsymbol{P}^{\mathrm{T}}\boldsymbol{P})^{-1}\boldsymbol{P}^{\mathrm{T}} \tag{7.63}$$

特别地，如果 $\mathrm{Rank}(\boldsymbol{S})=nn$，则

$$\boldsymbol{S}^{+}=\boldsymbol{S}^{\mathrm{T}}(\boldsymbol{S}\boldsymbol{S}^{\mathrm{T}})^{-1} \tag{7.64}$$

基于公式(7.53)，求解出的物理参数 $\boldsymbol{r}_{\mathrm{d}}$ 为

$$\boldsymbol{r}_{\mathrm{d}}=\boldsymbol{S}^{+}(\boldsymbol{\Lambda}_{\mathrm{d}}-\boldsymbol{\Lambda}_{0})+\boldsymbol{r}_{0} \tag{7.65}$$

7.3 损伤识别方法的不确定性分析

本书7.1和7.2中假设结构的动力特性和物理参数都是确定性的，并没有考虑结构模态参数和物理参数的不确定性(即随机性)。在对实际桥梁进行动力特性测试时，由试验得到的动力特性具有一定的随机性。本节结合灵敏度分析和随机摄动理论，分析基于随机动力特性的损伤识别结果的不确定性。

7.3.1 随机摄动理论基础

对于具有 m 个随机物理参数 r_1，…，r_j，…，r_m 的结构，认为其刚度矩

阵 $\boldsymbol{K}$、第 i 阶振型的第 k 个分量为 $u^{(i,k)}$ 和第 i 阶特征值 $\lambda^{(i)}$ 也是随机的，并且它们可以被写成两项之和：

$$r_j = r_{\mathrm{d}j} + \varepsilon r_{\mathrm{v}j},\ j = 1, 2, \cdots, m \tag{7.66}$$

$$\boldsymbol{K} = \boldsymbol{K}_{\mathrm{d}} + \varepsilon \boldsymbol{K}_{\mathrm{v}} \tag{7.67}$$

$$u^{(i,k)} = u_{\mathrm{d}}^{(i,k)} + \varepsilon u_{\mathrm{v}}^{(i,k)} \tag{7.68}$$

$$\lambda^{(i)} = \lambda_{\mathrm{d}}^{(i)} + \varepsilon \lambda_{\mathrm{v}}^{(i)} \tag{7.69}$$

式中，$r_{\mathrm{d}j}$，$\boldsymbol{K}_{\mathrm{d}}$，$u_{\mathrm{d}}^{(i,k)}$ 和 $\lambda_{\mathrm{d}}^{(i)}$ 是变量 r_j，$\boldsymbol{K}$，$u^{(i,k)}$ 和 $\lambda^{(i)}$ 的确定性部分，等于原变量的均值；εr_{vj}，$\varepsilon\boldsymbol{K}_{\mathrm{v}}$，$\varepsilon u_{\mathrm{v}}^{(i,k)}$ 和 $\varepsilon\lambda_{\mathrm{v}}^{(i)}$ 是变量 r_j，$\boldsymbol{K}$，$u^{(i,k)}$ 和 $\lambda^{(i)}$ 的随机部分。

根据泰勒展开公式，对于很小的 ε，$\boldsymbol{K}_{\mathrm{v}}$，$u_{\mathrm{v}}^{(i,k)}$ 和 $\lambda_{\mathrm{v}}^{(i)}$ 可表示为

$$\boldsymbol{K}_{\mathrm{v}} = \sum_{j=1}^{m} \boldsymbol{K}_{,j} r_{\mathrm{v}j} \tag{7.70}$$

$$u_{\mathrm{v}}^{(i,k)} = \sum_{j=1}^{m} u_{,j}^{(i,k)} r_{\mathrm{v}j} \tag{7.71}$$

$$\lambda_{\mathrm{v}}^{(i)} = \sum_{j=1}^{m} \lambda_{,j}^{(i)} r_{\mathrm{v}j} \tag{7.72}$$

公式(7.70)～公式(7.72)中，$\boldsymbol{K}_{,j}$ 表示 $\boldsymbol{K}$ 对 r_j 的偏微分，$u_{,j}^{(i,k)}$ 表示 $u^{(i,k)}$ 对 r_j 的偏微分，$\lambda_{,j}^{(i)}$ 表示 $\lambda^{(i)}$ 对 r_j 的偏微分。

根据概率论的知识可知 $u_{\mathrm{v}}^{(i,k)}$ 的均值为零，即有

$$E(u^{(i,k)}) = E(u_{\mathrm{d}}^{(i,k)}) + \varepsilon E(u_{\mathrm{v}}^{(i,k)}) = u_{\mathrm{d}}^{(i,k)} \tag{7.73}$$

$u_{\mathrm{v}}^{(i,k)}$ 的方差可以写成

$$\begin{aligned}\mathrm{Var}(u_{\mathrm{v}}^{(i,k)}) &= \int_{-\infty}^{+\infty}\int_{-\infty}^{+\infty} [u_{\mathrm{v}}^{(i,k)} - E(u_{\mathrm{v}}^{(i,k)})]^2 P(r_{\mathrm{v}j}, r_{\mathrm{v}n})\,\mathrm{d}r_{\mathrm{v}j}\,\mathrm{d}r_{\mathrm{v}n} \\ &= \int_{-\infty}^{+\infty}\int_{-\infty}^{+\infty} (u_{\mathrm{v}}^{(i,k)})^2 P(r_{\mathrm{v}j}, r_{\mathrm{v}n})\,\mathrm{d}r_{\mathrm{v}j}\,\mathrm{d}r_{\mathrm{v}n}\end{aligned} \tag{7.74}$$

公式(7.74)中，$P(r_{\mathrm{v}j}, r_{\mathrm{v}n})$ 是 $r_{\mathrm{v}j}$ 和 $r_{\mathrm{v}n}$ 的联合概率密度函数。把公式(7.71)代入公式(7.74)中，可得

$$\mathrm{Var}(u_{\mathrm{v}}^{(i,k)}) = \sum_{j=1}^{m}\sum_{n=1}^{m} u_{,j}^{(i,k)} u_{,n}^{(i,k)} \mathrm{Cov}(r_{\mathrm{v}j}, r_{\mathrm{v}n}) \tag{7.75}$$

公式(7.75)中，$\mathrm{Cov}(r_{\mathrm{v}j}, r_{\mathrm{v}n})$ 为 $r_{\mathrm{v}j}$ 和 $r_{\mathrm{v}n}$ 的协方差，依据定义可表示为

$$\mathrm{Cov}(r_{\mathrm{v}j}, r_{\mathrm{v}n}) = \int_{-\infty}^{+\infty}\int_{-\infty}^{+\infty} r_{\mathrm{v}j} r_{\mathrm{v}n} P(r_{\mathrm{v}j}, r_{\mathrm{v}n})\,\mathrm{d}r_{\mathrm{v}j}\,\mathrm{d}r_{\mathrm{v}n} = \rho_{jn}\sigma_{r\mathrm{v}j}\sigma_{r\mathrm{v}n} \tag{7.76}$$

公式(7.76)中，ρ_{jn} 是 r_{vj} 和 r_{vn} 的相关系数，取值范围为−1到1；$\sigma_{r_{vj}}$ 为 r_{vj} 的标准差。两个振型分量的协方差为

$$\mathrm{Cov}(u_{v}^{(i,k)}, u_{v}^{(j,l)}) = \sum_{j=1}^{m}\sum_{n=1}^{m} \omega_{,j}^{(i,k)} \omega_{,n}^{(j,l)} \mathrm{Cov}(r_{vj}, r_{rn}) \tag{7.77}$$

因此，振型的协方差矩阵可定义为

$$\overset{u_v}{\boldsymbol{\Sigma}} = \begin{bmatrix} \mathrm{Var}(u_{v}^{(1,1)}) & & & \\ \mathrm{Cov}(u_{v}^{(1,2)}, u_{v}^{(1,1)}) & \mathrm{Var}(u_{v}^{(1,2)}) & & \text{对称} \\ \vdots & \vdots & \ddots & \\ \mathrm{Cov}(u_{v}^{(s,n)}, u_{v}^{(1,1)}) & \mathrm{Cov}(u_{v}^{(s,n)}, u_{v}^{(1,2)}) & \cdots & \mathrm{Var}(u_{v}^{(s,n)}) \end{bmatrix} \tag{7.78}$$

由公式(7.75)、(7.77)和(7.78)可得

$$\overset{u_v}{\boldsymbol{\Sigma}} = \boldsymbol{u}_{,r} \overset{r_v}{\boldsymbol{\Sigma}} \boldsymbol{u}_{,r}^{\mathrm{T}} \tag{7.79}$$

公式(7.79)中，$\boldsymbol{u}_{,r}$ 是振型的灵敏度矩阵，$\overset{r_v}{\boldsymbol{\Sigma}}$ 是随机变量的协方差矩阵，即

$$\boldsymbol{u}_{,r} = \begin{bmatrix} u_{,1}^{(1,1)} & u_{,2}^{(1,1)} & \cdots & u_{,m}^{(1,1)} \\ u_{,1}^{(1,2)} & u_{,2}^{(1,2)} & \cdots & u_{,m}^{(1,2)} \\ \vdots & \vdots & \ddots & \vdots \\ u_{,1}^{(s,n)} & u_{,2}^{(s,n)} & \cdots & u_{,m}^{(s,n)} \end{bmatrix} \tag{7.80}$$

$$\overset{r_v}{\boldsymbol{\Sigma}} = \begin{bmatrix} \mathrm{Var}(r_{v1}) & & & \\ \mathrm{Cov}(r_{v2}, r_{v1}) & \mathrm{Var}(r_{v2}) & & \text{对称} \\ \vdots & \vdots & \ddots & \\ \mathrm{Cov}(r_{vm}, r_{v1}) & \mathrm{Cov}(r_{vm}, r_{v2}) & \cdots & \mathrm{Var}(r_{vm}) \end{bmatrix} \tag{7.81}$$

公式(7.80)中，(s, n) 表示第 s 阶振型的最后一个分量，并且总共有 s 阶振型参与损伤识别。利用公式(7.77)可得

$$\overset{r_v}{\boldsymbol{\Sigma}} = \boldsymbol{\sigma}_{rv} \boldsymbol{\rho}_{v} \boldsymbol{\sigma}_{rv}^{\mathrm{T}} \tag{7.82}$$

公式(7.82)中，$\boldsymbol{\sigma}_{rv}$ 是结构物理参数的标准差矩阵，$\boldsymbol{\rho}_{v}$ 是物理参数的相关系数矩阵，即有

$$\boldsymbol{\sigma}_{rv}=\begin{bmatrix}\sigma_{rv1} & & & \\ & \sigma_{rv2} & & \\ & & \ddots & \\ & & & \sigma_{rvm}\end{bmatrix} \tag{7.83}$$

$$\boldsymbol{\rho}_{v}=\begin{bmatrix}1 & \rho_{12} & \cdots & \rho_{1m} \\ \rho_{21} & 1 & \cdots & \rho_{2m} \\ \cdots & \cdots & \cdots & \cdots \\ \rho_{m1} & \rho_{m2} & \cdots & 1\end{bmatrix} \tag{7.84}$$

把公式(7.82)代入公式(7.79)中，可得

$$\overset{u_v}{\boldsymbol{\Sigma}}=\boldsymbol{u}_{,r}\boldsymbol{\sigma}_{rv}\boldsymbol{\rho}_{v}\sigma_{rv}^{\mathrm{T}}\boldsymbol{u}_{,r}^{\mathrm{T}} \tag{7.85}$$

公式(7.85)表达了振型协方差矩阵与物理参数的标准差及相关系数之间的关系，$\boldsymbol{u}_{,r}$ 可用本书 7.2 节得到的灵敏度矩阵来代替。

同理，可以推导出特征值协方差矩阵的表达式为

$$\overset{\lambda_v}{\boldsymbol{\Sigma}}=\boldsymbol{\lambda}_{,r}\overset{rv}{\boldsymbol{\Sigma}}\boldsymbol{\lambda}_{,r}^{\mathrm{T}} \tag{7.86}$$

$$\overset{\lambda_v}{\boldsymbol{\Sigma}}=\boldsymbol{\lambda}_{,r}\boldsymbol{\sigma}_{rv}\boldsymbol{\rho}_{v}\boldsymbol{\sigma}_{rv}^{\mathrm{T}}\boldsymbol{\lambda}_{,r}^{\mathrm{T}} \tag{7.87}$$

公式(7.86)和(7.87)中，$\boldsymbol{\lambda}_{,r}$ 是特征值灵敏度矩阵，可以写成

$$\boldsymbol{\lambda}_{,r}=\begin{bmatrix}\lambda_{,1}^{(1)} & \lambda_{,2}^{(1)} & \cdots & \lambda_{,m}^{(1)} \\ \lambda_{,1}^{(2)} & \lambda_{,2}^{(2)} & \cdots & \lambda_{,m}^{(2)} \\ \vdots & \vdots & \ddots & \vdots \\ \lambda_{,1}^{(q)} & \lambda_{,2}^{(q)} & \cdots & \lambda_{,m}^{(q)}\end{bmatrix} \tag{7.88}$$

公式(7.88)中，q 为考虑的特征值的阶数。$\boldsymbol{\lambda}_{,r}$ 同样可用本书 7.2 节求出的特征值对结构物理参数的灵敏度矩阵来代替。

当然，也可以把特征值的协方差矩阵和振型的协方差矩阵综合写成一个表达式：

$$\begin{bmatrix}\overset{\lambda_v}{\boldsymbol{\Sigma}} \\ \overset{u_v}{\boldsymbol{\Sigma}}\end{bmatrix}=\begin{bmatrix}\boldsymbol{\lambda}_{,r} \\ \boldsymbol{u}_{,r}\end{bmatrix}\overset{rv}{\boldsymbol{\Sigma}}\begin{bmatrix}\boldsymbol{\lambda}_{,r} \\ \boldsymbol{u}_{,r}\end{bmatrix}^{\mathrm{T}} \tag{7.89}$$

$$\begin{bmatrix}\overset{\lambda_v}{\boldsymbol{\Sigma}} \\ \overset{u_v}{\boldsymbol{\Sigma}}\end{bmatrix}=\begin{bmatrix}\boldsymbol{\lambda}_{,r} \\ \boldsymbol{u}_{,r}\end{bmatrix}\boldsymbol{\sigma}_{rv}\boldsymbol{\rho}_{v}\boldsymbol{\sigma}_{rv}^{\mathrm{T}}\begin{bmatrix}\boldsymbol{\lambda}_{,r} \\ \boldsymbol{u}_{,r}\end{bmatrix}^{\mathrm{T}} \tag{7.90}$$

$$\begin{bmatrix} \boldsymbol{\lambda}_{,r} \\ \boldsymbol{u}_{,r} \end{bmatrix} = \begin{bmatrix} \lambda_{,1}^{(1)} & \lambda_{,2}^{(1)} & \cdots & \lambda_{,m}^{(1)} \\ \lambda_{,1}^{(2)} & \lambda_{,2}^{(2)} & \cdots & \lambda_{,m}^{(2)} \\ \vdots & \vdots & \ddots & \vdots \\ \lambda_{,1}^{(q)} & \lambda_{,2}^{(q)} & \cdots & \lambda_{,m}^{(q)} \\ u_{,1}^{(1,1)} & u_{,2}^{(1,1)} & \cdots & u_{,m}^{(1,1)} \\ u_{,1}^{(1,2)} & u_{,2}^{(1,2)} & \cdots & u_{,m}^{(1,2)} \\ \vdots & \vdots & \ddots & \vdots \\ u_{,1}^{(s,n)} & u_{,2}^{(s,n)} & \cdots & u_{,m}^{(s,n)} \end{bmatrix} \tag{7.91}$$

7.3.2 物理参数的统计特性反分析

物理参数的统计特性反分析，就是在已知结构动力参数统计特性的前提下求得物理参数的统计特性。利用矩阵理论中广义逆的概念[6]，可以通过式(7.79)、(7.86)和(7.89)中的任何一式反求出物理参数的协方差矩阵。

1. 利用振型灵敏度矩阵反求物理参数的统计特性

用$\boldsymbol{u}_{,r}^{+}$表示$\boldsymbol{u}_{,r}$的广义逆矩阵，通过满秩分解可得

$$\boldsymbol{u}_{,r} = \boldsymbol{PQ} \tag{7.92}$$

式中，$\boldsymbol{P}$和$\boldsymbol{Q}$分别是$(s\times n)\times l$和$l\times m$的矩阵，而$l=\mathrm{Rank}(\boldsymbol{P})=\mathrm{Rank}(\boldsymbol{Q})=\mathrm{Rank}(\boldsymbol{u}_{,r})$。那么

$$\boldsymbol{u}_{,r}^{+} = \boldsymbol{Q}^{\mathrm{T}}(\boldsymbol{Q}\boldsymbol{Q}^{\mathrm{T}})^{-1}(\boldsymbol{P}^{\mathrm{T}}\boldsymbol{P})^{-1}\boldsymbol{P}^{\mathrm{T}} \tag{7.93}$$

特别地，如果$\mathrm{Rank}(\boldsymbol{u}_{,r})=m$，则广义逆$\boldsymbol{u}_{,r}^{+}$可表示为

$$\boldsymbol{u}_{,r}^{+} = (\boldsymbol{u}_{,r}^{\mathrm{T}}\boldsymbol{u}_{,r})^{-1}\boldsymbol{u}_{,r}^{\mathrm{T}} \tag{7.94}$$

若$\mathrm{Rank}(\boldsymbol{u}_{,r})=s\times n$，则

$$\boldsymbol{u}_{,r}^{+} = \boldsymbol{u}_{,r}^{\mathrm{T}}(\boldsymbol{u}_{,r}\boldsymbol{u}_{,r}^{\mathrm{T}})^{-1} \tag{7.95}$$

依据公式(7.79)，可求解出物理参数的协方差矩阵

$$\overset{r_{\mathrm{V}}}{\boldsymbol{\Sigma}} = \boldsymbol{u}_{,r}^{+}\overset{u_{\mathrm{V}}}{\boldsymbol{\Sigma}}(\boldsymbol{u}_{,r}^{\mathrm{T}})^{+} \tag{7.96}$$

2. 利用特征值灵敏度矩阵反求物理参数的统计特性

用$\boldsymbol{\lambda}_{,r}^{+}$表示$\boldsymbol{\lambda}_{,r}$的广义逆矩阵，通过满秩分解可得

$$\boldsymbol{\lambda}_{,r} = \boldsymbol{PQ} \tag{7.97}$$

式中，$\boldsymbol{P}$ 和 $\boldsymbol{Q}$ 分别是 $q\times l$ 和 $l\times m$ 的矩阵，而 $l=\mathrm{Rank}(\boldsymbol{P})=\mathrm{Rank}(\boldsymbol{Q})=\mathrm{Rank}(\boldsymbol{\lambda}_{,r})$。那么

$$\boldsymbol{\lambda}_{,r}^{+}=\boldsymbol{Q}^{\mathrm{T}}(\boldsymbol{Q}\boldsymbol{Q}^{\mathrm{T}})^{-1}(\boldsymbol{P}^{\mathrm{T}}\boldsymbol{P})^{-1}\boldsymbol{P}^{\mathrm{T}} \tag{7.98}$$

特别地，如果 $\mathrm{Rank}(\lambda_{,r})=m$，则广义逆 $\lambda_{,r}^{+}$ 的形式为

$$\boldsymbol{\lambda}_{,r}^{+}=(\boldsymbol{\lambda}_{,r}^{\mathrm{T}}\boldsymbol{\lambda}_{,r})^{-1}\boldsymbol{\lambda}_{,r}^{\mathrm{T}} \tag{7.99}$$

若 $\mathrm{Rank}(\boldsymbol{\lambda}_{,r})=q$，则

$$\boldsymbol{\lambda}_{,r}^{+}=\boldsymbol{\lambda}_{,r}^{\mathrm{T}}(\boldsymbol{\lambda}_{,r}\boldsymbol{\lambda}_{,r}^{\mathrm{T}})^{-1} \tag{7.100}$$

依据公式(7.86)，可求解出物理参数的协方差矩阵

$$\overset{r_{\mathrm{v}}}{\boldsymbol{\Sigma}}=\boldsymbol{\lambda}_{,r}^{+}\overset{\lambda_{\mathrm{v}}}{\boldsymbol{\Sigma}}(\boldsymbol{\lambda}_{,r}^{\mathrm{T}})^{+} \tag{7.101}$$

3. 利用混合灵敏度矩阵反求物理参数的统计特性

用 $\begin{bmatrix}\boldsymbol{\lambda}_{,r}\\ \boldsymbol{u}_{,r}\end{bmatrix}^{+}$ 表示 $\begin{bmatrix}\boldsymbol{\lambda}_{,r}\\ \boldsymbol{u}_{,r}\end{bmatrix}$ 的广义逆，通过满秩分解可得

$$\begin{bmatrix}\boldsymbol{\lambda}_{,r}\\ \boldsymbol{u}_{,r}\end{bmatrix}=\boldsymbol{P}\boldsymbol{Q} \tag{7.102}$$

式中，$\boldsymbol{P}$ 和 $\boldsymbol{Q}$ 分别是 $(q+s\times n)\times l$ 和 $l\times m$ 的矩阵，而 $l=\mathrm{Rank}(\boldsymbol{P})=\mathrm{Rank}(\boldsymbol{Q})=\mathrm{Rank}\left(\begin{bmatrix}\boldsymbol{\lambda}_{,r}\\ \boldsymbol{u}_{,r}\end{bmatrix}\right)$。那么

$$\begin{bmatrix}\boldsymbol{\lambda}_{,r}\\ \boldsymbol{u}_{,r}\end{bmatrix}^{+}=\boldsymbol{Q}^{\mathrm{T}}(\boldsymbol{Q}\boldsymbol{Q}^{\mathrm{T}})^{-1}(\boldsymbol{P}^{\mathrm{T}}\boldsymbol{P})^{-1}\boldsymbol{P}^{\mathrm{T}} \tag{7.103}$$

特别地，如果 $\mathrm{Rank}\left(\begin{bmatrix}\boldsymbol{\lambda}_{,r}\\ \boldsymbol{u}_{,r}\end{bmatrix}\right)=m$，则广义逆 $\begin{bmatrix}\boldsymbol{\lambda}_{,r}\\ \boldsymbol{u}_{,r}\end{bmatrix}^{+}$ 的形式为

$$\begin{bmatrix}\boldsymbol{\lambda}_{,r}\\ \boldsymbol{u}_{,r}\end{bmatrix}^{+}=\left(\begin{bmatrix}\boldsymbol{\lambda}_{,r}\\ \boldsymbol{u}_{,r}\end{bmatrix}^{\mathrm{T}}\begin{bmatrix}\boldsymbol{\lambda}_{,r}\\ \boldsymbol{u}_{,r}\end{bmatrix}\right)^{-1}\begin{bmatrix}\boldsymbol{\lambda}_{,r}\\ \boldsymbol{u}_{,r}\end{bmatrix}^{\mathrm{T}} \tag{7.104}$$

若 $\mathrm{Rank}\left(\begin{bmatrix}\boldsymbol{\lambda}_{,r}\\ \boldsymbol{u}_{,r}\end{bmatrix}\right)=q+s\times n$，则

$$\begin{bmatrix}\boldsymbol{\lambda}_{,r}\\ \boldsymbol{u}_{,r}\end{bmatrix}^{+}=\begin{bmatrix}\boldsymbol{\lambda}_{,r}\\ \boldsymbol{u}_{,r}\end{bmatrix}^{\mathrm{T}}\left(\begin{bmatrix}\boldsymbol{\lambda}_{,r}\\ \boldsymbol{u}_{,r}\end{bmatrix}\begin{bmatrix}\boldsymbol{\lambda}_{,r}\\ \boldsymbol{u}_{,r}\end{bmatrix}^{\mathrm{T}}\right)^{-1} \tag{7.105}$$

依据公式(7.86)，可求解出物理参数的协方差矩阵

$$\overset{r\text{v}}{\boldsymbol{\Sigma}}=\begin{bmatrix}\boldsymbol{\lambda}_{,r}\\\boldsymbol{u}_{,r}\end{bmatrix}^{+}\begin{bmatrix}\overset{\lambda\text{v}}{\boldsymbol{\Sigma}}\\\overset{u\text{v}}{\boldsymbol{\Sigma}}\end{bmatrix}\left(\begin{bmatrix}\boldsymbol{\lambda}_{,r}\\\boldsymbol{u}_{,r}\end{bmatrix}^{\mathrm{T}}\right)^{+} \tag{7.106}$$

无论是以上三种情况的那一种，一旦求出物理参数的协方差矩阵 $\overset{r\text{v}}{\boldsymbol{\Sigma}}$，物理参数的标准差 $\sigma_{r vi}$（物理参数重要的统计特性）便可以方便求出

$$\sigma_{r vi}=(\overset{r\text{v}}{\boldsymbol{\Sigma}}(i,\ i))^{\frac{1}{2}} \tag{7.107}$$

7.4 数值算例

数值模拟对象为等截面简支钢筋混凝土梁，梁长为 20.5m，计算跨径为 20m，横截面形式如图 7.1 所示。把简支梁划分成等长度的 10 个单元，单元和节点分布如图 7.2 所示。图 7.2 中上面的数字表示单元编号，下面的数字表示节点编号。

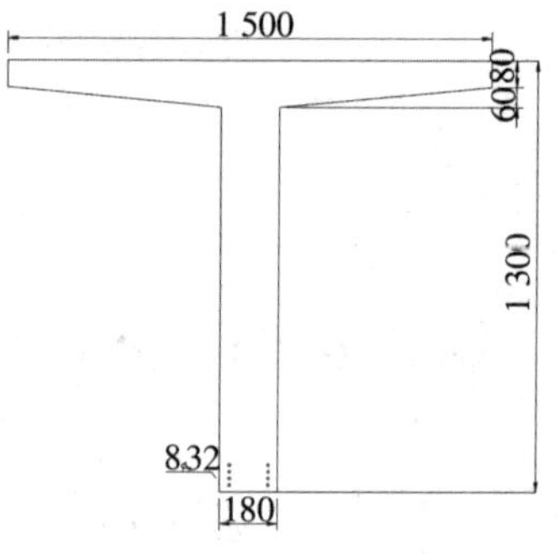

图 7.1 钢筋混凝土简支梁横截面图(mm)

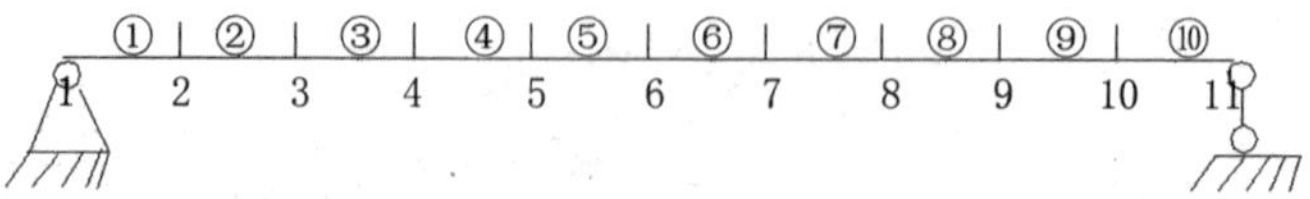

图 7.2 简支梁单元和节点分布图

采用 ANSYS 软件分析简支梁的动力特性，在 ANSYS 中选用 BEAM23 单元来模拟梁单元。BEAM23 单元每个节点有 3 个自由度，这样结构共有 30 阶

模态，每一阶振型有 30 个自由度组成。本次模拟只选用简支梁桥的前两阶竖向振型作为损伤识别的输入，并且每阶振型只保留节点 2，3，4，5，6，7，8，9，10 的竖向自由度，即只保留 9 个自由度。简支梁桥的物理参数选为 2 到 9 号单元的抗弯惯性矩。因此，在形成灵敏度矩阵的过程中需要采用自由度缩减方法对自由度进行缩减，在此采用的是 Guyan 缩减方法。

共设置了 4 种损伤工况：工况 1，第 4 号单元抗弯惯性矩下降了 6.8%；工况 2，第 4 号单元抗弯惯性矩下降了 20.5%；工况 3，第 4 号单元抗弯惯性矩下降了 13.6%，第 5 号单元抗弯惯性矩下降了 20.5%；工况 4，第 4 号单元抗弯惯性矩下降了 6.8%，第 6 号单元抗弯惯性矩下降了 13.6%，第 8 号单元抗弯惯性矩下降了 25.5%。以上 4 种损伤工况均假设损伤单元无质量变化。

计算出的前 9 阶竖向振动的自振频率列于表 7.1 中，形成的灵敏度矩阵数值列于表 7.2 和 7.3 中。

表 7.1　各损伤工况自振频率

（单位：Hz）

频率阶次	损伤工况				
	无损伤	工况 1	工况 2	工况 3	工况 4
1 阶	5.39	5.36	5.28	5.20	5.20
2 阶	21.40	21.30	21.07	21.14	20.62
3 阶	47.59	47.57	47.51	46.70	46.31
4 阶	83.34	82.87	81.77	81.79	82.25
5 阶	128.15	127.75	126.82	125.84	125.04
6 阶	182.04	181.79	181.13	179.48	176.88
7 阶	246.22	245.19	242.94	242.31	241.13
8 阶	322.27	321.45	319.40	317.49	315.81
9 阶	402.31	401.00	397.70	394.46	393.37

表 7.2　基于一阶摄动解形成的灵敏度矩阵数值表

振型阶次	节点	单元号							
		2	3	4	5	6	7	8	9
1阶	2	0.265×10^{-2}	0.234×10^{-2}	0.971×10^{-3}	-0.632×10^{-3}	-0.175×10^{-2}	-0.201×10^{-2}	-0.152×10^{-2}	-0.702×10^{-3}
	3	0.332×10^{-2}	0.493×10^{-2}	0.239×10^{-2}	-0.660×10^{-3}	-0.285×10^{-2}	-0.348×10^{-2}	-0.267×10^{-2}	-0.125×10^{-2}
	4	0.161×10^{-2}	0.460×10^{-2}	0.467×10^{-2}	0.452×10^{-3}	-0.275×10^{-2}	-0.391×10^{-2}	-0.316×10^{-2}	-0.151×10^{-2}
	5	0.213×10^{-3}	0.120×10^{-2}	0.374×10^{-2}	0.313×10^{-2}	-0.100×10^{-2}	-0.295×10^{-2}	-0.273×10^{-2}	-0.137×10^{-2}
	6	-0.800×10^{-3}	-0.128×10^{-2}	-0.408×10^{-3}	0.263×10^{-2}	0.263×10^{-2}	-0.408×10^{-3}	-0.128×10^{-2}	-0.800×10^{-3}
	7	-0.137×10^{-2}	-0.273×10^{-2}	-0.295×10^{-2}	-0.100×10^{-2}	0.313×10^{-2}	0.374×10^{-2}	0.120×10^{-2}	0.213×10^{-3}
	8	-0.151×10^{-2}	-0.316×10^{-2}	-0.391×10^{-2}	-0.275×10^{-2}	0.452×10^{-3}	0.467×10^{-2}	0.460×10^{-2}	0.161×10^{-2}
	9	-0.125×10^{-2}	-0.267×10^{-2}	-0.348×10^{-2}	-0.285×10^{-2}	-0.660×10^{-3}	0.239×10^{-2}	0.493×10^{-2}	0.332×10^{-2}
	10	-0.702×10^{-3}	-0.152×10^{-2}	-0.201×10^{-2}	-0.175×10^{-2}	-0.632×10^{-3}	0.971×10^{-3}	0.234×10^{-2}	0.265×10^{-2}
2阶	2	-0.113×10^{-1}	-0.622×10^{-3}	0.617×10^{-2}	0.305×10^{-2}	-0.157×10^{-2}	-0.351×10^{-4}	0.411×10^{-2}	0.401×10^{-2}
	3	-0.100×10^{-1}	-0.678×10^{-2}	0.695×10^{-2}	0.431×10^{-2}	-0.267×10^{-2}	-0.128×10^{-2}	0.462×10^{-2}	0.509×10^{-2}
	4	0.366×10^{-2}	-0.235×10^{-2}	-0.110×10^{-2}	0.264×10^{-2}	-0.284×10^{-2}	-0.385×10^{-2}	0.194×10^{-3}	0.201×10^{-2}
	5	0.100×10^{-1}	0.110×10^{-1}	-0.108×10^{-2}	-0.216×10^{-2}	-0.165×10^{-2}	-0.621×10^{-2}	-0.712×10^{-2}	-0.390×10^{-2}
	6	0.924×10^{-2}	0.125×10^{-1}	0.558×10^{-2}	-0.127×10^{-2}	0.127×10^{-2}	-0.558×10^{-2}	-0.125×10^{-1}	-0.924×10^{-2}
	7	0.390×10^{-2}	0.712×10^{-2}	0.621×10^{-2}	0.165×10^{-2}	0.216×10^{-2}	0.108×10^{-2}	-0.106×10^{-1}	-0.100×10^{-1}
	8	-0.201×10^{-2}	-0.194×10^{-3}	0.385×10^{-2}	0.284×10^{-2}	-0.264×10^{-2}	0.110×10^{-2}	0.235×10^{-2}	-0.366×10^{-2}
	9	-0.509×10^{-2}	-0.462×10^{-2}	0.128×10^{-2}	0.267×10^{-2}	-0.431×10^{-2}	-0.695×10^{-2}	0.678×10^{-2}	0.100×10^{-1}
	10	-0.401×10^{-2}	-0.411×10^{-2}	0.351×10^{-4}	0.157×10^{-2}	-0.305×10^{-2}	-0.617×10^{-2}	0.622×10^{-3}	0.113×10^{-1}

表 7.3　基于二阶摄动解形成的灵敏度矩阵数值表

振型阶次	节点	单元号							
		2	3	4	5	6	7	8	9
1 阶	2	0.273×10^{-2}	0.240×10^{-2}	0.993×10^{-3}	-0.647×10^{-3}	-0.179×10^{-2}	-0.206×10^{-2}	-0.156×10^{-2}	-0.724×10^{-3}
	3	0.341×10^{-2}	0.506×10^{-2}	0.245×10^{-2}	-0.677×10^{-3}	-0.292×10^{-2}	-0.356×10^{-2}	-0.275×10^{-2}	-0.129×10^{-2}
	4	0.166×10^{-2}	0.472×10^{-2}	0.479×10^{-2}	0.460×10^{-3}	-0.281×10^{-2}	-0.401×10^{-2}	-0.325×10^{-2}	-0.155×10^{-2}
	5	0.218×10^{-3}	0.123×10^{-2}	0.382×10^{-2}	0.320×10^{-2}	-0.102×10^{-2}	-0.303×10^{-2}	-0.281×10^{-2}	-0.142×10^{-2}
	6	-0.825×10^{-3}	-0.132×10^{-2}	-0.423×10^{-3}	0.269×10^{-2}	0.269×10^{-2}	-0.423×10^{-3}	-0.132×10^{-2}	-0.825×10^{-3}
	7	-0.142×10^{-2}	-0.281×10^{-2}	-0.303×10^{-2}	-0.102×10^{-2}	0.320×10^{-2}	0.382×10^{-2}	0.123×10^{-2}	0.218×10^{-3}
	8	-0.155×10^{-2}	-0.325×10^{-2}	-0.401×10^{-2}	-0.281×10^{-2}	0.460×10^{-3}	0.479×10^{-2}	0.472×10^{-2}	0.166×10^{-2}
	9	-0.129×10^{-2}	-0.275×10^{-2}	-0.356×10^{-2}	-0.292×10^{-2}	-0.677×10^{-3}	0.245×10^{-2}	0.506×10^{-2}	0.341×10^{-2}
	10	-0.724×10^{-3}	-0.156×10^{-2}	-0.206×10^{-2}	-0.179×10^{-2}	-0.647×10^{-3}	0.993×10^{-3}	0.240×10^{-2}	0.273×10^{-2}
2 阶	2	-0.116×10^{-1}	-0.597×10^{-3}	0.629×10^{-2}	0.312×10^{-2}	-0.161×10^{-2}	-0.396×10^{-4}	0.417×10^{-2}	0.411×10^{-2}
	3	-0.102×10^{-1}	-0.684×10^{-2}	0.710×10^{-2}	0.441×10^{-2}	-0.273×10^{-2}	-0.132×10^{-2}	0.468×10^{-2}	0.522×10^{-2}
	4	0.379×10^{-2}	-0.233×10^{-2}	-0.109×10^{-2}	0.270×10^{-2}	-0.290×10^{-2}	-0.393×10^{-2}	0.179×10^{-3}	0.207×10^{-2}
	5	0.103×10^{-1}	0.108×10^{-1}	-0.107×10^{-2}	-0.221×10^{-2}	-0.169×10^{-2}	-0.634×10^{-2}	-0.727×10^{-2}	-0.399×10^{-2}
	6	0.948×10^{-2}	0.128×10^{-1}	0.571×10^{-2}	-0.130×10^{-2}	0.130×10^{-2}	-0.571×10^{-2}	-0.128×10^{-1}	-0.948×10^{-2}
	7	0.399×10^{-2}	0.727×10^{-2}	0.634×10^{-2}	0.169×10^{-2}	0.221×10^{-2}	0.107×10^{-2}	-0.108×10^{-1}	-0.103×10^{-1}
	8	-0.207×10^{-2}	-0.179×10^{-3}	0.393×10^{-2}	0.290×10^{-2}	-0.270×10^{-2}	0.109×10^{-2}	0.233×10^{-2}	-0.379×10^{-2}
	9	-0.522×10^{-2}	-0.468×10^{-2}	0.131×10^{-2}	0.273×10^{-2}	-0.441×10^{-2}	-0.710×10^{-2}	0.684×10^{-2}	0.102×10^{-1}
	10	-0.411×10^{-2}	-0.417×10^{-2}	0.396×10^{-4}	0.161×10^{-2}	-0.312×10^{-2}	-0.629×10^{-2}	0.597×10^{-3}	0.116×10^{-1}

损伤识别结果列于表 7.4 中，由表 7.4 可知：① 基于灵敏度矩阵的损伤识别方法可以对简支钢筋混凝土梁的损伤进行有效识别；② 基于二阶摄动解

形成的灵敏度矩阵的损伤识别精度要比基于一阶摄动解形成的灵敏度矩阵的损伤识别精度要高。

表 7.4 损伤识别结果

（单位：%）

工况	摄动解	单元号							
		2	3	4	5	6	7	8	9
一	一阶摄动	−0.1	0.0	−7.1	−0.2	0.1	−0.1	0.0	−0.1
	二阶摄动	0.0	0.0	−6.9	0.0	0.0	0.0	0.0	−0.1
二	一阶摄动	−0.3	−0.2	−23.8	−0.9	0.6	−0.1	0.0	−0.1
	二阶摄动	0.1	−0.1	−22.9	−0.5	0.6	0.1	0.1	0.0
三	一阶摄动	1.0	0.4	−13.4	−22.7	0.5	1.3	0.4	1.2
	二阶摄动	0.2	−0.1	−13.5	−21.8	−0.4	0.5	−0.1	0.2
四	一阶摄动	1.1	0.5	−5.6	1.0	−13.7	0.8	−30.1	0.7
	二阶摄动	−0.3	−0.2	−6.5	0.2	−13.5	0.0	−28.8	−0.4

在工程测试结果中，可认为 $u_{\mathrm{v}}^{(i,k)}$ 服从正态分布，并且把测量误差的界限值定为均值的 1%。假设出现损伤前后的简支钢筋混凝土梁的测量振型都混入了一定的随机误差，则有

$$\overset{u_{\mathrm{v}}}{\boldsymbol{\Sigma}}(i,\ i)=\left(\frac{1}{3.5}u_{\mathrm{0d}}^{(i,\ k)}\ \times 1\%\right)^2+\left(\frac{1}{3.5}u_{\mathrm{dd}}^{(i,\ k)}\ \times 1\%\right)^2 \tag{7.108}$$

公式(7.108)中，$u_{\mathrm{od}}^{(i,\ k)}$ 表示损伤前的第 i 阶振型的第 k 个分量，$u_{\mathrm{dd}}^{(i,\ k)}$ 表示损伤后的第 i 阶振型的第 k 个分量。

当简支梁损伤不是很大时，振型在出现损伤前后的变化很小，也可把式(7.108) 表示为

$$[\overset{u_{\mathrm{v}}}{\boldsymbol{\Sigma}}]\ (i,\ i)=2\times\left(\frac{1}{3.5}u_{\mathrm{0d}}^{(i,\ k)}\ \times 1\%\right)^2 \tag{7.109}$$

同样以简支梁的前 2 阶竖向振型为损伤识别的输入，并且假定损伤前后的振型都混入了界限值1%的随机误差。利用本书 7.3 节中所论述的方法计算出的物理参数的标准差见表 7.5。根据物理参数的标准差，就可以比较损伤识别方法的稳定性。

表 7.5　抗弯惯性矩的标准差

（单位：%）

单元号	抗弯惯性矩标准差	
	一阶摄动解形成的灵敏度矩阵	二阶摄动解形成的灵敏度矩阵
2	3.2	2.9
3	1.6	1.6
4	2.5	2.8
5	1.8	1.7
6	1.8	1.7
7	2.8	1.5
8	1.3	1.2
9	3.2	2.0

由表 7.5 可知：无论基于一阶摄动解形成的灵敏度矩阵还是基于二阶摄动解形成的灵敏度矩阵识别出的物理参数的标准差均较小，最大分别为 3.2%、2.9%，这说明基于灵敏度矩阵的损伤识别方法是比较稳定的；基于一阶摄动解形成的灵敏度矩阵识别出的物理参数的标准差大于基于二阶摄动解形成的灵敏度矩阵识别出的物理参数的标准差，说明基于二阶摄动解形成的灵敏度矩阵的抗干扰能力要比基于一阶摄动解形成的灵敏度矩阵要强。

7.5　损伤识别方法的工程应用

1. 工程概况

实际工程为长春市某特大桥，该桥于1997年开工，于1999年竣工通车。该特大桥跨越铁路部分为现浇式预应力混凝土三跨变高度连续箱梁桥，跨径组成为35m+45m+35m=115m，桥梁整体外观见图 7.3。桥面总宽26m，由分离的左右两幅组成，每个箱宽12.5m，梁高在1.35～2.50m之间变化。本书编写团队对该特大桥右幅进行了静、动载试验，测试过程见图7.4。

图7.3　桥梁整体外观

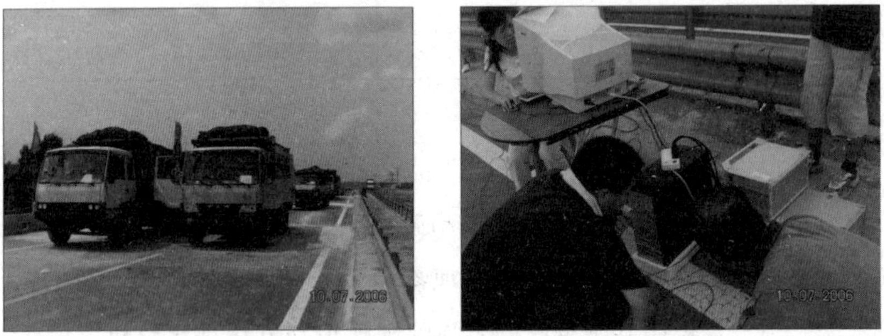

(a) 静力测试过程　　(b) 动力测试过程

图7.4　静动力测试过程

2. 动力参数的获取

在环境随机激励下，采集动力测点竖向的加速度时程响应，利用模态分析技术提取出特大桥的前2阶竖向振型。依据设计和竣工文件，建立有限元模型。在有限元计算过程中，把3跨连续箱梁桥划分为等长度的115个单元，该桥共有116个节点。把用有限元方法计算出的前2阶振型称为计算振型，在计算振型中每个节点有3个自由度，即每1阶振型中包含348个自由度组成。采用Guyan缩减的方法对计算振型的自由度进行缩减，缩减后的每阶振型只包含竖向的116个自由度，缩减后的前2阶振型如图7.5和7.6所示。

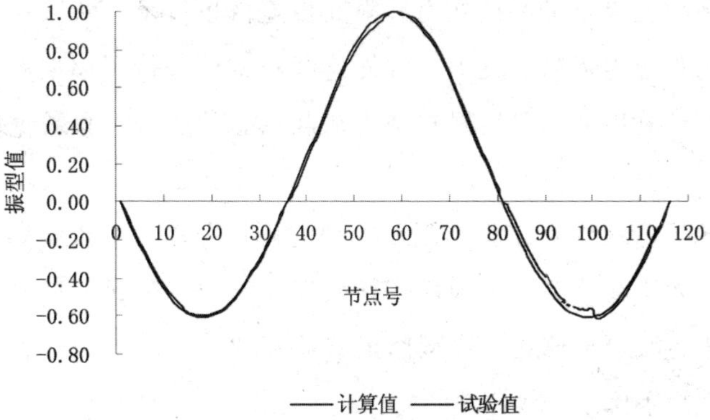

图7.5 桥梁的一阶竖向振型

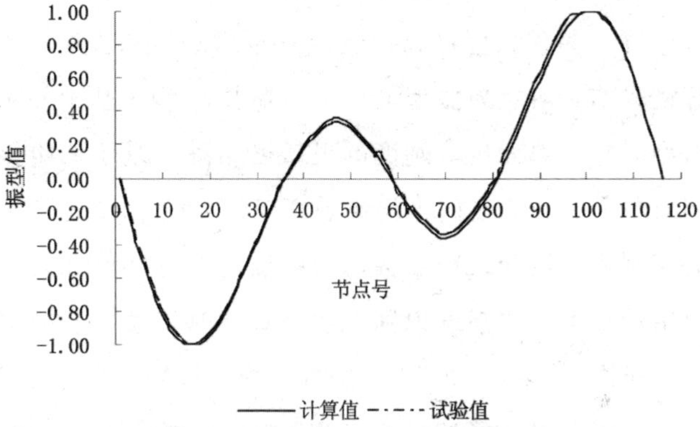

图7.6 桥梁的二阶竖向振型

3. 基于静力测量数据的损伤识别结果

根据本书编写团队的前期研判，在进行静力荷载试验之前，预判22、23、24和95、96、97号单元附近出现了损伤。为了提高基于静力测量数据的损伤识别精度，在损伤单元处布置了较多的位移和应力测点。

基于静力测量数据，采用静力有限元模型修正技术来识别桥梁的损伤。静力有限元模型修正技术即为利用桥梁结构静力荷载试验的实测数据，在建立的桥梁结构有限模型的基础上，通过优化计算，并不断调整桥梁结构计算模型的参数(截面特性或弹性模量等)，使得桥梁有限元模型计算出的静力数据与实测的桥梁静力数据的差异最小，从而实现桥梁结构静力参数的修正[7,8]。静力有限元模型修正技术的算法较多，求解过程比较稳定。邓苗毅博士和任伟新教授提出了一种静力有限元模型修正技术，并采用此技术对某高速公路5跨预应力钢筋混凝土变截面连续箱梁桥进行了模型修正。修正后的有限元模型计算出的位移数据与静力荷载试验的实测位移数据的最大误差率仅为0.012 27%[9]。

把单元的抗弯惯性矩作为有限元模型的可变参数，基于实测的静力挠度和应力数据，采用邓苗毅博士和任伟新教授提出的有限元模型修正技术对三跨连续梁桥进行了模型修正。模型修正结果为22、23、24和95、96、97号单元的抗弯惯性矩下降了50%。

4. 基于动力参数的损伤识别

利用Guyan缩减的方法来凝聚掉从有限元模型提取的质量、刚度矩阵及振型的多余自由度，只保留竖向自由度。基于缩减后的质量、刚度矩阵及振型向量来计算桥梁前2阶竖向振型的一、二阶摄动解。基于一阶摄动解构成桥梁前2阶振型对每个单元抗弯刚度的灵敏度矩阵，基于二阶摄动解构成桥梁前2阶振型对单元抗弯刚度的平均灵敏度矩阵。把图7.5、7.6中的振型变换为以质量为正则化的振型。利用构成的灵敏度矩阵和前2阶振型，根据本书7.2节中给出的桥梁结构损伤识别求解公式，对连续梁桥的损伤进行了识别，识别结果列于图7.7中。图7.7中的静力损伤识别结果为基于静力位移和应力实测数据，利用有限元模型修正技术分析出的损伤结果。

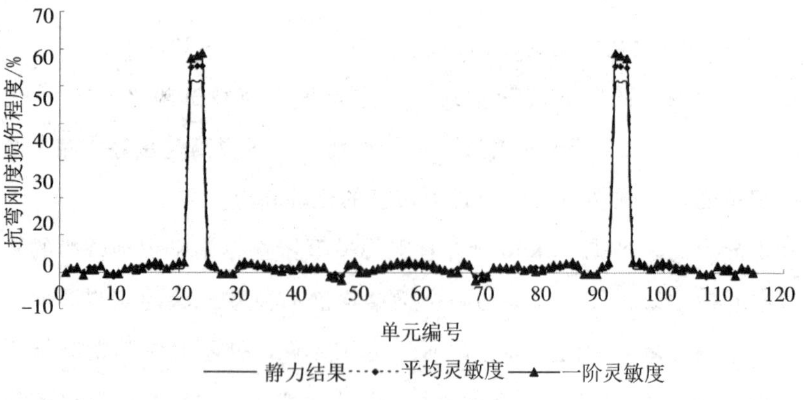

图7.7　损伤识别结果

从图7.7中可以看出，如果认为基于静力测试数据的损伤识别结果为准确值，则可以得出基于平均灵敏度矩阵的损伤识别精度要比基于一阶灵敏度矩阵的损伤识别精度要高的结论；并且基于两种灵敏度矩阵的误差均较小，最大误差分别为 4.3%、7.3%，说明基于灵敏度矩阵对梁式桥梁结构进行损伤识别的可行性。

参考文献

[1] RICLES J M, KOSMATKA J B. Damage detection in elastic structures using vibratory residual forces and weighted Sensitivity[J]. American Institute of Aeronautics and Astronautics, 1992, 30(9): 2310-2316.

[2] LAM H F, KO J M, WONG C W. Localization of damaged structural connections based on experimental modal and sensitivity analysis[J]. Journal of Sound and Vibration, 1998, 210(1): 91-115.

[3] ARAúJO DOS SANTOS J V, MOTA SOARES C M. A damage identification numerical modal based on the sensitivity of orthogonality conditions and least squares[J]. Computers and Structures, 2000, 78(1): 283-291.

[4] 崔飞. 桥梁参数识别与承载能力评估[D]. 上海：同济大学，2000.

[5] 陈塑寰. 结构动态设计的矩阵摄动理论[M]. 北京：科学出版社，1999.

[6] 陈公宁. 矩阵理论与应用[M]. 北京：高等教育出版社，2007.

[7] 李书，冯太华，范绪箕. 一种利用静力试验数据修正有限元模型的方法[J]. 应用力学学报，1995，12(3)：52-56.

[8] 闫桂荣，段忠东，欧进萍. 遗传算法在结构有限元模型修正中的应用[J]. 哈尔滨工业大学学报，2007，39(2)：181-186.

[9] 邓苗毅，任伟新. 基于静力荷载试验的连续箱梁桥结构有限元模型修正[J]. 福州大学学报(自然科学版)，2009，37(2)：261-266.

第 8 章　基于应变模态的梁式结构损伤识别技术

8.1　应变模态对局部损伤的敏感性例证

以一座跨径为 12.6m 的简支梁空心板桥为对象，来验证应变模态对局部损伤的敏感性。全桥由 9 片预应力混凝土空心板组成，横截面布置及具体尺寸见图 8.1。利用梁格法建立有限元模型，有限元模型如图 8.2 所示。

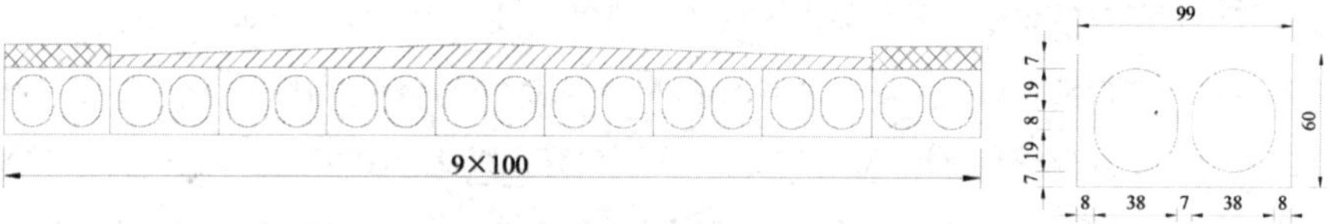

图 8.1　简支梁空心板桥横截面布置图(cm)

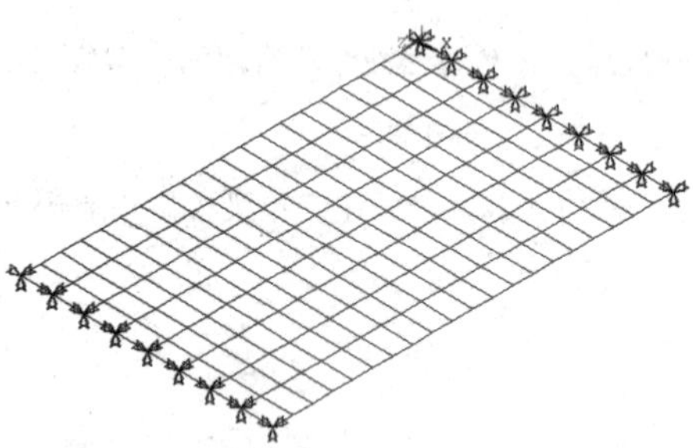

图 8.2　简支空心板桥有限元模型

对无损伤空心板桥和有损伤空心板桥(单元 43 和 108 弹性模量降低 50%)分别进行了模态分析，提取前 4 阶竖向位移模态和应变模态，无损伤和有损伤的位移模态振型分别见图 8.3 和图 8.4，无损伤和有损伤的应变模态振型分别见图 8.5 和图 8.6。

对图 8.3～8.6 进行对比分析可见，当结构发生局部损伤时，位移模态在损伤前后变化较小，而应变模态则表现出对局部损伤较强的敏感性。因此，可以认为基于应变模态识别梁式结构的局部损伤具有较强的潜在可行性。

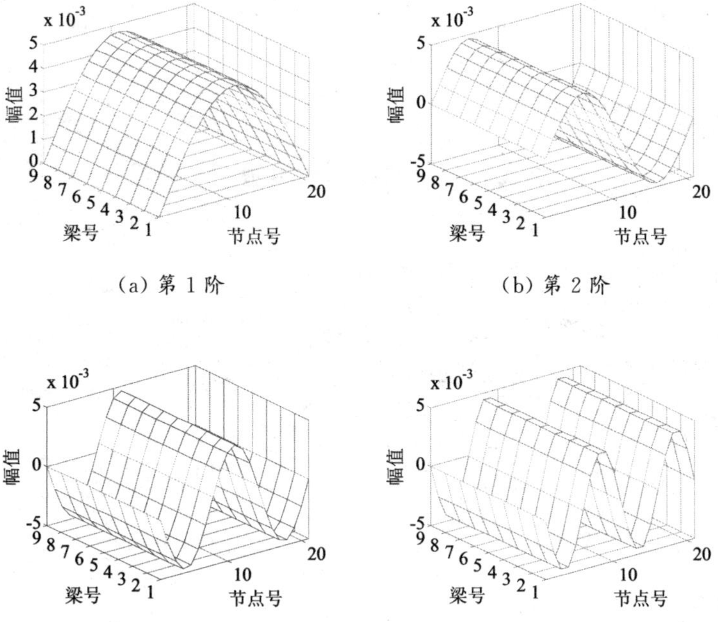

(a) 第 1 阶　　(b) 第 2 阶

(c) 第 3 阶　　(d) 第 4 阶

图 8.3　无损位移模态振型

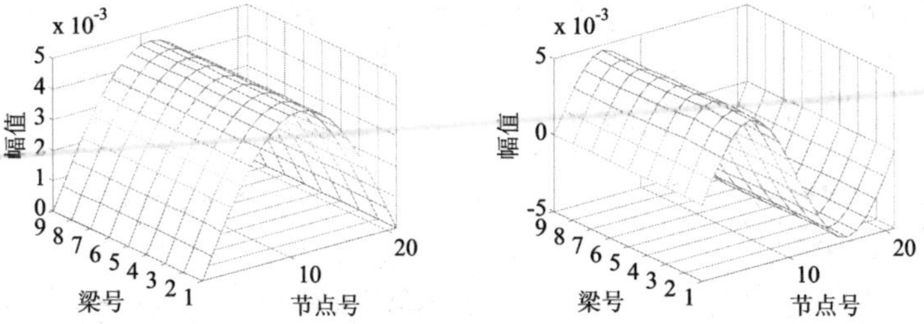

(a) 第 1 阶　　(b) 第 2 阶

图 8.4　损伤后位移模态振型

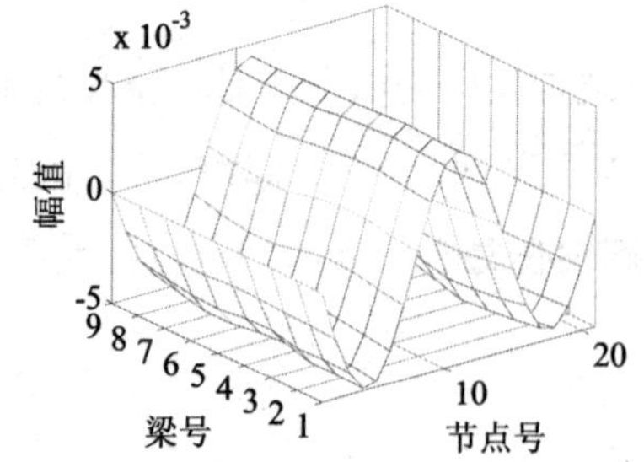

(c) 第 3 阶

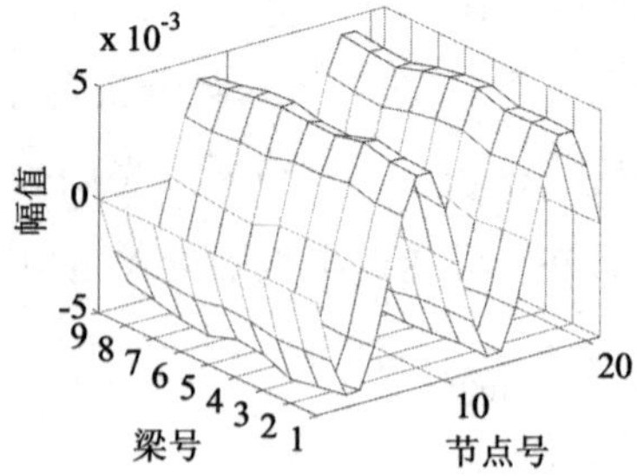

(d) 第 4 阶

图 8.4　损伤后位移模态振型(续)

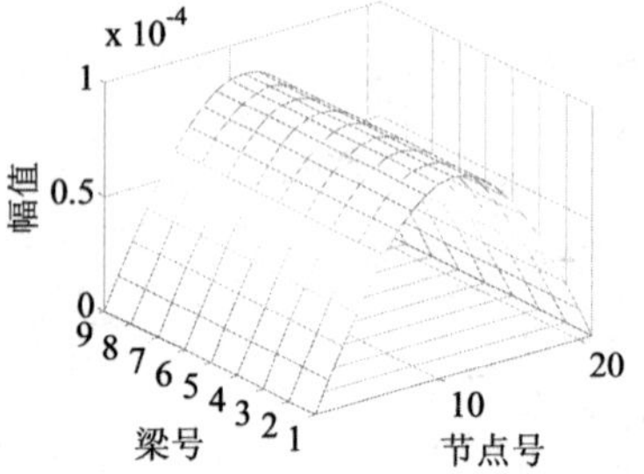

(a) 第 1 阶

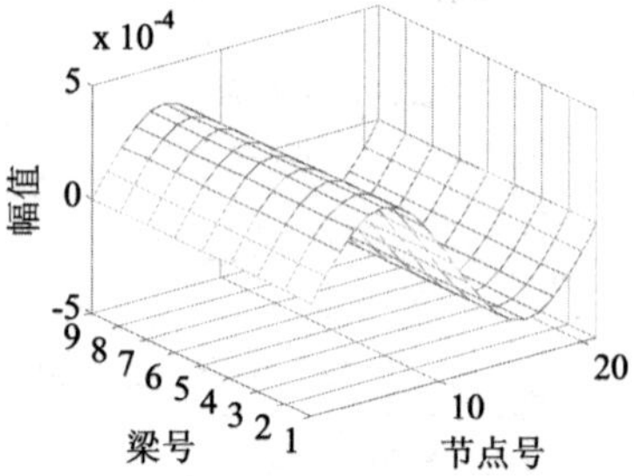

(b) 第 2 阶

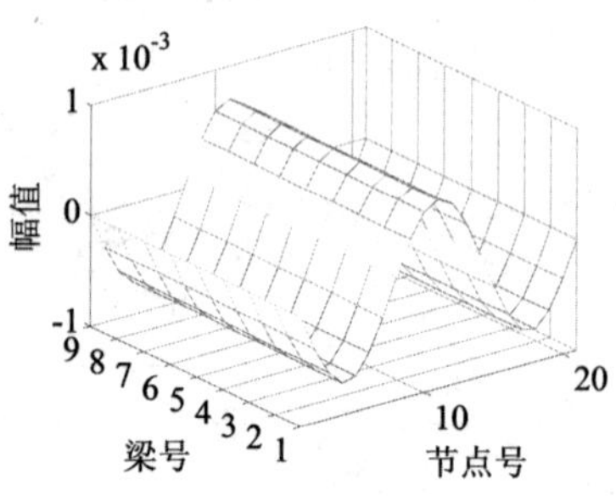

(c) 第 3 阶

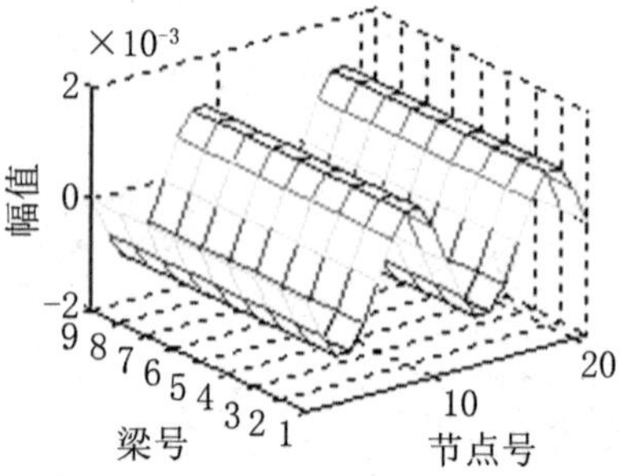

(d) 第 4 阶

图 8.5　无损应变模态振型

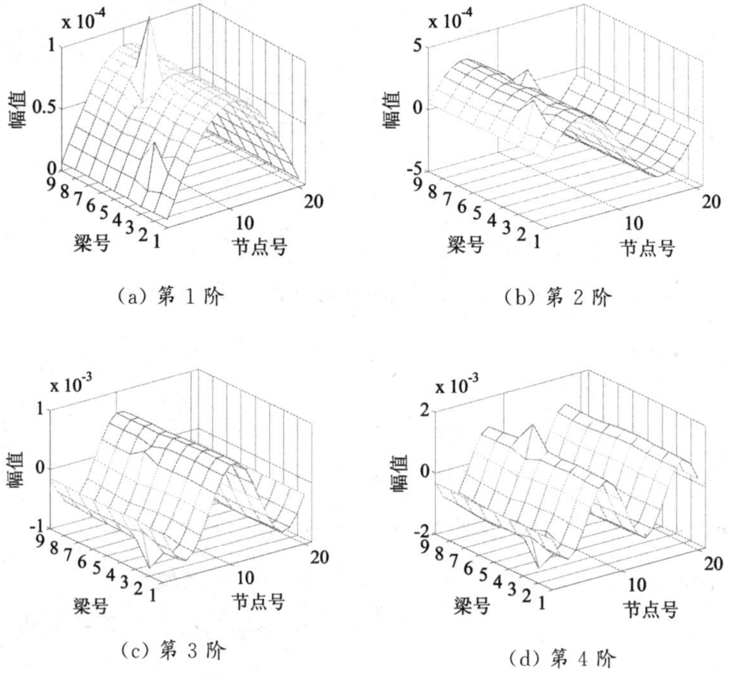

图 8.6　损伤后应变模态振型

8.2　损伤指标构造

由本书第 6 章可知，用于结构损伤识别的损伤指标有很多，并各具特点。在此，介绍一种用于多位置损伤识别的损伤指标。该损伤指标类似于模态保证准则 MAC，称之为多位置损伤定位置信准则 MDLAC(multiple damage location assurance criterion)，其基本原理为通过测量所得的动力特性(频率、振型等)及模型预测得到的动力特性之间的正交性来确定结构损伤位置及损伤程度[1,2]。

将结构损伤前后 n 阶固有频率变化量表示为

$$\Delta \boldsymbol{F} = \frac{\boldsymbol{F}_{\mathrm{h}} - \boldsymbol{F}_{\mathrm{d}}}{\boldsymbol{F}_{\mathrm{h}}} \tag{8.1}$$

公式(8.1)中，$\boldsymbol{F}_{\mathrm{h}}$ 和 $\boldsymbol{F}_{\mathrm{d}}$ 分别为结构损伤前和损伤后的 n 阶固有频率向量。同

理，模型预测的损伤结构固有频率与未损伤结构固有频率之间的差别量可采用下式计算

$$\delta \boldsymbol{F}(X)=\frac{\boldsymbol{F}_h-\boldsymbol{F}(X)}{\boldsymbol{F}_{\mathrm{h}}} \tag{8.2}$$

公式(8.2)中，$\boldsymbol{F}(\boldsymbol{X})$为分析模型预测到的结构固有频率向量，$\boldsymbol{X}=[x_1, x_2, \cdots, x_n]^{\mathrm{T}}$，为结构 n 个单元的损伤程度可变向量。由公式(8.1)和公式(8.2)可得基于频率的多位置损伤定位置信准则 MDLAC _ f

$$\mathrm{MDLAC\_}f(\boldsymbol{X})=\frac{|\Delta \boldsymbol{F}^{\mathrm{T}}\cdot\delta\boldsymbol{F}(\boldsymbol{X})|^2}{(\Delta \boldsymbol{F}^{\mathrm{T}}\cdot\Delta\boldsymbol{F})(\delta \boldsymbol{F}^{\mathrm{T}}(\boldsymbol{X})\cdot\delta\boldsymbol{F}(\boldsymbol{X}))} \tag{8.3}$$

MDLAC _ f 的取值范围为0到1之间，当 MDLAC _ $f=0$ 时，说明实际测得的频率变化与模型预测的频率变化不相关；当 MDLAC _ $f=1$ 时，说明实际测得的频率变化与模型预测的频率变化一致，即有 $\boldsymbol{F}(\boldsymbol{X})=\boldsymbol{F}_{\mathrm{d}}$。可以通过优化算法对公式(8.3)所表征的问题进行求解，通过使 MDLAC _ f 的取值最大便可找到包含损伤程度的向量 $\boldsymbol{X}$，从而确定损伤位置和损伤程度

$$\begin{aligned}&\text{Find} \quad \boldsymbol{X}=[x_1, x_2, \cdots, x_n]^{\mathrm{T}}\\&\text{Maximize} \quad \omega(\boldsymbol{X})=\mathrm{MDLAC\_}f(\boldsymbol{X})\end{aligned} \tag{8.4}$$

基于频率的 MDLAC _ f 指标对非对称结构识别效果良好，而桥梁结构大部分是对称结构，特别是梁式桥梁，用该指标识别出的损伤位置将成对地对称分布于结构两侧，给损伤位置的识别带来困扰。为了精准定位损伤位置，需要引入对局部损伤敏感的振型来构造损伤指标，在此，基于应变模态振型来构造损伤指标。

将结构损伤前后的应变模态振型变化量表示为

$$\Delta\boldsymbol{\Phi}=\frac{\boldsymbol{\Phi}_{\mathrm{h}}-\boldsymbol{\Phi}_{\mathrm{d}}}{\boldsymbol{\Phi}_{\mathrm{h}}} \tag{8.5}$$

公式(8.5)中，$\boldsymbol{\Phi}_{\mathrm{h}}$ 和 $\boldsymbol{\Phi}_{\mathrm{d}}$ 分别为结构损伤前和损伤后的应变模态振型向量。同理，模型预测的损伤结构应变模态振型与未损伤结构应变模态振型之间的差别量可表示为

$$\delta\boldsymbol{\Phi}(\boldsymbol{X})=\frac{\boldsymbol{\Phi}_{\mathrm{h}}-\boldsymbol{\Phi}(\boldsymbol{X})}{\boldsymbol{\Phi}_{\mathrm{h}}} \tag{8.6}$$

公式(8.6)中，$\boldsymbol{\Phi}(\boldsymbol{X})$为分析模型预测到的结构应变模态振型向量。基于应变

模态振型的多位置损伤定位置信准则 MDLAC _ $\boldsymbol{\Phi}$ 表达式如下[3]

$$\mathrm{MDLAC\_}\boldsymbol{\Phi}(\boldsymbol{X})=\frac{|\Delta\boldsymbol{\Phi}^{\mathrm{T}}\cdot\delta\boldsymbol{\Phi}(\boldsymbol{X})|^{2}}{(\Delta\boldsymbol{\Phi}^{\mathrm{T}}\cdot\Delta\boldsymbol{\Phi})(\delta\boldsymbol{\Phi}^{\mathrm{T}}(\boldsymbol{X})\cdot\delta\boldsymbol{\Phi}(\boldsymbol{X}))} \tag{8.7}$$

MDLAC _ $\boldsymbol{\Phi}$ 的取值范围为[0，1]，当 MDLAC _ $\boldsymbol{\Phi}$ =0 时，表明实际测得的应变模态振型变化与预测的振型变化不相关；当 MDLAC _ $\boldsymbol{\Phi}$ =1 时，表明实际测得的应变模态振型变化与预测的振型变化完全一致，即有 $\boldsymbol{\Phi}(\boldsymbol{X})=\boldsymbol{\Phi}_{\mathrm{d}}$。同样可以借助于优化算法，通过寻找最优损伤变量使 MDLAC _ $\boldsymbol{\Phi}$ 取值最大化，从而确定损伤位置和损伤程度

$$\begin{aligned}&\text{Find}\quad \boldsymbol{X}=[x_1,\ x_2,\ \cdots,\ x_n]^{\mathrm{T}}\\&\text{Maximize}\quad \boldsymbol{\Phi}(\boldsymbol{X})=\mathrm{MDLAC\_}\boldsymbol{\Phi}(\boldsymbol{X})\end{aligned} \tag{8.8}$$

将频率和应变模态振型相结合的多位置损伤定位置信准则 MDLAC _ $f+\boldsymbol{\Phi}$ 定义为

$$\mathrm{MDLAC\_}f+\boldsymbol{\Phi}(\boldsymbol{X})=0.5\times(\mathrm{MDLAC\_}f+\mathrm{MDLAC\_}\boldsymbol{\Phi}) \tag{8.9}$$

同频率与振型指标一样，可以采用优化算法寻找包含损伤程度的向量 $\boldsymbol{X}$ 使 MDLAC _ $f+\boldsymbol{\Phi}$ 取值最大化，从而确定损伤位置与程度

$$\begin{aligned}&\text{Find}\quad \boldsymbol{X}=[x_1,\ x_2,\ \cdots,\ x_n]^{\mathrm{T}}\\&\text{Maximize}\boldsymbol{\omega}+\boldsymbol{\Phi}(\boldsymbol{X})=\mathrm{MDLAC\_}f+\boldsymbol{\Phi}(\boldsymbol{X})\end{aligned} \tag{8.10}$$

8.3　多位置损伤识别方法

本节主要介绍一种基于应变模态和微分进化算法的梁式桥梁结构多位置损伤识别方法。微分进化算法(DE) 的原理在本书 4.4.4 节中已详细介绍，在此不再赘述。由公式(8.4)、(8.8) 和(8.10) 可知，若要求得与损伤位置及损伤程度相对应的向量 $\boldsymbol{X}$ 从而使多位置损伤识别指标值最大化，需要借助一种有效的优化算法。许多学者尝试用神经网络算法来解决这一问题，然而在识别精确要求较高的情况下，神经网络算法需要对大量的样本进行训练，一旦训练样本量不够便不能获得准确结果。有的学者采用遗传算法(GA) 或改进的遗传算法来寻找目标函数的最优解，遗传算法确实是一种非常有效的寻优

方法。但是，将 GA 算法应用于求解公式(8.4)或公式(8.8)或公式(8.10)的问题并不十分理想，原因是应用遗传算法在求解这一问题的过程中，需对种群中每一代的每一个个体进行一次目标函数计算，而计算一次目标函数就是要对桥梁结构进行一次结构计算[通过结构计算求得个体的模态分析结果(频率和振型值)，而结构计算过程相对来说需要较长的时间，因此采用 GA 算法必然导致计算量庞大，计算效率低下。例如，基于公式(8.4)对一个简支梁桥进行多位置损伤识别，进化代数取 $T=200$，种群规模取 $N=20$，那么一共进行结构计算的次数为 $20+200\times20=4\ 020$ 次。因此，需要找到一种既具有遗传算法特性同时计算量小的优化算法，DE 算法就是这样的一种算法。DE 算法对上面简支梁的例子进行求解需要进行结构计算的次数为 $20+200\times1=220$ 次。也就是说，GA 算法是 DE 算法需计算量的 $\frac{N+T\times N}{N+T}\approx N$ 倍，如果种群规模取值较大的话，那么 GA 算法的计算量就会远大于 DE 算法。由以上分析可见，DE 算法相对于 GA 算法来说是一种进行桥梁结构多位置损伤识别更为理想优化算法。然而，无论是采用 GA 算法还是 DE 算法，对于桥梁结构多位置损伤识别而言，均需要较多的迭代次数(进化代数)才能获得理想值，另外，DE 算法解决公式(8.4)、(8.8)和(8.10)所表达的问题所需的 $N+T$ 次的桥梁结构计算量也是很大的。基于以上原因，需要对 DE 算法进行结构多位置损伤识别的优化过程加以改进。在此，提出一种两步 DE 算法对桥梁结构多位置损伤分别进行定位及定量分析，具体流程如图 8.7 所示。在采用该两步算法进行损伤识别的过程中，需要注意的几点问题如下。

1. 确定损伤范围 D

DE 算法中由于个体中的损伤程度 D 取值范围在 0 和 1 之间，0 代表结构单元未发生损伤，1 代表结构单元完全损伤。但是如果个体中染色体(结构单元)取值范围很大以及染色体数量过多，会使算法在较短的进化代数内无法收敛，需要非常多次的迭代来获得较为理想的结果，因此个体中损伤程度取值范围和可变结构单元数量多少直接影响到算法的计算效率。在此，提出一种减少计算量的思路：首先缩小损伤程度范围(如 $D=[0,\ 0.1]$)，以确定疑似损伤位置；然后仅对疑似单元改变其损伤量，在较大的损伤程度范围内(如

$D=[0, 0.5]$）搜索损伤位置和损伤程度的最优解。基于该思路，形成了损伤识别的两步方法：第 1 步，先基于频率或应变模态振型参数，以公式(5.14)或(5.20) 为目标函数，选择较小的损伤程度范围寻找疑似损伤位置；第 2 步，基于频率和应变模态振型参数，以公式(5.20) 为目标函数，选取较大的损伤程度范围寻找最优解，即精准确定损伤位置和损伤程度。

2. 确定种群规模 N 和进化代数 T

种群规模 N 选取过小会使算法失去多样性而不能获取最优解，过大则会使计算量增大，因此推荐种群规模 N 的取值为 20 ～ 50。由此，DE 算法中桥梁结构计算量的大小取决于进化代数 T 的取值。但由于算法的最优解取决于目标函数值的大小，因此，增加目标函数值判断语句作为进化代数的可选值，如将进化代数 T 设定为 3 000，但当目标函数 $\mathrm{fit} \geqslant 0.999$ 时也可结束进化程序。

3. 考虑噪声

由于仪器、数字信号处理以及环境等诸多因素的影响，实测的桥梁频率和应变模态振型等不可避免地存在误差，工程上习惯将这种误差称为噪声。结构损伤识别方法是否具有较强的抗噪能力决定了在噪声条件下所识别桥梁损伤位置及程度的准确性和真实性。在频率和应变模态振型中混入噪声的方法如下：

$$
\begin{aligned}
f_i' &= f_i(1+\lambda_f \times \mathrm{rand}(0, 1)) \\
\phi_i' &= \phi_i(1+\lambda_\phi \times \mathrm{rand}(0, 1))
\end{aligned}
\tag{8.11}
$$

公式(8.11) 中，f_i，ϕ_i 分别表示没有混入噪声的第 i 阶频率和应变模态振型，f_i'，ϕ_i' 分别表示混有噪声的第 i 阶频率和应变模态振型，λ_f，λ_ϕ 分别为频率和应变模态振型的噪声水平(例如在应变模态振型中加入 5% 的噪声，则有 $\lambda_\phi=5\%$)，rand(0，1) 为均值为零、方差为 1 的高斯分布随机数。

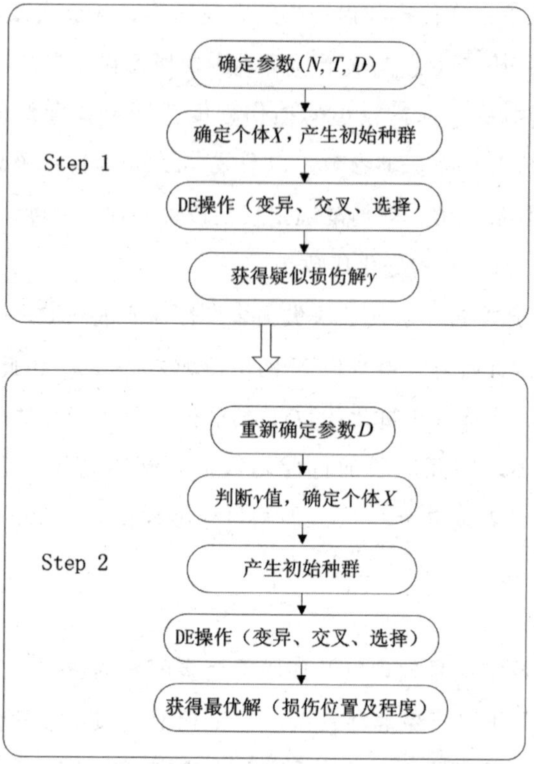

图 8.7　基于 DE 算法的桥梁结构多位置损伤流程图

8.4　数值算例

数值模拟对象为铝制两跨连续梁，连续梁几何尺寸如图 8.8 所示。连续梁的计算参数为：材料密度 $\rho = 2\ 700 \mathrm{kg/m^3}$，弹性模量 $E = 69.64 \mathrm{GPa}$，截面面积 $A = 4.84 \times 10^{-4} \mathrm{m^2}$，泊松比 $\nu = 0.35$。利用有限元软件 ANSYS 中的 BEAM3 单元建立连续梁的有限元模型，在有限元模型中等间距地把连续梁划分成了 34 个单元。

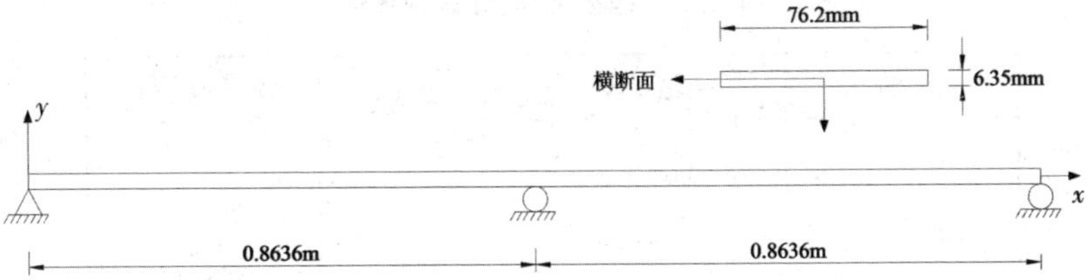

图 8.8　两跨连续梁

对该桥进行模态分析，前 4 阶应变模态振型如图 8.9 所示，前 10 阶频率值列于表 8.1 中。

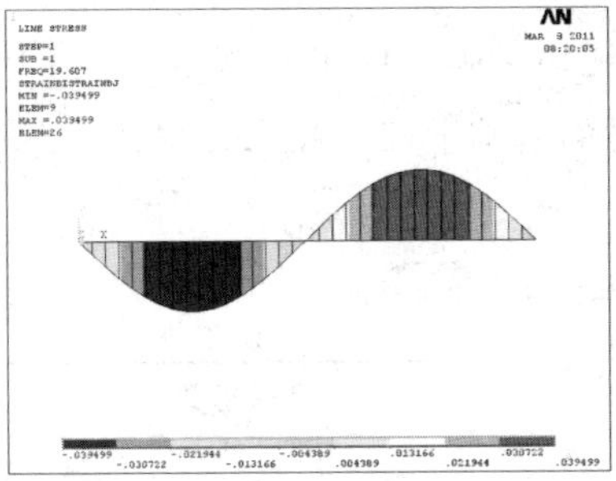

(a) 第 1 阶振型

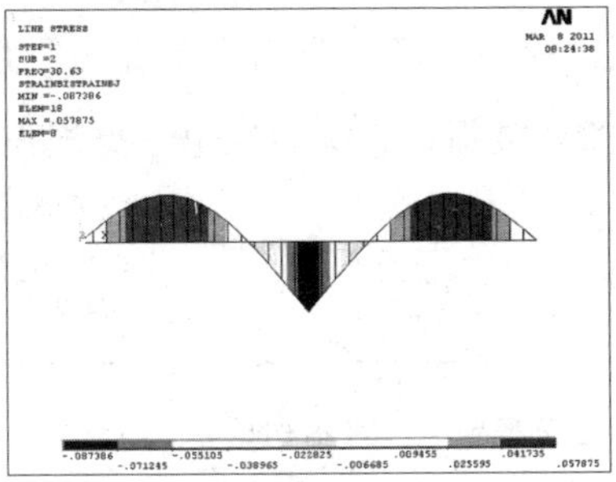

(b) 第 2 阶振型

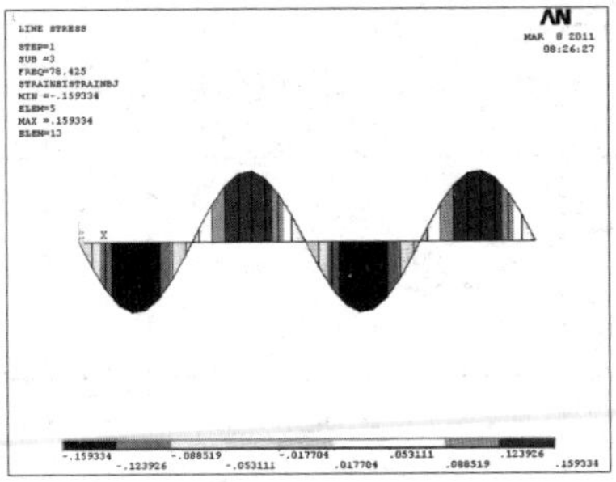

(c) 第 3 阶振型

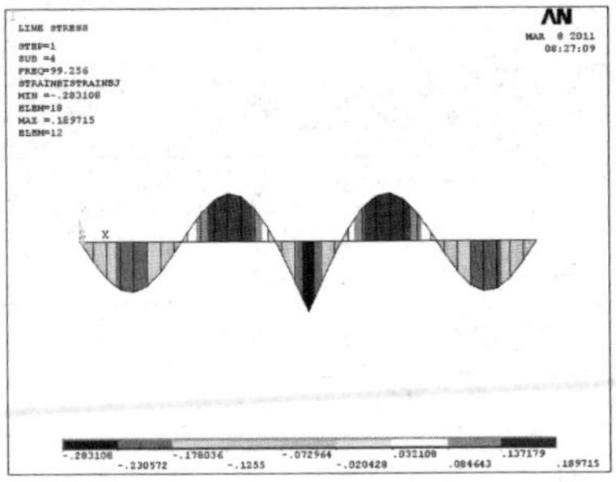

(d) 第 4 阶振型

图 8.9　连续梁前 4 阶应变模态

表 8.1　连续梁前 10 阶频率值

频率阶次	频率值 /Hz	频率阶次	频率值 /Hz
1	19.607	6	207.08
2	30.630	7	313.67
3	78.425	8	354.12
4	99.256	9	490.16
5	176.44	10	540.45

共设置了四类损伤工况：第一类损伤工况为单位置损伤工况，包含单元 9 和单元 14 损伤两种情况；第二类损伤工况为双位置损伤工况，即单元 9 和 14 同时损伤；第三类损伤工况为三位置损伤工况，即单元 2、9、14 同时损伤；第四类损伤工况为在第三类损伤工况的基础上加入噪声，损伤工况列于表 8.2。

表 8.2　损伤工况

工况类别	损伤单元	损伤程度 /%	目标函数	
			第 1 步	第 2 步
一(单位置损伤)	9	10	① 式(8.4)/② 式(8.10)	式(8.10)
	14	30		
二(双位置损伤)	9	5	① 式(8.4)/② 式(8.10)	式(8.10)
	14	40		
三(三位置损伤)	2	10	式(8.10)	式(8.10)
	9	50		
	14	25		
四(工况三＋噪声)	2	10	式(8.10)	式(8.10)
	9	50		
	14	25		

表中：① 表示在第 1 步中仅以频率为目标函数；② 表示在第 1 步中将频率和振型组合为目标函数。

基于本书 8.2 节中介绍的损伤指标，采用本书 8.3 节中介绍的综合应变模态和微分进化算法的多位置损伤识别方法对各损伤工况进行了识别。

1. 第一类工况 —— 单位置损伤

(1) 第 1 步中以 MDLAC _ f 为目标函数。

第 1 步：取 DE 算法中的变异因子 $F=0.5$，交叉因子 $CR=0.5$，种群规模 $N=20$；设定进化代数满足 $T\leqslant 3\,000$ 或目标函数 fit $\geqslant 0.998$ 二者之一时结束进化；假定损伤范围 $D=[0,\ 0.1]$。采用前 10 阶频率以公式(8.4) 为目标函数初步确定损伤位置，进化曲线见图 8.10，初步识别结果如图 8.11 所示。

由图 8.10(a) 可知，9 号单元损伤工况在满足 $T=3\,000$ 时进化停止，此时最优目标函数值为 0.997；由图 8.10(b) 可知，14 号单元损伤工况在满足 fit $\geqslant 0.998$ 条件时进化停止，此时进化代数 $T=2\,086$。

对图 8.11 进行分析可知，图(a) 识别结果为 9 号单元和与之对称的 26 号单元发生损伤，图(b) 识别结果为 14 号单元和与之对称的 21 号单元发生损伤。由此可以看出，基于 MDLAC _ f 指标并不能对对称结构损伤进行精确定位，但可以识别出包含损伤单元在内的对称单元。

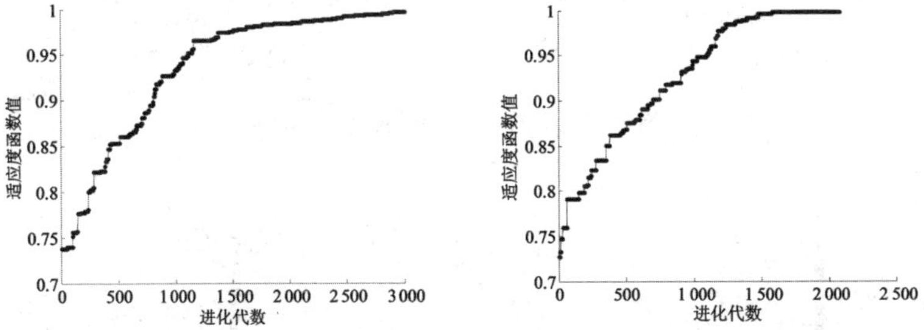

(a)9 号单元损伤　　(b)14 号单元损伤

图 8.10　第 1 步 DE 进化曲线

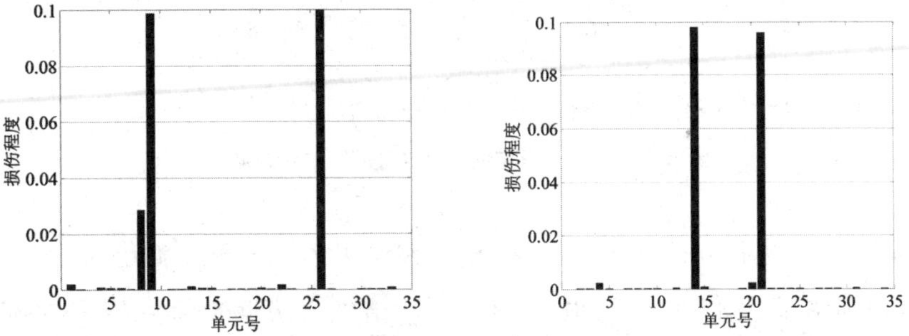

(a)9 号单元损伤　　(b)14 号单元损伤

图 8.11　第一类工况第 1 步损伤识别结果(MDLAC _ f)

第 2 步：DE 算法的参数不变，损伤范围扩大至 $D=[0,\ 0.5]$。通过对第 1 步识别结果进行分析，重新确定个体编码，即将第 1 步中非疑似损伤单元视为未发生损伤单元，个体中编码为 0，只有疑似单元可在 D 范围内变化。采用前 10 阶频率和第 1 阶应变模态振型，以式(8.10)为目标函数精确确定损伤位置和损伤程度，DE 进化曲线见图 8.12，精确识别结果如图 8.13 所示。

由图 8.12 可知，在第 1 步初步选定损伤单元(对称单元)后，只需要较少的进化代数，9 号单元损伤工况仅需 170 代，14 号单元损伤工况仅需 149 代就可使目标函数达到最优解。

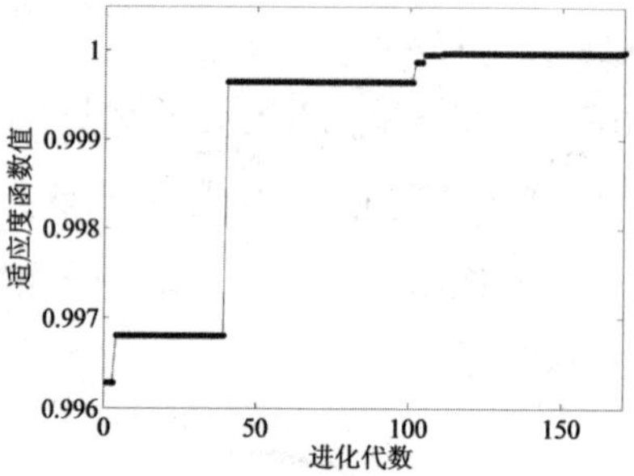

(a)9 单元损伤

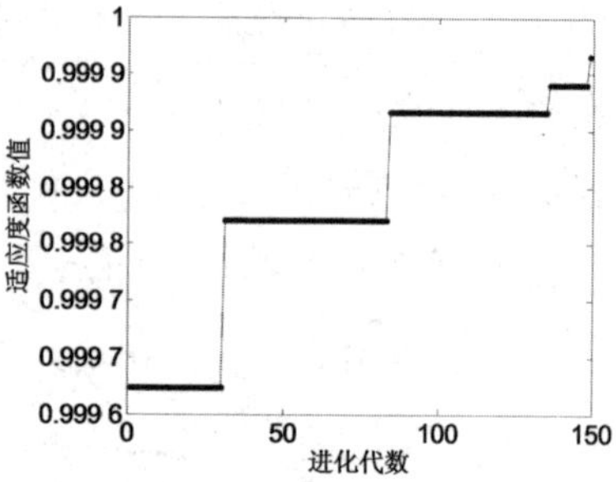

(b)14 单元损伤

图 8.12　第 2 步 DE 进化曲线

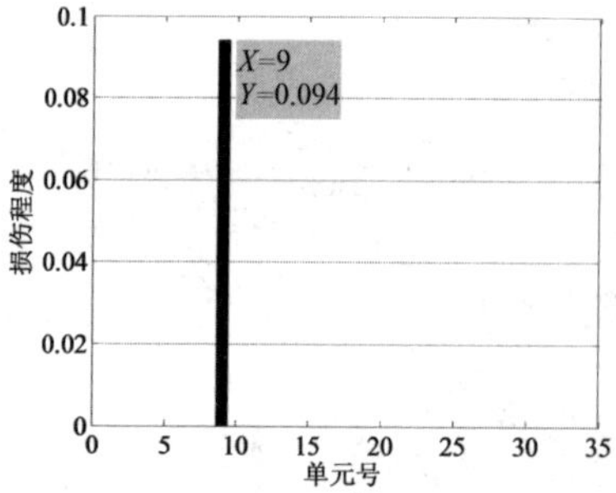

(a)9 单元损伤

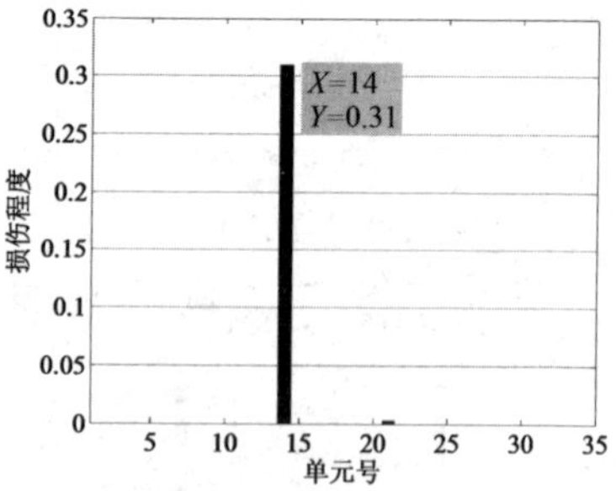

(b)14 单元损伤

图 8.13　第一类工况第 2 步损伤识别结果

对图 8.13 进行分析可知，图(a)中识别结果为 9 号单元损伤 9.4%，图(b)中识别结果为 14 号单元损伤 31.2%，结果均接近实际值(9 号单元为 10%，14 号单元为 30%)。由此可见，在第 2 步中引入对局部损伤敏感的应变模态振型后，采用前 10 阶频率和第 1 阶应变模态振型能够准确地对损伤进行定位，依据最优个体 $\boldsymbol{X}$ 对应的单元数值可以准确对损伤进行定量。

(2) 第 1 步中以 MDLAC _ $f+\boldsymbol{\Phi}$ 指标为目标函数。

第 1 步：DE 算法中的参数设定为：对变异因子，当 fit <0.99 时，$F=0.7$；当 fit $\geqslant 0.99$ 时，$F=0.3$，交叉因子 CR $=0.5$，种群规模 $N=20$，当满足进化代数 $T\leqslant 5\,000$ 或目标函数 fit $\geqslant 0.992$ 二者之一时结束进化，损伤范围 $D=[0,\ 0.1]$。采用前 10 阶频率和第 1 阶应变模态振型以公式(8.10) 为目标函数初步确定损伤位置，初步识别结果如图 8.14 所示。

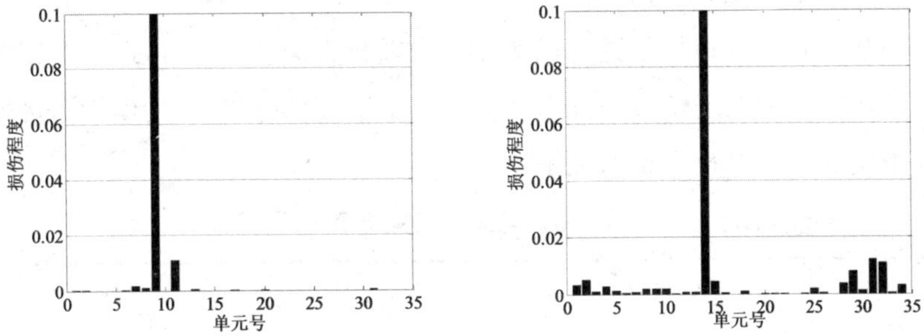

(a)9 号单元损伤　　(b)14 号单元损伤

图 8.14　第一类工况第 1 步损伤识别结果(MDLAC _ $f+\boldsymbol{\Phi}$)

第 2 步：DE 算法的参数不变，损伤范围进一步扩大至 $D=[0,\ 0.5]$，通过对第 1 步识别结果进行分析，重新确定个体编码。采用前 10 阶频率和第 1 阶应变模态振型，以公式(8.10) 为目标函数精确识别损伤位置和损伤程度，第 2 步精确识别结果如图 8.15 所示。

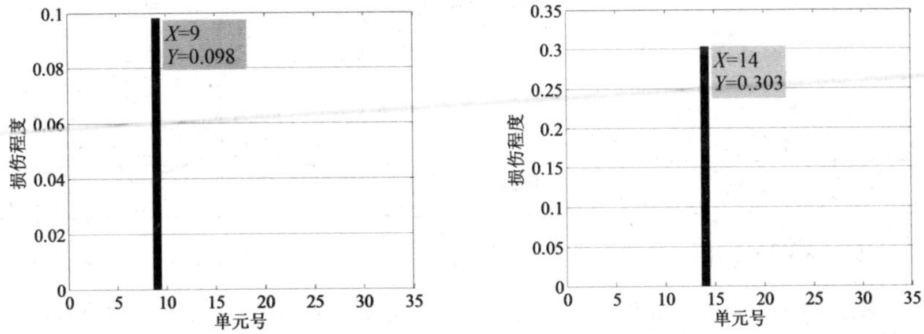

(a)9 号单元损伤　　(b)14 号单元损伤

图 8.15　第一类工况第 2 步损伤识别结果

由图 8.15 可知，图(a) 中识别结果为 9 号单元损伤 9.8%，图(b) 中识别结果为14号单元损伤30.3%，识别结果比仅以频率指标为目标函数更接近实际值。

2. 第二类损伤工况——双位置损伤

(1) 第1步中以 MDLAC _ f 指标为目标函数

第1步：将DE算法中的参数设定为：当 fit＜0.99 时，变异因子采用较大值 $F=0.8$；当 fit≥0.99 时，变异因子采用较小值 $F=0.3$，交叉因子 CR＝0.5，种群规模 $N=20$，当满足进化代数 $T\leqslant 4\ 000$ 或目标函数 fit≥0.9956 二者之一时结束进化，损伤范围 $D=[0,\ 0.1]$。采用前10阶频率以式(8.4)为目标函数初步确定损伤位置。因为DE为随机搜索算法，因此每次程序运算结果不相同，为保证结果的准确性，将运行10次算法的平均值作为最后结果，列于表8.3中，也可见图8.16(a)。

表8.3　第1步运算结果

计算次数	单元号														
	1~3	4	5~8	9	10~13	14	15	16~19	20	21	23~25	26	27~30	31	32~34
1				0.007		0.050	0.005			0.048				0.001	
2				0.001		0.100			0.011	0.099		0.017		0.009	
3		0.006		0.011		0.100			0.012	0.100		0.006		0.004	
4		0.005		0.004		0.100	0.011		0.001	0.099		0.012		0.005	
5		0.003		0.010		0.068	0.007		0.002	0.099				0.003	
6		0.009				0.100	0.010		0.002	0.096		0.014			
7		0.001		0.008		0.100	0.003		0.010	0.099		0.008		0.009	
8		0.009		0.005		0.099	0.004		0.010	0.100		0.010		0.001	
9		0.008				0.099	0.011		0.002	0.100		0.015		0.003	
10		0.009				0.098	0.006		0.005	0.095		0.005			
平均值		0.005		0.006		0.091	0.006		0.006	0.093		0.009		0.003	

第2步：将DE算法中的参数设定为：对于变异因子，当 fit＜0.99 时，值 $F=0.8$；当 fit≥0.99 时，$F=0.3$，交叉因子 $CR=0.5$，种群规模 $N=20$，当满足进化代数 $T\leqslant 3\ 000$ 或目标函数 fit≥0.999 97 二者之一时结束进化，损伤范围 $D=[0,\ 0.5]$。采用前10阶频率和第1阶应变模态振型，以式(8.10)为目标函数精确确定损伤位置和损伤程度，取10次算法的平均值作为

最后结果，见表 8.4 和图 8.16(b)。

表 8.4　第 2 步运算结果

计算次数	单元号									
	1 ~8	9	10 ~13	14	15	16 ~19	20	21	22 ~25	26	27 ~34
1		0.038		0.429			0.002	0.003		0.020	
2		0.051		0.417	0.001		0.004	0.029			
3		0.048		0.409				0.014		0.005	
4		0.058		0.425	0.002		0.001	0.033			
5		0.037		0.398	0.004					0.014	
6		0.034		0.416	0.002					0.020	
7		0.038		0.420	0.004		0.001	0.005		0.015	
8		0.043		0.420	0.005			0.013		0.014	
9		0.058		0.425				0.028			
10		0.057		0.418			0.005	0.017			
平均值		0.046		0.418	0.002		0.001	0.014		0.009	
真实值		0.050		0.400							

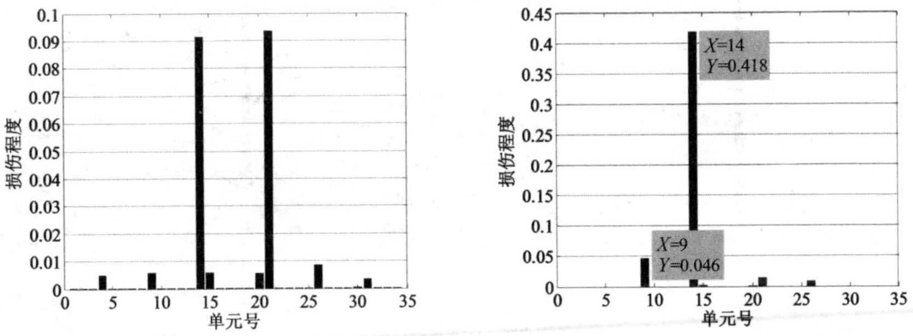

(a) 第 1 步(MDLAC _ f)　　(b) 第 2 步(MDLAC _ $f+\boldsymbol{\Phi}$)

图 8.16　第二类损伤工况识别结果

对图 8.16 进行分析可知，图(a) 中可能发生损伤的单元为 4 号单元、9 号单元、14 号单元、15 号单元以及与其对称的 20 号单元、21 号单元、26 号单元、31 号单元。由此可以看出，基于频率的 MDLAC _ f 指标并没有对 9 号单元和 14 号单元进行精确定位，但识别出的损伤单元中包含了这两个单元。

在第2步的精确定位中，将仅考虑这8个疑似损伤单元，从而大大减少个体中变量个数，提高计算速度。由图(b)可知，识别结果为9号单元损伤4.6%，14号单元损伤41.8%，结果均接近实际值(9号单元损伤5%，14号单元损伤40%)。由此可见，在第2步中引入对局部损伤敏感的应变模态振型后，采用前10阶频率和第1阶应变模态振型能够准确地对损伤进行定位，依据最优个体 $\boldsymbol{X}$ 对应的单元数值可以准确对损伤进行定量。

(2) 第1步中以 MDLAC _ $f+\boldsymbol{\Phi}$ 指标为目标函数。

第1步：将DE算法中的参数设定为：当 fit <0.99 时，变异因子 $F=0.5$；当 fit $\geqslant 0.99$ 时，变异因子 $F=0.3$，交叉因子 $CR=0.5$，种群规模 $N=20$，当满足进化代数 $T\leqslant 5\ 000$ 或目标函数 fit $\geqslant 0.9956$ 二者之一时结束进化，损伤范围 $D=[0,\ 0.1]$。以公式(8.10)为目标函数初步确定损伤位置，损伤识别结果见图8.17(a)。

第2步：加大损伤范围至 $D=[0,\ 0.5]$。采用前10阶频率和第1阶应变模态振型，以公式(8.10)为目标函数精确确定损伤位置和损伤程度，损伤识别结果见图8.17(b)。

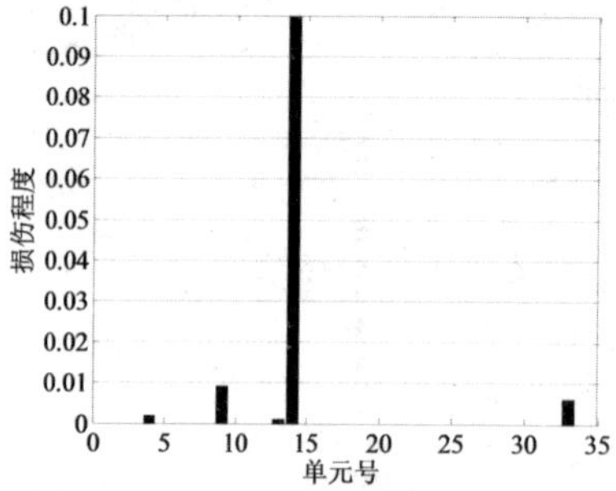

(a) 第1步

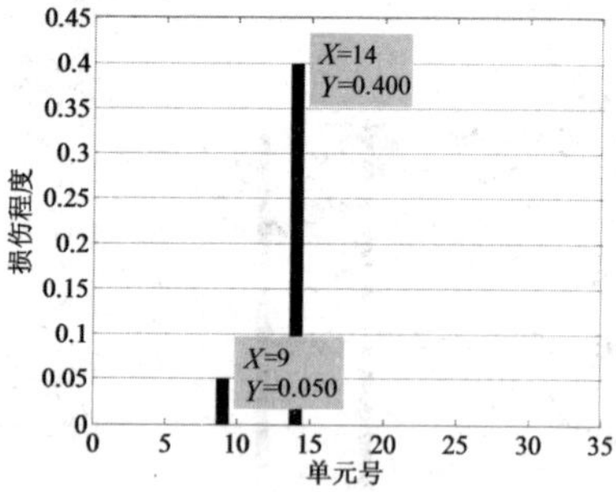

(b) 第2步

图8.17　第二类损伤工况识别结果(MDLAC _ $f+\boldsymbol{\Phi}$)

对图8.17进行分析可知，图(a)中可能发生损伤的单元为9号单元、14号单元、33号单元，由此可以看出，由频率和振型组合构造的目标函数在第1步中已基本锁定了损伤位置，但最精确的损伤位置和程度需在第2步中加以确定。由图(b)可知，以前10阶频率和第1阶振型为目标函数可以准确识别到损伤位置为9号单元和14号单元，识别到损伤程度分别为9号单元损伤5.01%，14号单元损伤40.01%，非常接近真实的损伤程度。

3. 第三类损伤工况 —— 三位置损伤

第 1 步：将 DE 算法中的参数设定为：当 fit < 0.9 时，变异因子 $F=0.5$；当 fit ≥ 0.9 时，变异因子 $F=0.3$，交叉因子 CR=0.5，种群规模 $N=20$，当满足进化代数 $T \leqslant 5\,000$ 或目标函数 fit ≥ 0.92 二者之一时结束进化，损伤范围 $D=[0, 0.1]$。以公式(8.10) 为目标函数初步确定损伤位置，将运行 10 次算法的平均值作为最后结果，如图 8.18(a) 所示。

第 2 步：DE 算法中的各参数取值与第一类工况中的第 2 步取值相同。采用前 10 阶频率和第 1 阶应变模态振型，以公式(8.10) 为目标函数精确确定损伤位置和损伤程度，仍将运行 10 次算法的平均值作为最后结果，精确识别结果如图 8.18(b) 所示。

对图 8.18 进行分析可知，图(a) 中疑似损伤单元为 2 号单元、8 号单元、9 号单元、14 号单元，已基本上锁定了损伤位置，但更准确的损伤位置和程度需在第 2 步中加以识别。图(b) 中识别到了损伤位置为 2 号单元、9 号单元和 14 号单元，并识别出了 3 个单元的损伤程度，结果非常接近真实的损伤程度(分别为 10%、50% 和 25%)。

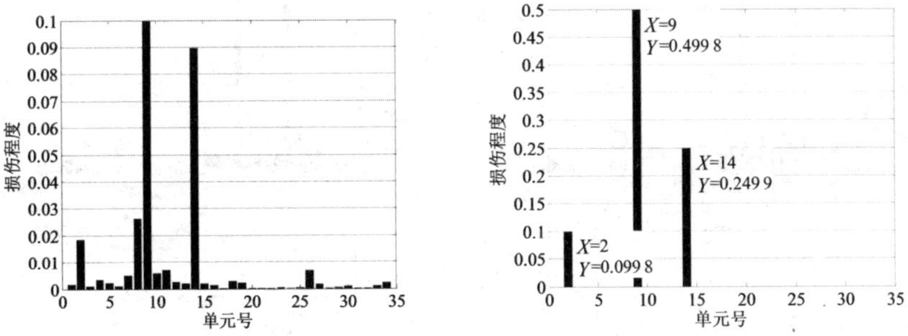

(a) 第 1 步　　(b) 第 2 步

图 8.18　第三类损伤工况识别结果

4. 第四类损伤工况 —— 三位置损伤 + 噪声

在这类损伤工况中，首先由公式(8.11) 将噪声加入到频率及振型中，然后基于 MDLAC _ $f+\boldsymbol{\Phi}$ 损伤指标采用前 10 阶频率及第 1 阶振型，分两步进行损伤位置及损伤程度的识别。

第 1 步：将 *DE* 算法中的参数设定为：当 fit < 0.85 时，变异因子 $F=0.5$；当 fit ≥ 0.85 时，变异因子 $F=0.3$，交叉因子 CR=0.5，种群规模 $N=$

26，当满足进化代数 $T \leqslant 5\ 000$ 或目标函数 fit $\geqslant 0.9$ 二者之一时结束进化，损伤范围 $D=[0,\ 0.1]$。以式(8.10)为目标函数初步确定损伤位置，将运行 10 次算法的平均值作为最后结果，如图 8.19 所示。

由图 8.19 可见：在频率和振型中分别加入 1%、3%、5% 及 7% 的噪声后，第 1 步微分进化算法仍能识别到包括损伤单元在内的疑似单元。用不同的损伤程度过滤非疑似损伤单元列于表 8.5 中。由图 8.19 和表 8.5 可以看出，随着噪声水平的提高，疑似单元的数量大体上有随之增加的趋势，这一点在所取过滤值较小时尤为明显。另外，从表 8.5 中还可以看出，合适的过滤值决定了第 2 步运算的时间和精度，若选择的过滤值过小，会增加第 2 步的运算量，降低最终的识别结果精度，使第 1 步失去过滤掉大部分非疑似损伤单元的作用；反之，选取的过滤值过大会造成损伤单元遗漏，如选择过滤值为 0.03，噪声为 3% 时已损伤的 2 号单元被遗漏。在本例的第 2 步计算中，选取 0.02 为损伤过滤值。

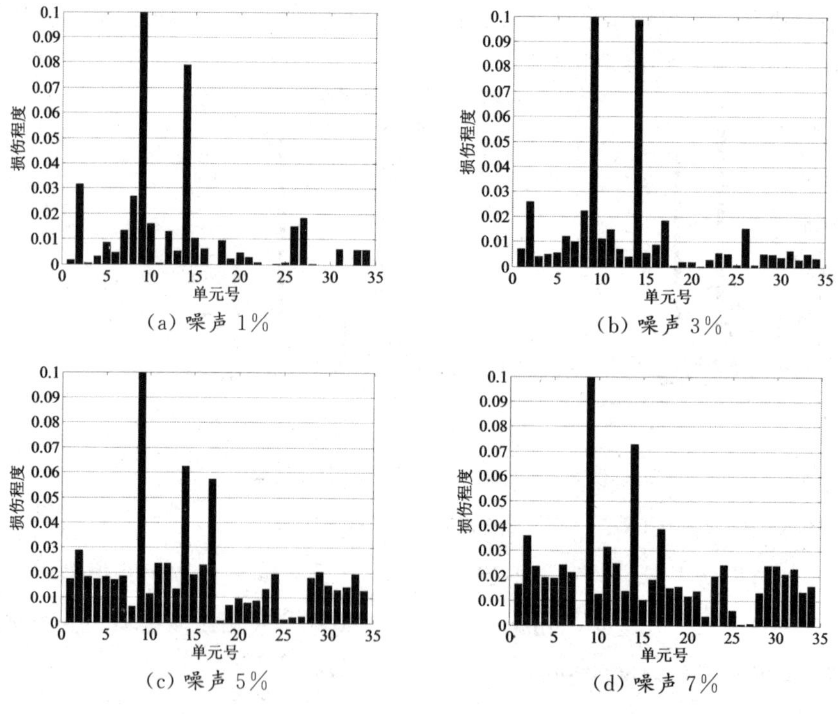

图 8.19　第四类损伤工况第 1 步损伤识别结果

表 8.5　损伤过滤值

损伤过滤值	噪声水平			
	1%	3%	5%	7%
0.005	15	20	30	31
0.01	10	9	25	29
0.02	4	4	8	14
0.03	3	2	4	5

第 2 步：损伤范围增加至 $D=[0,\ 0.5]$，采用前 10 阶频率和第 1 阶应变模态振型，以式(8.10)为目标函数精确确定损伤位置和损伤程度，仍将运行 10 次算法的平均值作为最后结果，精确识别结果如图 8.20 所示。

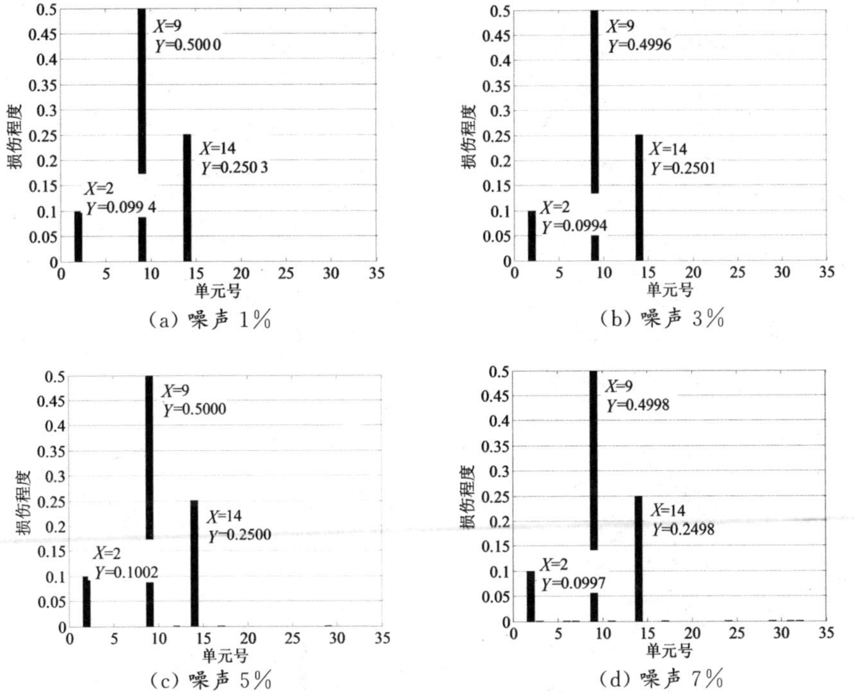

图 8.20　工况四第 2 步损伤识别结果

由图 8.20 可知，在频率和振型中分别加入 1%、3%、5% 及 7% 的噪声后，采用频率与振型相结合 MDLAC _ $f+\boldsymbol{\Phi}$ 损伤指标仍然能够非常准确地识别连续梁的损伤位置和损伤程度，说明本书介绍的基于微分进化的多位置损伤识别方法具有较强的抗噪能力。

参考文献

[1] CONTURST T, MESSINA A, WILLIAMS E J. Detection of damage at multiple sites with a correlation and iterative scheme[C]. 16th International Modal Analysis Conference, Santa Barbara, California, 1998.

[2] WILLIAMS E J, MESSINA A. Applications of the multiple damage location assurance criterion[J]. Key Engineering Materials, 1999: 256-264.

[3] GUO H Y, LI Z L. A two-stage method to identify structural damage sites and extents by using evidence theory and micro-search genetic algorithm[J]. Mechanical Systems and Signal Processing, 2009, 23(3): 769-782.